吳懷祺 著

中國史學思想史

邵預衍題圅

文史哲學集成

文史哲出版社印行

國家圖書館出版品預行編目資料

中國史學思想史/ 吳懷祺著. --初版. -- 臺北市：
　文史哲，民 94
　　面： 公分.（文史哲學集成；502）
　　ISBN 957-549-604-3 (平裝)

109　　　　　　　　　　　　　　94009646

文史哲學集成 502

中國史學思想史

著　者：吳　　懷　　祺
出版者：文　史　哲　出　版　社
　　　　http://www.lapen.com.tw
登記證字號：行政院新聞局版臺業字五三三七號
發行人：彭　　正　　雄
發行所：文　史　哲　出　版　社
印刷者：文　史　哲　出　版　社
臺北市羅斯福路一段七十二巷四號
郵政劃撥帳號：一六一八〇一七五
電話 886-2-23511028 ‧ 傳真 886-2-23965656

實價新臺幣五〇〇元

中華民國九十四年（2005）五月初版

序

　　史學思想史是史學史的一項分支學科，它和其他分支學科一樣，都在起步階段。

　　從 60 年代起，吳懷祺同志就有志於中國史學史的研究。十餘年以後，他考上了北京師範大學史學史的研究生，提出了關於鄭樵的研究，就表現出他對史學思想史研究的特殊興趣。1992 年，他的《宋代史學思想史》出版了，這是他在這方面研究的最初成果。現在，他又寫出了《中國史學思想史》，論述了中國史學思想的發展和有關各時期的不同特點，論述了史學和經學、玄學、理學、事功之學、經世之學、實學之間的關係。

　　這書對中國史學史學科的建設有所推進，是可喜的。還希望作者繼續開展工作，作出更多的成績。

白壽彝

1996 年 1 月 8 日

中國史學思想史

目　次

第一編　從原始的
歷史意識到史學思想

第一章　從原始的歷史意識 到史學思想

第一節　從圖騰崇拜到祖先崇拜： 原始的歷史意識

　　史學思想的最初形態是原始的歷史意識。白壽彝先生說："中國史學的歷史，可以從遠古的傳說說起。所謂遠古，是指有文字記載以前的遙遠的時期。在這時期，雖還不可能有史學，但追本求源，還是要從這裏說起。"（《中國史學史》第 1 冊，第 197 頁）最初的史學思想的歷史，是探討歷史意識發生和發展的歷史。

　　據考古材料，約 170 萬年前，我國境內出現了人類，出現了原始人群，這就是我們中華民族的先祖。我們的先祖在極其困苦的條件下過著 "穴居野處" 的生活。遠古的先民，在那洪荒的歲月裏，不但要運用原始石器勞動，還要製造、改進這些粗糙的石器。正如恩格斯說的：人們爲了能夠 "創造歷史"，必須能夠生活。但是爲了能夠生活，首先就需要衣、食、住以及其他東西。因此第一個歷史活動就是生產滿足這些需要的資料，即生產物質生活本身。這也是人們僅僅爲了能夠生活就必須每日每時都要進行的一種歷史活動，"因此任何歷史觀的第一件事情，就是必須注意上述基本事實的全部意義和全部範圍，並給予應有的重視"。（《馬克思恩格斯選集》第 1 卷，第 32 頁）我們應當從原始人的物質生產、生活的本身，考察原始歷史意識的發生和特點。

　　語言在勞動中產生了，意識也產生了。最初的歷史意識是在同自然鬥爭中、在生產活動中產生的。原始人不但要生存還要發展，只是消極地適應自然不求發展，人類將永遠不能最終脫離動物狀態。原始人從過往的行動中，逐漸地理會、總結出自己活動成功與失敗的原因，這就是經驗的積累。過往行動經驗的積累和教訓的總結，體現爲歷史意識。生產生活的經驗的積累，既是必然的也是必需的。歷史意識體現爲生產生活經驗的積累，又使原始人有意識地積累經驗。原始人在不斷地積累生產、生活經驗中，掌握同自然鬥爭的知識，增強同自然鬥爭的本領，開拓新的生產領域，擴大了獲取生產、生活資料的範圍；在這個過程中，由於對自然認識逐步加深，又使生產工具得到改進。因此，原始的歷史意識在生產勞動中產生，又促進了生產發展、生活改善，使原始人一步步地脫離動物狀態，促進原始人向現代人過渡。因此，歷史意識從一開始又蘊含了發展的意識，蘊含了對歷史自身的突破。

原始歷史意識另一種表現是對自身來源的追尋，對自己部落、氏族起源的追溯。這首先和圖騰觀念糅合在一起。氏族社會裏，個人是無法和自然進行鬥爭、獲得生存資料以進行生產活動的。當時社會生產力低下，這就決定了原始人要結成一定規模的群體進行活動，在一定的地區內活動著的原始人群體追溯自身的來源，根據其自身的生產和生活及環境的特點，加上傳說的影子，從對自然物、靈物的崇拜進而構造出圖騰，作爲部族崇拜物。在中國歷史上，崇拜的圖騰有植物、動物，有自然現象，也有自然物，如山、川、日、月等。

圖騰崇拜中的歷史意識既有虛幻的一面，又有真實的一面。原始人擬定幻化的始祖並加以崇拜，通過一種共同的氏族的標誌演繹構成一種世系，虛幻的始祖和真實的血緣世系結合在一起。隨著原始人從群婚向對偶婚、一夫一妻制過渡，血緣的世系越來越明晰，歷史意識越來越顯現自身的意義。始祖傳說和氏族世系結合的原始的歷史意識，有了圖騰作爲自己的標誌，形成了一種凝聚力，維繫全氏族展開生產，同自然鬥爭，同鄰近的部族交往、鬥爭。白壽彝先生總結遠古的傳說的內容時說："從我們現有的材料來看，遠古的傳說主要是氏族社會裏英雄人物的故事。其中包含兩大類：一類是對自然進行鬥爭、在生產上取得勝利的故事；一類是氏族部落間原始戰爭的故事。"（《中國史學史》第 1 冊，第 197 頁）

歷史意識在原始形態就具有二重性：一方面，它是維繫、發展生產、滿足生活需要，有真實經驗的成分，有真實世系的內容；另一方面，它通過圖騰虛擬始祖的傳說，逐漸形成一種傳統、一種約束，既提高了信心，又約束成員服從氏族長的管理，從事生產與生活的鬥爭。中國古代傳說中的盤古、女媧、伏羲、神農、黃帝以及堯、舜、禹等，有它的"人"性的一面，又有它的"神"性的一面，體現出原始的歷史意識的特點。

圖騰崇拜的進一步發展便是遠祖崇拜、近祖崇拜。一些少數民族地區歷史文化調查證實了這一點。馬學良等編的《彝族文化史》得出這樣的認識："由採集狩獵經濟向種植經濟發展，圖騰崇拜向祖先崇拜變化"。"圖騰崇拜發展爲祖先崇拜，是社會生產力發展、社會進步和人類認識發展的產物"。"父權制的確立和私有制財產的出現，需要確定和鞏固的血統關係，以保證財產繼承權。這時圖騰崇拜逐漸向祖先崇拜過渡，對'物化的人靈'的崇拜，讓位于對'人靈'（祖先）的崇拜"。"彝族祖先崇拜產生在由母系氏族社會向父系社會的對偶婚過渡的時代"。祖先崇拜又由遠祖崇拜到近祖崇拜，這種變化"在血親復仇中，若能爲離自己時代越久遠的祖先復仇，就越被視爲英雄。但適應於父系氏族制解體後，父系個體家庭的建立，在宗教信仰方面，由遠祖崇拜發展到對個體的家庭祖先的近祖崇拜。"（以上引文見該書《宗教篇》）

應該說明，由圖騰崇拜到遠祖崇拜、近祖崇拜是一個過程，原先的崇拜意識可能殘留下來，也可能改變形式同新的崇拜結合在一起而被保留。史學思想發展是辯證的發展，不能用形而上學"消失"的觀念說明辯證的發展。圖騰崇拜的痕迹一直到後代還隨處可見。

從圖騰崇拜到遠祖崇拜、近祖崇拜，反映原始歷史意識的發

展，從虛幻的始祖和眞實世系的結合，進而表現爲對先祖的“愼終
追遠”，這本身就是在混沌中掙扎著向前發展的漫長的進程。如果
說圖騰崇拜還只是以虛構的始祖業績鼓舞氏族的成員，那麼，祖先
崇拜則是追念先祖在開拓中創造出的眞實業績，從中汲取智慧和力
量。《詩經》的《公劉》篇記載先祖公劉千辛萬苦帶領部族群衆，
來到豳地進行墾拓，部族群衆“君之宗之”，周族由此蕃衍壯大。
其次，圖騰崇拜謳歌的是擬人化的圖騰，祖宗崇拜是眞實的先祖，
是“人”，有著眞實的歷史的內容。再次，圖騰崇拜物畢竟與現實
缺少眞實的聯結，但是祖先崇拜中的先祖、遠祖與子孫遞續關係是
活生生的事實，其世系也明白無誤地存在在傳說中。先祖意識作爲
歷史意識的內容明顯地淡化了虛幻的成分，增添了眞實人事的內
容。應當說明，原始的祖先崇拜和後世的祖先崇拜不一樣，原始祖
先崇拜和神的意識並沒有隔斷，人神不分，人神雜糅，還是基本的
特徵。

　　原始的歷史意識的特點，從上面所說，可以歸結爲以下幾點，
第一，歷史觀念與其他意識混雜在一起，它體現在生產、生活的經
驗中，也體現在對自然觀察獲得的認識裏。原始人的歷史意識明顯
地與原始的宗教觀念混雜在一起。原始人關於靈魂不滅的思想，關
於山川日月以及某些動植物具有人格的觀念，關於祖先庇佑、圖騰
具有超人的力量的觀念，使得原始人的歷史意識沈浸在濃厚的神的
虛幻的意念中。第二，隨著生產的發展，對自然征服的進展，原始
的歷史意識逐漸從混沌狀態中走出，從虛幻向現實走去。第三，原
始的歷史意識同樣具有二重性的特點。

　　追溯往迹，追念先祖，是爲鼓舞氏族成員在現實中進行鬥爭；
生產、生活的經驗積累孕育著生產力更新、突破；歷史意識中的矛
盾導致歷史意識的突破、更新。歷史意識發展根源于現實的生產、
現實社會的變化；而歷史意識對社會的發展又起了積極的作用。原
始歷史意識正是血緣關係維持的反映。法國人類學家雷諾說圖騰的
信條的最後三條是：原始人信仰圖騰能夠保護和警告它的部族；圖

騰動物能夠對部落的忠貞的人預言未來；圖騰部落內的人民常深信他們和圖騰動物之間乃是源于共同的祖先。這種信仰把整個部族凝結在一起。

應該看到，原始人的凝聚力形成和對部族強制性的約束、禁制是聯結在一起的，原始的歷史意識在這裏同樣起了積極的作用。

第二節　從口述史事到記載歷史：歷史意識的發展

地球上有了人，人類的歷史就開始了。原始人在沒有文字以前，當然不可能有歷史的記載。魯迅先生說："人類是在未有文字以前，就有了創作，可惜沒有人記下，也沒有法子記下。"（《且介亭雜文·門外文談》）這是說文學創作，同樣也說明原始人不可能有歷史的文字記載。在沒有文字以前，口述先祖的業績要靠年長的人。其中擅長於這種工作的人，他們記憶力強，能說會道，傳頌先祖的光輝業績，講述先輩們同自然鬥爭的艱辛，這裏面有受挫折的教訓，也有獲得成功的經驗。神話的內容和真實經歷結合在一起更能鼓舞人心。頌說先祖的事業，成為原始人生產、生活的重要組成部分，幾乎是不可或缺的活動。久而久之，逐漸形成專門講說先祖業績的人，似乎這些人是既通神又通人，天和人由他們溝通。民與神相隔，在他們那裏卻是民神雜糅。敬神祭祖的活動和鼓舞氏族成員進行生產與生活的鬥爭合而為一。這種專門的人是"巫"。在生產力極端低下的時代，一切有生產能力的人都要從事採集狩獵活動，年老的"瞽"者承擔這種職責是順理成章的事。所以，毫不奇怪，"巫"和"瞽"往往是連在一起的。《國語》的《楚語下》中楚國大夫觀射父說：

> 古者民神不雜，民之精爽不攜貳者，而又能齊肅衷正，其智慧上下比義，其聖能光遠宣朗，其聰能光照之，其聰能聽徹

之，如是則明神降之，在男曰"覡"，在女曰"巫"。是使制
神之處位次主，而為之牲器時服，而後使先聖之後之有光
烈，而能知山川之號、高祖之主、宗廟之事、昭穆之世、齊
敬之勤、禮節之宜、威儀之則、容貌之崇⋯⋯上下之神、氏
族之出，而心率舊典者為之宗。於是乎有天地神民類物之
官，是謂五官，各司其序，不相亂也。（卷十八《觀射父論絕地
天通》）

　　"古者民神不雜"是說司民、司神之官不同，但在"巫"那裏
司民與司神混一。《楚語》記載反映巫頌史的痕迹，"覡"也是巫，
《周禮》裏，男亦曰巫。"巫"是神職，也是人職，"制神之處位次
主"等，為敬神的需要；知"高祖之主，宗廟之事，昭穆之世"，
"氏族之出"，是為敬祖，知"山川之號"則與管理區域事有關。
巫因此在頌史之外，又擔任祭祀的工作，成了"天""神""人""鬼"
溝通聯繫的人。巫風在後世仍然可見。

　　宋兆麟等的《中國原始社會史》說："祭司和巫師是在現實社
會中生活的，首先他們是氏族公社的成員，是一般的人，這一點使
他與人間發生了骨肉聯繫。但是，他自稱能通神，可以同神說話，
上達民意，下傳神旨，預知吉凶禍福，為人治病，替死人送魂，能
夠用巫術、犧牲和法器進行宗教活動。如納西族的東巴在驅鬼時，
實行全副武裝，跳戰鬥舞。於是巫師和祭師又成了人與鬼的媒介、
橋梁，具有半人半神的特點。高山族把'人'寫成'♀'字，把
'鬼'字寫成'♂'，'巫'字寫成'♀'字，稱'胡求'，證明巫
介於人鬼之間。"（第496－497頁）巫有這樣崇高的位置，他們宣
傳歷史的某種觀念也就具有一種權威性，形成對全氏族的一種支配
的思想。

　　為了便於傳頌，口述史往往要用韻語、用整齊的語句來傳唱，
這樣唱頌出來的內容便於記憶、便於傳播。這就是為什麼很多民族
的最初的歷史都是保存在史詩裏。這些史詩流傳下來，後來有的經
過加工，保存在民族文化寶庫中，成為文學、史學遺產中的瑰寶。

希臘的荷馬史詩，我國漢民族的《詩經》，藏族的英雄史詩《格薩爾王》，雲南納西族的《創世紀》等，都是這樣一批作品。在這些史詩裏，在神話和圖騰傳說的外衣下，我們看到先祖的艱難歷程，也體察出先民們心目中山川河流、日月星辰、飛鳥走獸都是一種人格的形象，他們在追憶往事，寄託著對未來的追求。這裏面融進巫史主體的見解；後世文化人在加工時又可能增添情節，即"偽"史內容。總之，口述史、史詩表現出先民們的原始的歷史意識。具體地說，其意義有以下幾個方面：

首先，重視歷史的意識。每一篇史詩、每一則口述作品，都把傳頌先祖、始祖的業績作爲最主要的內容。其中包含氏族起源的見解，血緣世系聯結的觀念。"天命玄鳥，降而生商。"（《玄鳥》）這是說商族的起源。姜嫄"履'帝武敏'歆"（《生民》），周族由此誕生、繁衍強大。《彝族文化史》說到彝話的口傳家譜："彝族家支民俗發展一種記憶家族世系的口傳譜系，構成方式，主要是父子連名。作爲家支構成分子的家庭，不論是諾合（黑彝）還是曲諾（白彝）家庭，都十分重視自己的家譜。因此家譜既是一個家支的譜系，又是個體家庭的宗譜。"（第 371 頁）這種風俗一直保留到後代。口傳譜系就是口述史的一種範式。

其次，是氏族凝聚必要性的觀念。這是原始歷史意識的又一個重要內容。氏族只有凝結成一個整體才能生存下去，才能開拓，才能發展。"族"、"類"、"種"、"方"，最初的人都是在這樣的群體中把自己的歷史延續下去，在艱難困境中發展自己。聖人賢人是這些群體中有能力的人，是他們帶領氏族成員創造那個時期的奇迹。聖人賢人成爲群體的驕傲、群體的代表。這些成爲史詩、口述史中的主要的內容，反映了他們的思想觀念。口述史在那個時代也確實起了這樣的作用。口述史、史詩受到初民們的重視，其原因也在這裏。

最後，口述史傳播了帶有經驗性的認識。這裏包括對自然鬥爭的認識，也包括同其他氏族鬥爭的看法，也包括維繫本氏族團結的經驗和認識。《尚書》、《詩經》、《周易》等，許多關於原始部族歷史的篇章，提供了不少有關這方面的思想。《生民》既有開拓的經驗，也有後稷種植方面的經驗。《周易》的《系辭》敍說伏羲、神農氏、黃帝、堯、舜每一個時代成功之後，借著解說八卦提出一種認識。如談到黃帝業績的取得，是順應"民"心，以窮通變化的精神治理部族的結果。《系辭下》說：

> 神農氏沒，黃帝、堯、舜氏作。通其變，使民不倦；神而化
> 之，使民宜之。易窮則變，變則通，通則久，是以自天佑之，
> 吉無不利。黃帝、堯、舜垂衣裳而天下治，蓋取諸《乾》、《坤》。

《史記》的《五帝本紀》根據口述史留下來的影子，談到黃帝與炎帝在阪泉之戰的成功的經驗："乃修德振兵，治五氣，撫萬民，藝五種，度四方"，並且教士卒習戰鬥如猛獸一般。

由此可見，原始的歷史意識成爲氏族成員的一種信念，成爲氏族戰勝自然、保護部族以至拓土開疆的一種推動力量。歷史知識、歷史觀念、歷史意識，在人類的歷史上是推動社會的積極的力量，儘管歷史的觀念在一定的條件下，又可能成爲一種惰性的力量，懷舊、保守以至拒絕接受新的事物。但是，由於生產力的發展不可能中斷，也由於歷史意識自身的矛盾，歷史本身就是新舊聯繫、過去和現在的聯結，因而它蘊含發展的觀念。這種惰性力遲早會被融解，因而歷史意識的積極意義始終是主導的方面，這是我們研究歷史意識起源得出的看法，應該說是合乎事實的。

口述史事由於沒有文字記載，它容納的信息量很有限，表達的認識隨著口述者的變化而有差異，加上人神混雜、虛構的成分的增加，從而反過來又削弱了它的積極意義。社會向前發展，這種表述方式已經不能適應需要。文字產生，不但是歷史記載上的進步，也是推動歷史意識發展的需要。"前人之所以垂後，後人之所以識古"，離開文字是難以想象的。

關於"巫"與"史"的聯繫，魯迅先生在《門外文談》中，還有一段話：

> 原始社會裏，大約先前只有巫，待到漸次進化，事情繁複了，

有些事情，如祭祀，狩獵，戰爭……之類，漸有記住的必要，巫就只好在他那本職的“降神”之外，一面也想法來記事，這就是“史”的開頭。況且“升中於天”，他在本職上，也得將記載酋長和他的治下的大事的冊子，燒給上帝看，因此一樣的要做文章——雖然這大約是後起的事。再後來，職掌分得更清楚了，於是就有專門記事的史官。文字就是史官必要的工具，古人說“倉頡，黃帝史”。第一句未可信，但指出了史和文字的關係，卻是很有意思的。

可見，巫史，或者大體說，從巫到史，同文字的産生、形成聯結在一起。最古老的文獻，是“史”記載下來，文獻源于史，經籍源于史，中國史家很早就意識到這一點。傳說中的上古史官倉頡、沮誦、孔甲、終古、向摯等，都和文字發明、記載大事、保存文獻等有關；有的還兼有占卜及觀天象的職能。

文字的形成是一個漫長的過程。最初，用結繩、木刻來記事是常見的方法，“刻木爲契”，“結繩記事”，在古代的傳說中是屢見不鮮的故事。我國的獨龍族、景頗族、佤族、怒族許多族到後世還保存這種習俗。佤族還用木刻表達意圖；又用結繩的方法記事，依據繩索上下表示時間的先後；繩“結”的大小表示事件的重要程度和量的多寡。繩結上增添別的物件，又可以顯示事件的某種內容，這種刻木便成了一種歷史的記載物品。他們在每一年吃新米的時候，要召集全村老小一齊嘗新，由年長的人，口頭傳述本村歷史，就拿出歷代相傳的一根木刻。木刻兩側刻著許多刻口，每一刻口代表著一樁事件，刻口深的，表示重大的事件；口淺的，表示事件輕小。講述的老人依據木刻，主要告訴族人某一刻口記本村的某時和某村人結下的仇怨，已經報復過，或未報復過的，其意義要族人記著仇怨，不忘報復。村中其他的事也借著這個機會，口耳相傳延續下去。這裏的木刻作爲引起回憶的物件，可以看成是從口述史向文字記載歷史的過渡。歷史事件的內容，事件發生時間先後的順序，事件本身的意義、教訓，以及對未來的期望統統包括在這根木刻裏面。文字發展的過程還需要作進一步的研究，但可以肯定，文字的每一步進展，歷史記載的每一種完善，都意味著人類對自身發展過程認識的演進。

「惟殷先人，有冊有典」，冊與典是文字記錄成熟的標誌，殷商時代甲骨卜辭標誌著成熟文字的出現，標誌著歷史記載日臻成熟。其中有採集、狩獵的記載：

　　　壬申卜乂貞圉，乂鹿，丙子罞鹿。(《殷墟書契》前編卷四，四，二)

　　　乂乂王卜乂貞田稱往。(《前》二，三三，二)

有畜牧方面的記載：

　　　卯卜王牧。 (《前》六，二三，五)

有農業生產方面的記載：

　　　庚申卜貞我受黍年，三月。(《前》三，三〇，三)

　　　庚午卜貞禾有及雨，三月。(《前》三，二九，三)

有手工業及賞賜的記錄：

　　　庚申卜乂貞大有其貝。(《前》五，一〇，四)

有祭祀方面的記錄，求年、征伐等各方面的記錄。近年，甲骨卜辭的世系、分期的研究已經取得了相當大的進展，對人們認識甲骨卜辭的價值，具有重要的意義。

甲骨卜辭對歷史的記載仍然帶有原始的性質，但是歷史意識有了明顯的進步。首先，時間的觀念、世系的觀念上的進展。侯外廬說：「殷代世系稱號可以說是意識生產的最有特徵的符號。」「時間觀念的發現是人類最初的意識生產。」(《中國思想通史》第 1 卷，第59、61 頁) 它說明清晰的歷史意識隨著時間觀念的進步而出現。郭沫若說：「殷之先世，大抵自上甲微才入于有史時代，自上甲微以下則為神話傳說時代。此在殷時已然。觀其祀典之有差異，則可判知。」(《卜辭通纂考釋》第 74 頁) 其次，重視現實生產生活和部族交往、交爭的記載。另外，現實活動的記載，目的是要占卜未來，關心氏族的命運。但殷代支配的觀念還是原始宗教的意識，是上帝支配社會人事活動這一點同樣在歷史觀念上反映出來。人間的王是

"帝"之子，根據人間君王的行事，根據君王的"德"，進行賞罰，決定人間的興衰。因此，歷史意識的二重性也是在發展，用虛幻的上帝說明自身統治的合理，又密切關注現實的問題，關心未來的命運。在這裏，上帝支配整個歷史過程，決定歷史命運的重心在上帝那一邊。

甲骨文字的記載還比較原始，金文、鐘鼎文的記載更臻成熟，這裏舉兩條材料：

> 佳（唯）三月，王令婪眾內史曰：葦井侯服，錫臣三品，州人、夆人、庸人。拜稽首魯天子厥順福，克奔走上下帝無冬（終）令（命）於右（有）周終孝，對不敢轰。邵（昭）朕福血，朕臣天子。用冊王令（命），作周公彝。

這是《周公簋》記載征服井侯的事。又《禹攸從鼎》：

> 佳卅又二年三月初吉壬辰，王在周康宮，徲大室。禹從以攸衛牧告于王曰：汝為田牧，弗能許禹從。王令省史南以即虢旅。虢旅迺史（使）攸衛牧誓曰：我弗具付禹從其租射公田邑，則放。攸衛牧則誓。從作朕皇祖丁公，皇考惠公尊鼎。禹攸從其萬年，子子孫孫永寶用。

從甲骨文到金文，專職記載歷史的人逐漸固定下來，殷代的"貞人"，及擬定鼎彝上文字內容的人就是這樣一批人。這說明了對歷史記載的重要性認識提高了，歷史的認識由於曆史記載的發展得到較爲充分的反映。這裏有三點可以提出來：第一，記載的內容相對地說擴大了，也更準確了。歷史主體認識較好地得到反映。第二，記載歷史的目的是要求後代子孫記住先祖的希望，即所謂"子子孫孫永寶用"，繼承先祖的事業，鞏固先祖的勳業。第三，時間年代的概念在這些記載中比較明確。事件的過程在某些記載中有一個粗略的描述。曆史的人物，事件的發生、結局，簡單的述評都包括在鼎銘的文字中。當然我們也看到無論是卜辭，還是鍾鼎上面的銘文，作爲歷史的記載又是不充分、不完全的。歷史意識逐漸明晰起來，但是，人神雜糅的狀況並沒有擺脫。這些都表明這個時候的歷史意識仍然具有原始的性質。

第二章　由"六經皆史"說，
談先秦時期的歷史意識

第一節　六經與史

　　所謂《六經》，實在說，只是《五經》，即《易》、《詩》、《尚書》、《禮》、《春秋》。《六經》是經，但是，《六經》是不是也是史？古代學者的看法很不同。司馬遷說自己寫史要成一家之言，這個一家之言也就是史家之言，關於這個問題在後面的章節中還要談到。但是有一點很明確，司馬遷的史家之言是在融彙《六經》的思想的基礎上形成的，司馬遷父子說得很清楚。司馬談對他的兒子司馬遷表白自己事業上追求的心迹，司馬遷深有體會，說：

　　　　先人有言："自周公卒五百歲而有孔子。孔子卒後至於今五
　　　　百歲，有能紹明世，正《易傳》，繼《春秋》，本《詩》《書》
　　　　《禮》《樂》之際？"意在斯乎，意在斯乎！

　　司馬遷表示要繼承父業，說"小子何敢讓焉"。司馬遷在《太史公自序》中記載了這段話表明他寫史的基本指導思想。寫史是繼承、發展經學事業的組成部分，經是融化在史書中，因而經和史是一體，並沒有截然分開。班固的《漢書・藝文志》中沒有"史"略，史書是歸在《春秋》略中。馬、班把"史"放在"經"中並沒有輕視"史"的意思，特別是司馬遷作爲史學之父，他重視經，也重視史，雖然他說過，是非要"折衷於六藝"的話，但他把經中的思想作爲史家之言的內涵，不存在重經輕史的問題。董仲舒要求漢武帝罷黜百家，獨尊儒術，"諸不在六藝之科，勿使並進"。這可以說是

典型重經輕史的思想。到了宋代理學家那裏，這樣的觀念又進一步得到發展。他們有"經細史粗"、"經本史末"等議論。也有不少學者從不同的角度說明"經"就是"史"。王通、王陽明、章學誠等都有自己的提法。特別是章學誠關於"六經皆史"的命題在史學史上的影響尤其大。

關於"六經皆史"的命題有兩個問題要說明，第一，"六經皆史"命題不變，而內涵迥異。王陽明說的五經皆史，是從心學角度說的，說明五經都是"吾心之記籍"。章學誠是以經世致用的觀點，說明六經都是治理國家、切于民生日用的典籍，史學應當作爲經邦濟世之器。因此，六經也是史。第二，"六經皆史"說，在章學誠那裏雖有新的含義，但並沒有貶低"經"的意思。只是想說明《六經》爲先王的政典，治國經邦應當以六經爲根據，"史"是實際，先王時的實際。有的文章認爲章學誠"六經皆史"說是把《六經》從"經"的寶座上拉下來，這恐不符合章氏的原意。至於說有的人認爲章學誠把《六經》當作史料看待，這離章學誠立意更遠。章氏說過，凡涉天下著作之林者，皆史也。六經也是著作，當然也是史。這裏的"史"是史料，它和章學誠的"六經皆史"的提法中的"史"的意思不一樣。

《六經》是不是"史"呢？或者說《六經》是不是史書？這裏我們有自己的看法。從嚴格意義上說，從歷史編纂學的角度看，除《書》《春秋》外，其他幾部經書《易》、《詩》、《禮》、《樂》要說就是史書，不是很貼切。但是《經》即是"史"，甚至還可以說《經》是後世"史"的淵源，這主要不是從歷史編纂學上說，也不是著重從史料學上說，應當從歷史意識上、從史學思想上來理解這個問題。中國的史學思想的主要思潮，溯源探流，都可以追尋到《六經》那裏。《六經》的每一部經書中不是孤立地、簡單地闡述一種見解，反映一種歷史意識；情況比較複雜，但每一部經書，相對地說，比較集中地表達一種歷史見解，一種史學觀點。只是從這個意義上，我們完全有理由說《六經》都是史。

　　把《六經》作爲一個整體看待，其困難之處除《六經》內容中的真僞問題外，還有一個重要問題，這就是《六經》反映的時代背景的時間跨度大，其主要內容涉及的歷史時期包括通常稱的三代，即夏商周三代。《六經》基本形成在春秋戰國時代，它以文字形式，反映人們對歷史的看法，相對地說它已經是成熟的歷史觀念、歷史意識。傳說孔子刪《詩》、《書》，定《禮》、《樂》，如果把孔子作爲一個時代看，這個說法就有它的合理性，說明《六經》在那個時代已經基本形成，它反映先秦時期中國的歷史意識已經成熟。這裏可以概括地說一下，《尚書》突出的是歷史盛衰總結的意識；《周易》明顯體現出通變的歷史見解；《周禮》反映出來值得重視的是政教禮治的觀念；《詩經》在歌頌先王、總結歷史盛衰的同時，又突出一種文化風俗史的觀念。《春秋》引人注目的是一種歷史編纂思想，如果不是過分強調某一個方面，那麼《春秋》筆法、義例，以及編年系事的方法等，寓於這部《春秋》書中。孔子說的史學三義，即史文、史事、史義，相互結合在史書中。因而《春秋》作爲史家主體反映對歷史客體認識的一種作品，已經標誌史學臻於成熟。下面我們將分別對這些方面作進一步說明。

第二節　《尚書》的歷史盛衰總結

　　《尚書》的內容真偽，以及相關聯的它所反映的時代背景的問題很複雜，但是，這個問題卻又是回避不了的。我們在研究先秦的歷史意識時，這個問題仍然擺在我們面前。《尚書》有今古文之爭，漢初伏生所傳 29 篇（實爲 28 篇），稱之爲今文《尚書》。由魯共王發孔壁得《尚書》，傳孔安國編次，以隸古定所成，除 29 篇外，還有 16 篇佚文，共 45 篇，稱古文《尚書》。此後又有張霸的百兩篇、杜林的漆書。南北朝時，漢代的今古文《尚書》俱失傳，魏末出現僞孔安國《尚書傳》。東晉元帝時，豫章內史梅賾奏上《古文尚書》，經過陸德明，特別是經過孔穎達的疏釋、整理，是爲《尚書正義》，後世奉爲《尚書》經籍的標準讀本，共 58 篇。《尚書》古文本的作僞處，經唐、宋學者特別是明人梅鷟，清人閻若璩、惠棟及丁晏等揭發，古文《尚書》作僞的部分已經大白於天下，剝去這一假造的成分，留下來的大部分內容卻是可信的。《尚書》中關於商周的文字基本是可以相信的。

《尚書》的史料價值，討論得比較多，歷來史家寫先秦古史都要把它作爲主要的材料。章學誠在《文史通義》中指出，《尚書》的編纂具有"圓而神"的精神，這是注意到《尚書》在歷史編纂學上的價值。近代學者討論《尚書》中的天人觀念、"德"的思想等。但是《尚書》在史學思想上的意義，人們還是注意得不夠，有待我們進一步發掘。

《尚書》最重要的史學思想是歷史盛衰總結的意識，突出的是"稽古""殷鑒"思想。在中國史學思想上，最早關於歷史盛衰的見解，最早有系統的作品是《尚書》。

《尚書》的稽古觀念，首先說明歷史變動是合理的。由夏商周，進而上溯到堯、舜，幾千年中發生了一系列的變動，這些變動是合乎天意的，這是《尚書》的中心觀念之一。《堯典》經近世學者的研究，考定出它的記載有符合實際的地方，不能把它完全當成僞材料看待。《堯典》開篇即提出"稽古"思想，中心內容表明了古代的民主禪讓順乎天意合乎民情，這裏摻雜了戰國時代人的大一統的思想，但卻留下了一種古代民主意識；這在後世看來是不可思議的事，卻在先世出現了，而且作爲聖人的治世舉措、盛世的樣板。《甘誓》記載夏啓征伐有扈氏的反叛，說這件事是天的意思，《甘誓》說："天用剿絕其命，令予惟恭行天之罰"。《湯誓》中湯在滅夏桀時說的話，是義正詞嚴，說"格爾衆庶，悉聽朕言，非台小子敢行稱亂，有夏多罪，天命殛之"。湯所以理直氣壯能以臣子叛君，一是"有夏多罪"；二是"天命殛之"，有"天"的支撐，自然是合理的。《牧誓》歷數商紂罪行，宣稱滅商的行動是代天行事的。說：

> 今商王受，惟婦言是用，昏棄厥肆祀，弗答；昏棄厥遺王父
> 母弟，不迪，乃惟四方之多罪逋逃，是崇是長，是信是使，
> 是以為大夫卿士，俾暴虐于百姓，以奸宄于商邑，今予發，
> 惟恭行天之罰。

商紂聽信婦人的話，廢棄祭祀先祖，昏庸無道，疏遠親族，卻又親近信任逋逃的罪犯，暴虐地對待百姓，這是上天所不允許的，武王宣稱自己，"惟恭行天之罰"。總之，《尚書》以上天為外衣，證明歷史變動是合理的。

從《堯典》的"曰若稽古"到《周書》的《召誥》、《酒誥》的殷鑒思想貫穿的一條主線，這就是對歷史盛衰的總結。"人無于水監，當於民監，今惟殷墜厥命，我其可不大監撫于時"。《酒誥》指出歷史的教訓是嚴酷的，一代人主總是要從中總結帶有規律性的認識，作為自己統治的借鑒。

仔細讀《尚書》，我們可以體察它的眼光，它的盛衰總結的見解給人的啟發是很深的。除注重鼎革遷移時代的經驗總結，注意新舊朝代更替時留下的教訓外，還能考察一個朝代在發展過程中興衰變動的原因。如《多士》說：

> 自成湯至於帝乙，罔不明德恤祀，……在今後嗣王，誕罔顯
> 於天，矧曰其有聽念于先王勤家。誕淫厥佚，罔顧於天顯民
> 祇，惟時上帝不保，降若茲大喪。

從商湯到帝乙，社會在向上發展，成功的經驗在"明德恤祀"，從而得到上帝的幫助、保護。這裏是就有商一代的統治的經驗作出的概括。《無佚》篇總結了殷中宗、高宗、祖甲與周太王、王季、文王、武王的治理經驗。《君奭》總結殷"墜厥命"的教訓，又歸納了成湯、太戊、祖乙、武丁和周文王在用賢人的成功經驗。《尚書》已經不是就一帝一王的行事進行總結，它能夠超過一帝一王，甚至超過某一朝代的時空，討論興衰的經驗教訓。後世的中國歷史學繼承這一優良的傳統，寫歷史，總結歷史。

《尚書》總結歷史經驗教訓可以歸結為兩個方面，即"敬天"

與"保民"。從殷商到周,"敬天"的思想又有發展,從敬天到懷疑天,"天不可信"。敬天又進而發展爲"敬德"。這是歷史總結的深入,也是歷史意識逐步在擺脫神意的束縛,從人神混雜的狀態中一步一步向前邁出。敬德、重德與保民兩個方面的結合,說明《尙書》觸到歷史變動的原因的一些方面,把總結歷史的眼光從天神轉向人世。《康誥》說:

> 惟乃丕顯考文王,克明德慎罰,不敢侮鰥寡,庸庸祗祗威威顯民,用肇造我區夏。

《召誥》說:

> 我不可不監于有夏,亦不可不監于有殷。……惟不敬厥德,乃早墜厥命。……今王嗣受厥命,我亦惟茲二國命,嗣若功……上下勤恤,其曰:我受命,丕若有夏曆年,式勿替有殷曆年,欲王以小民,受天永命。

另外,《梓材》說:"肆王惟德用,和懌先後迷民。"《多士》說:"自成湯至於帝乙,罔不明德恤祀。"

　　夏的衰亡商的興起,商的滅亡周的興起,都有各自的原因,但又有共同的原因,滅亡的教訓,興起的道理。這就是"德"、是"民"。但無論哪一篇《尙書》都沒有否決天帝。《尙書》作者思考歷史盛衰的思路大體是這樣的:天帝支配社會的變動,其支點是人間的帝王的"德政","德政"的中心內容是"保民",謹慎地修德可以祈天永命。《召誥》說:"不可不敬德,王其德之用,祈天永命。"又說,不敬德、失德,則天降罰,"惟不敬德,乃早墜其命"。到了周的時候,"敬德"更落到實處,而"天"、"命"更虛玄了。"敬德"的內容很廣泛。但在《周書》中的主要內容是"用康保民"。(《康誥》)

　　"保民"思想中心內容是"知稼穡艱難"。《無佚》以殷周兩代的統治的經歷、兩代治世之主成功的經驗驗證這一點。殷中宗"嚴恭寅畏天命自度,治民祗懼,不敢荒甯",中宗因此享國 75 年。高宗"時舊勞於外,爰暨小人……不敢荒甯,嘉靖殷邦,至於小大,無時或怨"。高宗做到了,知道小人的艱難,謹慎地行事,他享國

59 年。祖甲保持統治 33 年，他享國這樣長久，也是因爲“爰知小
人之依，能保惠于庶民，不敢侮鰥寡”。《無佚》篇總結殷人成功的
經驗後，又分析殷人統治走向衰微的緣由：“自是厥後立王，生則
佚，生則佚，不知稼穡之艱難，不聞小人之勞，惟耽樂之從，自是
厥後，亦罔或克壽：或十年，或七八年，或五六年，亦或四三年。”
歷史的經驗歸納出來，明白無誤地就是這些。周代的開國四位君
王，都是英主。從太王、王季、文王到武王，他們是賢王、聖君，
可以文王爲例說明其中的經驗：“克自抑畏，文王卑服即康功田功。
徽柔懿恭，懷保小民，惠鮮鰥寡，自朝至於日中昃，不遑暇食，用
咸和萬民。文王不敢盤于遊田，以庶邦惟正之供。文王受命惟中身，
厥享國五十年。”周公以殷、周兩代歷史的經驗教訓，啓發幼主，
從歷史中吸取經驗教訓，他說：

> 嗚呼，繼自今嗣王，則其無淫于觀，于佚，于遊，于田。以
> 萬民惟正之供。……
>
> 嗚呼，自殷王中宗及高宗及祖甲，及我周文王，茲四人迪
> 哲。……嗚呼，嗣王其監於茲。（上引見《無佚》）

《尚書》總結歷史盛衰提出另一個十分重要的問題，這就是“用
人”。一代君王用什麼樣的人，用什麼樣的臣僚來經邦治國，這直
接關係到社稷的興亡治亂。成湯用伊尹，太甲得保衡，太戊得伊陟、
臣扈、巫咸，祖乙有巫賢，武丁有甘盤，英主有賢才的輔佐，才有
太平盛世的時代。《君奭》篇從中又提出另一個問題，這就是用人
上要不拘一格。仔細分析一下上面提到的那些賢才，可以看到這些
人多數不是高貴的公侯貴族，相反，他們多爲下層人物，甚至是賤
奴。人才賢否，不在身分，用人是用其“能”，用其“才”。《君奭》
篇說：“天惟純佑命，則商實百姓……罔不是孚。”後代史學家總
結歷史時同樣一再重復這樣的認識。

　　《立政》篇又提出區分人臣賢與不肖的標準，作爲衡量人才的
優劣的一個尺度，一個辦法是讓任職的人在位，看他的實際才幹，
忱恂於九德之行。內容是這樣：“宅乃事，宅乃牧，宅乃准，茲惟

後矣。謀面用丕訓德，則乃宅人；茲乃三宅無義民。桀德惟乃弗作往任，是惟暴德罔後。""宅"是"居"的意思，居其職守，讓他們在自己的職位上表現出才幹。事、牧、准，有的人解釋是關乎天、地、人的職位。無論怎樣說，立政的首要事情，是選拔有政績的人。商湯又有"三俊"的考察人才的辦法。後世所說的用人之道，即"官人"的經驗也是由這裏引申出去的。

《尚書》的《盤庚》篇提出"人惟求舊，器非求舊，惟新"，又說："古我先王，亦惟圖任舊人共政。"這些作為在用人問題上面的帶有規則性的認識留給後人。其中的道理，《盤庚》篇也說得很坦白。一是統治的連續性，"古我先後既勞乃祖乃父，汝共作我畜民。汝有戕則在乃心。我先後綏乃祖乃父，乃祖乃父乃斷棄汝，不救乃死"。就是說，前後的朝代統治沒有根本的差異，只是前代到了末世，昏暴的君王所作所為，才使得先祖斷絕和後代的連接。二是求得統治的安定，"予豈汝威，用奉畜衆"。當然，如果反抗，那就是用另一個辦法來對付，"我乃劓殄滅之，無遺育，無俾易種於新邑"。恩威並施中，用舊人是一個相當成功的手段。三是吸收人才的辦法。這些舊人之所以被新主人看重，是由於他們在衰亂的社會裏，顯示自己的見識，表示自己的治國才幹，只是在那種環境裏鬱鬱不得志，空懷一腔報效社稷心。吸收這樣一批人參加新朝的統治是非常有利的。後世史家提出"降臣可用"等的經驗，這可說是對《尚書》的歷史盛衰認識的具體發揮。周人同樣繼承這一思想，周公在《大誥》具體說到有周一代用商朝舊臣的成功經驗，周用十賢臣"十人"，對周朝很快能穩定下來起了很大的作用。這十人中就有舊邦之人。歷代統治者所以重視《尚書》，不是沒有道理的。

《尚書》把君王的品德修養作為關係歷史盛衰的大事提出來，作為歷史學家總結興亡的重要內容。如帝王要勤於政事，以至於"不遑暇食"。人主要戒侈奢淫佚的行為，不能沉溺於酒色之中，也不可"盤于遊田"獵獲禽獸消遣享樂。這是行德政的重要前提。《酒誥》說："古人有言曰，'人無于水監，當於民監，今惟殷墜厥命，我豈可不大監撫于時。'" 在這篇文章中，有一條文王告誡子孫臣下的教訓："越庶國，惟飲祀，德將無醉"，殷王沈湎於酒色，生活腐朽，所以亡了國，周人能不映於酒，"故我至於今，克受殷之命"。在古代，保民、行德政，離不開一代君王，因此，君王的品德修養，直接影響社會安定。從這個意義上說，《尚書》提出的問題有價值。

能夠注意周邊關係問題，並且把這個問題作爲歷史盛衰的大問題看待，這是《尚書》歷史盛衰論的卓識。只有邊境安寧，"協和萬民"，才會有一個升平的局面。

《尚書》通過歷史的正面、反面事實，通過經驗、教訓，特別是歷史的教訓給後世的帝王以鑒戒。僞《孔傳》雖然是僞作，但是它說出了《尚書》所以受到歷代君王重視的道理，這本書"所以恢宏至道，示人主以軌範也，帝王之制，坦然明白，可舉而行之"。歷史盛衰變化深入思考，一經總結就成爲一種有價值的認識。《尚書》是史，又是"經"。不從歷史意識這個角度來思考，是解釋不通的。《尚書》還可以從多角度去認識它，但是它提出的思想至少在兩個方面是值得後世史家深思的。首先，它充滿歷史盛衰總結意識的歷史眼光。中國歷史上一代一代史家繼承這個傳統去寫史，又在寫史中把社會現實緊緊與之聯繫起來，憂世的情思，對歷史前途的期望、信心，融化在對歷史興亡的深沈思考中。第二，對歷史盛衰的具體的認識，很多認識一再被後世的歷史所證實。歷史是不斷變化，但又有常規的因素在重復起作用。有不少帝王讀過《尚書》，知道這些信條，但是卻不理會它，最終是歷史的懲罰降落到他們的頭上。歷史總是要保持自己的尊嚴。《尚書》通過歷史盛衰的總結，從而達到"疏通知遠"的目的，這正是《尚書》歷史意識的特點。

第三節 《周易》的通變歷史思想

《周易》是經歷一個很長的歷史時期才形成的，它反映了這個時期人們對歷史的看法。因此我們首先要討論《周易》的作者和時代有關的問題。歷代學者對這個問題的看法分歧很大。多數學者認爲《周易》的卦、爻辭寫在西周初期或西周的前期。《易傳》形成是戰國時期。這其中又有戰國早期說、戰國晚期說，或者戰國中期至晚期說，等等。《易傳》的各個部分，即《十翼》中的《彖》上、下，《象》上、下，《文言》，《系辭》上、下，《說卦》，《序卦》，《雜卦》，關於這些部分形成的時間，看法也是不一致。這裏我們不能一一考訂。大體上說，《周易》的卦、爻辭形成在西周前期，《易傳》的主要內容是戰國時期人寫出的，後代人對它還在不斷修改，西漢時司馬遷還說要"正易傳"，可以看出，當時的《周易》並沒有完全定型。但是，《周易》的主要內容在先秦時期已經完成，應該是沒有問題的。

我們知道殷周之際處在不同的階段上，殷周之際典制的變動相當劇烈，這一點，近代學者如王國維已經指出。而春秋戰國之際又是一個歷史的大變動的時代，可以說是中國古代社會的天崩地解的時代。《系辭》的作者說："《易》之興也，其當殷之末世、周之盛德邪，當文王與紂之事邪，是故其辭危。" 又說："《易》之興也，其於中古乎，作《易》者，其有憂患乎。"《周易》產生在這樣一個大背景下，因此反映出變動時代的特徵，是完全可以理解的。

關於《周易》的作者，歷來的看法眾說紛紜。傳統的說法是"《易》曆三聖"，所謂伏羲畫卦，文王系辭，孔子作《十翼》。另外，許多人把神農、夏禹、周公等也納到《周易》的作者的隊伍中；當然還有其他一些看法。對於這個問題，筆者的看法是：第一，如果這些聖人作爲一個時代的代表，是可以說得通的，也是能夠理解的。我們總以爲，《周易》這樣的作品，不可能是某一個人能夠完成的，《周易》的思想和文字風格上的不同可以證明這一點。第二，我們有充分的理由說，《周易》的大部分內容是出自史官、史家之手。這層道理也是顯而易見的。宋人朱熹說："《易》本爲卜筮之書。"先秦時期史官兼掌卜筮，《左傳》定公四年載："祝宗卜史，備物典策，官司彝器。"《左傳》昭公十八年載："使公孫登徙大龜，使祝史徙主祏于周廟，告於先君。"像這樣的卜史、祝史並稱的文字，在先秦文獻中是屢見不鮮的，說明史與卜、祝在職能上有相同的一面。可以說，這正是遠古時代的蔔者演變的痕迹、線索。史官不但懂《易》，而且還是保存《周易》的人。魯昭公二年，晉國韓宣子到魯國，"觀書于太史氏，見《易象》與《春秋》"。又魯莊二十二年，"周史有以《周易》見陳侯者"。史官擔任著"記言""言行"的職責，力求做到"書法不隱"，這一點和卜、祝有區別。但他們兼掌卜筮之事，這和卜、祝相同。史官精通《周易》是其職能的需要，通過對卦、爻辭的解說，通過對各卦之間及本卦之間爻位的聯繫、變動的闡釋，把歷史和現實社會變動聯結起來，展示自己對歷史發展趨向的看法。史官職掌培育出通變的歷史眼光，又為他們精通發展《周易》提供了方便。如果孔子、老子都算在史官之內的話，那麼，我們說《周易》的大多　數內容，是出自史官的手筆，則是確定無疑的。《周易》裏蘊藏著精闢的歷史見解，不但有豐富的對歷史盛衰的認識，而且有極珍貴的具有辯證法的變通思想。這是我們民族史學的精華。

《周易》的作者富有特色的認識，是通變的史學思想。《系辭下》說："神農氏沒，黃帝、堯、舜氏作，通其變，使民不倦，神而化之，使民宜之。《易》窮則變，變則通，通則久，是以自天佑之，吉無不利。"這是《易》的通變思想的典型表述。

易的意義，歷來有變易、不易、簡易等解釋。實則"易"的中心觀念是"變"，"變"而後"通"。司馬遷說："《易》著天地陰陽四時五行，故長於變。"（《太史公自序》）章學誠特別推崇孔穎達對"易"的見解："孔仲達曰：'夫《易》者，變化之總名，改換之殊稱。'先儒之釋《易》義，未有明通若孔氏者也。"（《文史通義》卷一《易教中》）歷代學者很多人看到這一點。

《周易》認為世界是一幅窮通變化的流動場景。"是故闔戶謂之坤，辟戶謂之乾。一闔一辟謂之變，往來不窮謂之通。"（《系辭上》）自然天象的各種變化在通變中呈現出盈虛消息的波動，《豐·象》說："日中則昃，月盈則食，天地盈虛，與時消息，而況於人乎，況於鬼神乎。"《泰·九三》說："無乎不陂，無往不復。"自然界是這樣，社會人事也是這樣變化，"天地革而四時成，湯武革命，順乎天而應乎人"。(《革·象》)社會歷史的變動表現爲盛衰的變動，表現爲歷史興亡的交替。歷史既有盛時，《否》："小往大來"。高亨注："卦辭言：事業由小而大。"歷史也有衰敗時，"大往而小來"。高亨注："事業由大而小"。見盛觀衰的歷史思想，後來也就成了史家總結歷史的通變思想的來源。

　　《周易》的古史觀念中的通變思想，又明顯地包含進化的認識。《系辭下》把人類的起源、初民社會的進化的過程描繪出來：

　　　　古者包羲氏之王天下也，仰則觀象於天，俯則觀法於地，觀鳥獸之文與地之宜，近取諸身，遠取諸物，於是始作八卦，以通神明之德，以類萬物之情。作結繩而為罔罟，以佃以漁，蓋取諸《離》。包羲氏沒，神農氏作，斲木為耜，揉木為耒。耒耨之利，以教天下，蓋取諸《益》。日中為市，致天下之民，聚天下之貨，交易而退，各得其所，蓋取諸《噬嗑》。神農氏沒，黃帝、堯、舜氏作。通其變，使民不倦；神而化之，使民宜之。《易》窮則變，變則通，通則久，是以自天佑之，吉無不利。黃帝、堯、舜垂衣裳而天下治，蓋取諸《乾》《坤》。刳木為舟，剡木為楫，舟楫之利，以濟不通致遠，以利天下，蓋取諸《渙》。服牛乘馬，引重致遠，以利天下，蓋取諸《隨》。重門擊柝，以待暴客，蓋取諸《豫》。斷木為杵，掘地為臼，杵臼之利，萬民以濟，蓋取諸《小過》。弦木為弧，剡木為矢，弧矢之利，以威天下，蓋取諸《睽》。上古穴居而野處，後世聖人易之以宮室，上棟下宇，以待風雨。蓋取諸《大壯》。古之葬者，厚衣之以薪，葬之中野，不封不樹，喪期無數。後世聖人易之以棺槨，蓋取諸《大過》。上古結繩而治，後世聖人易之以書契，百官以治，萬民以察。

蓋取諸《夬》。

遠古時代人類發展是從漁獵經濟到採集、種植經濟，再到原始農業；從穴居野處，到房屋宮室的發明；從野蠻到文明、到文字的產生。社會管理從“垂衣裳而治”，到暴力機關出現，即“重門擊柝，以待暴客”。地區的聯繫由於交通的進步得到了加強。《周易》的古史觀點無疑是一種進化的觀點。《周易》作者明確說明遠古不是什麼黃金時代。先民是在極端困難的環境裏發展生產，逐步改善生活條件。遠古社會的進步表現在各個方面，既體現在生產、生活上，也表現在文化上；既有經濟方面的內容，也有社會管理方面的內容。社會發展到一定的地步，才有交換發生、文字產生和社會權力的形成。

《序卦》中還有一段對人類社會的產生、發展有一總的說明：

> 有天地然後有萬物，有萬物然後有男女，有男女然後有夫婦，有夫婦然後有父子，有父子然後有君臣，有君臣然後有上下，有上下然後禮義有所錯。

人類是從自然中發展出來的。君臣上下禮義等級制度不是與天俱來、亙古不滅的東西，它是歷史的產物。

需要說明的是，《周易》變化觀應當進一步研究，它的宇宙觀、世界觀也不能簡單地說是迴圈的運動觀。《序卦》的作者，把六十四卦作一個體系看待。從《乾》、《坤》、《屯》、《蒙》一直到《既濟》、《未濟》構成一個體系，這個體系實際是一個開放的體系。王夫之說過：“故列《乾》、《坤》於首，以奠其經，要《既濟》、《未濟》於終以盡其緯，而渾淪無垠，一實萬變之理皆具。”“太極無端，陰陽無始。”（《周易外傳》卷七）事物不是作封閉圓圈式地運動，即使從陽複又回到陽，但也不是舊事物的重復。王夫之以“渾淪無垠”，說明這個運動的特點是很貼切的。“太極無端，陰陽無始”，也表明這個體系是個開放的圖式。這是從六十四卦的體系說的。這是一。其二，從每一卦六個爻組成的子體系上說也是如此。從初爻到二、三、四、五及上六爻，是發展，上爻處於亢極的地位，窮極必返，但也不是從上爻回到初爻的狀態、回歸到原始的地位。《周易》用四時變化說明事物的運動：“廣大配天地，變通配四時”，“變通莫大乎四時”，這裏只是用人們感受最深的四時變更，說明事物的變化，變更。古代自然科學不發達，沒有實驗的科學，對世界的觀察停留在直覺的階段。這就限制了他們的認識。《周易》說明世界的變動有時近於是一種迴圈的觀點，但他們又是贊成、謳歌的新事物，“日新之謂盛德”。這顯然又是進化的思想，雖然這種進化的觀點又是有限的。

至於堯、舜以後的歷史是怎樣的，歷史此後又經歷了什麼樣的變化，《周易》沒有系統的描述，但是，從一些片斷的內容，我們還是看出一個大概來。現在可以考定下列的材料是可信的。“喪羊于易”。(《大壯・六五》)“帝乙歸妹，以祉元吉。”(《泰・六五》)“噬嗑：亨，利用獄。”(《噬嗑・彖》)“何校滅耳。”(《噬嗑・上九》)“鼎折足，覆公餗，其形渥”。(《鼎・九四》)把這些零零星星的材料集中起來，至少說明夏商周三代的社會並不是充滿仁義的時代。三代的統治同樣是對外掠奪，對內殘酷鎮壓、欺詐。很值得注意的是，《周易》沒有大段文字謳歌三代，三代在《周易》裏，不是天理流行的世界。把三代作為充滿天理的社會樣板，是後來學者臆造出來的一種理想社會。

如果把所有的《周易》記錄歷史的內容彙集起來，大致體察出來歷史是一個進步的歷程。《周易》說明人類社會最初是洪荒世界，人類先祖從和動物雜處的野蠻狀態中一步步進化出來，古代不是黃金時代，這種歷史觀念在當時世界上，能有幾家？輕視中國史學思想的學者，仔細想過這個問題沒有？有人只推崇西方思想家的打破古代世界“黃金說”，但這個觀念在《周易》中明明白白地寫出來。

《周易》的作者以通變的史學思想說明歷史的變化、趨向，主張要順應歷史潮流而動。“天地以順動，故日月不過而四時不忒。聖人有以見天下之動而觀其會通”。“是故聖人以通天下之志，以斷天下之疑”，等等。後世史家根據這些認識，論證歷史變革的必要與必然，成為一種歷史變革的理論。

在先秦時期，《周易》為史官評論歷史、預斷歷史的前途，在"觀國之吉凶"上提供了依據。下面舉幾個例子。如周史通過議論陳厲公生子敬仲這件事，提出對歷史發展趨向的看法。史載：

> 周史有以《周易》見陳侯者，陳侯使筮之，遇《觀》☲☴之《否》☰☷，曰："是謂觀國之光，利用賓于王。此其代陳有國乎。不在此，其在異國；非此其身，在其子孫，光遠而自他有耀者也。坤，土也；巽，風也；乾，天也。風為天於土上，山也。有山之材而照之以天光，於是乎居土上。故曰：觀國之光，利用賓于王。庭實旅百，奉之以玉帛，天地之美具焉，故曰：利用賓于王。猶有觀焉，故曰：其在後乎。風行而著於土，故曰：其在異國乎。若在異國，必姜姓也。姜，大嶽之後也，山嶽則配天。物莫能兩大，陳衰，此其昌乎。"及陳之初亡也，陳桓子始大於齊。其後亡也，成子得政。（《左傳》莊公二十二年）

第二個例子，是魯昭公三十二年，史墨對時勢的變動有一段精彩的議論。史載：

> 趙簡子問于史墨曰：季氏出其君，而民服焉。諸侯與之，君死於外，而莫之或罪也？
>
> 對曰：物生有兩，有三，有五，有陪貳，故天有三辰，地有五行，體有左右，各有妃偶。王有公，諸侯有卿，皆有貳也。天生季氏，以貳魯侯，為日久矣。民之服焉，不亦宜乎。魯君世從其失，季氏世修其勤，民忘君矣。雖死於外，其誰矜之。社稷無常奉，君臣無常位，自古以然。故《詩》曰：高岸為谷，深谷為陵。三後之姓，如今為庶，王所知也。在《易》卦，雷乘《乾》曰《大壯》☳☰，天之道也。昔成季友，桓之季也，文姜之愛子也。始震而卜，卜人謁之，曰：生有嘉聞，其名曰"友"，為公室輔。及生，如卜人之言，有文在其手，曰"友"，遂以名之。既而有大功于魯，受費以為上卿。至

　　　　於文子、武子，世增其業，不廢舊績。魯文公薨，而東門遂

　　　　殺嫡立庶，魯君於是乎失國。政在季氏，於此君也，四公矣。

　　　　民不知君，何以得國？是以為君，慎器與名，不可以假人。

這兩段談歷史運動的大勢具有歷史通變的眼光。其一，用互體說，
從本卦到之卦，以《易》義闡釋歷史趨向。它以具有聯繫、發展的
樸素辯證法的思想預言歷史的前途、趨勢。周史指出日後，成子得
政，其根據是"物莫能兩大"。當時的齊國的政事變動，周史心裏
是有數的。《周易》中每一個卦構成一個特有的系統。相對於六十
四卦總體系來說，是一個子系統。每一個子系統制約著每一個爻位
的作用。在《易》學史上，所謂的"當位說"、"中位說"、"趨時說"、
"承乘說"、"往來說"等，其合理的地方，也就在於從聯繫的上面
談上下爻位元的關係，揭示事物在發展中相互作用。史墨說魯國歷
史的趨向，也是依據矛盾對立變化的思想作出判斷，對一個歷史大
時代的特徵作出概括，說："三後之姓，於今為庶。" 自然與歷史
本身就是活的方法論教科書，史墨這樣的史官，從中得到思想的營
養，又以獲得的認識去解釋歷史，去預言歷史的前途。其二，這種
通變的眼光又必須和對現實深邃的、正確的分析結合起來。魯國國
君丟棄百姓，而季氏卻是爭取民心，"魯君世從其失，季氏世修其
勤"，這就造成季氏要奪取大柄的內在依據。史墨把歷史變動看作
是天經地義的事，是"正大"之道。這也是那個時代的特點。當然，
史官的解釋，帶有神秘的色彩。但是，史官對發展《周易》通變思
想是起了重要的作用，給通變的思想奠定現實的基礎。所以，史官
在保存《周易》及解釋、應用《周易》上起了很大的作用，對《周
易》的形成和發展同樣作出了重要的貢獻。

　　先秦的史官在政治地位上，一般都不太高。像周王朝的史佚那
樣的人不多。但是，史官有歷史知識，通《周易》，對現實瞭解，
又擔任"載筆"記言記行的任務，他們對國家政治、軍事和文化生
活發揮了積極的作用。有名的史官，如史佚、史墨、史趙、史魚等，
是史學家，也是政治活動家。史官一面記載歷史，又一面以《周易》

的思想解釋歷史，預斷歷史發展的方向，通過自己的活動，對現實的生活以積極的影響。因此，研究史學思想，要注意從史學思想的形成和史學思想的積極作用這兩個方面進行分析。《周易》論歷史的興衰，比起《尚書》來，有相同的地方，又有自己的特點。我們要指出的是《周易》注意從運動過程中論歷史的興衰。《坤‧文言》說，"善不積不足以成名，惡不積不足以滅身"。此外，如"履霜堅冰至"等。這些都是從事物發展的過程談歷史的興亡。其次，《周易》發展了《尚書》的保民思想。《臨‧彖》說："君子以教思無窮，容保民無疆。"《兌‧彖》說："兌，說也，……說以先民，民忘其勞；說以犯難，民忘其死。說之大，民勸矣哉。"兌，說也，說通悅。總之，要使民悅，統治才能鞏固。這些認識後來一再被史學家所重復。中國史學史上的通變史學思想，是我們民族珍貴的思想遺產。這些論述，成了後人思考歷史、觀察現實、議論變革的基本理論。以後我們在有關的章節中還要進一步研究。

總之，貫穿在《周易》中的是通變的思想，它包括對自然運動的通變見解，也包括對社會盛衰運動的通變認識。宋人楊萬里說："易者，何也？《易》之爲言變也；《易》者，聖人通變之書也。何謂變？蓋陰陽，太極之變也；五行，陰陽之變也；人與萬物，五行之變也；萬事，人與萬物之變也。古初以迄於今，萬事之變未已也。其作也，一得一失；而其究也，一治一亂。聖人有憂焉，於是幽觀其通，而逆細其圖，《易》之所以作也。"（《誠齋易傳‧易傳原序》）

第四節 《三禮》和典制上的損益史觀

經的部分，《禮記》可以看作是《傳》，是對《儀禮》經文的解釋、說明與補充。《周禮》在漢初稱之爲《周官》，劉歆將《周官》改作《周禮》。這是一部關於政治制度設施的書，其中不少寄託著儒家的理想，有著很多後人的僞造。《周禮》、《儀禮》、《禮記》三部書合稱作《三禮》。爲《儀禮》作傳又有大戴、小戴之分。通常說的《禮記》是《小戴禮記》。《漢書》的《藝文志》說："傳《禮》者十三家，唯高堂生及五傳弟子戴德、戴聖名在也。"關於《三禮》成書的時代問題又是一個十分複雜的問題，筆者基本同意皮錫瑞的意見，即"《三禮》皆周時之禮，不必聚訟，當觀其會通"。但是，《三禮》皆周時之禮，應當是就主要內容說的，更應當從思想上去理解，這是一；其二，"不必聚訟"，應當說要進一步研究，只是不要糾纏在枝枝節節上面。"當觀其會通"，這是十分要緊的，從其基本的精神、基本的思想傾向上認識《三禮》。

　　《三禮》從整體是說，它直接論述等級禮制對於維繫封建統治的特殊意義和行使封建國家職能的基本精神，說明禮制因革的根據。這其中，正確與謬誤，變化與保守，人治與法治混雜在一起。歷代帝王把它作爲統治的大典，歷代臣僚以它作爲維繫社會安定的依據，史家也以它作爲經世大典。所以毫不奇怪，保守與變革的人都可以從中找到自己需要的東西。提倡經世史學的學者往往特別重視典制內容與歷史的研究。

　　《三禮》把禮製作爲歷史的事物看待。禮制是社會發展到一定的階段才出現的。《禮記》卷二十一《禮運》篇說："昔者先王未有宮室，冬則居營窟，夏則居橧巢；未有火化，食草木之實、鳥獸之肉，飲其血，茹其毛；未有麻絲，衣其羽皮。後聖有作，然後修火之利，范金、合土，以爲台榭宮室牖戶，以炮以燔，以亨以炙，以爲醴酪，治其麻絲，以爲布帛，以養生送死，以事鬼神上帝，皆從其朔。"這是說，上古時代先祖生活相當艱難，那個時代並不是美好生活的理想國，上古也不可能有禮制，社會發展到了一定階段，有了火的發明，祭祀用的"醴酪"才可以製成。有了麻絲布帛，才可能有條件養生送死，才可能"以事鬼神"，沒有這些物質條件，禮制難以建立。禮制不應當僅僅看作是某個聖人頭腦的產物，禮制是對人的情欲的一種節制。《禮運》篇說：

　　　　何謂人情？喜怒哀懼愛惡欲，七者弗學而能；何謂人義？父

慈、子孝、兄良、弟弟、夫義、婦聽、長惠、幼順、君仁、
臣忠，十者謂之人義。講信修睦，謂之人利；爭奪相殺，謂
之人患。故聖人之所以治人七情，修十義，講信修睦，尚辭
讓，去爭奪，舍禮何以治之？（卷二十二）

從根本上說，人的飲食男女爲人的"大欲"，死亡貧苦爲人的"大
惡"，欲與惡爲"心之大端"。表現出來是人情、人義、人利、人患，
只有按"禮"行事，才能達到"治七情，修十義，講信修睦，尚辭
讓，去爭奪"。《禮運》篇從欲與惡兩個方面，說明美與惡皆在其心，
但又有趨惡的傾向。只有設"禮"，才能使得父慈子孝，夫義婦聽，
長惠幼順，君仁臣忠；才能使得社會穩定，秩序能夠維持。禮的出
現，是社會發展到一定階段的需要。

　　《禮運》篇還有一段文字，說：

大道之行也，天下為公，選賢與能，講信修睦，故人不獨親
其親，不獨子其子，使老有所終，壯有所用，幼有所長；矜
寡孤獨廢疾者，皆有所養。男有分，女有歸，貨惡其棄於地
也，不必藏於己；力惡其不出於身也，不必為己，是故謀閉
而不興，盜竊亂賊而不作，故外戶而不閉，是謂大同。

今大道既隱，天下為家，各親其親，各子其子，貨力為己，
大人世及以為禮，城郭溝池以為固，禮義以為紀，以正君臣，
以篤父子，以睦兄弟，以和夫婦，以設制度，以立田裏，以
賢勇知，以功為己，故謀用是作而兵由此起，禹、湯、文、
武、成王、周公由此其選也。此六君子者，未有不謹於禮者
也，以著其義，以考其信，著有過，刑仁講讓，示民有常，
如有不由此者，在勢者去，眾以為殃，是謂小康。（卷二十一）

從大同進到小康，從"大道之行"到"大道既隱"，禮義刑政制度
才逐步建立起來，這是一個自然的過程，也是一個必然的過程，儘
管聖人如禹、湯、文、武、成王、周公，也只能適應歷史趨勢用禮
義以成治。這樣清晰的認識，把古史的觀念提到相當高的地步。因
此，把古代儒家的禮制的論述，說成是倒退的歷史觀點，是不確切

的。這其中有儒家的理想成分，也有一種歷史必然認識的因素。古代思想家如孟子、荀子等從不同方面表述的思想和《三禮》的內容合拍。究竟是後人發展了《禮》的思想，還是《禮》融進孟、荀等的觀點，可以進一步討論，但先秦儒家的古史觀念很值得重視。這裏可以就《禮運》篇多說兩句，這篇的思想相當龐雜，我們可以看到其中有儒、法、道、名各家的思想的痕跡。但有一點，《禮運》篇強調安天下，要存危救亡，就應當用禮義，從治國安邦上面強調禮的價值。"故治國不以禮，猶無耜而耕也"。

　　《三禮》中的《禮記》在強調仁的同時，又特別強調"順""大順"，"先王能修禮以達義，體信以達順，故此順之實也"。這就更傾向道家的思想。所以《三禮》思想是複雜的，我們只能從總體上認識它的思想傾向。

　　等級禮制在那個社會是維繫統治的根本制度。"父子篤，兄弟睦，夫婦和，家之肥也。大臣潔，小臣廉，官職相序，君臣相正，國之肥也。"這是《三禮》表達的思想，也是歷代統治者希望從這部書中索求的東西。他們把禮與義及學、仁、樂結合起來，構造成一個體系。"故治國不以禮，猶無耜而耕也；爲禮不本於義，猶耕而弗種也。……"制度設立和思想修養結合在一起，禮制是儒家思想的體現，儒家意識又是禮制的依據。禮制的破壞，便成爲社會動蕩不安的徵兆。《經解》篇說到婚姻之禮、喪祭之禮、朝覲之禮等等一旦破壞，等級秩序將陷於混亂之中，社會將是一片衰危景象。《禮運》篇說："故唯聖人爲知禮之不可已也，故壞國，喪家，亡人，必先去其禮。"

　　《三禮》說明禮制在維持社會等級秩序的意義時，它也說明隨著時代的變化，制度應該變動，有因有革，《禮器》篇說："三代之禮，一也；民共由之，或素或青，夏造殷因。"《禮記》的《表記》篇有一段托孔子的口說出來的話："夏道尊命，事鬼敬神而遠之，近人而忠焉，先祿而後威，先賞而後罰，親而不尊，其民之敝，意而愚，喬而野，朴而不文。殷人尊神，率民以事神，先鬼而後禮，先罰而後賞，尊而不親，其民之敝，蕩而不靜，勝而無恥。周人尊禮尙施，事鬼敬神而遠之，近人而忠焉，其賞罰用爵列，親而不尊，其民之敝，利而巧，文而不慚，賊而敝。""虞夏之質，殷周之文，至矣。虞夏之文，不勝其質，殷周之質，不勝其文。"三代之制，並非完美無缺，夏、商、周各代的制度各有自己的特點，有文與質的區別，發展到一定的階段，其自身的缺點、弊端便暴露出來了。三代之禮與賞罰相輔相成。各代制度有"因"的聯繫，也有"革"的必要。在總體上說，是一種質文之變，具體到三代則是忠、質、文之變。這是另一種通變史觀，後世史家從不同的角度闡發這樣的思想。變革與保守，因循與守舊，各家的解釋中表達出不同的思想傾向。

　　《三禮》的意義在於它提供了一套等級禮制的模式，闡釋這一模式的依據與價值，也爲這一套制度的因襲與變革的必要性作了說明。禮制包括吉、凶、軍、賓、嘉各種禮儀以及職官、教育等各種制度規則。禮制思想滲透到生活方方面面。因革損益的史觀蘊含在其中，影響後世史學思想的變化和發展，這種史學思想在無形之中規範人們的行事、處世、思維方式，它影響到人們的治學、參政。史學思想、歷史觀點絕不是消極的，它總是通過一定的途徑對社會產生積極的作用，對政治生活給予正面或負面的影響。後世如宇文周的變革，王安石變法，甚至王莽的行事，都打著《周官》的旗號，或從中尋找變動政治的根據。中國近代思想家，如康有爲、孫中山，直至郭沫若都重視《禮運》篇思想。因此，我們不能把研究史學思想只看作是史學家的事，看作純粹學理的探討。本書中強調這一思想，說明史學意義的一個重要方面。

第五節　《春秋》的史義與屬辭比事

　　《禮記·經解》篇中有一段文字對儒家經籍的意義作了說明："溫柔敦厚而不愚，則深於《詩》者也；疏通知遠而不誣，則深於

《書》者也；廣博易良而不奢，則深于《樂》者也；絜靜精微而不
賊，則深于《易》者也；恭儉莊敬而不煩，則深於《禮》者也；屬
辭比事而不亂，則深於《春秋》者也。"《春秋》的深義在於"屬
辭比事"，比較起來，《經解》作者，對《書》、《春秋》的評論，見
解更深邃。《孔疏》："屬辭比事，《春秋》教也者。屬，合也；比，
近也。《春秋》聚合會同之辭，是屬辭；比次褒貶之事，是比事也。"
《經解》篇把《春秋》的精義歸結爲"屬辭比事"，說明《春秋》
的編纂與觀點合一。從根本上說，突出了它的史學價值。

在春秋戰國時期，諸侯王國很多都有史書，其中不少是以《春
秋》爲書名的。晏子、虞卿、呂不韋、陸賈等人的作品都稱作《春
秋》。墨子說見到過百國《春秋》，大約是真實的。這麼多的作品大
部分是歷史記載，或者和歷史記載有關。在這些《春秋》中，魯國
《春秋》最具有代表性，是中國的歷史記載走向成熟的標誌。魯《春
秋》不能說完全是出自孔子的手筆，但和孔子有關，應當是沒有問
題的，"'六經'與孔子的關係很密切"（見周予同《"六經"與孔子的關
係》）。

《春秋》起于魯隱公元年，止於哀公十四年，即所謂"獲麟絕
筆"。史書從形式上看，必須把一定時期的歷史從無限的過程中割
裂出來，成爲有起止的階段性的事物的過程集合。史書編纂無論是
"通史"還是"斷代史"，都必須有時間上的起與止。在這個無限
的有限過程中，事物發生又有時間上的順序，這就是編年系事。所
謂"比事"的哲學價值也就在這裏。《春秋》較爲嚴格地遵守這些
原則。《春秋》的編纂在一定意義上說，具有這種歷史過程的無限
與有限的結合的意識。

《春秋》編年系事進一層又有四時的嚴格編排，《春秋》開篇
便是"春王正月"，把時間的問題放在首要地位。《春秋》的記事逐
年編排很嚴格。這些是《尚書》不曾具備的。從這一點上說，《春
秋》也不能被視爲是斷爛朝報。《春秋》記事是比較簡單，但是它
記事簡潔，這是一；其二，有的記載也是有首有尾。僖公二十八年

載城濮之戰，《春秋》記載相當詳備，全文 220 餘字。從僖公二十八年春"晉侯侵曹"寫起，一直寫到"天子狩于河陽"，最後寫到曹伯襄複歸於曹，遂會諸侯圍許。戰局上的風雲變化，政壇上的形勢起伏，寫得有聲有色。

其次，《春秋》是史事、史文、史義三者的結合。《孟子·離婁下》中記載孔子的一段話，說："王者之迹熄而《詩》亡，《詩》亡然後《春秋》作，晉之《乘》，楚之《檮杌》，魯之《春秋》，一也。其事則齊桓、晉文，其文則史，孔子曰：'其義則丘竊取之矣。'"事、文、義，構成史書中不可或缺的要素。關於《春秋》的史義的概念、《春秋》史義究竟涵蓋哪些內容？前人的看法不盡一致。對這個問題，我以爲要從更爲開闊的背景上來認識這一點。

《春秋》反映出對這個時期有一個總體的認識，這是後世人發明出來的。但如果《春秋》沒有這一層思想，後人也沒有辦法虛構出來。洞察這一點比較深刻的是孟子的看法，他說："世衰道微，邪說暴行有作，臣弒其君者有之，子弒其父者有之。孔子懼，作《春秋》。"（《孟子·滕文公下》）《春秋》寫 242 年的歷史，展示出這樣一個"世衰道微"的變化全局，寫出"政自天子出"、"政自諸侯出"、"政自大夫出"各個階段。一部優秀的史書應該對一個歷史時期有一個總體的看法，無論是通史，還是斷代史，都應當是如此。在把握總體的認識的基礎上，進一步寫出階段性的變化。

《春秋》對歷史人物、歷史事件的態度明朗，對於 242 年發生的一系列史事上的是是非非，有一個基本的評價。這裏有一個問題，即所謂的"《春秋》筆法"、"《春秋》義例"的問題。歷來學人對這個問題的看法同樣是衆說紛紜。如果我們不糾纏具體的爭論，那麼下面幾點看法還是能基本成立的。

一、《春秋》基本上是一部記實事的史書。左氏《傳》發揮了《春秋》的直筆精神。前人要把《春秋》說成是聖人的尊名分的經書，因此對《春秋》中揭發統治階級腐朽的一面，避而不論。隱公元年，《春秋》記載鄭莊公一家爭權的醜事。穎考叔雖是"純孝"，勸鄭莊公回心轉意，使鄭莊公母子得以重敍天倫之樂，但是不久，潁考叔在爭奪功名中死去，孝子卻是一個追逐名利之徒。隱公二年，周鄭交質，天子與諸侯的關係建立在一個極爲脆弱的基礎上，所謂名分等級的維持，不過是在經濟利益衝突中求得一種平衡的反映。隱公五年，"矢魚于棠"，記下國君的奢侈。桓公二年，"宋督弒其君與夷，及其大夫孔父"又是一場血淋淋的鬥爭。《春秋》一部書中記載夏徵舒、魯薑氏的荒淫行徑，反映國君的無恥，撕破禮的虛僞外衣，這些醜聞在《春秋》中占了相當大的分量。桓公三年、十八年，莊公二年、四年、五年、十五年、二十一年連續記載這些醜事，《春秋》"經"文毫不掩飾；《傳》中莊公五年、二十一年的內容沒有相關的事件記錄，沒有給《經》作傳。這些事說透一點，就是薑氏以其姿色左右魯國的大政。齊國以其文姜出嫁于魯，干預魯政。薑氏"非禮"，卻爲國君寵愛，作者並沒有因爲觸及統治者的形象，掩蓋這樣的內容。至於齊桓晉文奪取國柄，無不都是伴隨著一場骨肉相殘的鬥爭。在政治鬥爭的舞臺上，爲了爭奪權力，君君、臣臣、父父，子子之間，不存在一個和諧的音符。《春秋》把242 年的歷史展現在讀者面前決不是在謳歌封建禮義道德，相反地，它把200 餘年的臣弒君、子弒父的場景淋漓盡致展現給後世的人們。如果不是歪曲《春秋》，那麼這部書確實反映了這一段歷史的真實。一定要說《春秋》有主觀上褒善貶惡，那麼，在總體上它的傾向是我們特別要注意的，而不是去穿鑿、發明什麼義例。

　　二、《春秋》記事的直筆和敍事上的曲筆又是結合在一起的。《春秋》屬辭上爲尊者諱，同樣是事實。明明是周天子爲諸侯所召，卻偏偏要書寫"天子狩于河陽"。所謂"婉而成章"裏面是有深意的。作爲一部統治者所需要的史書，它不能不直面嚴酷的現實，從中吸取經驗教訓；同時又要反映統治者的意圖，要說明周天子存在的合理。除借助於天、神的說教外，對於那些已經發生的事實，有損于當朝天子的地方，則曲爲解說，用一些美好的詞句給以掩飾。從這一面說，《春秋》的筆法，恰恰反映史書的特殊的性質。

　　《春秋》的筆法是字字寓褒貶，這一說法未必能成立。它已經受到歷代有識學者的批評。在中國史學史上，有的人認為《春秋》有貶無褒；有的人認為《春秋》只是記實事，無褒貶；也有的認為《春秋》字字有褒貶。還有一些其他的說法。字字褒貶說最流行，而受到的批評也最激烈。我不同意字字褒貶說，但《春秋》作者在行文上錘煉字句，確又反映了強烈的思想傾向和用心。顧棟高在《讀春秋偶筆》中說："《春秋》書初、書猶、書遂，俱聖筆煩上添毫處。書'初獻六羽'，以明前此之僭；書'初稅畝'，以志橫征之始……"在這些地方，顧氏有的是求之過深，但總的說來，顧氏的說法還是可取的。我們認為，《春秋》在遣詞造句上頗費匠心，反映作者的思想傾向。行文上的尚簡與用晦，其中又有作者的用意。這又是《春秋》的一大發明。把《春秋》看作是一部純粹"紀實事"的作品，完全忽視它的思想傾向，顯然，這種觀點不能成立，也不能幫助我們理解這部作品。有的史家，為反對主觀任意褒貶的史法，強調《春秋》只是紀實事的史書，這是另一個問題。

　　《春秋》的編纂上有史義，行文中有史義，敍事上也凝含著史義。史文、史事、史義結合在一起，從而使《春秋》這部作品成為我國歷史記載走向新階段的標誌。史學已經萌發，歷史意識和歷史作品的編纂逐漸溶合起來。史學思想從最初的萌發狀態，走向新的發展階段。前人如皮錫瑞把"經"與"史"截然分開，他在《經學通論》中說《春秋》重義不重事，經出于史，而史非經；史可以為經，而經非史也。此說似是而非，經史有別，但史何嘗不求義。無"義"之"史"，流水帳一本，絕非歷史著述。《春秋》的比事屬辭，正說明這部史書的史學價值所在。《春秋》記載了征伐朝聘會盟的人事，以及山崩水竭日蝕地震天象變動，"天"與"人"在一部史書中結合起來，至少沒有把"天"與"人"截然分開。這又是一種歷史見識。後人由此演繹出天人感應的學說，也可以說是《春秋》學的別傳。

　　《春秋》當然是一部有為而作的作品。《春秋》書中沒有說明這一點。但是，它產生的社會效應是確切無疑的。《史記·太史公自序》說："上大夫壺遂曰：昔孔子何爲而作《春秋》哉？太史曰：余聞董生曰：周道衰廢，孔子爲魯司寇，諸侯害之，大夫壅之。孔子知言之不用，道之不行也，是非二百四十二年之中，以爲天下儀錶，貶天子，退諸侯，討大夫，以達王事而已矣。"《史記·孔子世家》說得更明確，指出《春秋》褒貶的用心：

> 子曰："弗乎弗乎，君子病沒世而名不稱焉。吾道不行矣，吾何自見於後世哉！"乃因《史記》作《春秋》，上至隱公，下訖哀公十四年，十二公。據魯，親周，故殷，運之三代。約其文辭而指博，故吳楚之君自稱王，而《春秋》貶之曰"子"；踐土之會實召周天子，而《春秋》諱之曰"天王狩于河陽"，推此類以繩當世。貶損之義，後有王者舉而開之，《春秋》之義行，則天下亂臣賊子懼焉。

　　無論後世人們對《春秋》是怎樣的評價，但這部史書產生的影響是巨大的。歷史作品除了提供歷史的經驗教訓外，還能夠起勸戒的作用。前者重在政治治理上，後者著重在道德品質的教育方面，教育爲人君、爲人臣、爲人父、爲人子的道理。無論是《春秋》的作者是不是自覺意識到這一點，但是它留給後人的啓示就是這些。歷史盛衰鑒戒和歷史的勸戒成爲史學作者的兩大社會功能。這一秘密被後人所發現，而有意識地運用到自己的寫史中去。

　　歷史意識走向新的發展階段，史學思想通過具體的作品對社會產生積極的作用。史學在中國這個深沈思維的國度裏，有著現實需要的這塊地基，它將很快地成長爲一門繁榮茂盛的學科。

第三章　先秦諸子歷史觀點的爭鳴

　　先秦諸子的爭鳴，是這個時期社會大動蕩情景的寫照。無疑，諸子的爭鳴，包括歷史觀點的爭鳴，這些不同的歷史觀點是中國史學思想的一個重要的組成部分，對後世的史學思想產生重要的影響。這裏不可避免地要涉及到這樣一些問題。

　　第一，諸子包括哪些範圍？從史學思想的角度看，六經皆史，同樣，六經亦是子。傳統中子學是很明確的。司馬談的《論六家要指》和《漢書》《藝文志》的《諸子略》以及後世的子部目錄中各家，是“子”。現在的問題是，《經》部各個內容可不可以作為“子”來認識？從《五經》、《六經》到《十三經》，“經”的內容在不斷膨脹。到了十三經，已經構成一個完整的系統。從文字的小學到入德之門的說教，再到形成觀念的文獻。但這又是一個龐雜的系統，《書》與《易》的觀點不盡一致。至於把《三傳》拉在一起，這本身就很滑稽。因此後儒只好通過箋注、章句的辦法，使之成為宣傳封建倫理綱常及封建等級制度合理性的典籍。

　　《六經》提出了傳統史學中的歷史思想、史學思想的基本觀念。在這之外，諸子包括一些《十三經》中內容，同樣地提出各種歷史觀念，為以後的史學思想提供了歷史觀點的素材和原始的思維模型。

　　第二，諸子運用歷史知識來表述自己的觀點，反映他們的歷史觀點。他們運用的歷史知識，基本是真實的，但也有他們的編造，近人顧頡剛先生提出“古史層累地造成的”學說，揭露古代學人編造古史的事實，其實先秦思想家層累地造古史，通常適應他們的歷史觀點爭鳴的需要。對此，我們要看到，一是這些古史還是有古史的真實的影子和痕迹，是瞽史傳誦和以其他方式流傳下來，試想，如果沒有這樣一個依憑，他們在爭鳴中是立不住腳，也不可能與論敵抗衡。在歷史朦朧的材料中，增添自己的理想成分，受事實的制約。諸子把歷史的、現實的和對未來的觀點結合起來。所以，諸子歷史知識運用有"隨意性"，可又是"非隨意性"的。這樣，他們在爭鳴中，表述觀點時有了迴旋的場地，卻又受到制約，把歷史的、現實的和理想的聯結一起，完整地表述他們的一種歷史的觀念。

　　第三，研究諸子歷史觀點時，當知其言，還要知其所以言，弄清他們的真實的理念。如關於"先王"的觀點，不能一看見讚美先王的言詞，就斷定是一種復古的倒退的思想。

　　諸子各家的歷史觀點爭鳴很激烈，要分開來論述，俟之後日。這裏只能就幾個問題作一初步的分析。本章著重以先秦的材料為主，但有時要涉及到漢代。一些材料可以考定為偽材料，但所謂"偽"是指書的"名"（包括書名、作者、時代等）與"實"不一致。但如果能反映那一時代的一定的思想，也不能棄之不問。

第一節　古史的觀念

　　先秦至漢代諸子百家對歷史的源頭、對人類的起始，有不少論述，他們在對初民社會的描述中，有一些接近真理的因素。《易·系辭》中對人類社會最初的狀況的描述，就是一例。這在前面已經說過了。

　　戰國時期的韓非對古史的認識與《系辭》相近。《韓非子·五蠹》篇中說：

> 上古之世，人民少而禽獸衆，人民不勝禽獸蟲蛇，有聖人作，構木為巢，以避群害，而民悅之，使王天下，號之曰有巢氏。民食果蓏蜯蛤，腥臊惡臭，而傷害腹胃，民多疾病。有聖人作，鑽燧取火，以化腥臊，而民說之，使王天下，號之曰燧人氏。

中古之世，天下大水，而鯀禹決瀆；近古之世，桀、紂暴亂，
而湯、武征伐。

今有構木鑽燧于夏後氏之世者，必為鯀禹笑矣；有決瀆于殷
周之世者，必為湯、武笑矣；然則今有美堯、舜、湯、武、
禹之道於當今之世者，必為新聖笑矣。是以聖人不期修古，
不法常可，論世之事，因為之備。……

故曰：事異則備變，上古競于道德，中世逐于智謀，當今爭
於氣力。

韓非的歷史思想承認歷史的變化是一種必然，治國當順應這種變
化，上古、中古、近古、當今是歷史發展的四個階段，每個階段的
治理只能應時代的變化而變化。韓非說過當今如果順應時代，可以
超過五帝、三王。但是當今是否一定超過古代？他有一個結論：“上
古競於道德，中古逐于智謀，當今爭於氣力。”這和後來的皇帝王
霸說以及“三代以德治天下，後世以力持天下”等說法，有近似之
處。韓非歷史觀點的價值在於他的歷史必變思想，為歷史變革提供
理論基礎。他在論歷史變化中強調聖人的作用，同時又著重從“民
悅”，也就是把民心作為決定歷史趨向的一種力量。

　　荀子對古史的理解，一方面說明君臣、父子、兄弟、夫婦的等
級是“與天地則理”，這只有君子能做得到，“天地生君子，君子理
天地”。另一方面，他以“氣”與“知”、“義”相結合，說明人類
的產生，強調“人”從“禽獸”中分離出來，是經歷一個鬥爭的過
程。《王制》篇說：

水火有氣而無生，草木有生而無知，禽獸有知而無義；人有
氣、有生、有知亦且有義，故最為天下貴也。

力不若牛，走不若馬，而牛馬為用，何也？曰人能“群”，
彼不能“群”也。人何以能群？曰“分”。分何以能行？曰
“義”，故義以分則和，和則一，一則多力，多力則強，強
則勝物：故宮室可得而居也。故序四時，裁萬物，兼利天下，
無它故焉，得之分義也。

> 故人生不能無群，群而無分則爭。爭則亂，亂則離，離則弱，
> 弱則不能勝物，故宮室不可得而居也，不可少頃舍禮義之謂
> 也。……君者，善群也，群道當，則萬物皆得其宜，六畜皆
> 得其長，群生皆得其命。

特別要指出的是荀子的古史觀念中論說"禮"起於"欲"，認為禮
是物質欲望的調節器。他說：

> 禮起于何也？曰：人生而有欲，欲，而不得，則不能無求，
> 求而無度量分界，則不能不爭。爭則亂，亂則窮。先王惡其
> 亂也，故制禮義以分之，以養人之欲，給人之求。使欲必不
> 窮乎物，物必不屈於欲，兩者相持而長，是禮之所起也。(《禮論》)

荀子在論及人類的產生，提出"氣"、"分"、"群"及"欲"等概念，
從理論上作出了說明，這對古史研究是一個貢獻。

《易·系辭》、《韓非子·五蠹》及《荀子》在有關的篇章對後
世關於古史的觀念的論述產生較大的影響。後來唐代的柳宗元以及
宋代思想家發展了他們的歷史觀。

關於古史觀念，對後來影響較大的還應當提到的是《列子》這
本書。這本書以氣解說天地形成和人類的起源，又把上古的歷史分
成太易、太初、太始、太素幾個階段。所謂太易，是未見氣；太初
者，氣之始；太始者，形之始；太素者，質之始。由於氣清輕者，
上升為天；濁重者，下而為地。(《列子·天瑞》)宇宙事物皆由氣變
化而生成。這裏把老莊的由無生有觀點具體化成一種歷史觀點，彌
補老莊學說在歷史觀點上的不足。諸子歷史觀點的爭鳴，一方面是
相互爭論、鬥爭，又一方面是相互吸收。

《呂氏春秋》在古史觀念上，有些見解是值得提出來的。《恃
君覽》說：

> 昔太古嘗無君矣，其民聚生群處，知母不知父，無親戚兄弟
> 夫妻男女之別，無上下長幼之道，無進退揖讓之禮，無衣服
> 履帶宮室畜積之便，無器械舟車城郭險阻之備。

這是秦漢時期的雜家的古史觀念。到了漢代，《淮南子》的古史觀

對道家的古史觀作了發展。它從“道”、“氣”，說明宇宙的形成和人類的形成。《天文訓》說：“道日規始於一，一而不生，故分而爲陰陽，陰陽合和而萬物生。故曰一生二，二生三，三生萬物。”《精神訓》闡明人類的出現，說：

> 古未有天地之時，惟像無形，窈窈冥冥，芒芠漠閔，澒蒙鴻洞，莫知其門。有二神混生，經天營地，孔乎莫知其所終極，滔乎莫知其所止息，於是乃別爲陰陽，離爲八極，剛柔相成，萬物乃形。煩氣爲蟲，精氣爲人。是故精神，天之有也，而骨骸者，地之有也；精神入其門，而骨骸反其根，我尚何存。

後來魏晉玄學、兩宋的理學中一些古史觀點，可以從《列子》、《淮南子》中找到出處。在羅泌的《路史》、蘇轍的《古史》等書中，我們都可以看出這一線索。至於《列子》和《山海經》等書中，說及上古之世的人類同自然的艱難鬥爭，同樣值得重視。過去研究史學思想只注意研究儒家的經籍，而忽視道家、陰陽家、雜家的材料，顯然是一個不足。實在說，在儒家經籍中，除《周易》外，儒家的古史的觀念比較貧乏，相對地說，道家、陰陽家、雜家中的古史思想則是豐富的。漢代的大儒董仲舒成爲“儒者宗”，也要從陰陽家那裏吸收資料，豐富儒家的歷史觀點。兩宋的理學在構建古史時，往往從道家中尋找思想資料，這是有道理的。

其他如《墨子》的《辭過》篇中，論及初民未知宮室、未知衣服的生活狀況。墨家的古史觀比較空泛，其立論，一是反對後王的暴斂，二是爲他提倡“節用”尋找歷史的依據。

第二節　先王和後王的觀念

先王在諸子那裏，一般指伏羲、神農、黃帝、堯、舜和禹、湯、文、武、周公。而在孔、孟那裏，主要是指堯、舜及禹、湯、文、武，所謂“祖述堯、舜，憲章文、武”。《論語‧泰伯》篇載孔子的

話，說："大哉，堯之爲君也，巍巍乎!唯天爲大，唯堯則之。蕩蕩
乎!民無能名焉，巍巍乎!其有成功也；煥乎，其有文章。"稱讚"舜
有臣五人而天下治"。對禹，孔子在同一篇中，稱道他："禹，吾無
間然矣。菲飲食，而致孝乎鬼神；惡衣服，而致美乎黻冕；卑宮室，
而盡力乎溝洫。禹，吾無間然矣。"《顏淵》篇中讚美堯能舉賢。
但重要的是孔子以三代之禮作爲後世治理的範本，三代以後制度會
有所變化，但三代的制度的基本東西不會丟失。《爲政》篇說：

> 殷因于夏禮，所損益可知也；周因于殷禮，所損益可知也。
> 其或繼周者，雖百世可知也。

這是孔子推崇三代先王之治的基點，但這句話還是太空洞。孔子以
後，儒家作了演繹，構成一幅理想的仁政社會的藍圖。

孟子說孔子不道齊桓晉文之事（《孟子·梁惠王上》），這是說假
話。孔子對輔佐齊桓公稱霸的管仲不但提到，而且充分肯定管仲的
歷史功績，說："管仲相桓公，霸諸侯，一匡天下，民到於今受其
賜。微管仲，吾其被髮左衽矣。"（《憲問》）這樣稱道"霸"者的作
爲，確不合一些後世儒者的口味，儘管他們作了牽強的解釋，但不
可否認的是，孔子推崇先王，也表彰後王。

孟子稱先王，把孔子的先王觀向前推進了一步。他自稱是"我
非堯、舜之道，不敢以陳于王前"（《公孫丑下》）。先王之道的具體內
容是：

一、先王之道，是正經界行井田。滕文公深知孟子是"道性善，
言必稱堯舜"。當他向孟子求教爲國之道，孟子詳說井田之法，這
可以看成是孟子依據一些歷史的材料，編出來的一種理想國方案。
他最後作了一個小結，說：

> 夫仁政，必自經界始。經界不正，井地不鈞，穀祿不平。是
> 故暴君汙吏必慢其經界；經界既正，分田制祿可坐而定
> 也。……請野九一而助，國中什一使自賦。卿以下必有圭田，
> 圭田五十畝。餘夫二十五畝。死徙無出鄉，鄉田同井，出入
> 相友，守望相助，疾病相扶持，則百姓親睦。方里而井，井

九百畝，其中為公田。八家皆私百畝，同養公田。公事畢，
然後敢治私事，所以別野人也。此其大略也。(《滕文公上》)
這分明是孟子在編造一個"大略"的藍圖，要是從中想象出商周有
什麼封建井田的事實，就不免上了孟子的當。

二、先王之政是仁政。孟子說："三代之得天下也，以仁；其
失天下也，以不仁。國之所以廢興存亡者，亦然。"(《離婁上》)這
種興廢存亡之道，孟子說，在得民心。他說："桀紂之失天下也，
失其民也；失其民者，失其心也。得天下有道：得其民，斯得天下
矣；得其民有道：得其心，斯得民矣；得其心有道：所欲與之聚之，
所惡勿施爾也。"(《離婁上》)

三、節儉、勤民事。禹是惡旨酒而好善言，湯"執中，立賢無
方"。即立賢使之在位，不問其類。文王視民如傷，武王不敢怠惰，
"不泄邇，不忘遠"；周公"思兼三王，以施四事：其不合者，仰
而思之，夜以繼日，幸而得之，坐以待旦"。(《離婁下》)

四、行孝悌之道。《離婁下》、《萬章上》各篇都是把舜作為孝
悌模範。

五、孟子一方面講夷夏之別，另一方面，他指出只要得先王道，
夷地的王者，也可得志於中國。他說："舜生於諸馮，遷于負夏，
卒於鳴條，東夷之人也。文王生於岐周，卒于畢郢，西夷之人也。
地之相去，千有餘裏。世之相後也，千有餘歲，得志行乎中國，若
合符節，先聖後聖，其揆一也。"(《離婁下》)

孟子以真真假假的歷史知識，說出他的三代先王之世的構想，
實際上是他變革現實的一種追求。他以復古的形式，勾勒未來的社
會的藍圖。因此，不宜就說孟子的先王觀是歷史的倒退論。他並不
是一個守舊不變的人，他說："由今之道，無變今之俗，雖與之天
下，不能一朝居之。"(《告子下》)從另一個角度來看，孟子的先王
觀中理想成分多，不切於實際。以"博而寡要"評價孟子的說教，
還是不錯的。

墨子重先王，他說："周成王之治天下也，不若武王；武王之

治天下也，不若成湯；成湯之治天下也，不若堯舜。"（《三辯》）這裏就喜"樂"而言，孫詒讓說："蓋非樂之餘義。"墨子說："然昔吾所以貴堯舜禹湯文武之道，何故以哉？以其毋臨衆發政而治民，使天下爲善者可而勸也；爲暴者可而沮也。然則此尚賢者也，與堯舜禹湯文武之道同矣。"（《尚賢下》）這是就爲政而言的。他心目中的治理的範本，是堯舜禹湯文武之道，他得出一個結論："尚欲祖述堯舜禹湯之道，將不可以不尚賢。夫尚賢者，政之本也。"（《尚賢上》）墨子仍是以頌先王之道的方式，來表述他的治理、變革社會的觀點。從形式上說，諸子中孔、墨並無區別，只是實質內容不一樣。後期墨家與前期墨家思想不完全相同，但二者又相通，不能截然分開。這是談墨學時應該說明的。

墨家的先王觀有一種重今的因素。這一思想在其門人那裏得到發揮，以爲不能離開今天的現實，而大談先王之道，"舍今之人，而譽先王，是譽槁骨也"。據記載，墨子進而闡發他"譽先王"的用意，認爲，稱讚先王之道，是看重先王之道對當今生人的價值，"今譽先王，是譽天下之所以生也。可譽而不譽，非仁也"。（《耕柱》）因此，重先王、重古，與重後王、重今又有它的一致性。他說：

> ……翟以為不若頌先王之道而求其說；通聖人之言而察其辭。上說王公大人，次匹夫徒步之士。王公大人用吾言，國必治；匹夫徒步之士，用吾言，行必修。（《魯問》）

所以頌先王之道，又要著重當今。衡量言行是否得當，他提出"三表"作爲標準，說：

> 于何本之？上本之于古者聖王之事；于何原之？下原察百姓耳目之實；于何用之？廢（通發）以為刑政，觀其中國家百姓人民之利。此所謂言有三表也。（《非命上》）

墨子進而提出"三法"，又說凡出言談，當先立"儀"，也就是確定是非準則，這個準則是"三法"：

> 是故言有三法，何謂三法？曰：有考之者，有原之者，有用之者。惡乎考之？考先聖大王之事。惡乎原之？察衆之耳目

之請（通情）。惡乎用之？發而為政乎國、察萬民而觀之。（《非
命下》）

墨子議論通古今人鬼，以是否成功爲準則。這就是他說的："凡言
凡動，利於天鬼百姓者，爲之。凡言凡動，害于天鬼百姓者，舍之。
凡言凡動，合于三代聖王堯舜禹湯文武者，爲之。凡言凡動合于三
代暴王桀紂幽厲者，舍之。"

因此，墨家的先王觀，他祖述堯舜先王，又重後王，而著重在
"當今"。墨子重歷史，說："古之聖王，欲傳其道於後世，是故書
之竹帛，鏤之金石，遺傳後世子孫，欲後世子孫法之也。今聞先王
之義而不爲，是廢先王之傳也。"（《貴義》）但重史爲求鑒。他說，
先王之遺，書之竹帛，鏤之金石，琢之盤盂，傳遺後世子孫，是如
同《尚書》編纂用意："爲鑒不遠，在彼殷王。"（《非命下》）他不是
一味以古代先王爲政的模式爲尺規（其中又多爲一種理想），硬性
裁定後代社會的是非。

荀子的先王與後王觀念具有更多的積極因素。他是把審後王與
法先王統一起來，說："天地始者，後王是也。百王之道，後王是
也。君子審後王之道，而論于百王之前，若端拜而議。"（《不苟》）
荀子推崇先王也就是要法堯舜，"先王之道，則堯舜而已"。（《儒效》）
學問的淵源在先王，"故不登高山，不知天之高也；不臨深谿，不
知地之厚也；不聞先王之遺言，不知學問之大也"。（《勸學》）他由
此得出一條看法，說："凡言不合先王，不順禮義，謂之奸言，雖
辨，君子不聽。"（《非相》）但是，在法先王問題上，有一個矛盾，
也就是，先王之道，沒有完全傳下來。但這樣說，不是說後人不能
法先王，理由是先王與後王之"道"是一致，法先王與法後王不是
兩回事。荀子在同篇又說：

> 故以人度人，以情度情，以類度類，以說度功，以道觀盡，
> 古今一度也。

> 類不悖，雖久同理，故鄉乎邪曲而不迷，觀乎雜物而不惑，
> 以此度之。五帝之外無傳人，非無賢人也，久故也。五帝之

> 中無傳政，非無善政也，久故也。禹、湯有傳政而不若周之
> 察也，非無善政也，久故也。
>
> 傳者久則論略，近則論詳，略則舉大，詳則舉小。愚者聞其
> 略而不知其詳，聞其詳而不知其大也。

荀子以"道"通古今爲一的觀點，論證法後王與法先王一致。所不
同的是，因爲時間久遠，先王之傳是"大"、是原則，後王事迹中
同樣體現"道"，只是更詳細，更具體。因此，在後世社會的人，
重點要法後王。他說：

> 辨莫大於分，分莫大於禮，禮莫大于聖王。聖王有百，吾孰
> 法焉？故曰：文久而息，節族久而絕，守法數之有司，極禮
> 而褫。故曰：欲觀聖王之迹，則於其粲然者矣，後王是也。
> 彼後王者，天下之君也，舍後王而道上古，譬之是猶舍己之
> 君而事人之君也。故曰：欲觀千歲，則數今日；欲知億萬，
> 則審一二；欲知上世，則審周道；欲知周道，則審其人所貴
> 君子。故曰：以近知遠，以一知萬，以微知明。此之謂也。
> （《非相》）

所以荀子的先王觀，實則重後王，強調要治理好當今，就要重名、
分，重禮，這也就是先王之道。這一歷史觀點後來在宋代的司馬光
那裏得到進一步的發揮。

荀子認爲離開實際，離開根本，高談法先王，是"略法先王而
不知其統，猶然而材劇志大，聞見雜博，案往舊造說，謂之五行（指
仁義禮智信），甚辟違而無類，幽隱而無說，閉約而無解"。同爲儒
家的荀、孟甚至是子思，他們的先王觀差別很大。荀子尊先王，實
爲尊後王，重當今。荀子認爲後世子思、孟子所傳的學術是不合於
孔子的學術的精神。（《非十二子》）因此，統而言之說儒家"博而寡
要"，用在荀子那裏，就不合適了。

荀子論先王、後王，認爲道是貫於其中，只有理解了"道"，
對世界才有全面的認識。他說："百王之無變，足以爲道貫，一廢
一起，應之以貫，理貫不亂，……萬物爲道一偏，一物爲萬物一偏，

愚者爲一物一偏，而自以爲知 '道'，無知也。"（《天論》）古今歷史中，"道" 貫徹其中，先王、後王統一于 "道" 之中，這就把先王與後王的思考上升到理論的高度。在另一處，荀子是提 "百王之道"。道是 "一"，"百王之道" 也就是 "一"。體現 "百王之道" 的 "一" 是在《詩》、《書》、《禮》、《樂》中。（《儒效》）而諸子論先王、後王爲一，不理解這一點，認識上出現 "偏"、"塞"、"蔽"。"天下無二道，聖人無兩心，今諸侯異政，百家異說，則必或是、或非、或治、或亂。"（《解蔽》）他強調先王、後王之道爲一，落腳點在當今，"故善言古者，必有節於今；善言天者，必徵於人；凡論者，貴其有辨合、有符驗。故坐而言之，起而可設，張而可施行。"（《性惡》）這是他思想中的積極因素。但他由此以爲，只有無欲、無惡、無始、無終、無近、無遠、無博、無淺、無古、無今，兼陳萬物而中懸衡，才能解蔽（《解蔽》），這泯滅差別的觀點又大大削弱他的通變思想中 "變" 的一面。"變" 爲 "不變" 所扼殺。

荀子由他的先王、後王觀，進而說及王、霸，雖說 "仲尼之門羞稱王霸"，但是荀子同樣認爲如齊桓公也有 "天下之大節"（《仲尼》），王、霸有別，但王與霸都是治國的需要，"故用國者，義立而王，信立而霸，權謀立而亡。三者明主之所謹擇也，仁人之所務白也"。（《王霸》）荀子對王霸認識有其通達的一面。

戰國時期，先王與後王的歷史觀爭論進一步發展，有了更大的突破，這表現在擺脫了 "禮"、"道" 不變的觀念。主張改革的政治家面對現實，他們要進行變革，也只能再向前跨進一步。秦國商鞅面對 "法古無過，循禮無邪" 的議論，直陳自己的觀點說："三代不同禮而王，五伯不同法而霸"；"治世不一道，便國不法古。故湯、武不循古而王，夏、殷易禮而亡。反古者不可非，而循禮不足多。"（《史記‧商君列傳》）在商鞅那裏，三代歷史與孔子、墨子、孟子、荀子所說不一樣，所謂的 "禮"、"道"、"法"，都是因時而制定的，古代的聖君都是 "不循禮" 而獲得成功的；末世之君雖然 "不易禮"，但並沒有保住社稷。趙武靈王在行 "胡服騎射" 變革時，說出自己的看法：

> 先王不同俗，何古之法？帝王不相襲，何禮之循？伏羲、神
> 農，教而不誅；黃帝、堯、舜，誅而不怒。及至三王，隨時
> 制法，因事制禮。法度制令各順其宜，衣服器械各便其用。
> 故禮也不必一道，而便國不必法古。古人之興也不相襲而
> 王，夏、殷之衰也不易禮而滅。……循法之功，不足以高世；
> 法古之學，不足以制今。（《史記‧趙世家》）

這可以說是激進的法後王的歷史觀。但我們也要看到，他們雖
然指出歷史變化是絕對的，禮與法因時而制的事實；但是，歷史有
沒有聯繫？三代之禮對於秦、趙這樣性質的政權，是不是沒有一點
可資借鑒的東西？三代之禮是不是沒有任何聯繫？如果有聯繫，那
麼是怎樣的聯繫？這些問題沒有回答，或者沒意識到這一問題的重
要。他們依自己的歷史觀進行變革，取得相當大的成功，秦的統一
與這樣的變革有直接的聯繫。但始皇統一以後，形勢發生變化，如
賈誼所說的“攻守之勢異也”。但秦政不改，同時秦也不可能自覺
地從歷史上吸取經驗教訓，最終又受到歷史的懲罰。

史學思想、歷史觀點，並不只是史學家所關心的問題，一代的
政治家、思想家也總是按一定的歷史觀點與史學思想，認識歷史與
思考現實。史學思想對社會發展產生的作用與影響，是不可以忽視
的。

第三節　《洪範》和五行說

五行說的歷史，有的學者以為可以上溯到夏，《尚書》中的《甘
誓》記載了水、火、木、金、土，但《甘誓》寫成年代，學者的看
法不盡一致。有的學者考出殷商的卜辭中有五行的內容，這些還要
作進一步的討論。從《左傳》的內容看，到了西周末，史官如史伯，
春秋時的史官如史墨等已經利用五行作為論說政治的依據。無可置

疑的是，鄒衍和《尙書》的《洪範》篇五行說，對後世影響很大。
特別是《洪範》篇與後來史書的《五行志》有著直接的聯繫。《漢
書》的《五行志》說："昔殷道弛，文王演《周易》，周道敝，孔子
述《春秋》。則《乾》、《坤》之陰陽，效《洪範》之咎徵，天人之
道粲然著矣。"又說：

> 漢興，承秦滅學之後，景、武之世，董仲舒治《公羊春秋》，
> 始推陰陽，為儒者宗；宣、元之後，劉向治《谷梁春秋》，
> 數其禍福，傳以《洪範》，與仲舒錯。至（劉）向子（劉）
> 歆治《左氏傳》，其《春秋》意亦已乖矣。言《五行傳》，又
> 頗不同。

《洪範》篇對古代的歷史觀點的影響，一是，它直接提供五行運轉
的思想的資料。二是，天人感應說，也是從《洪範》等文獻中演繹
出來的。當然，五行說又有自己的發展的歷史。一般地說，是從天
人相雜，到天人相勝、五行相生。從原始的五行說，到鄒衍的學說，
《尙書·洪範》，再到《呂氏春秋》、《淮南子》，再到董仲舒、劉向、
劉歆，以及《白虎通》中的《五行篇》，五行說在這一過程中，形
成一個體系；最終演化成一個神學的天人感應的學說思想體系。

　　鄒衍認為，歷史的運動的順序是：土、木、金、火、水。歷史
的各個朝代依次作迴圈的運轉。後人說他"其語閎大不經，必先驗
小物，推而大之，至於無垠。先序今以上至黃帝，學者所共術，大
並世盛衰，因載其禨祥度制，推而遠之，至天地未生，窈冥不可考
而原也。"（《史記·孟子荀卿列傳》）鄒衍認為，一方面是五行相生，
另一方面是五行相勝。五行相生是木生火，火生土，土生金，金生
水，水生木。五行相勝是：水勝火，火勝金，金勝木，木勝土，土
勝水。人類社會也是作五德終始的循環運動。《文選·魏都賦》的注
引《七略》，說：

> 鄒子有《終始五德》，從所不勝：（土德後）木德繼之，金德
> 次之，火德次之，水德次之。

關於五德相勝五德終始說，《呂氏春秋》的《有始覽·應同》篇有

詳細的記載，說：

> 凡帝王之將興也，天必先見祥乎下民。黃帝之時，天先見大
> 螾（蚓）大螻，黃帝曰“土氣勝”。土氣勝，故其氣尚黃、
> 其事則土。及禹之時，天先見草木秋冬不殺，禹曰“木氣勝”。
> 木氣勝，故其色尚青、其事則木。及湯之時，天先見金刃生
> 於水，湯曰“金氣勝”。金氣勝，故其色尚白、其事則金。
> 及文王之時，天先見火，赤鳥銜丹書集于周社，文王曰“火
> 氣勝”。火氣勝，故其色尚赤，其事則火。代火者必將水，
> 天且先見水氣勝，水氣勝，故其色尚黑，其事則水。水氣至
> 而不知，數備將徙於土。

歸結起來：

1. 黃帝：　　　土氣，色尚黃，其事則土。
2. 禹：　　　　木氣，色尚青，其事則木。
3. 湯：　　　　金氣，色尚白，其事則金。
4. 周：　　　　火氣，色尚赤，其事則火。
5. 將代周者：　水氣，色尚黑，其事則水。

整個中國歷史按照這些陰陽家的預言，以這樣的圖式作循環運動。一切都是天所決定的。他們承認歷史是以一種必然的規則進行運動，是天意安排的迴圈運動。

　　《尚書》的《洪範》可以考定爲戰國後期的文字，它以五行作爲天授的系統，說：“天乃錫禹洪範九疇，彝倫攸敘。初一曰用五行，次二曰敬用五事，次三曰農用八政，次四曰協用五紀，次五曰建用皇極，次六曰義用三德，次七曰明用稽疑，次八曰念用庶徵，次九曰向用五福，威用六極。”據《漢書·五行志》說，這六十五個字，皆《洛書》的本文，是所謂“天乃錫禹大法九章常事所次者也”。關於五行的內涵是：

　　一曰水，水潤下。潤下作鹹。
　　二曰火，火炎上。炎上作苦。
　　三曰木，木曲直。曲直作酸。

四曰金，金從革。從革作辛。

五曰土，爰稼穡。稼穡作甘。

五事是：貌曰恭、言曰從、視曰明、聽曰聰、思曰睿。

八政是：一曰食，二曰貨，三曰祀，四曰司空，五曰司徒，六曰司寇，七曰賓，八曰師。

五紀是：歲、月、日、星辰、曆數。

建用皇極在於：天子作民父母，以爲天下王。

三德：正直、剛克、柔克。

稽疑："擇建立卜筮人"，"汝有大疑，謀及乃心，謀及卿士，謀及庶人，謀及卜筮"。

庶徵：雨、暘、燠、寒、風、時。

五福：壽、富、康寧、攸好德、考終命。

六極：凶短折、疾、憂、貧、惡、弱。

《洪範》以五行爲綱，以天人感應和強調皇權集中的思想作爲理論基礎，把從政的規範、準則、儀式，和個人的社會行爲、準則與自然、天象、人間福禍遭遇糅合在一起，構成一個天人合一的系統。這應該說是《洪範》的五行說的實質。因此，這樣的五行說成了後世封建王朝的政治思想、社會思想、歷史思想的基本文獻。談五行說，不能丟開其基本的內容。

五行說在中國歷史上、在中國史學上的意義和影響，可以引顧頡剛先生的兩段話來說明，他說：

五行，是中國人的思想律，是中國人對於宇宙系統的信仰；二千餘年来，它有極強固的勢力。

他又說西漢末《世經》對五德相勝的次序作了改造，土木金火水的次序，變成了木火土金水的順序。"這個系統是從什麼地方開始的呢？大家不知道。然而大家都沿用它，無論作古史的和作通史的都依照著它。我們現在看到的歷史書，從皇甫謐的《帝王世紀》直到吳承權的《綱鑒易知錄》，沒有不這樣寫的。它是成了正統了！它是成了一個偶像了！它是成了大權威者了！"（《古史辨》第 5 册，《五德終始說下的政治和歷史》）由五行，而三統，都是爲了說明王朝政權合乎天意，新建立的王朝需要編排順序，改正朔，易服色。各種正統的爭論也借題發揮。各個朝代編寫的史書適合這種需要，反映它的正統的觀點，追本求源，和《洪範》都有關係。

　　《洪範》在中世紀的作用，一是它爲皇權神授提供了理論依據。說明皇權產生和集中是天意。這也是大一統的思想和專制主義中央集權統治的思想來源。二是爲天人感應說解釋災祥現象提供了一個基礎。後來五行說與天象、曆法、音律等聯繫起來，構成一個龐大的系統，可以說是《洪範》繁衍出來的圖式。三是，它指明等級統治的社會裏，各個層面上人物的行爲的基本的要求。四是，它既指明君權神授的一面，又指明治國安邦，要重食貨八政的道理，具有重庶民的一面。

　　《洪範》在中國史學思想上是一篇重要的文獻，不能只從消極的一面去評價它，要注意它對中國封建社會生活的各個方面的影響。它對後世的史學思想的影響也是多方面的。如洪範八政中以食貨爲首，這個認識對於中國史書中典志和典制體裁史書的編撰都產生不可忽視的影響。《尚書》中《洪範》篇擺脫具體的歷史事實細節，而提出歷史社會的模式、爲政的原則，這和其他的篇目不同，後代的統治者重視它也是有緣由的。由於這篇文獻中的神意的說教明顯，隨著史學思想的發展，天人感應說、災祥說不斷遭到批判，《洪範》也不斷受到批判，而《洪範》八政的某些內容，卻是得到了發展。

第二編　中世紀的
史學思想的形成與發展

第四章 《史記》：史家的
“一家之言”

第一節 學術彙於一的不同途徑和
司馬遷的“一家之言”

　　白壽彝先生在《史記新論》中說：“每當歷史發展到一定的階段，都有歷史著作出現，爲前代作總結。”這種總結有一個發展過程。從春秋戰國到漢武帝，學術從百家爭鳴到學術彙於一，和歷史從分裂到大一統的過程相平行。《莊子·天下篇》說：“百家往而不返，必不合矣。後世之學者，不幸不見天地之純、古人之大體，道術將爲天下裂。”表明了春秋戰國時期的百家爭鳴的不可避免地出現，“道術將爲天下裂”，是歷史的趨勢。到了戰國中期以後，歷史向著統一的方向發展，學術上也出現彙於一的要求。《荀子·非十二子》說作爲“仁人”在那個時代，應當：“上則法堯舜之制，下則法仲尼、子弓之義，以務息十二子之說，如是則天下之害除，仁人之事畢，聖王之迹著矣。”《韓非子》反對“兼聽雜學”，說：“自愚誣之學、雜反之辭爭，而人主俱聽之，故海內之士言無定術，行無常議。夫冰炭不同器而久，寒暑不兼時而至，雜反之學不兩立而治。今兼聽雜學，繆行同異之辭，安得無亂乎？聽行如此，其於治人，又必然矣。”(《顯學》)雖然以什麼思想去彙一各家的學術，看法不一，但都希望以自己的思想去統一各家思想。秦始皇焚書坑儒，以暴力的辦法，以粗淺的皇權天授思想，箝制不同的思想；最終隨著大帝國的崩潰，這種學術定於一的辦法也宣告破產。漢興，海內爲一，意識形態的一統的任務必然提出來。西漢前期，叔孫通作禮；文帝好刑名之言，景帝不任儒。竇太后好黃老術，一時黃老思想成爲新的“顯學”。無爲而治的政治，在學術思想上，卻採取一種包容的姿態。雖然竇太后不喜歡儒家學術，但儒學並沒有被禁絕。《淮南子》這樣的兼包衆家的著作應運而生。竇太后死後，儒學擡頭。武安君爲丞相，黜黃老、刑名百家言；而公孫弘因治《春秋》爲丞相、封侯，這更是推波助瀾，“天下學士靡然鄉風矣”。漢武帝時期，大一統的帝國在亞洲東部展現風姿，學術思想的一統成了這個時代的需要。

漢武帝時出現兩種學術彙於一的途徑。一種是從景帝以後出現一種傾向，董仲舒（前 179 年－前 104 年）繼之而起，明確地要求用行政的手段來罷黜百家，獨尊儒術。他向漢武帝建議，說：“《春秋》大一統者，天地之常經，古今之通誼也。今師異道，人異論，百家殊方，指意不同，是以上亡以持一統；法制數變，下不知所守。臣愚以爲諸不在六藝之科孔子之術者，皆絕其道，勿使並進。邪辟之說滅息，然後統紀可一而法度可明，民知所從矣。”（《漢書·董仲舒傳》）爲適應鞏固統一帝國的需要，董仲舒把儒學神學化，以陰陽家的內容糅進儒學，提出“天人三策”。

和董仲舒不同的是司馬遷的主張。司馬遷的父親司馬談則是主張融彙衆家之學，形成一種新的學說。他說：

> 《易大傳》：“天下一致而百慮，同歸而殊途。”夫陰陽、儒、墨、名、法、道德，此務為治者也，直所從言之異路，有省不省耳。

六家學術都有合理的地方，各家學術儘管不完全一樣，卻都是“務爲治者也”。司馬談引《易大傳》的話：“天下一致而百慮，同歸而殊途。”說明學術發展的一種規律：不能以一種學術去消滅另一種學術，以一種思想去代替其他各家的思想。百家學要歸於一，卻又不能以以前的某一家學術替代各家學術。邏輯只能是：要在總結消化各家學術的基礎上，形成一種新的學術。這裏不是採用行政手段，而是在總結、融彙各家的基礎上，在吸收各家學術的長處的前提下，創造出新的"一家之言"。這就是司馬氏父子的學術彙於一的思想路徑。

司馬氏父子兩代的努力，形成了具有特色的"一家之言"，一是對諸子學的總結，即對六家學術的批評與吸收，包括對儒家經籍的融會，以及對西漢思想家的思想的吸收；二是對以前的史書的總結；三是從當時的天文等自然知識中獲得營養。

司馬談對諸子學的總結，是他哲理思想的基礎。《論六家要指》是一篇重要的文獻，他是這樣評論六家的：

> 嘗竊觀陰陽之術，大祥而眾忌諱，使人拘而多所畏；然其序四時之大順，不可失也。儒者博而寡要，勞而少功，是以其事難盡從；然其序君臣父子之禮，列夫婦長幼之別，不可易也。墨者儉而難遵，是以其事不可遍循；然其強本節用，不可廢也。法家嚴而少恩；然其正君臣上下之分，不可改矣。名家使人儉而善失真；然其正名實，不可不察也。道家使人精神專一，動合無形，贍足萬物。其為術也，因陰陽之大順，采儒墨之善，撮名法之要，與時遷移，應物變化，立俗施事，無所不宜，指約而易操，事少而功多。儒者則不然。以為人主天下之儀錶也，主倡而臣和，主先而臣隨。如此則主勞而臣佚。至於大道之要，去健羨，絀聰明，釋此而任術。夫神大用則竭，形大勞則敝。形神騷動，欲與天地長久，非所聞也。

司馬談對六家的分析，是一次對諸子學的揚棄。

一、對於陰陽家，剔除了"使人拘而多畏"的"大祥而眾忌諱"的天人牽強比附的內容，吸收"序四時之大順"的合理的內容。

二、墨家雖然規矩苛刻，"儉而難遵"，但是他們提倡"強本節用"，不應該廢止。

三、法家在執法上"嚴而少恩"，然而對於維持君臣名分，是很有用的。

　　四、名家在察名實關係上有不通大體、糾纏名謂脫離實際事物的弊病；但辨正名實還是不可少的。

　　五、儒家的禮教是繁瑣不得要領，就是“博而寡要，勞而少功，是以其事難盡從”。但是在維持等級禮制上，“序君臣父子之禮，列夫婦長幼之別”，儒學是不可少的。儒學除禮教以外，還有更多的內容。這一點，司馬談在後面還有一段對儒家《六藝》的分析。所謂“博而寡要，勞而少功”是《六藝》太繁難，“《六藝》經傳以千萬數，累世不能通其學，當年不能究其禮”，因此，應當對它重新熔鑄。司馬談對司馬遷說：“自周公卒五百歲而有孔子。孔子卒後至於今五百歲，有能紹明世，正《易傳》，繼《春秋》，本《詩》、《書》、《禮》、《樂》之際？”可以看出對儒家經籍的重視。太史公對上大夫壺遂談出自己對儒家經籍的看法：“夫《春秋》，上明三王之道，下辨人事之紀，別嫌疑，明是非，定猶豫，善善惡惡，賢賢賤不肖，存亡國，繼絕世，補敝起廢，王道之大者也。《易》著天地陰陽四時五行，故長於變。《禮》經紀人倫，故長於行。《書》記先王之事，故長於政。《詩》記山川溪穀禽獸草木牝牡雌雄，故長於風。《樂》所以立，故長於和。《春秋》辯是非，故長於治人。……故《春秋》者，禮義之大宗也。夫禮禁于未然之前，法施已然之後；法之所為用者易見，而禮之所為禁者難知。”

　　從這一段文字中可以看出，司馬氏父子認為儒學的意義在於：一是禮教維持等級統治的重要。二是在《六藝》中，《春秋》和《易》尤其重要。“正《易傳》，繼《春秋》”作為首要的兩件事被提出來；而這二者的結合，是歷史哲學形成的必要前提。“紹明世，正《易傳》，繼《春秋》”三者合為一體，把歷史和現實結合在一起，把寫歷史和對歷史作哲學的思考結合在一起。司馬遷接受了父親的旨意，“遷俯首流涕曰：‘小子不敏，請悉論先人所次舊聞，弗敢闕’”，他要全面完成父親遺留下來的事業。他吸收了儒家思想中的精粹，汲取合于封建大一統王朝需要的內容。（上引自《太史公自序》）

　　六、道家在六家中最受推崇，“道家使人精神專一，動合無形，贍足萬物，其爲術也，因陰陽之大順，采儒墨之善，撮名法之要，與時遷移，應物變化，立俗施事，無所不宜，指約而宜操，事少而功多”。道家從學術精神、方法上成了彙衆家之長的指導思想。但應該看到，司馬氏沒有全盤接受先秦道家的學術，他對道家的“無爲”思想作了揚棄，摒棄“小國寡民”“絕聖棄智”等主張。因此而有人稱司馬氏父子是新道家，這是沒有根據的。

　　司馬遷對諸子學術的吸收，包括對西漢思想家的學術和思想。這些思想不完全相同，但主題是兩個，即秦亡漢興歷史盛衰經驗的總結，秦何以亡，漢何以興，並以此警告西漢人主要吸取歷史的教訓。另一個議題是變革的必要。這兩個方面往往又是結合在一起的。特別是到了文、景及漢武帝時期，隨著社會矛盾的尖銳，變革成了中心的話題。賈誼、晁錯、嚴安、徐樂等的思想就具有代表性。賈誼在《過秦論》中說：

> 然秦以區區之地，千乘之權，招八州而朝同列，百有餘年矣。然後以六合為家，殽函為宮，一夫作難，而七廟墮，身死人手，為天下笑者，何也？仁義不施而攻守之勢異也。

賈誼從秦亡的歷史中，總結出血的教訓。他承認秦在奪取天下時實行的政策的合理性。但是奪取天下後，一仍其舊，不行仁義的政策，最終導致“一夫作難而七廟墮，身死人手，爲天下笑”。從這樣的歷史事實出發，賈誼說：“故先王見始終之變，知存亡之機，是以牧民之道，務在安之而已。”這是說給漢朝皇帝聽的。奪天下後，就應當行仁義之道。他說的“攻守之勢異也”，也就是打天下和守天下，應當採取不同的政策，不同的歷史條件下，政策應當不一樣。這種歷史見解很有價值。陸賈說得更形象一些：馬上可以得天下，但是馬上不可以治天下，只有“文武並用”才是長久之術。漢高祖恍然大悟，明白總結歷史的重要，“乃謂陸生曰：‘試爲我著秦所以失天下，吾所以得之者何，及古成敗之國。’”陸賈寫出《新語》，劉邦“未嘗不稱善”，“左右呼萬歲”。(《陸賈列傳》)漢高祖能夠在很短時期內，穩定了統治，這和他尊重歷史的經驗教訓是分不開的。文、景之世雖說是治世，但危機四伏。漢武帝的政策把漢朝引向十分危險的境地。主父偃諫漢武帝，說："夫上不觀虞夏殷周之統，而下循近世之失，此臣之所大憂，百姓之所疾苦也。"憂患不在一時之失，憂在蔑視歷史，置歷史經驗教訓於不顧。徐樂總結歷史興亡，把危亡分成"土崩"與"瓦解"兩種：土崩是陳勝一類的起義。"天下之患，在於土崩"。瓦解，是天下安定，只是一些諸侯國謀反，雖一時囂張，但成不了氣候。所以，天下之患不在於瓦解。危亡之時，賢主如果能注意前世之失，觀萬化之原，也可以轉危為安。嚴安以為天下安危，不在一時的強弱，而在能不能根據時勢進行變化、更革，他說："周失之弱，秦失之強，不變之患也。"（《平津侯主父列傳》）漢武帝晚年能夠改弦更張，和他能吸取歷史經驗教訓有一定的關係。

　　西漢的總結歷史經驗教訓的思潮，富有變通的精神，司馬遷在《史記》中給予特別多的關注。

　　司馬氏父子對先秦、漢諸子學的總結，可以歸納為這樣幾點：

1. 從道家及儒家中的《易》中吸收觀察歷史的富有辯證法因素的思想。
2. 從儒學及法家、名家中看到用不同的方法維持等級統治的重要。
3. 重視諸子學術中治世有用的成分。
4. 西漢的思想家的言論中以變化的觀點言歷史興衰，給司馬遷以深刻的影響。
5. 儒家經籍中的《春秋》受到司馬遷的特別的重視，他把自己的寫史看作是繼《春秋》的事業。《春秋》的史"義"和歷史教育觀點為司馬遷所重視，下面我們還要作分析。

　　司馬遷對歷代史書進行總結。史之成家是從司馬遷開始的，在司馬遷以前，《春秋》被歸於《六藝》之中，除此之外，其他一些歷史作品，對司馬遷產生一定的影響。《十二諸侯年表·序》有一段評論，說：

　　……鐸椒為楚威王傅，為王不能盡觀《春秋》，采取成敗，辛四十章，為《鐸氏微》。趙孝成王時，其相虞卿上采《春秋》，下觀近勢，亦著八篇，為《虞氏春秋》。呂不韋者，秦莊襄王相，亦上觀尚古，刪拾《春秋》，集六國時事，以為八覽、六論、十二紀，為《呂氏春秋》。及如荀卿、孟子、公孫固、韓非之徒，各往往捃摭《春秋》之文以著書，不可勝紀。

這些著作不一定都是史書，但都是《春秋》系列中作品，它們都和史書有關，有的是從中采集有關成敗的內容，有的是刪拾《春秋》的，有的是捃摭《春秋》之文以著書的。這段話後面有太史公的評論，說："儒者斷其義，馳說者騁其辭，不務綜其終始；曆人取其年月，數家隆於神運，譜牒獨記世謚，其辭略，欲一觀諸要難。"（《十二諸侯年表》）司馬遷認為這些書是言上古史事、言盛衰的，這是應當肯定的。而這些書不能令人滿意的地方，概括起來是：有的"斷其義"，有的"騁其辭，不務綜其終始"。而曆人只注意書中年月的內容，數家借《春秋》宣傳"神運"一套，譜牒家只選取記錄關於"世謚"的材料。這樣的作品，讀了以後使人不得要領。繼《春秋》之業，必得另辟蹊徑。《春秋》以後將近五百年，可是沒有一部合於時代需要的史書，沒有一部書能真正稱得上是繼《春秋》的作品。西漢的歷史興亡總結的思潮，表明了時代迫切需要一部系統總結的歷史巨制。司馬遷的關於《春秋》類作品的總結，表明了他寫史帶有一種強烈的時代感、責任感。

除了《春秋》一類的作品外，司馬遷讀到的書籍是很多的。漢初曾廢除私書之律，漢武帝時廣開獻書之路，"百年之間，天下遺文古事，靡不畢集"。太史公司馬遷有條件閱"金匱石室之書"，接觸到的史書也一定是很多的。可以考訂的有除諸子、六藝、文集及《左》、《國》之外，還有如《五帝德》、《帝系姓》、《諜記》、《曆譜諜》、《終始五德之傳》、《五帝系諜》、《秦記》、《禹本紀》、《山海經》等。這些書是司馬遷寫《史記》的材料來源，同時這些記載上的編纂形式促成《史記》本紀、列傳、世家、年表、書五種體例的形成。

在這裏，我們要注意的是司馬遷把編纂史書同維繫封建等級統治的需要以及大一統王朝的氣度聯繫在一起，形成他的富有特色的編纂學思想。《太史公自序》說：

> ……網羅天下放失舊聞，王迹所興，原始察終，見盛觀衰，論考之行事，略推三代，錄秦漢，上記軒轅，下至於茲，著十二本紀，既科條之矣。並時異世，年差不明，作十表。禮樂損益，律曆改易，兵權山川鬼神，天人之際，承敝通變，作八書。二十八宿環北辰，三十輻共一轂，運行無窮，輔拂股肱之臣配焉，忠信行道，以奉主上，作三十世家。扶義俶儻，不令己失時，立功名於天下，作七十列傳。凡百三十篇，五十二萬六千五百字，為《太史公書》。序略，以拾遺補藝，成一家之言，厥協《六經》異傳，整齊百家雜語，藏之名山，副在京師，俟後世聖人君子。

從史書編纂的主旨，編纂的形式，時間斷限，各種體例的特色，以及它們之間的關係，司馬遷說明了《史記》的特點，從而使《史記》"成一家之言，厥協《六經》異傳，整齊百家雜語"。每一種體例，既適應了總結歷史經驗教訓的需要，又要構建出一種體例上的聯繫，體現封建中央集權的等級關係："二十八宿環北辰，三十輻共一轂，運行無窮，輔拂股肱之臣配焉，忠信行道，以奉主上"。

再一個是司馬遷從天文星象的運動等自然知識中汲取智慧。司馬遷的家學就有這種特色。司馬談"學天官于唐都"，精通天文知識。這也是中國史學上的一個傳統。史官除記時書事外，還要擔任天象觀察和制定曆法的任務。這給中國史學帶來兩重影響。一是史官把"天"與"人"聯繫起來解說社會現象。史官把自然現象和人事相附會，從而變成了一個天人相關理論。二是從四時、天象的往復變動中，得到啓迪，悟出社會人事也在變。這與以靜止觀點看待歷史的天不變、道不變的觀點相對立。司馬遷是史學家，也是天文學家。他的思維也具有二重性的特徵。雖然他沒有擺脫天人相關理論的束縛，但就主導方面來說，他強調社會歷史在變。《天官書》

中說的"天人之際續備"，其內核是"變"。他否定"星氣之書"的
"譏祥"之說。因此其"究天人之際"的命題，第一是說天人感應
是沒有根據；第二，天象四時都在變，社會人事也在變，"變"是
共同的；第三，天變有"道"，社會人事之變也有道。《貨殖列傳》
說人事社會之變是一個必然，"道之所符，自然之驗"。司馬遷從"天"
的運動中得到對人事變遷過程的理解。侯外廬先生主編的《中國思
想通史》說："司馬遷是懂得自然科學的一位學者，他研究過天文
星曆，他參加過武帝時代修訂曆法的科學工作。因此，他的唯物主
義世界觀和他的科學知識是聯繫在一起的。"（《中國思想通史》第 2
卷，第 134 頁）同樣司馬遷的歷史盛衰認識的變通觀點，也是和他的
科學知識聯繫在一起的。

　　應該說，司馬遷的"究天人之際"的思想是兩個方面，司馬遷
既承認天人相分，也意識到天人相關。從一方面看，天人相分，自
然的天不能支配社會的人事，所以司馬遷反對天人感應的說法。《伯
夷列傳》對天命的觀點表示懷疑。他說：伯夷、叔齊善人，義不食
周粟而餓死首陽山，顯示義行與天的報應相背離。此外，且七十子
之徒，仲尼獨薦顏淵爲好學。然回也屢空，糟糠不厭，而卒早夭。
"天之報施善人，其何如哉？盜蹠日殺不辜，肝人之肉，暴戾恣睢。
聚黨數千人橫行天下，竟以壽終。是遵何德哉？……儻所謂天道，
是邪，非邪？"這完全否定天命的存在。《項羽本紀》記載項羽在
臨死前還不承認自己的失敗，說是"天亡我"，司馬遷指出項羽在
五年的楚項相爭中失敗了，"身死東城，尚不覺悟，而不自責，乃
引'天亡我，非用兵之罪也'，豈不謬哉。"這就說明了天與社會
人事是不相關的。但是，另一方面自然的天對人類有影響，天人不
是完全不相關。從《史記》全書看，天對人的影響，有以下幾個方
面。一是自然地理條件對社會有影響。《貨殖列傳》、《平准書》表
述得最清楚。下面我們還要分析。二是，從自然的運動中得到對社
會變化的理解。天象四時有盛衰的變化，人類社會也有盛衰的運
動。天象運動是盛極而衰，社會歷史也是一種盛極而衰。他是把運

動作爲自然和社會的共同的特徵。這已經是一種哲學的昇華。捎帶說一句,這是我國古代盡想家共有的優點。漢代董仲舒也具有這樣的思維途徑,但是董氏視天爲有意志的歷史最終的主體,是天支配社會,並且把人體也和天體比附,演繹成神學的歷史觀。司馬遷的歷史觀恰恰是把神學的歷史觀顛倒過來。司馬遷在一些地方還不徹底,殘存一些迷信的東西。但從整個體系上說,司馬遷從哲學的意義上來理解"天",是從天象的運動變化中得到啓示,形成他的歷史盛衰論。

所以,司馬遷的"一家之言",是在融彙百家之學的基礎上形成的。司馬遷不應當歸於某一家,他既不是什麼新道家,也不是儒家,也不是其他"家"。司馬遷是"史家",史之成家應該從司馬遷始。在中國,史學真正成爲"家",成爲一門獨立的學問,應該從司馬遷開始。有人以爲中國史學成爲一門獨立的學科,是從南朝劉宋文帝建儒、玄、文、史四學開始的,這是一種很表皮的看法。作爲一門獨立學科的形成,應當有自己的基本的要素,首先要有自己的思想體系;其次要有一個較爲完整的學術上的體系;另外,這個學科要有自己的學風上的特點,或者在研究方法上、或者編纂方法上有自己的特徵。把宋文帝立四學作爲史學學科形成的標誌,是不能成立的。那麼,司馬遷的"一家之言"的學術特點、基本特徵是什麼呢?

首先,《易》學、道家學術中的富有辯證法因素的通變思想,成爲司馬遷的歷史過程論的核心。"受《易》于楊何,習道論於黃子",是司馬遷的家學,也是他的思想的基本特點。

這裏要討論楊何的《易》學,據《史記·孔子世家》,孔子以後傳《易》自商瞿以後至楊何是八傳,《漢書·儒林傳》的記載是九傳。這裏不作詳細辯論。"漢興,言《易》自淄川田生"。"要言《易》者,本之田何"。田何傳四人:王同、周王孫和丁寬、服生。丁寬師事田何,後又從周王孫"受古義"。他曾作《易說》三萬言,其特點是"舉大誼而已,今《小章句》是也"。丁寬傳田王孫,田王孫授施讎、孟喜、梁丘賀。孟喜言陰陽災異，始改師法。“（孟）喜好自稱譽，得《易》家侯陰陽災變書，詐言師生且死時枕喜膝，獨傳喜，諸儒以此耀之”。此後由孟喜而焦延壽，而京房。“（京）房以明災異得幸”，此一派，如近人皮錫瑞所說的是《易》之別傳，又漸成漢《易》之大宗；煽起言陰陽災變思潮。楊何師從王同。楊何除傳司馬談外，還傳另一個叫京房的人，他又傳梁丘賀，賀“更事田王孫”，後來他因“以筮有應”，受到宣帝的寵倖。這已經偏離楊何之學。

　　《漢書·藝文志》著錄王同的《易》學著作《王氏》二篇，楊何的《楊氏》二篇。這些作品內容無考，但《漢志》沒有提到他們“改師法”。因此這些作品是守田何師門之作。漢初《易》有一個基本的特點，就是皮錫瑞說的：“漢初說《易》，皆主義理、切人事，不言陰陽術數”。（上引參見《經學通論》卷一）司馬氏父子的《易》，基本沿著這個路數。

　　司馬談“受《易》于楊何”，去世前，又交代兒子司馬遷要“正《易》傳”。司馬遷在這方面作了哪些工作，這對他寫《史記》產生怎樣的影響，應當作進一步的討論。從《史記》中涉及到《易》的內容看，至少有這幾點可以提出來：1.司馬遷特別重視《易》的通變思想，並且把它用到觀察社會人事上面來。《太史公自序》評論儒家的《六藝》時，著重指出：“《易》著天地陰陽四時，故長於變。”《平准書》中說的“物盛則衰，時極而轉”。“湯、武承弊易變，使民不倦”，這些地方明顯地是接受了《易》學的通變的思想。下面我們還要談到這一點。2.學術上彙通的見解。《論六家要指》開篇說：“《易大傳》：‘天下一致而百慮，同歸而殊途。’”這正是他學術思想的基石。3.以《易》評論史事，《屈原傳》說：“《易》曰：‘井泄不食，為我心惻。可以汲。王明，並受其福。’王之不明，豈足福哉。”4.論時事發展的趨勢。《田敬仲完世家》的“太史公曰”說：“蓋孔子晚而喜《易》。《易》之為術，幽明遠矣，非通人達才孰能注意焉。故周太史之卦田敬仲完，占至十世之後；及完奔，懿仲蔔之亦雲。田乞及常所以比犯二君，專齊國之政，非必事勢之漸然也，蓋若遵厭兆祥雲。"這裏要聯繫《左傳》有關記載，周太史以《易》預示田氏代齊，其基本思想是"物莫能兩大"，從矛盾雙方的相互轉化上，談事物發展的前途。司馬遷也正是從這一點上肯定《易》的"幽明遠矣"。雖然這一段話的結尾說得很隱晦，帶上蔔筮的色彩。其他《楚元王世家》等地方，司馬遷引《易》的論述都能反映出他所受的影響。

道家，如《漢書·藝文志》所說："蓋出於史官，曆記成敗存亡禍福古今之道"，而司馬遷又重視它的精髓，"與時稱遷移，應物變化"。司馬遷從中吸收的是什麼也就非常清楚了。

而當時的自然科學知識給司馬遷以實證的根據，這種知識的有限又局限了司馬遷的眼光。《易》、道家及天文的知識結合在一起，形成了司馬遷的特有的通變的思想。

其次，以前史書、思想家的作品對歷史盛衰的總結，這種歷史總結的意識也是司馬遷的"一家言"中的十分重要的成分。

再次，對歷史史書包括《春秋》在內的總結，司馬遷得到的是一種歷史教育的思想。以前史書在編纂上的各自的特有形式，司馬遷把它綜合起來，結合他的大一統思想，從而使他創造出新的著作編纂體裁 —— 紀傳體。這是他的"一家言"在形式上、風格上的反映。

從司馬談的學術到司馬遷"一家言"，正是把《老子》、《易》和"天官"學中的辯證思想集中起來。司馬遷的歷史觀富有辯證法的特點，使他對歷史盛衰的認識達到一個新的高度。從內容到形式，從思想到風格，都反映了《史記》標誌了史學成爲一門獨立的學科。史之成家是始自司馬遷。

第二節　原始察終，見盛觀衰：司馬遷對歷史變動過程的認識

如前所說，漢代很重視總結歷史的興亡。劉邦置酒咸陽，問臣下："吾所以有天下者何？項氏之所以失天下者何？"（《高祖本紀》）他要陸賈 "試爲我著秦所以失天下，吾所以得之者何，及古成敗之國。陸生乃粗述存亡之征，凡著十二篇，每奏一篇，高帝未嘗不稱善。"（《酈生陸賈列傳》）漢文帝時，張釋之對秦漢歷史的盛衰有很好的見解，爲文帝所稱道。"（張釋之）言秦漢之間事，秦所以失而漢所以興者久之，文帝稱善。"（《張釋之馮唐列傳》）賈誼、晁錯對歷史興衰有深刻的認識。漢武帝時，主父偃、徐樂、嚴安以歷史的興衰事實對現實進行批判。武帝聽到他們的言論，受到了震動，說："公等皆安在，何相見之晚也。"（《平津侯主父列傳》）問題不在於一代人主對歷史興亡總結的重視，重要的是以怎樣的眼光去思考歷史興衰，並且用這種認識去分析現實，爲社會擺脫危機尋找出路。司馬遷在這樣一個大的背景下，把歷史興衰的總結提高到一個新的高度上。

司馬遷把歷史盛衰作爲一個過程來把握，他強調要從終始完整的歷程去認識歷史。《太史公自序》說，他著史是爲了 "網羅天下放失舊聞，王迹所興，見盛觀衰"。在《報任少卿書》中，司馬遷說自己發憤修史，意在 "網羅天下放失舊聞，綜其終始，稽其成敗興壞之紀"。這都是說史書要從整個歷史過程去認識它，不綜其終始，僅僅從某一個片斷、某一個局部著眼，是很難找到造成盛衰的真正的原因，很難對歷史事件、歷史人物作出恰當的評價。舉一個例子，不少人對秦始皇不能作出公正的評價，他們只是看到這個皇帝統治的時間很短，享國時間短促，便完全否定這位千古一帝。司馬遷說，造成這種謬誤的原因之一，是 "學者牽于所聞，見秦在帝

位日淺，不察其終始，因舉而笑之，不敢道，此與以耳食無異"。(《六
周年表·序》)"不察其終始"、"因舉而笑之"，也就是缺少歷史的眼
光，導致對歷史人物評價的謬誤與淺薄。爲了考察惠、景之間的歷
史興衰，司馬遷作年表時，"鹹表其終始當世仁義成功者也"。

　　歷史的過程不是一個平靜的過程。這個過程自始至終都是在變
動之中，這個變動是一個盛衰的波動。《史記》一個很大的特色，
就是從盛衰變動的全過程把握歷史。如《秦本紀》與《秦始皇本紀》
合在一起，就把秦從諸侯國到一統天下，再到這個王朝的崩潰的整
個興衰過程寫出來。《秦本紀》寫秦朝興起的歷史。《秦始皇本紀》
寫出秦一統天下，從盛世走向衰落，寫到始皇之死，二世自殺，並
敍述項羽"主命分天下王諸侯，秦竟滅矣。後五年，天下定於漢"。
(《秦始皇本紀》)這樣就把秦"起於襄公，章于文、繆、獻、孝"，
到"竟食六國，百有餘載"；從秦一統天下，到二世自殺，項羽殺
子嬰的全過程展示出來。在這樣的過程中，盛衰叠起，風雲聚會。
漢代思想家紛紛探討秦亡漢興的道理，司馬遷繼承前代歷史總結的
意識，把興亡的歷程完全展示出來。司馬遷的這一歷史的興亡教訓
的總結寓於敍事之中，"太史公曰"則是直抒胸臆。

　　歷史盛衰過程由不同的階段、時期組成的。司馬遷說："物盛
而衰，固其變也"。但是，歷史不是只有"盛"與"衰"兩個階段。
盛衰的變動是複雜的，也是貫徹于全過程之中的，並且因此顯示出
階段來。《殷本紀》是這樣寫湯興起以後的歷史是：

　　帝雍己："殷道衰，諸侯或不至。"
　　帝戊："殷復興，諸侯歸之，故稱中宗。"
　　河甲："殷道衰。"
　　祖己："殷復興。"
　　……
　　帝陽甲："殷衰。"
　　帝盤庚："殷道復興。"
　　帝甲："殷複衰。"

帝乙："殷益衰。"

帝武乙："殷益衰。"

紂：殷"亡"。

殷代的歷史是一個盛衰不斷變動的過程：。興、衰、復興、衰、復興、衰、益衰、益衰、亡。一代王朝的歷史就是這樣一個變動的情景。司馬遷的盛衰觀，又可以說是他的歷史階段的思想。在太史公筆下，大到一個時代，一個朝代，小到一個人物的遭遇，都是一個盛衰榮辱的變動過程。司馬遷寫史敍事，波峰疊起，文有奇氣，就在於他把握住歷史盛衰的變動。沒有這等通變的觀點，文章只能平淡無奇。文風是思想之反映，這當作另篇論述。

司馬遷把"盛"與"衰"作爲兩個相互聯繫的方面來看待。事物總是在相互聯繫、相互影響、相互制約中向前發展的。司馬遷觀察歷史盛衰精釆處，在於他以聯繫的眼光看待歷史的變動，從而使繁雜的歷史變得可以理解。如《十二諸侯年表》在實際上是把各諸侯國的興衰看作是一個相互聯繫、相互影響的過程。而十二諸侯國與周王朝的興衰又有關聯，所以在諸侯年表中，又列周王室的衰微的過程的史事。十二諸侯年表除載魯、晉、秦、楚、宋、衛、齊、陳、蔡、曹、鄭、燕十二國大事，又爲吳國列表，但此表是始于壽夢。吳王壽夢以前的事未列，其原因是"王壽夢二年，楚之亡大夫申公巫臣怨楚將子反而奔晉，自晉使吳，教吳用兵乘車，令其子爲吳行人。吳始通於中國"。(《吳太伯世家》) 這就是說，春秋後期，吳國興起，影響到"中國"的諸侯國的盛衰。用盛衰相互聯繫的觀點讀《史記》的表，才看出司馬遷是何等的眼光。《十二諸侯年表·序》寫出春秋時期歷史的特徵。司馬遷說：

> ……及至厲王，以惡聞其過，公卿懼誅而禍作，厲王遂奔於彘，亂自京師始，而共和行政焉。是後或力政，彊乘弱，興師不請天子。然挾王室之義，以討伐爲會盟主，政由五伯，諸侯恣行，淫侈不軌，賊臣篡子滋起矣。齊、晉、秦、楚其在成周微甚，封或百里或五十裏。晉阻三河，齊負東海，楚

　　介江淮，秦因雍州之固，四海疊興，更為伯主，文武所褒大
　　封，皆威而服焉。

春秋時期是三種盛衰聯繫在一起。一是，周室衰微和諸侯國的興盛
相互聯結，以至於把周天子放在一邊，"興師不請天子"。二是，齊、
晉、秦、楚之間的爭霸，與各國的興衰交織在一起。三是，秦的興
起、強大，與其他諸侯國的衰落，是互相關聯的。後來的史學家宗
太史公司馬遷之學，發揮這一思想。如宋代的呂祖謙、近代的陳寅
恪善學習、發揮太史公之學，進而討論中原地區與周邊地區盛衰聯
結，看出了古代中國中原與周邊地區之間是"相為盛衰"的，存在
著"盛衰連環"的關係。

　　"見盛觀衰"的思想說明的"盛"與"衰"兩個方面，不是完
全不相干的。在同一個社會中"盛"中有"衰"；同樣，"衰"中也
有"盛"的因素潛在其中。《史記·平准書》寫漢初 70 年的歷史，
經過 70 年的休養生息，出現武帝時的社會的盛世景象，但盛世的
局面下面，又潛藏著巨大的危機。漢武帝時代是如此，秦始皇一統
天下後也是如此，項羽西向入關時也如此。這是說在一個社會中
"盛"與"衰"是相聯結的。

　　《平准書》說："物盛而衰，固其變"，顯然和《老子》講對立
面的轉化、《周易》中的變通的觀點是相通的。但三者之間，不盡
相同。從一定意義上說，司馬遷的觀點同《周易》的思想更相近，
這裏應當提到的是《易》學講變化，又是不離開條件論變化。司馬
遷講盛衰變化，很重視條件。歷史由盛轉衰、由衰轉盛，都離不開
條件。司馬遷講歷史盛衰的轉化，很重視條件的意義。促成、造成
盛衰的變化，在司馬遷看來是人事的作用。

　　《史記》敘述每一個大的盛衰轉折，突出了人事的作用。這種
作用的重要體現為三個方面：即人謀、政事、征戰。《高祖本紀》
寫漢興的過程，述劉邦只是一條線索，突出了張良的"謀"，蕭何
之"事"，韓信、曹參之"戰"。劉邦自己也承認"吾所以有天下"
的原因，在於能用這三個人。《高祖本紀》時人也看得很清楚，所

謂"夫高祖起細微，定海內，謀計用兵，可謂盡之矣"。(《劉敬叔孫通傳》)

《史記》寫人謀，著墨尤多。《齊太公世家》寫呂尚之"謀"，《越王勾踐世家》說越之滅吳，"謀之二十二年"。戰國縱橫家、食客以其計謀，左右一時的局勢。《高祖本紀》寫張良之謀，繪聲繪色。張良一謀，下宛城，解入關的後顧之憂。二謀襲武關，奠定入關之大勢。三謀止軍霸上，得關中民心。四謀赴鴻門宴，化險為夷。五謀燒絕棧道，得休息轉機。六謀以黥布、彭越經營河北，定爭奪關東大局。七謀止封六國之後，消除後日隱患。八謀暫封韓信，穩定軍心。九謀漢王于廣武強行勞軍，以安士卒。十謀追項羽，擴大戰果。十一謀集韓信、彭越兵力，決戰垓下滅項羽。十二謀封雍齒，穩固初建的政權。十三謀，確定婁敬之計入都關中。此外，張良以謀，止劉邦廢太子等。《留侯世家》表述的思想，如果和《高祖本紀》結合起來研究，司馬遷的重人事的觀點是非常鮮明的。

賈誼評秦亡漢興，強調民心的向背對於歷史的盛衰的重大意義。司馬遷以賈誼的認識作為自己對一代興亡的評論，賈誼說：

> 秦地被山帶河以為固，四塞之國也。自繆公以來，至於秦王，二十余君，常為諸侯雄，豈世世賢哉？其勢居然也。且天下嘗同心並力而攻秦矣，當此之世，賢智並列，良將行其師，賢相通其謀，然困於阻險而不能進，秦乃延入戰而為之開關，百萬之徒逃北而遂壞，豈勇力智慧不足哉？形不利，勢不便也。……諸侯起于匹夫，以利合，非有素王之行也，其交未親，其下未附，名為亡秦，其實利之也。彼見秦阻之難犯也，必退師。安土息民，從待其敝，收弱扶罷，以令大國之君，不患不得意於海內。貴為天子，富有天下，而身為禽者，其救敗非也。

在這段後面，賈誼進一步分析，說："故先王見始終之變，知存亡之機，是以牧民之道，務在安之而已。"(上引見《秦始皇本紀》)從根本上說，智謀、征戰固是人事作為，但是比較起來，還有更重要的因素、更重要的東西在支配著歷史興衰的變動。這就是"民"的作用，這是存亡之機、安危之本。司馬遷稱讚賈誼的歷史眼光，說："善哉乎賈生推言之也！"

司馬遷把賢相良將的人謀、政事、征戰的作用和民心結合起來論人事的作用，又把人事作用和客觀條件結合起來，說明人事的作用的意義。這樣的重人事的歷史盛衰觀有了新的內容。

歷史的發展是一個過程，在這個過程中，盛衰的矛盾有兩個方面，盛衰因素對立而又互爲聯繫地存在於一個社會中，盛衰因素在一定的條件下的消長，使歷史的運動表現出一定趨向。司馬遷展示出歷史盛衰的變動就是這樣一個過程。

第三節　追求財富的情性與歷史運動的趨向

歷史的運動是一種盛衰的變動，在司馬遷看來，這種運動又不是一種簡單的由盛而衰、再由衰而盛，作迴圈的變動。歷史的變化是一種發展，是一種向前的運動。這種向前的變化的趨向司馬遷稱之爲"道"，它是由於人們追求財富的情性決定的。

《史記》的《貨殖列傳》集中地反映了司馬遷對歷史運動的認識。他說：

> 故待農而食之，虞而出之，工而成之，商而通之。此寧有政教發徵期會哉？人各任其能，竭其力，以得所欲。故物賤之徵貴，貴之徵賤，各勸其業，樂其事，若水之趨下，日夜無休時，不召而自來，不求而民出之。豈非道之所符，而自然之驗邪？

在另一處他又說："富者，人之情性，所不學而俱欲者也。……農工商賈畜長，固求富益貨也。"正是這種追求財富的動機，形成社會具有一種向前發展的趨向，如同水向下流一樣，日夜無休時，不是某一個人的意願所能決定的。司馬遷說："豈非道之所符，而自然之驗。"這就是"道"，支配著歷史向前運動的"道"，歷史向前發展是一種"自然"。

《貨殖列傳》從不同的側面，揭示"富"在社會中的意義。首先，諸侯國變革，經濟上發展了，"富"了，政治地位上升，加上軍事上的成功，從而取得霸者地位。財富的狀況決定一個國家的地位，上到周天子，下至諸侯國。一個諸侯國對其他諸侯國有沒有支配的地位，關鍵在它自身的財富的狀況。齊國通過管仲的改革，使齊國能"九合諸侯，一匡天下"。強大的國勢一直保持到威、宣之世。越王勾踐奮發圖強，"修之十年，國富"。從而"遂報強吳，觀兵中國，稱號'五霸'"。

《平准書》揭示西漢前期盛衰之變，實際是經濟在起作用。

其次，社會的安定興盛和財富有很大的關係。司馬遷贊成管仲的說法，"倉廩實而知禮節，衣食足而知榮辱"。他作了進一步的闡發，說："禮生於有，而廢於無。故君子富，而行其德；小人富，以適其力。淵深而魚生之，山深而獸往之，人富而仁義附焉。富者得勢益彰，失勢則客無所之，以而不樂。"司馬遷認為社會的安定直接和財富的佔有有直接的關係，這在當時是很進步的認識。

財富又決定一個人的社會地位。《貨殖列傳》中的那些富商大賈，一時權傾君王。巴蜀寡婦清，由於自己的富有，秦始皇對她也禮讓三分，為她築"女懷清台"，以為貞婦而客之。這樣一個窮鄉的寡婦，能"禮抗萬乘，名顯天下"，當然不會是她的操行。烏氏倮，由畜牧起家，秦始皇"令倮比封君，以時與列臣朝請"。其他富商的情形無不如此。司馬遷在《貨殖列傳》的結尾說："由是觀之，富無經業，則貨無常主。能者輻湊，不肖者瓦解。千金之家，比一都之君，巨萬者乃與王者同樂。豈所謂'素封'者邪？非也？"更值得注意的是，司馬遷把經濟地位決定社會地位作為一條規則提出來，他說：

> 凡編戶之民，富相什則卑下之，伯則畏憚之，千則役，萬則僕，物之理也。

這是一個相當進步的思想。經濟的地位是處於決定的作用的位置上；社會地位乃至等級，不是什麼別的原因，只是因為經濟上的差別造成的。

財富又影響社會的風氣。《貨殖列傳》有一段集中的論述，我們把它分別排列寫在下面，可以看得更清楚：

> 故壯士在軍，攻城先登，陷陣卻敵，斬將搴旗，前蒙矢石，不避湯火之難者，為重賞使也。

> 其在閭巷少年，攻剽椎埋，劫人作奸，掘塚鑄幣，任俠并兼，借交報仇，篡逐幽隱，不避法禁，走死地如鶩者，其實皆為財用也耳。

> 今趙女鄭姬，設形容，挈鳴琴，揄長袂，躡利屣，目挑心招，出不遠千裏，不擇老少者，奔富厚也。

> 遊閑公子，飾冠劍，連車騎，亦為富貴容也。

> ……

> 吏士舞文弄法，刻章偽書，不避刀鋸之誅者，沒於賂遺也。

司馬遷作了概括，說："農工商賈畜長，固求富益貨也。" 士兵勇敢登城，為重賞；趙女鄭姬能歌善舞，千里而行為的是 "奔富厚"；王孫公子及閭巷少年為財用，無所畏避。一切一切，財富可以支配、影響社會生活。司馬遷說："由此觀之，賢人深謀于廊廟，論議朝廷，守信死節隱居岩穴之士，設為名高者安歸乎？歸於富厚也。" 所謂忠信仁義，以及清雅高行，統統都是為財富所支配。封建的道德也變成赤裸裸的財富的支配物。一味追求財富，不顧禮的規範，又會造成社會動蕩不安。

甚至一個富有的人物所作所為，也會影響一個時期的風氣。例如，宛孔氏，以冶鐵起家，他的行事風度，也變成一些人的效法的物件，"（宛孔氏）家致富數千金，故南陽行賈盡法孔氏之雍容"。又如曹邴氏，理財有道，"鄒、魯以其故多去文學而趨利者，以曹邴氏也。"

司馬遷進而從地區地理條件的差異上，分析各個地區的經濟的不平衡；經濟的差別又導致風俗、人文各有自己的特點。司馬遷把全國分成幾個大區：關中區；三河即河東、河內、河南地區；中山、趙、燕、齊、魯和越、楚；楚又有西楚、東楚、南楚。各個地區條件差別很大，其風俗文化迥異。《貨殖列傳》分別敍述山西、江南、碣石以北、江淮各地的物產，各地的土壤、氣候，並把這些和各地的風俗人情聯繫在一起。

總之，司馬遷承認人追求財富欲望的合理性，他說："故曰'天下熙熙，皆爲利來；天下壤壤，皆爲利往。'夫千乘之王，萬家之侯，百室之君，尚猶患貧，而況匹夫編戶之民乎！"人們追求財富的欲望是一種不可遏制的趨向。正是這種追求財富的情性造成歷史運動的一種自然的趨勢，這種運動趨勢，司馬遷稱之爲"道"。司馬遷的歷史哲學是建立在一個堅實的基礎上的。儘管他的認識還沒突破古代歷史思想的局限，但確實是中國古代歷史思想的高峰。班固批評司馬遷的《史記》是"述貨殖，則崇勢利而羞賤貧"。這話並不錯，但這一點恰恰是司馬遷的優點。

第四節　承敝易變：歷史必變的思想

歷史有一種向前發展的趨向，歷史是在盛衰的變動中向前發展的。"變"是一種歷史的必然。社會人事的作用體現在"變"的過程中。

從自然到社會，變是一種必然，"物盛而衰，固其變"。司馬遷繼承了《周易》的變通的思想，考察社會的運動。《平准書》說：

> ……是以物盛則衰，時極而轉，一質一文，終始之變也。《禹貢》九州，各因其土地所宜，人民所多少而納職焉。湯、武承弊易變，使民不倦，各兢兢所以爲治，而稍陵遲衰微。

《高祖本紀》的"太史公曰"：

> 夏之政忠。忠之敝，小人以野，故殷人承之以敬。敬之敝，

　　小人以鬼，故周人承之以文。文之敝，小人以僿，故救僿莫
　　若以忠。三王之道若循環，終而複始。周秦之間，可謂文敝
　　矣。秦政不改，反酷刑法，豈不繆乎？故漢興，承敝易變，
　　使民不倦，得天統矣。

司馬遷的"承敝易變"的思想很明白。第一，社會歷史發展到一定
的階段，"變"是一種必然。"物盛而衰"之"盛"，"時極而轉"之
"極"，"承敝易變"之"敝"，都是說事物到達這一個階段，就會
產生變動。《周易·系辭下》說："易窮則變，變則通，通則久。"
這裏的"窮"，也是說事物到一定的階段，變是一種必然。司馬遷
的論述和《周易》的思想是一致的：事物發展到了"盛"、"窮"的
地步，就會產生階段性的變化。人事的歷史發展到一定的時期，到
達"敝"的境地，必然要變。事物變則通，社會也只有在"承敝"
之時進行"變"，方能順應乎自然。司馬遷用他的宇宙觀去分析歷
史上的變動，得出歷史必變的結論。司馬遷提到"文質之變"、"三
五之變"，以及忠、敬、文的終始之變，反映了他的通變歷史觀的
局限性，帶有循環論的色彩。但是，就司馬遷的思想體系說，如前
面所分析的，其通變思想、歷史盛衰論是一種發展觀。

　　第二，"承敝易變"的觀點，表明社會歷史之變，和自然的運
動有不同的地方。在社會歷史的變化中起作用的是"人"，是人事。
人們是能夠順應歷史去行動的，可以主動地去變，能夠主動地"承
敝易變"。人有選擇行動的自由，但不能不受到歷史條件的制約。
同時又承認在歷史的面前，人是可以發揮自己的作用，去順應歷史。

　　《史記》寫歷史上的許多變革，如秦之由余變革、商鞅變法、
管仲的變革、楚國的吳起變法、魏國李悝的盡地力之教、趙武靈王
的胡服騎射、燕昭王新政、越王勾踐的圖強的措施，等。此外如湯、
武革命以及漢初的休養生息，都是變革。這些變革的成功的地方，
歸納起來，都是承敝易變、因敝而變。

　　"敝"有不同的"敝"，因此，"變"也有不同內容的"變"。
根據前代的具體的敝，進行變革，不可拘於一定的成規，這是承敝

易變很重要的又一個方面。夏、商、周三代發展到末世，其敝各不相同，因此變的要求也不一樣。代之而起的新的王朝的政治也因此具有不同的特點，這就是"忠""質""文"，或"忠""敬""文"的由來。另外，承敝易變的思想很重要的方面是變前代之敝政，往往又和"修先王之政"，也就是變革敝政和繼承前代治理國家的成功的經驗聯繫起來。秦的興起，司馬遷寫出兩個方面，一方面，由余、商鞅這些改革家的革故鼎新；又一方面，是修前王之政，接續前王的變革和治理取得的成果，如秦孝公時，一面"修繆公之政令"，一方面用商鞅"變法修刑，內務耕稼，外勸戰死之賞罰"。孝公如果不"修繆公之政令"，沒有那種用人的政策和氣魄，商鞅也難以施展才華。"承敝易變"是變其當變者，不是割斷歷史的聯繫。司馬遷說："帝王者各殊禮而異務，要以成功爲統紀，豈可緄乎？"（《高祖功臣侯者年表序》）所謂"殊禮而異務"也就是變，變得對還是不對，"要以成功爲統紀"。

　　司馬遷總結秦亡漢興經驗教訓，其中重要的一條，是秦在統一天下後，不能根據形勢的變化進行變革。攻天下時與守天下時應當有不同的措施、政策。他借賈誼的話，就是"攻守之勢異也"。但是秦始皇不能適時改變。秦與六國爭天下時，和秦滅六國後，所面臨的問題不一樣。始皇一統天下，"今秦南面而王天下，是上有天子也，既元元之民冀得安其性命，莫不虛心而仰上，當此之時，守威定功，安危之本在於此矣"。在這樣的形勢下，應當承敝易變。然而這個千古一帝卻是"過而不變，二世受之，因而不改，暴虐以重禍。子嬰孤立無援，危弱無輔。三主惑而終身不悟，亡，不亦宜乎"。三主不悟各有不同的情況，但歸根結底，無論是主觀還是由於客觀的原因，都是沒有改變先前的政策，沒有改弦更張，"秦政不改"。在趙高這樣一批人的把持下，弊政是變本加厲的推行。"亡，不亦宜乎"。（《秦始皇本紀》）這是歷史的邏輯。《平准書》說："……於是外攘夷狄，內興功業，海內之士力耕不足糧餉，女子紡績不足衣服。古者嘗竭天下之資財以奉其上，猶自以爲不足也。無異故雲，事勢之流，相激使然，曷足怪焉。”賈誼同樣敏銳地抓住這一關係到歷史盛衰的關節，作出帶有規律性的認識，說：“仁義不施，攻守之勢異也。”後來漢武帝時的嚴安說過同樣的一句話：“周失之弱，秦失之強，不變之患也。”（《主父偃列傳》）失天下，不在於一時的強或一時的弱，重要是要能審時度勢進行變革。變是有條件的，要對現實中的弊政進行變。從夏、商、周三代的歷史看是如此，從秦亡漢興的事實看也是如此。司馬遷把這些歷史上的變革集中起來，除讚歎賈誼的議論外，他以《周易》的思想進行總結，說：要“承敝易變，使民不倦”。“使民不倦”，是司馬遷“承敝易變”的思想中一個很重要的觀點。變，有一個前提，就是要“使人不倦”或者“使民不倦”，而不是隨意的變。做到這一點，才是抓到關節。這是一層意思。另一層意思是說，“使民不倦”是變法的出發點，也是變法的目的、“變”的歸結點。“要以成功爲統紀”，成功與否，應當看變革能不能做到“使民不倦”。也只有做到這一點，才能成功地開盛世局面。“湯武承敝易變，使民不倦”，“漢興承敝易變，使人不倦”。可以說“使民不倦”，是衡量一個變革成功與否的標誌。這是《史記》寫變革的突出的一點。商鞅的變法帶來的氣象是“秦民大說”，用商鞅之法，“百姓苦之”，但三年以後，情況發生了變化。“居三年，百姓便之”。“於是法大用，秦人治。”（《秦本紀》）開初百姓不習慣，變法結果，是國治民豐，“行之十年，秦民大悅，道不拾遺，山無盜賊，家給人足。民勇於公戰，怯於私鬥，鄉邑大治”。（《商君列傳》）燕昭王行新政，“燕國殷富，士卒樂軼輕戰”。（《燕召公世家》）趙武靈王行胡服招騎射，其用意是“利其民而厚其國”。（《趙世家》）此外，齊國得管仲，管仲與鮑叔牙等“修齊國政，連五家之兵，設輕重漁鹽之利，以贍貧窮；祿賢能，齊民皆說”。（《齊太公世家》）所以，司馬遷把歷史成功變革的經驗歸結爲一點：“使民不倦”。

　　司馬遷從歷史上的盛衰變化中指出，變革是一種必然。又用這樣的認識，去分析社會的現實問題。他除了借主父偃、嚴安、徐樂的言論來表述自己的觀點外，《平准書》實際上是一篇對漢代前期歷史總結的文字。"漢興，接秦之弊"，而且"弊"已至極點。經過70餘年的休養生息，武帝即位時，社會是另一番的景象。司馬遷說：

> 至今上即位數歲，漢興七十餘年之間，國家無事，非遇水旱之災，民則人給家足，都鄙廩庾皆滿，而府庫餘貨財。京師之錢累巨萬，貫朽而不可校。太倉之粟陳陳相因，充溢露積於外，至腐敗不可食。衆庶街巷有馬，阡陌之間成群，而乘字牝者儐而不得聚會。守閭閻者食粱肉，為吏者長子孫，居官者以為姓號。故人人自愛而重犯法，先行義而後絀恥辱焉。當此之時，網疏而民富，役財驕溢，或至兼併豪黨之徒，以武斷於鄉曲。宗室有土公卿大夫以下，爭於奢侈，室廬輿服僭於上，無限度。物盛而衰，固其變也。

武帝初年，是升平景象，民則家給人足，國家財政充裕，然而在盛世中已經顯出衰敗的徵兆，豪強兼併之徒，橫行於鄉里，武斷於鄉曲，統治階級奢侈無度，弊端相當嚴重。"物盛而衰，固其變也"。司馬遷從歷史的經驗中指出了社會變革的迫切性、必要性。《平准書》開篇提出漢接秦之弊而興，篇末再度重述秦亡的教訓，其用意是非常明白的。一個偉大的史學家，總是把歷史的研究和擺脫危機出路的思考密切聯繫在一起，從而體現出一個史學家的歷史感和時代感。那麼，社會的出路在何處，應該有一個什麼樣的方案去解決現實的危機？當然這不是《史記》的內容，但是，從歷史的經驗中可以得出結論：這就是要承敝易變。

第五節　《史記》和大一統的時代

漢武帝時期正是中國的封建社會處在形成的時期，大一統的帝國出現在亞洲的東方。無疑，司馬遷寫《史記》適應這樣恢巨集帝國的需要。《史記》有著其內在的兩重性。一方面,司馬遷以其犀利的眼光,看到社會深層危機的存在並且揭露這個危機。特別是他自己的遭遇使他更看出社會的腐朽面。司馬遷的深刻處也在於他從社會的深層上去揭露這種腐朽。另一方面,《史記》畢竟不是寄託個人恩怨的作品,他又是從內心裏希望社會能擺脫危機,承敝易變,走上"復興"的道路。應該說,這也是司馬遷寫史的動機。

司馬談、司馬遷父子兩代著史,有一個總的目的,要"紹明世"。過去只強調司馬遷揭露封建社會的一面,也是對的,但也要重視另外的一個方面,即司馬遷寫史的動機包含著維繫封建等級社會的希望。他說:"漢興以來,至明天子,獲符瑞,封禪,改正朔,易服色,受命于穆清,澤流罔極,海外殊俗,重譯款塞,請來獻見者,不可勝道。臣下百官力誦聖德,猶不能宣盡其意。且士賢能而不用,有國者之恥;主上明聖而德不布聞,有司之過也。且餘嘗掌其官,廢明聖德不載,滅功臣世家賢大夫之業不述,墮先人所言,罪莫大焉。餘所謂述故事,整齊其世傳,非所謂作也,而君比之《春秋》,謬矣。"(《太史公自序》)這一段太史公與壺遂的對話,說自己不敢擬《春秋》去寫史,只能看作是一潛臺詞。而其中對漢家天下的頌詞,也不完全是不得已而為之的文字。他還是希望這樣的世道能振興。其父司馬談,曾說到作史的動機,謂:"自獲麟以來,四百有餘歲,而諸侯相兼,史記放絕。今漢興,海內一統,明主賢君忠臣死義之士,余為太史而弗論載,廢天下之史文,餘甚懼焉"。因此,司馬遷完成他的史作,確是想繼《春秋》之後,承父志寫出符合大一統時代需要的作品。甚至他設計自己的歷史作品的編纂形式,也要求反映出封建等級制度的特點,《史記》中設《世家》,它和《史記》的十《表》及十二《本紀》構成一幅專制主義等級統治的架構:"二十八宿環北辰,三十輻共一轂,運行無窮。輔拂股肱之臣配焉"。

為了維繫這個封建大帝國的穩定,同樣需要維持封建的等級制度。司馬遷寫史也是希望以自己的著作,作為如同《春秋》那樣的教科書。司馬談對司馬遷說過："《春秋》采善貶惡，推三代之德，褒周室，非獨刺譏而已也。"所以把《史記》僅僅看成是一部揭露的史書，也不合乎司馬氏父子的原意。司馬遷認爲自己寫史是繼《春秋》的事業。而這本書，在司馬遷的眼中，就是一部維繫封建等級制度的教科書。他是這樣評價《春秋》的：

> ……夫《春秋》，上明三王之道，下辨人事之紀，別嫌疑，明是非，定猶豫，善善惡惡，賢賢賤不肖，存亡國，繼絕世，補敝起廢，王道之大者也。……
>
> 《春秋》辯是非，故長於治人。……《春秋》以道義。撥亂世，反之正，莫近於《春秋》。《春秋》文成數萬，其指數千。萬物之散聚皆在《春秋》。《春秋》之中，弒君三十六，亡國五十二，諸侯奔走不得保其社稷者，不可勝數。察其所以，皆失其本已。故《易》曰"失之毫釐，差以千里"。故曰"臣弒君，子弒父，非一旦一夕之故也，其漸久矣"。故有國者不可以不知《春秋》，前有讒而弗見，後有賊而不知。為人臣者不可以不知《春秋》，守經事而不知其宜，遭變事而不知其權。為人君父而不通於《春秋》之義者，必蒙首惡之名。為人臣而不通於《春秋》之義者，必陷篡弒之誅，死罪之名。其實皆以為善，為之不知其義，被之空言而不敢辭。夫不通禮義之旨，至於君不君，臣不臣，父不父，子不子。夫君不君則犯，臣不臣則誅，父不父則無道，子不子則不孝。此四行者，天下之大過也。以天下之大過予之，則受而弗敢辭。故《春秋》者，禮義之大宗也。夫禮禁未然之前，法施已然之後；法之所為用者易見，而禮之所為禁者難知。

司馬遷認爲《春秋》的作用，一是存王道。"王道"的內容涵蓋的方面比較寬泛。它包括發揚三王時期的治道，固守一定的是非善惡判斷準則，以及維持宗族血緣的統系。二是，"治人"。史書辨明是非，目的在"撥亂世，反之正"。三是，維持封建等級的君君、臣臣、父父、子子的禮義關係。司馬遷特別提到"禮"的潛移默化的作用。這實際上也說明了史學作品具有一種教化上的作用。在這以後，許多史家談到歷史作品的意義都是套用這個公式。如胡三省說《資治通鑒》的價值，也是照這個套式說的。中國的史家特別重視史學作品在教化上的價值，也是這個傳統。

史學的意義，在古代的中國，大致有這樣的幾種思考。一種是存王道，有的由此去說明今王統治的合法、合理。借助神學的說教也是常用的手段。一種是借鑒歷史的盛衰經驗教訓，並說明歷史的前途。還有一種是強調歷史作品的教育、教化的作用。再有就是，通過歷史典章的研究，作爲治國、施政的參考。後來的經世的史學又有新的發展，把歷史和社會的現實生活各個方面聯繫在一起，找出典制中不合于現實社會的問題，並進而提出改革制度的設想。儘管思維的路徑大致相同，但其中的差異很大，有高明沈潛與膚淺駁雜的分別；有進步與保守的區別；也有神意說教與重人事的對立。在研究歷史上面，有的從歷史本身出發，尊重歷史，嚴格考訂史實，引出結論。有的從某種先驗的教條出發，找出幾個史例來，去驗證教條的正確性。

從各個方面看，司馬遷不但在歷史的認識上是處在中國史學思想上的高峰，而且在歷史的教育思想上，也是處在古代教育思想上的高峰。他在中國封建社會的上升、發展時期，提出歷史教育的問題，明確歷史教育具體的內容，司馬遷的歷史教育思想要進一步研究。

司馬遷，字子長，西漢左馮翊（今陝西韓城）人。生卒年尚不能完全考訂。大約生在景帝中元五年（前 145 年，或說是生於建元六年，即前 135 年），約卒于武帝征和三年（前 90 年）。他的一生，值得注意的是這樣的幾個方面：一是他接受的是百家之學。《太史公自序》說"年十歲則誦古文"，這是學術淵源上的古文學的家門。但他又從董仲舒學，董氏爲今文學。其家學本身也是一種多門類的學術的匯合。"太史公學天官于唐都，受《易》于楊何，習道論于黃子"，這是天官學、儒學、道學各種學術的總匯。在這裏要注意的是司馬遷接受前人學術的重點是儒學中的《易》，道學中的道論。這恰恰是儒、道兩家中富有辯證法的部分；再加上天文學中的運動思想，從而構成了司馬談思想中的精髓。這個傳統爲司馬遷所接受。

　　另外，司馬遷青年時期的遊歷，“二十而南遊江、淮，上會稽，探禹穴，窺九疑，浮於沅、湘；北涉汶、泗，講業齊、魯之都，觀孔子之遺風，鄉射鄒、嶧；厄困鄱、薛、彭城，過梁、楚以歸”。(《太史公自序》)在遊歷中，司馬遷接觸民情，調查和考訂了歷史的材料，歷代社會的盛和衰留下的遺迹及材料、傳說，使他對歷史盛衰的震撼、變動有更深的感受。大梁之墟、春申君的故城、屈原自沈的地點，……歷史已是過眼的風雲，滄海桑田，憑吊古人，歷史上的盛衰給人留下深刻的教訓。後來司馬遷出使西南，對一統的大帝國的影響和個民族的生産、生活有更多的認識。華夏文化是各個民族的創造。“餘嘗西至空桐，北過涿鹿，東漸于海，南浮江淮矣，至長老皆往往稱黃帝、堯、舜之處，風教固殊焉，總之不離古文者近是。”(《五帝本紀》)各地的風教不一樣，但是各自的文化又有共同、近似的地方，體現出一種向心的凝聚的趨向。這裏不應當僅僅看作是所謂古文的材料的問題。

　　司馬氏父子兩代，也正好是漢代由盛向衰的一個轉折的時期。武帝的封禪，何其輝煌，司馬談還爲臨終前的一次封禪活動沒有參加上而遺憾。他希望司馬遷能完成一部史著，反映這樣一個“海內一統”的盛世。到了司馬遷時，社會的矛盾已經激化，經受李陵事件的打擊，他更看到社會的腐朽與黑暗。他要在困境中像周文王作《周易》、孔子作《春秋》、屈原著《離騷》、左丘明作《國語》等一樣，完成父親的遺命，發憤而作，寫出一部史著，“述往事，思來者”。要來者能理解他寫史的用心。個人家世及自身的遭遇，又加深了他對時代轉折的認識。

　　所以，司馬遷彙百家之學而形成的變通的史學思想，以及深刻的社會、政治思想和大一統的思想，是時代造成的，也是他家世及自身才賦、經歷造成的。

　　《史記》的產生標誌中國的史學已經形成一個獨立的學術的門類，"成一家之言"。史之成家，是從司馬遷開始。歷史的著作，一方面要求反映歷史和時代，又一方面要以一定觀點去解釋歷史。《史記》被看作是一部"實錄"式的史著，但它又不僅僅是實錄材料的彙編，它有著深刻的歷史的哲理作爲觀察歷史的思想基礎，以變通的眼光分析歷史和現實。後世不少正史只是從形式上仿效《史記》，拘守紀傳的體裁、體例去編史，有的史家對這種形式主義的編史方式提出批評，認爲丟失了司馬遷作史的根本精神，也就使史學失去創造性、失去活力。這樣寫出來的史書，就如章學誠說的"斤斤如守科舉之程式"。(《文史通義·書教中》)《史記》是我國古代史學成就的代表，司馬遷理所當然地被稱之爲中國的史學之父。

第五章　封建史學的
二重性和《漢書》

第一節　封建統治階級的二重性需求

　　在談到《漢書》的成就的時候，首先要討論有關封建史學的二重性的問題。這個問題對於認識《漢書》十分必要，同時對於我們從總體上把握封建時代的官方控制的史學工作，從總體上把握"正史"的基本的特徵，也很有必要。

　　封建史學的二重性反映了封建統治者的二重性的需求。一個時代的史學的特徵只有從這個時代的政治經濟中才能得到根本的說明。我們"不是從觀念出發來解釋實踐，而是從物質實踐來解釋觀念的東西"。(《馬克思恩格斯選集》第 1 卷，第 30 頁) 封建統治者要維持自己的統治，重視吸收前朝的興亡的教訓，這只能從歷史的真實中才能尋找到歷史的真實經驗教訓。在嚴酷的興亡的歷史面前，封建人君是無法蔑視歷史的；玩弄歷史要受到歷史的懲罰。王夫之曾經說過："直道之行於斯民者，五帝三王之法也，聖人之教也，禮樂刑政之興廢，荒隅盜賊之緣起，皆于史乎徵之。"(《讀通鑒論》卷十五，《宋文帝》) 因此，封建統治者同樣提倡"實錄"與"直筆"的寫史的要求。"實錄"精神並不是一種抽象的道德觀念，而是封建地主階級鞏固統治需求的表現。開國的封建君王特別重視吸收前朝覆亡的教訓，特別強調史家寫史應有"實錄"的精神。唐太宗時，一些史官寫實錄，有"微文"，唐太宗對此不太愉快，太宗要借鑒歷史，就一定要求如實地記載歷史，所以，他說："史官執筆，何煩有隱。宜即改削浮詞，直書其事。"（《貞觀政要》卷七，《文史》）為了用歷史的成敗來教育諸王，命魏徵"錄古來帝王子弟成敗事，名為《自古諸侯王善惡錄》，以賜諸王"。（《貞觀政要》卷四，《教戒太子諸王》）就是衰世之君中有些帝王也看到借鑒歷史的意義。明朝的崇禎皇帝在講官李明睿的奏疏上加批語，說："纂修實錄之法，惟在據事直書，則是非互見，大哉王言，其萬世作史之準繩乎。"（參《日知錄》卷十八，《三朝典要》）

另一方面，封建時代的君主，要為自己朝代的興起尋找根據，在中世紀的認識的水平上，只能乞助於天命的理論。所謂"天之所大奉使之王者，必有非人力所能致而自至者，此受命之符也"，"治亂廢興在於已，非天降命，不可得反"。（《漢書》卷五十六，《董仲舒傳》）天人感應論是天命論的具體化，這種天命感應說，既可以解釋一代帝王的興起是天意，又可以作為警戒封建帝王的一種手段，阻止封建帝王的無限的放縱，延緩統治的衰變過程。"凡災異之本，盡生於國家之失，國家之失，乃始萌芽，而天出災害以譴告之，譴告之而不知變，乃見怪異以驚駭之，驚駭之尚不知畏恐，其殃咎乃至"。（《春秋繁露》卷八，《必仁且知》）進而由天命論演繹出正統論、三統歷史循環論、名分論等的一整套的理論。

一方面要從歷史中吸取真實的經驗教訓，要求歷史的真實，追求實錄直書的精神；又一方面，要求歷史著作證明自己的政權是合乎天意的，因此，通過歷史的作品宣傳皇權神授，這又是在主觀上要求曲解歷史。真實的歷史和虛幻的結合在一起，就構成封建史學的二重性。

從上面所說，我們得出一個認識，即史學的二重性適應封建統治者的需要；封建時代的統治者力圖使史學帶有這種二重性。歷史著作把天人感應說和史實結合起來，比起"空言著書"的說教更能有效地維護封建的統治。二重性不是兩個方面簡單地組合，如實地記錄史事，和按統治者的口胃解說歷史，以至歪解、虛構歷史，兩者統一在史學中。這兩個方面又相互影響，統治者要維護統治，吸取歷史教訓，制約著他們不能完全置歷史事實於不顧，同時，也由於此，封建時代的史家的實錄又總是有限度的，實錄精神不能貫徹到底。

史學二重性不是凝固不變的，在史學史的發展過程中，二重性也在變化。造成二重性運動的內在原因可以從這幾個方面來加以說明。

首先，隨著生產力的進步，科學技術的進步，天命史觀、天意史觀不斷受到衝擊，天命史觀解說歷史的漏洞也越來越多，難以自圓其說。又一方面，中國的神學體系沒有能變化，沒有一種新的理論代替，原來粗鄙的天人感應說又不能拋棄，這就產生了理論上的危機。從宋代以後，這種情況就看得更清楚。歐陽修意識到災祥說的破綻。他在自己的歷史著作中說：

> 至為災異之學者不然，莫不指事以為應。及其難合，則旁引曲取而逆其說。蓋自漢儒董仲舒，劉向與其子歆之徒皆以《春秋》、《洪範》為學，而失聖人本意；至其不通也；父子之言自相戾，可勝歎哉。（《新唐書・五行志一》）

歐陽修看出了以災祥說解釋社會人事的變動，矛盾太多。只能"旁引曲取而逆其說"，這已經是相當的不容易，但他又不能徹底否定災祥的理論，提出一個"兩存說"，說："蓋聖人不絕天於人，亦不以天參人。絕天于人則天道廢；以天參人則人事惑，故常存而不究也。"承認天與人相通，又認為天人不相參。"兩存說"是自欺欺人。調和折衷，不是創新，倒是理論的危機。最終歐陽修還是回到天人感應說上來。說："未有人心悅於下，而天意怒於上者；未有人理逆於下，而天道順於上者。"（上引見《新五代史・司天考二》）自己不滿意的東西，最終還是肯定它。此後，《宋史》、《元史》、《明史》的作者對災祥的理論大致是採取這樣的態度。

這僅僅是事件的一方面。還有一個方面，是歷代的思想家、史學家對天人相關思想的批判的深化。以後我們還要接觸到這些材料。

　　其次，封建國家對修史大權的控制。私人修史在大多數的時期裏不是合法的，特別是修國史，一般人很難進行這項工作。有的人在一定的條件下，也寫國史，但這是一件不合法的事。班固的經歷很是一個明證。"非法"著史差一點送掉他的性命。下面我們還要說到這件事。隋文帝開皇十三年五月癸亥的詔文說："人間有撰集國史，臧否人物者，皆令禁絕。"宋人鄭樵怕別人說他在私修國史，因此要受到國家的處罰，說："嗚呼，功業難成，風波易起，竊恐傳者之誤，謂擅修國史，將無容焉。"（《上宰相書》）歷史上的"文字獄"、"私史案"、"實錄案"等，都是統治者控制修史大權的證據。劉知幾反對衆手修史，實際是對封建國家控制修史權的一種反抗。

　　這只是事件的一個方面，另一方面，一些史學家並沒有屈服在封建的高壓統治之下。相對地說，封建國家控制修史的大權，卻是無法禁絕所有的私人修史活動。這中間有一些史書，直面現實，也能直抒胸臆，說出一些實情，表達出一般百姓的觀點。另外，史館中也有秉筆實錄之士。直筆與曲筆的鬥爭成爲史學發展的一個推動力。前面說過，封建國家也要求通過歷史事實的總結，尋求治國平天下、維繫統治的良方。隨著社會的進步，文化的發展，印刷術的改進，越是到封建的後期，民間的修史活動越多，在文網嚴密的統治下，野史、雜史卻不斷地出現。各種因素成爲一種制衡的力量，制約著史學在曲折的道路上向前發展。

　　封建史學的二重性的變化，從史學的內部的矛盾運動中，說明了史學發展的依據，反映了史學思想發展的途徑。在思想史上，從最初的人神混一觀念、天人相合的思想，到人神相分，以及歷史思想的世俗化，是人類認識的進步。中國中世紀的"天人相關"的思想，可以說是中國思想史從天人相合到天人相分有中介環節。而中世紀的天人相關的思想也不是凝固不變的。回溯封建史學發展的歷程，可以看出一種趨向，隨著封建社會的發展，在直筆和曲筆的鬥爭中，在重天命和重人事的鬥爭中，天人相關的天命史觀趨向淡化。恩格斯說："任何一種事物，越是'神的'即非人的，我們就越不能贊成它。"（《馬克思恩格斯選集》第 1 卷，第 651 頁）二重性的理論，能夠較好地說明封建社會時期的史學思想發展的根據。

　　史學二重性說，能較好地說明史學遺產中精華和糟粕並存，說明史學遺產是豐富的，又是複雜的。如天命史觀以及正統論，名分論，歷史循環論往往是連在一起的。有的講天命，在天命論的外衣下，卻又有著重論述人事作用對歷史興亡變動的意義。有的解釋歷史，以天命論扭曲了歷史的真實面目，但又提倡寫史要如實記載歷史，提倡寫信史。同樣講歷史是循環運動的，但對某一段的歷史解釋又有進化的思想；按照歷史的實際描繪歷史的進程。有的史書毫不愧色可以稱之爲"實錄"，而解釋歷史時，卻露出一副神巫的面孔，把歷史曲解成是天意安排的行程。史學的研究是一件十分複雜的工作，簡單化地給古代的史學家劃分成唯物、唯心兩大派，不符合史學發展的事實。

　　史學二重性說，指出對史籍的應有的態度。二十四史的記載，誠然把歷史的重心放在帝王將相的一邊，但把它說成是"帝王的家譜"也不恰當。從史料學的角度看，二重性的認識說明封建社會的正史史料的價值。那個時代的史書記載的事實基本是可信的，基本上是可以作爲歷史研究的依據。

　　史學二重性往往又是作爲史家評論前代史書的原則。如班固評《史記》是兩條標準，從"實錄"的原則來看，雖有疏略處，但總的來看，班固很佩服。司馬遷對歷史的理解，對歷史的看法，班固是不同意的。班氏說："又其是非頗繆於聖人，論大道則先黃老而後六經，序遊俠則退處士而進奸雄，述貨殖則崇勢利而羞賤貧，此其所蔽也。然自劉向、揚雄博極群書，皆稱遷有良史之才，服其善序事理，辨而不華，質而不俚，其文直，其事核，不虛美，不隱惡，故謂之實錄。"（《漢書·司馬遷傳》）史學批評有許多標準，但是史學的二重性的原則是史學批評的核心

第二節　班固史學二重性的形成

　　班固史學的特徵在東漢時形成，不是偶然的。西漢滅亡，東漢在農民大起義之後建立起來。這樣一個政權又作為劉氏的天下出現，它是不是合法的？如果是合法的，西漢的劉家政權又為什麼會垮臺？東漢要從中吸取怎樣的教訓？東漢的史學要適應統治者需要，無可避免地要對這些問題作出解釋和回答。這就是班固史學形成的大背景。

　　劉秀在奪取政權的時候，是以神意的說教來證明自己代新莽是天意的安排。《後漢書》的《光武帝紀上》記載劉秀即帝位前行事，這一段情節帶有戲劇性。我們把這一段文字摘引下來：

> 行至鄗，光武先在長安時同舍生彊華，自關中奉《赤伏符》，曰：「劉秀發兵捕不道，四夷雲集龍鬥野，四七之際火為主。」群臣因複奏曰：「受命之符，人應為大，萬里合信，不議同情，周之白魚，曷足比焉？今上無天子，海內淆亂，符瑞之應，昭然著聞，宜答天神，以塞群望。」

劉秀拉開了登帝位的一幕。明眼人一看就會明白事情的真相，彊華奉上《赤伏符》是準備好的一步。更有意思的是劉秀在給上天的祝文中說的話，又有明顯的篡改：

> ……其祝文曰：「皇天上帝，……」讖記曰：「劉秀發兵捕不道，卯金修德為天子。」……

原來的《赤伏符》上只有「劉秀發兵捕不道」，這裏卻增加了「卯金修德為天子」的隱語。這就意味劉氏的天下，是天意的安排。以後的歷代帝王登帝位，大多要演出這套把戲。

　　上有好者，下必甚焉。東漢一開始，社會上就是這樣的一種思潮在泛濫。《後漢書·光武帝紀》（下）結尾有一段《論》，完全是一種神意的論證，證明劉氏政權是天命的安排。光武出生「有赤光照室中","此兆吉不可言"。而且這年"縣界有嘉禾生。一莖九穗，因名光武曰秀"。明年，方士夏賀良對漢哀帝說："漢家曆運中衰，當再受命。"王莽統治時，劉秀的家鄉上空鬱鬱蔥蔥，有帝王之氣。論者最後作了一個結論，說："其王者受命，信有符乎？不然，何以能乘時龍而馭天哉。"

光武帝打擊不相信圖讖的人。鄭興說自己不信讖，遭到光武帝的斥責。尹敏說："讖書非聖人所作"，"（光武）帝深非之，雖竟不罪，而亦以此沈滯"。桓譚反對讖緯，光武帝說他是"非聖無法"，要處死桓譚，桓譚叩頭流血，才免一死。東漢政治是神學籠罩下的專制主義的統治。

東漢的政治加速了學術的神學化的步伐。西漢的董仲舒已經完成了中國封建社會的思想意識形態體系的構建。他把神意的理論和重人事的思想、重視社會治理的思想結合在一起，他以天人合一、天人感應說作爲他的宇宙觀、本體論、認識論、社會思想、歷史觀的理論的基礎，但又強調帝王治理對於社會歷史興盛有重大意義。過去只強調他的思想中神學的一面，應該說是不全面的。漢武帝以後，漢代的統治走向衰落，神學的讖緯思想從西漢到東漢，得到了發展，神學的成分在增多。《漢書·五行志》說出了這一過程："漢興，承秦滅學之後，景、武之世，董仲舒治《公羊春秋》，始推陰陽，爲儒者宗。宣、元之後，劉向治《谷梁春秋》，數其禍福，傳以《洪範》，與仲舒錯。至其子歆，治《左氏傳》，其《春秋》意已乖矣；言《五行傳》，又頗不同。"董仲舒與劉向、劉歆父子在學術上的具體的差別，這裏不進行討論，從唯心神學的思想體系的發展變化上看，是淺薄、粗鄙的了。他們硬是把歷史上的災異，一一附會到天人感應的理論裏面去。

如果說，我們說的二重性包括正視現實和神學化的意識二者的折衷，那麼，劉氏父子一方面使神學化的東西粗鄙；又一方面，他們從社會的現實退縮到學術的圈子裏，在這個小的天地裏，還有一點清新的意識，從學術的實際的淵源變化，認識中國學術的流變。

侯外廬先生的《中國思想通史》說他們是一種"二重真理觀"。又說："這種二重真理觀或折衷主義的矛盾，一方面暗示了一元論神學思想的危機，另一方面表白了中世紀社會矛盾之無力解決。"（《中國思想通史》第 2 卷，第 207 頁）從董仲舒以後，二重性的理論，也包括史學上的二重性的理論的危機，在不斷加深。從表面上看，神學的理論依靠國家行政的力量不斷得到加強，但實際上是理論上的虛弱的表現。

東漢時期學術理論，還是這樣變化下去。讖緯神學浸透各個學術的領域。占正統地位的是今文學派，西漢時期的今文學派基本上是把經學和讖緯學說糅合在一起。《易》有施、孟、梁丘及京房，民間有費、高二家；《書》有歐陽，大、小夏侯；《詩》有魯申培公為《詩》訓故，而齊轅固、燕韓生，"皆為之傳"。又有毛公之學，未立學官。《禮》有大、小戴。《春秋》有左丘明"論本事而作傳"；又有《公羊》、《谷梁》及《鄒》、《夾》之傳。《公羊》《谷梁》立於學官。然一代風氣浸潤學術，後人皮錫瑞說後漢的學術風氣："故光武以赤符受命，深信讖緯，五經之義，皆以讖決，賈逵以此興《左氏》，曹襃以此定漢禮，於是五經為外學，七緯為內學，遂成一代風氣。"（《經學歷史》第 109 頁）光武帝於死前的兩年建武中元元年（56 年），宣佈圖讖於天下。明帝親自講經，重要的有水平十五年（72 年）於辟雍自講五經章句。章帝於建初四年（79 年）召諸儒會白虎觀，講議五經同異，"帝親稱制臨決"。這是效法西漢宣帝的故事。白虎觀會議上，章帝講論五經，作《白虎通德論》，"令（班）固撰集其事"（《後漢書·班彪列傳》），班固就是在這樣的時代背景下，成長起來的。

班固受父親班彪的影響很大，說班固"竊"父親的著作，寫成《漢書》，在一定意義上說，並不為過。至少，《漢書》是班氏父子兩個人完成的作品。範曄作《後漢書》，在《贊》中說"二班懷文，裁成帝墳"，是比較恰當的。班固作史的大部分材料取自司馬遷和班彪，其作史的原則，基本上是班彪定下的。過去我們對此研究得不夠。《後漢書》中的《班彪傳》記載得很清楚，這裏有必要多說幾句。一是班彪的歷史觀，班彪著《王命論》，其中心思想是"以爲漢承堯運，有靈命之符，王者興祚，非詐力所致"。他總結西漢歷史，認爲劉邦興起的原因有五條，一、劉邦是帝堯的後代。二、劉邦的體貌奇異。三、劉邦行事神武有征應。四、劉邦寬明而仁恕。五、知人善任。這五條是二重性的具體化，後面兩條說到了人事的作用，就整體來看，基本是神意的歷史運動觀。二是，班彪對前代的史書的評價，進而說明他寫史的動機。《後漢書·班彪傳》說：

　　（班）彪既才高而好述作，遂專心史籍之間。武帝時，司馬遷著《史記》，自太初以後，闕而不錄，後好事者頗或綴集時事，然多鄙俗，不足以踵繼其書。彪乃繼採前史遺事，傍貫異聞，作後傳數十篇，因斟酌前史而譏正得失。其略論曰："唐虞三代，《詩》《書》所及，世有史官，以司典籍，暨于諸侯，國自有史，……孝武之世，太史令司馬遷採《左氏》、《國語》，刪《世本》、《戰國策》，據楚、漢列國時事，上自黃帝，下訖獲麟，作本紀、世家、列傳、書、表凡百三十篇，而十篇缺焉。遷之所記，從漢元至武以絕，則其功也。至於採經摭傳，分散百家之事，甚多疎略，不如其本，務欲以多聞廣載為功，論議淺而不篤。其論學術，則崇黃老而薄《五經》；序貨殖，則輕仁義而羞貧窮；道遊俠，則賤守節而貴俗功：此其大敝傷道，所以遇極刑之咎也。然善述序事理，辯而不華，質而不野，文質相稱，蓋良史之才也。誠令遷依《五經》之法言，同聖人之是非，意亦庶幾矣。

　　夫百家之書，猶可法也。若《左氏》、《國語》、《世本》、《戰國策》、《楚漢春秋》、《太史公書》，今之所以知古，後之所由觀前，聖人之耳目也。司馬遷序帝王則曰本紀，公侯傳國則曰世家，卿士特起則曰列傳。又進項羽、陳涉而黜淮南、衡山，細意委曲，條例不經。若遷之著作，採獲古今，貫穿經傳，至廣博也。一人之精，文重思煩，故其書刊落不盡，

> 尚有盈辭，多不齊一。若序司馬相如，舉郡縣，著其字，至
> 蕭、曹、陳平之屬，及董仲舒並時之人，不記其字，或縣而
> 不郡者，蓋不暇也。今此後篇，慎覈其事，整齊其文，不為
> 世家，唯紀、傳而已。傳曰："殺史見極，平易正直，《春秋》
> 之義也。"

班彪對前代史書作了全面的總結，而中心是對司馬遷的批評。在他看來《史記》可以肯定的地方，是組織、結構、綜合、"序事"方面顯示的才華；這些方面也有缺點。但最大的缺點是背離了崇《五經》的原則，更沒有在史書中體現出"漢承堯運"的思想。他在續《史記》上，是一種改造，不只是在體例上削去《世家》，僅存《紀》、《傳》；更重要的是從思想上對《史記》作根本性的修正。體例上的一些變化同樣為體現這一根本思想。他作《史記後傳》六十五篇（一說是在百篇以上），要從根本上對《史記》作修正。

看來，班彪的評價不夠準確，說司馬遷"薄《六經》"，不符合事實，司馬氏父子很重視《六經》。僅僅肯定司馬遷在史文上面具有"良史之才"，有欠公允。班固評價司馬遷又修正他父親的看法，把"薄《五經》"，改成"後《六經》"，對《史記》作了更多的肯定，說："論大道則先黃老而後《六經》，序遊俠則退處士而進奸雄，述貨殖則崇勢利而羞賤貧，此其所以蔽也。然自劉向、揚雄博極群書，皆稱遷有良史之材，服其善序事理，辨而不華，質而不俚，其文直，其事核，不虛美，不隱惡，故謂之實錄。"（《漢書·司馬遷傳》）

班固在這樣的家族中生長，受到父親的影響，同時他又有自己的特殊的地方。從對《史記》的評價，已經可以看出兩人的一些差別。他突出《史記》具有"實錄"的一面，也反映他對寫史的要求。

班固（32 年－92 年），字孟堅，東漢扶風安陵人。16 歲入太學，23 歲班彪死後，他回家鄉接續父親的修史事業，公元 62 年被人誣告私作國史，下獄。弟班超為他辯誣，後任蘭台史令，與修東漢開國以來史事，後完成《漢書》的撰述。章帝於建初四年（79年）的十一月，召集諸儒在白虎觀講論五經異同，命班固作《白虎

通德論》，撰集其事。建初七年（82 年）《漢書》成。永元元年（89
年）隨大將軍竇憲出征匈奴，勒銘燕然山而歸。後竇憲失勢自殺，
班固因家奴得罪洛陽令，而被捕下獄，死時年 61 歲。

　　班固的一生，除父親影響他的史學事業外，還可以提出這樣的
幾點。一、班固的博學。《後漢書・班固傳》稱："（班）固字孟堅，
年九歲，能屬文誦詩賦，及長，遂博貫載籍，九流百家之言，無不
窮究。所學無常師，不爲章句，舉大義而已。"這一段文字對他的
一生的治學作了全面的概括，"博貫載籍，九流百家之言無不窮究，
所學無常師，不爲章句，舉大義"，這既不同於今文學家，也不同
于古文學家，而能獨樹一幟。因此，他評審學術的源流，能夠不陷
入黨同伐異的窠臼中去，對學術的發展變化，能夠獨立思考。加上
具有治史的家學的傳統，班固一生的治學的重點放在治史上，不作
"微言大義"的經師，也不作一個章句之儒，就是可以理解的事。

　　二、班固的一生正是東漢從盛向衰轉化的時期。班固生活的年
代，和王充的生平相當。從表面上看，章帝時期的東漢還是太平氣
象，郡國所上符瑞"合於圖書者數百千所"。範曄在《後漢書》的
"論"、"贊"中描繪了這個時代，是"氣調時豫，憲平人富"。(《後
漢書・章帝紀》）王充說，東漢的符瑞超過周代，土境範圍也是漢超
過周，論德化，周也未必如漢。但是隨著社會危機加深，農民的起
義在走向高潮。王充在《論衡・對作篇》中說："建初孟年，中州
頗歉，潁川汝南，民流四散。聖主憂懷，詔書四至。"侯外盧先生
把這個時期的特徵作了一個概括，說這是東漢"農民戰爭的前浪接
後浪的時期"。(《中國思想通史》第 2 卷，第 248 頁）東漢的統治者面對
這樣的現實，要尋求擺脫危機的出路。據《後漢書》，明帝、章帝
兩朝，下的有關的詔書，達四十餘道。封建帝王的詔書多數是官樣
的文章，但是這些詔書，畢竟反映了社會危機的嚴重。詔書的一個
重要內容，是從歷史中尋求借鑒，如明帝說的："昔應門失守，《關
雎》刺世；飛蓬隨風，微子所歎。永覽前戒，竦然兢懼。"一代思
想家、史學家由歷史的變化，思考現實。這就是"宣漢"的任務。

　　班固把父親的《史記後傳》，改變成《漢書》，這又是一次重大的修正，使《漢書》能更好地"宣漢"。班固作的《漢書》除了承襲《王命論》的思想外，還有一個重大的變化，其不同于他的父親的《史記後傳》的地方，是"斷漢爲代"，從形式上看，是割斷歷史的聯繫，但它是以另一種的聯繫來代替歷史本來的聯繫。"固以爲漢紹堯運，以建帝業，至於六世，史臣（指司馬遷）乃追述功德，私作本紀，編于百王之末，廁于秦、項之列，太初以後，闕而不錄，故探撰前記，綴集後聞，以爲《漢書》。"（《後漢書·班固傳》）這就是說，《史記》無論從內容上說，還是從斷限上說，都不能達到"宣漢"的要求。

　　"宣漢"不僅是一味謳歌本朝的聖明，他要完成的任務是從思想上說明漢代劉姓的政權出自天授，還要從西漢的興衰的歷史中總結出教訓。以"宣"西漢的途徑，達到"宣"東漢的目的。他有一種作史的自覺的意識。這種自覺意識又反映了這個時代統治階級的需求。

　　三、班固是東漢統治階級神學理論體系的構建者之一。章帝建初四年的白虎觀會議，在思想史上是一次重大的事件。它是使儒學神學化的一次會議。從漢光武帝宣佈圖讖於天下，到白虎觀會議，東漢統治者力求從神學化了的儒學教條中尋找到一種治理天下的準則，這就是《曹褒傳》中所說的"國憲"。

　　《白虎通德論》的內容主要是兩個方面，一是神化漢代劉氏的政權，一是總結出治理現實社會的教條。這部書是把讖緯化的儒家的經籍作爲其理論的依據。《白虎通德論》開篇就論說，帝王有優劣，但是都稱之爲"天子"，"以其具命於天"。這本書的分量不大，卻給封建統治的等級制度、三綱六紀、禮樂、行政、三軍、誅伐、耕桑、商賈、考黜以至衣裳、嫁娶、喪服等都作了規定和說明。《漢書》是一部史書，和《白虎通德論》不是一個類型的作品，但是所起的作用則是一致的。

　　構建漢代政權是天授的體系，是班固所有著述的宗旨。過去討論班固的史學思想，對這一點似乎注意得不夠。班固的作品除《漢書》以外，還有《典引》、《賓戲》及賦等。他不滿意東漢的學術，其中一個方面是"今論者但知誦虞夏之《書》，詠殷、周之《詩》，講羲文之《易》，論孔氏之《春秋》，罕能知古今之清濁，究漢德之所由"。(《後漢書・班彪列傳下》) 他很明確地提出"究漢德之源"，是著述的重要任務。

　　班固對歷史的變化有一個系統的看法。首先他構造出一個漢代劉氏的政權出自天授的統系，《典引篇》說：

> 太極之原，兩儀始分，煙煙熅熅，有沈而奧，有浮而清。沈浮交錯，庶類混成。肇命民主，五德初始，同於草昧，玄混之中。逾繩越契，寂寥而亡詔者，《系》不得而綴也。厥有氏號，紹天闡繹者，莫不開元於大昊皇初之首，上哉敻乎，其書猶可得而修也。亞斯之世，通變神化，函光而未曜。

> 若夫上稽乾則，降承龍翼，而炳諸《典》《謨》，以冠德卓縱者，莫崇乎陶唐。陶唐舍胤而禪有虞，虞亦命夏後，稷、契熙載，越成湯武。股肱既周，天乃歸功元首，將授漢劉。

班固構建出劉氏政權的神授的體系。至於，東漢與西漢有什麼聯繫？為什麼東漢政權也是合理的呢？班固在《兩都賦》中說，這也是天統：

> 往者王莽作逆，漢祚中缺，天人致誅，六合相滅。……於是聖皇 (指光武帝劉秀) 乃握乾符，……建都河洛。紹百王之荒屯，因造化之蕩滌，體元立制，繼天而作。系唐統，接漢緒，茂育群生，恢復疆宇，勳兼乎在昔，事勤乎三五。(以上引文見《後漢書》卷四十下，《班彪列傳・附班固傳》)

《漢書》的主要的思想與這些地方的觀點是一致的。班固構建出歷史的圖式，人類是從洪荒的世界中發展來的，按照五德終始的法則運行，漢代是接續堯的統運。這是五德運行規定了的程式，由堯、舜、夏、商、周，下面應該是劉氏的漢，"將授漢劉"，由於"值亢龍之災孽"，所以讓孔子這位"玄聖"，使"綴學立制"，以後，則是高祖劉邦建西漢，光武帝劉秀建東漢。天意如此，劉邦、劉秀在世時，都有徵兆，"是以高、光二聖，辰居其域，時至氣動，乃龍見淵躍"。這是以五德終始論爲基礎的神意歷史觀。

西漢滅亡，劉氏再度興起。對此，班固在上面的那一段解釋中，除天意的說教外，也從人心的歸向上作了說明，王莽篡漢，"生民幾亡，鬼神泯絕。……故下民號而上訴"。他又說：

> 且夫建武之元，天地革命，四海之內，更造夫婦，肇有父 子，君臣初建，人倫實始，此乃伏羲氏之所以基皇德也，分州土，立市朝，作舟車，造器械，斯軒轅氏之所以開帝功也。龔行天罰，應天順人，斯乃湯武之所以昭王業也。遷都改邑，有殷宗中興之則焉；即土之中，有周成隆平之制焉。不階尺土一人之柄，同符乎高祖。

劉秀的繼承大統，一方面是統運決定的，另一方面，劉秀的個人作用也導致他終於成爲東漢的創建者。班固的歷史觀本身包含兩重的因素，其主導的方面無疑是神意的史觀，但是這種神意的史觀包含重視人事的思想。

班固在東漢的思想史上的地位是十分重要的，他不但提出神意的歷史觀點，而且以一部史書《漢書》，具體而微地說明了漢代的政權出現是一種天意的安排。西漢的興衰又不僅是天意，也有人事的作爲。班固的《漢書》說到劉氏的政權的合理性時，著重以天意的觀點進行解釋；在論西漢的興衰變動時，側重從人事的作用上進行解釋。中國中世紀的讖緯神學的意識形態，和西方的神學理論在本質上一樣，但其中也有一些差別，這就是中國的讖緯理論強調神的決定作用時，還有另外一面，就是強調人事在政治生活中積極作用的一面。從董仲舒到班固，思想上都有這樣的基本特點。《漢書》的基本思想和董氏的觀點一脈相承，所不同的是，董仲舒的思想帶有一種神秘性，其學說是形式主義的教條，用的是僵化的比附的手法。班固的《漢書》結合歷史的現實，展示一代歷史的興衰的變動，比起《春秋繁露》這樣的作品，它蘊含一層生動的氣息。不能只看到班、董的聯繫，而忽視兩人的區別。

　　班固的父親班彪對司馬遷的《史記》作了一次根本性的修正，主要體現在史學思想上。班固對班彪的《史記後傳》又作了一次重大的修正，寫出史學大作品《漢書》。"斷漢爲代"，實際上是斷而不斷，不過是把劉氏的劉家政權上接堯，把漢代當作是堯的統續，而不是"廁于秦項之列"。過去研究《漢書》，一般都強調這是一部斷代史書，而沒有看到《漢書》是斷而不斷。它也講貫通，這種貫通是一種神意的貫通。班固的改造，在史學史上是一件大事，把史學從思想到形式作了一番更動，使史學更好地適應封建王朝的需要。中國的紀傳體正史，之所以一代一代地連續不斷地按著一個刻板的程式去編寫，其原因也就是它能很好地適應王朝的口味，適應王朝的需要。

　　可以看出，班固的史學成就和班固的文學、子學（或者說是經學）是融合在一起的，其曆史編纂學和歷史觀相配合。他的文學上的成就使得他的歷史觀點得以傳世行遠，對後世的史學思想産生深遠的影響。他的史學作品《漢書》，是驗證他的歷史觀點。他的子學的核心是神意的歷史觀。

　　四、班固的個人遭遇。班固一生相當坎坷。和司馬遷一樣，班固不是一個幸運兒。爲學、入仕、從征、著述，構成他一生生活的內容。他有過一段的輝煌，有時又是封建統治者的階下囚，最終爲統治者殺害。第一次入獄，是因爲有人告發他"私修國史"，是文字之禍。第二次下獄是統治階層的內部的矛盾。事情不複雜，班固的家奴得罪洛陽令種兢。僅此，班固也不至於被處死。關鍵是大將軍竇憲失勢，竇氏門下賓客受株連，班固恰好給對方這樣一個口實，遭到殺身之禍。

　　班固的遭遇對他的治史産生怎樣的影響，從他的《幽通賦》可以找到線索，得到理解。這篇《賦》，以一種虛幻的意境，說出在世事多艱的遭遇中，寫出自己的感受。他稱自己是高陽顓頊的後代，家族的輝煌，經過兩漢之際的大變動，仍然沒有衰落。自己的經歷不順利，但還想繼先祖之足迹。他說：

　　　豈餘身之足殉兮，聊世業之可懷。

　　　靖潛處以永思兮，經日月而彌遠。……

　　　惟天地之無窮兮，鮮生民之脢在。

　　　紛屯亶與蹇連兮，何艱多而智寡。……

　　　變化故而相詭兮，孰雲預其終始？……

　　　道混成而自然兮，術同原而分流，

　　　神先心以定命兮，命隨行以消息。

　　　斡流遷其不濟兮，故遭罹而贏縮。……

他在《賦》的結篇時，說："亂曰：天造草昧，立性命兮；複心弘道，惟聖賢兮。渾元運物，流不處兮；保身遺名，民之表兮，舍生取誼，以道用兮，憂傷夭物，忝莫痛兮。……"

　　《幽通賦》在《漢書·敘傳》中，似乎是班固少年時代的作品，《傳》文一開始說："《班彪》有子固，作《幽通之賦》，以致命遂志。"這顯然是一個遮眼術，他不敢直接表露對劉氏殘暴的不滿。其妹班昭為《幽通賦》作注，又是《漢書》續成者，以事理度之，當是班昭（大家）的安排。從全文內容看，這篇作品應該是班固在遭迫害時寫的。他在坎坷的經歷中，一方面，仍然表達自己衛道的志向；又一方面，對於命運感到難以掌握，他從沈浮的變動中，體察出現實中的詭詐、黑暗。《後漢書》的《班彪·班固傳》卻不載《幽通賦》，而載《兩都賦》及"敘漢德"的《典引篇》。這頗耐人尋味。因此毫不奇怪，班固的《漢書》，能夠直面社會的現實，使這部史書成為一部"實錄"。

　　班固的史學二重性的形成，是時代的玉成，也是他個人的家世和才賦、親身的經歷造就的。

第三節　《漢書》"宣漢"思想的特徵

　　班固在《漢書》中編織一個漢紹堯運的世系。把《漢書》的《高帝紀》和《史記》中的《高祖本紀》相比，引人注目的地方是班固的"贊"。"贊"的主要內容是班固"考"出一個劉氏漢家的世系來。全文如下：

> 贊曰：《春秋》晉史蔡墨有言，陶唐氏既衰，其後有劉累，學擾龍，事孔甲，範氏其後也。而大夫范宣子亦曰："祖自虞以上為陶唐氏，在夏為禦龍氏，在商為豕韋氏，在周為唐杜氏，晉主夏盟為範氏。"范氏為晉士師，魯文公世奔秦。後歸於晉，其處者為劉氏。劉向雲戰國時劉氏自秦獲于魏。秦滅魏，遷大梁，都于豐，故周市說雍齒曰："豐，故梁徙也。"是以頌高祖雲："漢帝本系，出自唐帝。降及于周，在秦作劉。涉魏而東，遂為豐公。"豐公，蓋太上皇父。其遷日淺，墳墓在豐鮮焉。及高祖即位，置祠祀官，則有秦、晉、梁、荊之巫，世祠天地，綴之以祀，豈不信哉！由是推之，漢承堯運，德祚已盛，斷蛇著符，旗幟上赤，協於火德，自然之應，得天統矣。

這可以說是一段奇文。僅僅根據幾個歷史人物的話，就斷定漢代的劉氏是堯的後人。即使是堯的後裔，何以應當興漢呢？當然，理論的依據是三統說。但堯的後裔有幾個分支，又為什麼是劉邦興漢？班固在這裏引"斷蛇著符"，說明天意如此。這一連串的論證虛弱得很。

宋代鄭樵對班固的批評很嚴厲，其中有一條，是揭穿班固在《高帝紀》中編造出來的世系，以事實說明這個世系是子虛烏有。鄭樵說：

> 臣僅按，劉者，東周畿內之地名。杜預雲……成王封王季之季子，食采邑于劉，是為劉康公。劉氏受氏，實由此始。自劉康公之後，有劉定公、劉獻公、劉宣公、劉文公，世為周卿士。故劉氏為著族。
>
> 漢儒之言劉氏，乃用晉史蔡墨之言，謂陶唐氏之後有劉累者，學擾龍，事孔甲。在夏為禦龍氏，在商為豕韋氏，在周

為唐杜氏，其適晉者為范氏，范武子奔秦，……戰國之際，
秦師伐魏，劉氏從征，為魏所獲，魏遷大梁，徙都于豐，故
劉氏亦居豐。

然劉氏本于康公，地著世系，兩皆明信。不知劉累者，因何
氏劉？曾無本末。劉也，範也，以邑命氏者；豕韋也，唐也，
杜也，以國命氏；禦龍也，豢龍也，以技命氏者。此古者命
氏之義也。若如此論，則禦龍以來，數更氏矣。舍劉而作禦
龍，舍禦龍而用豕韋，……而獨以劉，何也？

高帝起於微賤，不知族氏，且親莫如母，不知其姓，但諡昭
靈後而已；近如大父，又不知其名，但以居豐，呼為豐公。
如此漢家祖彌，可謂荒唐矣。

高祖即位之後，後采諸儒之言，泛祀其先，……今漢家之祀
其先也如此，良由不知所祖，求之多方，庶幾或中。漢儒又
從而推之，以陶唐為火德，漢承堯運，斷蛇著符，旗幟尚赤，
協于火德，自然之運，得天統者，何哉？（《通志·前漢紀五上》）

班固的編造，由於不通姓氏之學，處處露出破綻。劉邦的母親都不
知道出自何氏，其先大父也不知其名，劉邦自己也不知道其先祖出
在何處，祀其先祖的地點和方式都確定不下來，班固卻編織世系，
進而推演出"漢紹堯運"的神話，自然是荒唐可笑。但是班固這樣
的漢儒確是通過這類方法進行"宣漢"。

《漢書》"宣漢"的理論是董仲舒的天人相關的理論，這種理
論包括宇宙觀、社會思想和歷史觀點。班固在《漢書》中大量收錄
董仲舒的言論，系統地闡述天人相關的思想。《漢書》的《董仲舒
傳》和《史記》中的《董仲舒傳》一個很大的差別，是《漢書》中
完整地記錄了董仲舒的《天人三策》等言論。董仲舒和司馬遷的關
係密切，無論從生卒年代還是從師從關系上看，董仲舒的言論，司
馬遷應該都是掌握了的。司馬遷對董仲舒這位"董子"，相當尊重。
但是《史記·儒林傳》中的《董仲舒傳》寫得很簡略，只寫了董仲
舒"以《春秋》災異之變推陰陽所以錯行"諸事。又因言災異不中，

差一點送掉老命，"於是董仲舒竟不敢複言災異"。但是《漢書》的
《董仲舒傳》就完全不同。《漢書·董仲舒傳》不是附在《儒林傳》
中，這篇傳全錄董氏的《賢良對策》、《天人三策》。這是董仲舒的
思想的核心。

第一，它宣傳王者受命於天的觀點。"天之所大奉使之王者，
必有非人必所能致而自至者，此受命之符也"。由此，以天人相關
的思想爲災異說提供了理論依據。說：

> 臣聞天者，群物之祖也，故遍覆包函而無所殊，建日月風 雨
> 以和之，經陰陽寒暑以成之。故聖人法天而立道，亦溥愛而
> 亡私，……天人之徵，古今之道也。孔子作《春秋》，上揆
> 之天道，下質諸人情，參之于古，考之於今。故《春秋》之
> 所譏，災害之所加也；《春秋》之所惡，怪異之所施也。書
> 邦家之過，兼災異之變，以此見人之所爲，其美惡之極，乃
> 與天地流通而往來相應，此亦言天人之一端也。

又說：

> 臣謹按《春秋》之中，視前世已行之事，以觀天人相與之際，
> 甚可畏也。國家將有失道之敗，而天乃先出災害以譴告之，
> 不知自省，又出怪異以警懼之，尚不知變，而傷敗乃至。以
> 此見天心之仁愛人君而欲止其亂也。

天人相關的觀點，說明天對於人事支配，同時也不否認人主的社會
治理和行事在歷史盛衰變動中的作用。在一定的意義上，它也承認
歷史變革的必要，說："爲政而不行，甚者必變而更化之，乃可理
也。當更張而不更張，雖有良工不能善治也。故漢得天下以來，常
欲善治而至今不可善治者，失之於當更化而不更化也。"經過這一
番的處理，董仲舒的天命理論有了更大的適應性。歷史上王朝的興
起，它可以解釋；漢代的中衰，也可以得到說明。

《漢書》的《天文志》完全採納了董仲舒的思想。說：

> 政失於此，則變見於彼，猶景之象形，鄉之應聲。是以明君
> 睹之而寤，飭身正事，思其咎謝，則禍除而福至，自然之符

　　也。

後來歷代正史的《天文志》也都是宣傳這樣的觀點。

　　第二，它宣傳了《春秋》大一統的觀點，宣佈封建統治的等級制的合理性。這就是董仲舒所謂的 "《春秋》大一統者，天地之常經，古今之通誼也"。在天命的思想的基礎上，董仲舒說明人的性與情，進而闡明封建等級制度、封建社會的教化與刑罰的意義。他說：

> 天令之謂命，命非聖人不行；質樸之謂性，性非教化不成。人欲之謂情，情非度制不節。是故王者上謹于承天意，以順命也；下務明教化民，以成性也；正法度之宜，別上下之序，以防欲也：修此三者，而大本舉矣。

整個封建統治的等級制度之 "序"，是合乎天的旨意。

　　第三，它宣傳天不變道亦不變的歷史運動觀。歷史按三統運行，歷史上的社會有文、質之異。夏，尚忠；殷，尚敬；周，尚文。每個時代都有變化，但是，支配歷史的道，是不變的，董仲舒說："道之大原出於天，天不變，道亦不變。是以禹繼舜，舜繼堯，三聖相受而守一道，亡救弊之政也，故不言其所損益也。由是觀之，繼治世者其道同，繼亂世者其道變。" 從一方面說，道是不變，古之天下，亦今之天下。從另一方面說，道也變，道變的時代，是亂世。整個歷史有治世，有亂世，自然也就發生了道從不變，到變。過去對董仲舒這一段話，認識並不確切，以爲董仲舒宣傳一種靜止的觀點。其實，董氏也說運動，說歷史的運動，認爲歷史的運動是從 "守道"，到 "壞道"，從治到亂。但他只承認一種變動是合理的，合乎天意的。亂世出現，是歷史上的事實，只是它不合於 "道"。這裏有一個 "潛臺詞"，歷史的運動趨向爲天意所決定，封建統治秩序是永恒的，儘管一時被破壞，最終還是封建統治秩序的恢復。

　　這裏我們不是討論董仲舒的思想，問題是班固在《漢書》中收錄了董氏的大量議論，推崇董仲舒的理論，並且把董氏的理論作爲儒學的正宗。在《董仲舒傳》的 "贊" 中，他列舉劉向、劉歆和劉向的曾孫劉龔各人對董仲舒的評價。各人的看法差別不大，至少肯定了董仲舒的學說，"令後學者所統一，爲群儒首"。值得玩味的是，司馬遷師從董仲舒，推崇董子，卻不熱心宣傳董夫子的學說，班固熱衷於宣傳董仲舒的思想，因爲二人思想合拍、共振。

漢代的學術思想影響最大的是董仲舒，其次是劉向、劉歆等人，他們的思想不盡一致，班固肯定董仲舒是"正宗"，他在《漢書·五行志》中說："漢興，承秦滅絕之後，董仲舒治《公羊春秋》，始推陰陽，爲儒者宗。宣元之後，劉向治《谷梁春秋》，數其禍福，與仲舒錯。至向子（劉）歆，治《左氏傳》，其《春秋》意亦已乖矣；言《五行傳》，又頗不同。是以攬仲舒，別向、歆，……"西漢一代是董仲舒的學術占上風，"卒用董生"（《漢書·儒林傳》）。班固稱讚仲舒："身修國治，致仕縣車，下帷覃思，論道屬書，讜言訪對，爲世純儒。"（《漢書·敘傳下》）董仲舒的天人相關的理論，成爲班固的"宣漢"的基調。

班固的思想來源是多方面的，除董仲舒的理論外，還有他父親的影響，我們在前面已經說過。班氏對西漢的學術思想有一個總體的看法。他在《楚元王傳》的"贊"中說：

> 自孔子後，綴文之士衆矣，唯孟軻、孫況、董仲舒、司馬遷、劉向、揚雄。此數公者，皆博物洽聞，通達古今，其言有補於世。……劉氏《洪范論》發明《大傳》，著天人之應；《七略》剖判藝文，總百家之緒；《三統曆譜》考步日月五星之度。有意其推本之也。

《漢書》的《郊祀志》的"贊"綜述漢代各家關於五德的議論，他說：

> 漢興之初，庶事草創，唯一叔孫生略定朝廷之儀。若乃正朔、服色、郊望之事，數世猶未章焉。至於孝文，始以夏郊，而張倉據水德，公孫臣、賈誼更以爲土德，卒不能明。孝武之世，文章爲盛，太初改制，而兒寬、司馬遷等，猶從（公孫）臣、（賈）誼之言，服色數度，遂順黃德。彼以五德之傳從

所不勝，秦在水德，故謂漢據土而克之。劉向父子以為帝出
於"震"，故包羲氏始受木德。其後以母傳子，終而複始，
自神農氏、黃帝下曆唐虞三代而漢得火焉。故高祖始起，神
母夜號，著赤帝之符，旗章遂赤，自得天統矣。昔共工氏以
水德間於木火，與秦同運，非其次序，故皆不永。由是言之，
祖宗之制蓋有然之應，順時宜矣。

漢初，張蒼定律令、章程時，以漢為水德，後來，公孫臣、賈誼以
漢為土德。西漢後期，劉向父子以漢為火德，這才使漢代能夠上接
於堯。其實這種理論的奠基人是董仲舒，董氏在《三代改制質文篇》
中把五行相生、五行相勝同時採用。僅以五德相勝說來解釋歷史，
漢代和堯是掛不上鉤的。經過這一改造，漢和唐堯都是火德。又，
《漢書·眭弘傳》說："先師董仲舒有言：雖有繼體守文之君，不害
聖人之受命。漢家堯後，有傳國之運。漢帝宜誰差天下，求索賢
人，……"眭弘引董氏的話，因為古代文字，沒有標點，"漢家堯
後，有傳國之運"這句話，是不是董仲舒的原話，無法考定，從已
有的董仲舒的文字來看，這一句不是董氏的原話。但即使是眭弘的
發揮，和董仲舒的思想還是一致的。漢代當接堯後，作為一個五德
運行的體系的一環，劉歆作了進一步的編造。（參見顧頡剛《五德終始
說下的政治和歷史》）班固編纂的《白虎通德論》，是董仲舒天人相關
理論的延長，是董仲舒思想進一步的神學化。《白虎通德論》的《五
行》篇既說木生火，火生土，土生金，金生水，水生木；也說水勝
火，火勝金，金勝木，木勝土，土勝水。《三正》篇說"三正之相
承，若順連環也"。《漢書》進而把這樣的思想和歷史糅在一起了。

可以說班固的"宣漢"的思想是一個大綜合。天人相關基本理
論、歷史運動觀，來自董仲舒（劉氏父子對它作了進一步的演繹）。
班彪的《王命論》對班固產生直接的多方面的影響，甚至班固連表
述的方式都是班彪的。《漢書》的《五行志》，無疑和劉向、劉歆有
直接的聯繫。（班固對劉氏的看法又有保留）《漢書·藝文志》是在
劉氏的《七略》的基礎上形的。揚雄的二重性的思想和班固的思想

特徵吻合，揚雄評《史記》的觀點"不與聖人同，是非頗謬於經"（《漢書·揚雄傳》），又爲班氏父子襲用。《漢書》的"宣漢"思想是一種大綜合，其主導的方面是天人相關的理論。由於它不是在融彙各家的思想基礎上，形成自己的觀點，因此它的天人相關的理論，不能貫串到全書的每一個地方。《漢書》理論上的二重性、折衷性表現得尤其明顯。

　　《漢書》在總結西漢滅亡的原因上，仍然沒有忘記"宣漢"。元、成、哀、平是西漢的後期，社會矛盾激化，農民已經到了活不下去的地步，用鮑宣的話說是"民有七亡而無一得"，"有七死而無一生"。然而在班彪、班固的口中，這些末世皇帝，一個個都還是英主。這四個《本紀》中的元、成帝紀是出自班彪手。下面是班氏父子的《贊》：

> 臣外祖兄弟爲元帝侍中，語臣曰元帝多材藝，善史書。鼓琴瑟，吹洞簫，自度曲，被歌聲……少而好儒，及即位，徵用儒生，委之以政。貢、薛、韋、匡叠爲宰相，而上牽制文義，優遊不斷，孝宣之業衰焉。然寬弘盡下，出於恭儉，號令溫雅，有古之風烈。（《元帝紀·贊》）

這裏只有一個不足："優遊不斷"，從大的方面來說，任相得人，又善史能文，寬弘恭儉，何以使得孝、宣的中興之業衰敗呢？班彪的"贊"，在盡全力爲漢家辯解。

　　《成帝紀·贊》中指出這位人主"湛於酒色"，但仍是一代不可多得的人君，說他從姑姑那裏知道，"成帝善修容儀，升車正立，不內顧，不疾言，不親指，臨朝淵嘿，尊嚴若神，可謂穆穆天子之容者矣。博覽古今，容受直辭。公卿稱職，奏議可述。遭世承平，上下和睦"。且不說這段話中的矛盾處，只就班彪的評價，用後世司馬光的衡量人君的五德論來評判，成帝至少是一個守成之君。

　　《漢書·哀帝紀》記這位享年不永的少年天子，幾乎沒有過失。恭儉謙讓，限名田，誅昌言災異的夏賀良。《贊》中說，哀帝"文辭博敏，幼有令聞"。他能誅強臣，爲的是"欲強主威，以則武宣"，又不好聲色。

《平帝紀》的“贊”，沒有關於平帝一句微辭。

《王莽傳》的贊，說王莽能竊權，王氏奸詐是一個方面，但主要還是漢室中微，王太后長期控制朝政，“推是言之，亦天時，非人力之致矣”。王莽政權覆滅，其根本的原因，是“炕龍絕氣，非命之運，紫色蛙聲，餘分閏位，聖王之驅除雲爾”。服虔注《漢書》說：“言王莽不得正王之命，如歲月之餘分爲閏也。”王莽之後，劉秀的興起，也是天命。

總之，《漢書》的“宣漢”，主要是以天命歷史觀，通過曲解歷史而宣漢家之德。

歷史著作的編纂形式，在一定的情況下，它也反映著作者的思想。《漢書》的“斷漢爲代”是“宣漢”的需要。《漢書》的一些《志》及《古今人表》卻又不“斷”，這也是班固貫穿他的觀點的需要。《漢書》的體例的改變，使《漢書》更好地尊《六經》，宣揚他的歷史運動的“大道”。《史記》的五體，到了班固手裏，刪去《世家》，成了《紀》、《志》、《表》、《傳》四體，陳勝入《列傳》等體例上的改變，也都是更便於“宣漢”。

第四節 《漢書》的“實錄”精神

一部史書有沒有“實錄”的精神，應該從下面幾個方面來考察。一是，這部史書能不能如實記載歷史的真實。這裏面一個關鍵，是能不能既記錄社會繁榮興盛的一面，又能揭露社會黑暗、腐朽的一面，在史事的記載中，體現出史家分析社會矛盾根源的深刻見解。這是更深層次上的“實錄”的要求。二是，這部史書能不能反映社會的方方面面，從一個恢宏的角度把握社會的面貌。所謂“如實反映”，不應當只是體現在個別的歷史的事件上，還應當看它是不是如實全面反映社會生活的各個層面。三是，嚴謹考訂，敢破陳說，恢復歷史的真實面貌。

　　有一種傾向，認爲史書能揭露社會的黑暗，才是"實錄"。應該說這種看法不夠全面。如果一部人類的歷史被寫成"黑暗"接著"黑暗"，沒有光明，這同樣是不真實的，因而也違背"實錄"的精神。這裏的核心問題是要如實反映歷史的真實的面貌。寫社會的興盛沒有誇大的成分，更不能以這種興盛，去掩蓋社會的危機和矛盾，這也就是班固說的"不虛美，不隱惡"。在封建社會，能做到這一點，很不容易；相對地說，在文網嚴密的封建時代，能夠揭露社會的問題和矛盾，就更不容易。至於把"盛"和"衰"連接起來，"盛中觀衰"則是更高的要求。

　　從上面所述，可以看出，提倡如實記載比較容易，能夠在記事敍事中如實記載、如實反映是很困難的。因爲一個史家在記錄歷史時候，不可能沒有自己的觀點，他要對社會的各種現象、各種事件，作出自己的判斷、作出自己的選擇。這就是史家的一種見解。它支配史家能不能相對客觀公正地記載歷史、說明歷史。一個史家願不願意真實地記載歷史和他能不能真實地反映歷史，在史學史上並不總是一致的。

　　從這樣的角度來審視班固的史學，可以看出這樣的一個情形，當他著意進行"宣漢"時，他往往是誇大歷史繁榮和興盛的一面，有意或無意地進行曲解或辯解。晉人傅玄說：班固的《漢書》，"論國體則飾主闕，而抑忠臣；敍世教，則貴取榮而賤直節；述時務，則謹辭章而略事實"。(《意林》卷五) 這裏說的"飾主闕"，是"宣漢"的一種作法，卻背離了實錄的精神。但從總體上看，《漢書》是一部具有實錄精神的史書，繼承了《史記》的傳統。

　　第一，《漢書》寫出了一個封建朝代的完整的過程。這部史書"起元高祖，終於孝平、王莽之誅，十有二世，二百三十年，綜其行事，旁貫《五經》，上下洽通"。如他自己說的："敍帝皇，列官司，建侯王，准天地，統陰陽，闡元極，步三光，分州域，物土疆，窮人理，該萬方，緯《六經》，綴道綱，總百氏，贊篇章，函雅故，通古今，正文字，惟學林。"（《敘傳下》）如果說，《史記》是通古今之變，那麼，《漢書》有通古今之處，側重在通一代之變。

　　《漢書》把二百三十年的西漢的歷史作爲一個盛衰之變的過程來認識。《漢書》的《紀》與《列傳》的內容和思想很多是承繼《史記》的，察盛衰之變是這一部分的中心的觀念。《漢書》的《八表》足以表現出班固的察盛衰之變的思想。《異姓諸侯王表》、《諸侯王表》、《高惠高後文功臣表》、《景武昭宣元成功臣表》、《外戚恩澤侯表》及《百官公卿表》及《古今人表》能夠在整個古今盛衰的變化過程中寫漢代事物的盛衰榮辱的變化。《異姓諸侯王表》從虞夏開始，寫異姓諸侯王的興起和發展，一直敍述到孝文帝的諸侯王被滅盡，這是繼承司馬遷的察盛衰之變的精神。《諸侯王表》寫周代諸侯王曆八百餘載的變化，秦朝廢封建，這是一大變；漢興之初，又分封諸侯王，以至於"矯枉過其正"，這又是一大變。七國之亂平，諸侯王衰落。到了西漢末，這些諸侯王"生於帷牆之中，不爲士民所尊。勢與富室無異"。這更是一大變。班固說：他作表，"是以究其終始強弱之變，明監戒焉"。西漢一代功臣的興衰起落，都在有關的《表》中反映出來。《百官公卿表》寫出了宓羲、神農、黃帝直到漢代的官制的變化。《表》中寫周末以後的官制變動，很精釆，說：

　　　自周衰，官失而百職亂，戰國並爭，各變異。秦兼天下，建
　　　皇帝之號，立百官之職，漢因循而不革，明簡易，隨時宜也。
　　　其後頗有所改。王莽篡位，慕從古官，而吏民弗安，亦多虐
　　　政，遂以亂亡。故略表舉大分，以通古今，備溫故知新之義
　　　雲。

官制的變化有各種情形，有列國自行的變異，有統一王朝的立制，也有一代的增損改變。班固還能交代出官制變化的原因和影響，他從中進行觀察，"以通古今，備溫故知新之義"。

　　在《漢書》的《志》中以《藝文志》觀察學術的源流變化，最能體現出班固的察盛衰之變的精神。它不但寫出學術總體上的變

化，而且寫出各種門類的學術淵源流變。《藝文志》寫出孔子之後，《春秋》分爲五，《詩》分爲四，《易》有數家之傳。"戰國從衡，真僞分爭，諸子之言紛然淆亂。至秦患之，乃燔滅文章，以愚黔首。漢興，改秦之敗，大收篇籍，廣開獻書之路。迄孝武世，書缺簡脫，禮壞樂崩，聖上喟然而稱曰：'朕甚閔焉！'於是建藏書之策，置寫書之官，下及諸子傳說，皆充秘府"。這是學術上的興衰之變。而各種門類的學術又有不同的具體變動。學術上變化又同政治的變動相聯繫。《藝文志》來自劉向父子的《七略》、《別錄》，班固採納它作爲史書的組成部分，體現了他對歷史過程的見解。

　　第二，《漢書》反映西漢社會生活各個方面的變化。《漢書》的《紀》與《傳》，以帝王爲基本線索，寫出社會上各個層次的人物活動。其中有皇帝、皇室外戚、各個層面和各種類型的政治人物，還有不同的學術類型的代表；《漢書》也寫遊俠、貨殖方面的人物，雖然在這些篇章中對司馬遷的思想有所改變。

　　《漢書》的《十志》，尤其能夠反映西漢一代的開闊的社會生活的場景。《郊祀志》和《五行志》在《漢書》的《志》中佔有相當大的分量，這一方面是班固的史學思想的反映，但同時也是當時社會生活的真實的情景。神學的天人感應的思潮統治了整個思想學術界，這是一個事實。《天文志》和《律曆志》一方面和神學的理論體系糾纏在一起，又一方面它記載這些方面的科學技術的成就。它也是當時農業生產發展的需要。《禮樂志》、《刑法志》是西漢封建社會國家的基本制度。《刑法志》是《漢書》新立的，它記載周代以後的法律包括一些軍事制度的變化。

　　《食貨志》是《漢書》的創造。《志》的開篇說："《洪範》八政，一曰食，二曰貨。食謂農殖嘉穀可食之物，貨謂布帛可衣，及金刀龜貝，所以分財布利通有無者也。二者，生民之本，興自神農之世。" 班固又強調"理民之道，地著爲本"。食貨是社會的經濟基礎，在封建社會裏，農業生產又是社會生存和發展的根本。在《志》中班固首先敍說田制與租賦，展示了田制與租賦的變化直接作用於社會盛衰的變動。《漢書》的《敘傳》說："厥初生民，食貨惟先；割制廬井，定爾土田，什一供貨，下富上尊。商以足用，茂遷有無，貨自龜貝。至此五銖。揚榷古今，監世盈虛。"無論怎樣說，這是班固史學思想中的卓識。

《漢書》把《史記》的《河渠書》改爲《溝洫志》。它繼承了司馬遷的思想，寫出了水利的重要。司馬遷說："甚哉，水之爲利害也。"班固的發展，在於他重視水利興修的對策，全文收錄賈讓的《治河三策》，對於以後治水提供有益的經驗。班固注意到水利的興修與廢弛，直接影響社會的興衰。秦國修鄭國渠，關中爲沃野，無凶年，"秦以富強，卒並諸侯"。西漢一代，伴隨著水利與水害，導致政治上的變動。《志》中借杜欽的話說：河水失治，就會"民人流散，盜賊將生"。班固在這篇《志》的《贊》中說："中國川原以百數，莫著於四瀆，而河爲宗。孔子曰：'多聞而志之，知之次也。'國之利害，故備論其事。"在眾多的水利工程中以治河爲最重要。班固的看法又進了一步。

馬克思在《不列顛在印度的統治》一文中說，在亞洲，從很古老的時候起，一般說來有三個政府部門，也就是財政部門、軍事部門和公共工程部門。他進一步作了分析，說：

氣候和土地條件，特別是從撒哈拉經過阿拉伯、波斯、印度和韃靼區直至最高的亞洲高原的一片廣大的沙漠地帶，使利用渠道和水利工程的人工灌溉設施成了東方農業的基礎。

中國的史書從《史記》開始就十分重視水利維修的記載，這是一件很了不起的事。《漢書》進一步發揚了這樣的傳統。

《漢書》的《地理志》很有特色。它寫出各地的經濟水平的差異，物產的不同，戶口多寡不一，風俗的迥殊。《志》中輯錄前人所論，注意到經濟和物產的狀況，對一代的風俗和政治的影響。一代的人主和政治家培養社會的風氣，其影響相當深遠。戰國時的養士促成諸侯成就霸業。霸業要靠地方的經濟物產提供條件，經濟變化又影響風尚，進而作用於政治。管仲"設輕重以富國"。齊的開

國之君治國 "修道術，尊賢智，賞有功，故至今其士多好經術，矜功名，舒緩闊達而足智"。而魯地 "今去聖久遠，周公遺化銷微，孔氏庠序衰壞。地狹民衆，頗有桑麻之業，亡林澤之饒，俗儉嗇愛財，趨商賈，好訾毀，多巧僞，喪祭之禮文備實寡，然其好學猶愈於它俗"。像這樣地寫各地的情況比比皆是。《地理志》注意到各地的經濟、文化、風俗發展的不平衡，從動態上寫出了各地的經濟、文化的發展。

《藝文志》是班固的創造。劉向、歆的《七略》、《別錄》是它的藍本，班固把它收在史書中，展示學術文化的源流變遷。

《漢書》的《十志》從各個橫剖面反映一代歷史的風貌。《十志》對後世的史學產生深遠的影響，歷代正史中的《志》書是在《漢書》的《十志》的基礎上形成的。後來的典志的史書，如《通典》、《文獻通考》等，可以說是在《十志》的基礎上發展起來的。

第三，《漢書》把西漢的歷史作爲統一的多民族的歷史過程來把握，這同樣是繼承了司馬遷的治史傳統。《匈奴傳》特別收錄了揚雄的論邊事書，揚雄在上書中得出的結論是："夫百年勞之，一日失之，費十而愛一，臣竊爲國不安也。唯陛下少留意于未亂未戰，以遏邊萌之禍。" 班固爲這篇傳寫的《贊》，對漢代的對匈奴的政策作了一個系統的總結。他說：

> 高祖時則劉敬，呂後時樊噲、季布，孝文時賈誼、朝錯，孝武時王恢、韓安國、朱買臣、公孫弘、董仲舒，人持所見，各有同異，然總其要，歸兩科而已。縉紳之儒則守和親，介胄之士則言征伐，皆偏見一時之利害，而未究匈奴之終始也。自漢興以至於今，曠世歷年，多於春秋，其於匈奴，有修文而和親之矣，有用武而克伐之矣，有卑下而承事之矣，有威服而臣畜之矣。詘伸異變，強弱相反……

綜合全篇所論，班固是主張以變通的眼光來看待匈奴的問題，看待和親與征戰的利弊。在《西南夷兩粵朝鮮傳》中說出了各個民族相互交往的意義，巴蜀之民與各地的商賈進行商貿，其結果是 "以此巴蜀殷富"。班固主張"招遠以禮，懷遠以德"。《西域傳》說文景之世，邊事政策得當，班固說："遭值文、景玄默，養民五世，天下殷富，財力有餘，幹士馬強盛。"中國的盛衰和邊事的處理得當與否是有關係的。《蕭望之傳》寫呼韓邪單于來朝，漢政府待之以客禮，位在諸侯王以上，認為，這樣做，是萬世之長策。全境的一統，邊鄰的民族的鄉風慕化，是一件盛世之舉。

班固的大一統思想和他的民族的思想相聯繫。他寫出"自建武以來，西域思漢威德，鹹樂內屬"。他稱道當時入主"聖上覽古今，因時之宜，羈縻不絕，辭而未許。雖大禹之序西戎，周公之讓白雉，太宗之卻走馬，義兼之矣，亦何以尚茲！"中國的歷史是多民族共同發展的歷史，是中原地區和周邊地區在相互聯繫中發展起來的歷史。

第四，班固在《漢書》中，寫出漢家王朝的興盛和王權神授的一面，同時也寫出了漢室的腐朽和漢朝殘暴統治、剝削的一面。如果僅僅從《漢書》的《本紀》中很難看到歷史的衰敗的局面。但是在《食貨志》中進行歷史盛衰經驗總結的時候，班固收錄的大量的文獻材料，說出了歷史的真相。漢朝的文景時代是中國古代歷史上的治世的典範，即使在這樣的情形之下，還是出現了衰敗的迹象，盛中有衰。文帝時的賈誼說："漢之為漢幾四十年矣，公私之積猶可哀痛，失時不雨，民且狼顧，歲惡不入，請賣爵、子，既聞耳矣，安有為天下阽危者若是而上不驚者！"武帝時代社會危機相當嚴重，宣帝時有所轉機。元成哀平，漢朝已進入到它的末期。這些在相關的《本紀》中是看不出來的。貢禹等的議論揭破了這層窗戶紙，看出社會到了"民心動搖，棄本逐末，耕者不能半"的地步。哀帝時的師丹說出了土地兼併已到了十分嚴重的地步。漢末，政府的詔令承認："豪民侵陵，分田劫假，厥名三十，實什稅五也。富者驕而為邪，貧者窮而為奸，俱陷於辜，刑用不錯。"

元帝時，貢禹以親見的真實，揭露了朝廷的奢侈和百姓生活的困苦。他說：

……方今齊三服官作工各數千人，一歲費數鉅萬。蜀廣漢主
金銀器，歲各用五百萬；三工官官費五千萬。東西織室亦然。
廄馬食粟將萬匹。

臣禹嘗從之東宮，見賜杯案，盡文畫金銀飾，非當所以賜食
臣下也。東宮之費亦不可勝計。天下之民所為大饑餓而死
者，是也。今民大饑而死，死又不葬，為犬豬所食。人至相
食，而廄馬食粟，苦其大肥，氣盛怒至，乃日步作之。王者
受命於天，為民父母，固當若此乎？天不見邪？

貢禹還歷數武帝以後統治者的腐敗，朝廷置宮女數千，風俗大壞，
以至於豪富吏民也畜歌者至數十人。鮑宣在上書中說到民有七亡而
無一得、民有七死而無一生。他說：“陰陽不和，水旱為災，一亡
也；縣官重責更賦租稅，二亡也；貪吏並公，受取不已，三亡也；
豪強大姓蠶食亡厭，四亡也；苛吏繇役，失農桑時，五亡也；部落
鼓鳴，男女遮列，六亡也；盜賊劫略，取民財物，七亡也。七亡尚
可，又有七死：酷吏毆殺，一死也；治獄深刻，二死也；冤陷亡辜，
三死也；盜賊橫發，四死也；怨仇相殘，五死也；歲惡饑餓，六死
也；時氣疾疫，七死也。民有七亡而無一得，欲望國安，誠難；民
有七死而無一生，欲望刑措，誠難。”（上引見《王貢兩龔鮑傳》）《漢
書》在不少列傳中還揭露外戚的淫逸，豪強的專橫。班固記錄這些
材料，其立意是在給東漢一代人君提供歷史的經驗教訓。

《漢書》在“宣漢”的時候，存在虛美隱惡的地方，宣揚西漢
為的是顯示漢代劉氏政權的合理性，它要表明東漢政權也是神意天
命的安排。它如實反映西漢大一統王朝的民族和歷史，記錄西漢盛
和衰，揭露這個王朝的腐朽和殘暴，除了為東漢的人君從中取得鑒
戒的東西外，其中不少內容也是宣漢的組成部分。史學的二重性不
是截然分成兩個互不相聯繫的部分。班固吸收了《史記》的成果，
包括內容和編纂形式各個方面，又在班彪史學的基礎上，改造了《史
記》，寫出了適應封建大一統王朝需要的史書，成為歷代正史的範
本。

附　錄

歷代正史的《傳》目比較

　　按《史記》、《漢書》開啓歷代紀傳體"正史"的撰修。這些史書以人物為中心，寫出以帝王為主軸的封建社會的各個層面人物活動的場景。二十四史的《紀》、《傳》畢竟是以"人"作為歷史的主體。《傳》目變動，多少反映出社會的變化。這些和歐洲中世紀史學相比較，差別是明顯的。

㈠《史記》，130 卷，（西漢）司馬遷撰。

　　《世家》外，有一般列傳及太史公自序。

　　其他類型的《傳》有：

　　匈奴列傳、南越列傳、東越列傳、朝鮮列傳、西南夷列傳、大宛列傳、循吏列傳、儒林列傳、酷吏列傳、刺客列傳、遊俠列傳、佞幸列傳、滑稽列傳、日者列傳、龜策列傳、貨殖列傳。

㈡《漢書》，100 卷，（東漢）班固撰。

　　一般列傳、敘傳、諸侯王子傳外，其他類型的《傳》有：

　　匈奴傳、西南夷兩粵朝鮮傳、西域傳。

　　儒林傳、循吏傳、酷吏傳、貨殖傳、遊俠傳、佞幸傳、外戚傳。

㈢《後漢書》，120 卷，其中的《紀》《傳》90 卷，爲南朝宋范曄撰。

　　一般列傳，包括宗室王子侯傳，多爲合傳；皇后入《紀》。其他類型的《傳》有：

　　東夷列傳、南蠻西南夷列傳、西羌傳、西域傳、南匈奴列傳、烏桓鮮卑列傳、黨錮列傳、循吏列傳、酷吏列傳、宦者列傳、儒林列傳、文苑列傳、獨行列傳、方術列傳、逸民列傳、列女傳。

㈣《三國志》，65 卷，（晉）陳壽撰。

　　《三國志》中僅《魏書》中有武帝、文帝、明帝、三少帝（齊王芳、高貴鄉公髦、陳留王奐）爲《紀》。

　　《魏書》中注明的各種《傳》有：後妃、王公（帝子）及方技。卷三十的《傳》中有：烏丸、鮮卑、東夷。

　　《蜀書》無《紀》，卷一是劉焉、劉璋《二牧傳》。

卷二是劉備、劉禪（傳中稱先、後"主"）傳。

《蜀書》中注明的《妃子傳》有：二主妃子。

《吳書》無《紀》，首列孫堅、孫策，後列孫權的《吳主權》及《三嗣主（孫亮、孫休、孫皓）》傳。

《吳書》中有《妃嬪傳》。

(五)《晉書》，130 卷，（唐）房玄齡等撰。

除一般列傳外，各種類型的《傳》有：後妃、宗室、孝友、忠義、良吏、儒林、文苑、外戚、隱逸、藝術、列女、四夷。

《晉書》後有《載記》。

(六)《宋書》，100 卷，（梁）沈約撰。

除一般《傳》及《自序》外，各種類型的《傳》有：後妃、宗室、王子、孝義、良吏、隱逸、恩幸、索虜、夷蠻、氏胡、二凶。

(七)《南齊書》，60 卷，現存 59 卷。（梁）蕭子顯撰。

除一般的《傳》（家族的合傳占一定的分量）外，各種類型的《傳》有：皇妃、王（子）、宗室、文學、良政、高逸、孝義、倖臣、魏虜、蠻、東南夷、芮芮虜等。

(八)《梁書》，56 卷，（唐）姚思廉撰。其父姚察始修。

各種類型的《傳》有：皇妃、王（子）、孝行、儒林、文學、處士、止足、良吏。最後兩卷《傳》為豫章王等及侯景等傳。

諸夷（包括海南諸國、東夷、西北諸戎）。

(九)《陳書》，36 卷。撰者同《梁書》。

各種類型的《傳》有：皇后、宗室、王（子）、孝行、儒林、文學。

最後的兩卷《傳》為熊曇朗等及始興王叔陵。

(十)《魏書》，130 卷，（北齊）魏收撰。

《帝紀》前，即卷一為《序紀》。卷 92 為《自序》。

一般列傳多為家族合傳，此外，各種類型的《傳》有：皇后、諸帝子孫、王（子）、外戚、儒林、文苑、孝感、節義、良吏、酷吏、逸士、術藝、列女、恩倖、閹官、僭晉、島夷。

卷 95 為匈奴、羯胡、臨渭氐略陽氏、羌，卷 99 為私署涼州張牧張氏、鮮卑等，卷 100 為高句麗、百濟、勿吉等；卷 101 為氐等；102 為西域，103 為蠕蠕及匈奴、高車等。

(十一)《北齊書》，50 卷，（唐）李百藥撰。

各種類型的傳除後、王（子）外，有儒林、文苑、循吏、酷吏、外戚、方伎、恩倖。

(圡)《周書》，50卷，（唐）令狐德棻等撰。

　　各種類型的《傳》有：皇妃、王（子）、儒林、孝義、藝術。還有《異域列傳》。

(圭)《南史》，80卷，（唐）李延壽撰。

　　一般列傳基本上是家族合傳，即是《家傳》的形式。

　　各種類型的《傳》有：後妃、（宋）宗室及諸王、（齊）（梁）帝諸子、（齊、梁、陳）宗室、循吏、儒林、文學、孝義、隱逸、恩倖及賊臣。卷78、79爲夷貊列傳。

(盍)《北史》，100卷，作者同上。

　　其中的卷一的《魏本紀》爲《序紀》。一般的列傳基本是家傳的形式。卷100爲《序傳》。

　　各種類型的《傳》有：後妃、宗室、宗室諸王、外戚、儒林、文苑、孝行、節義、循吏、酷吏、隱逸、藝術、列女、恩倖。

　　卷93爲僭僞附庸，卷94爲高麗等，95爲蠻、獠等，96爲氐、吐谷渾等，94爲西域，98爲蠕蠕等，99爲突厥等。

(圭)《隋書》，85卷，（唐）魏徵等編修。

　　一般的列傳外，各種類型的《傳》有：後妃、王（子）、誠節、孝義、循吏、酷吏、儒林、文學、隱逸、藝術、外戚、列女、東夷、南蠻、西域、北狄。最後的一卷《傳》爲宇文化及等。

(共)《舊唐書》，200卷，（五代後晉）劉昫等撰。

　　各種類型的《傳》有：後妃、王（子）、外戚、宦官、良吏、酷吏、忠義、孝友、儒學、文苑、方技、隱逸、列女，安祿山等及黃巢等《傳》編在全書之末。突厥、回紇、吐蕃、南蠻、西南蠻、西戎、東夷、北狄。

(圥)《新唐書》，225卷，（宋）歐陽修、宋祁撰。

　　　各種類型的《傳》有：後妃、宗室、王（子）、宗室宰相、（帝）公主、忠義、卓行、孝友、隱逸、循吏、儒學、文藝、方技、列女、外戚、宦者、酷吏、藩鎮；奸臣、叛臣、逆臣；突厥、吐蕃、回鶻、北狄、東夷、西域、南蠻。

(六)《舊五代史》，150卷，（宋）薛居正等撰。

　　按五代的順序各代分列《紀》、《傳》，如《三國志》。

　　一般列傳外，各種類型的《傳》有：後妃、宗室、世襲、僭僞（記十國）和《外國列傳》。

(圥)《新五代史》，74卷，（宋）歐陽修撰。

按紀、傳分類，貫通彙編有關內容。各種類型的《傳》有：家人、（各代）臣傳、死節、死事、一行、唐六臣、義兒、伶官、宦者、雜傳。

卷 62 至 70 爲《世家》載十國主的行事。

卷 71 至 74 爲四夷附錄。

㈡《宋史》，496 卷，（元）脫脫等撰。

《宋史》卷 479 至 483 爲《世家》和卷 484《周三臣》是載宋初地方割據地區事。

各種類型的《傳》有：後妃、宗室、公主、循吏、道學、儒林、文苑、忠義、孝義、隱逸、卓行、列女、方技、外戚、宦者、佞幸、奸臣、叛臣；外國、蠻夷。

㈢《遼史》，116 卷，（元）脫脫等撰。

各種類型的《傳》有：後妃、宗室、文學、能吏、卓行、列女、方技、伶官、宦官、奸臣、逆臣。

卷 115 爲二國外記（高麗、西夏）。

卷 116 爲《國語解》，在正史中是一種例外，是記語言的。

㈣《金史》，135 卷，（元）脫脫等撰。

卷 1 爲《世紀》，記金先祖事。

各種類型的《傳》有：後妃、王（子）、宗室、世戚、忠義、文藝、孝友、隱逸、循吏、酷吏、佞幸、列女、宦者、方技、逆臣、叛臣。

卷 134、135 爲外國傳（西夏、高麗）。

㈤《元史》，210 卷，（明）宋濂等撰。

一般傳外，各種類型的《傳》有：後妃、儒學、良吏、忠義、孝友、隱逸、列女、釋老、方技、工藝、宦者、奸臣、叛臣、逆臣，外夷。

㈥《明史》，332 卷，（清）張廷玉等撰。

各種類型的《傳》有：後妃、諸王（子）、公主、循吏、儒林、文苑、忠義、孝義、隱逸、方技、外戚、列女、宦官、閹党、佞幸、奸臣、流賊。卷 310 至 319 爲（雲南、貴州、廣西）土司傳。

外國、西域傳。

歷代正史的《志》（《書》）目比較

按，歷代正史中的《志》（有的稱為《書》），寫各朝經濟、政治、軍事、文化相關的內容，基本上涵蓋當時政治、社會生活各個層面重大的方面。這種“社會史”眼光應當重視。

(一)《史記》:《書》 —— 禮、樂、律、曆、天官、封禪、河渠、平准。
(二)《漢書》:《志》 —— 律曆、禮樂、刑法、食貨、郊祀、天文、五行、地理、溝洫、藝文。
(三)《後漢書》:《志》 —— 律曆、禮儀、祭祀、天文、五行、郡國、百官、輿服。(《後漢書》的八《志》爲後人取司馬彪的《續漢書》中的《志》,補進《後漢書》)
(四)《三國志》: 無《志》。
(五)《晉書》;《志》 —— 天文、地理、律曆、禮、樂、職官、輿服、食貨、五行、刑法。
(六)《宋書》:《志》 —— 律曆、禮、樂、天文、符瑞、五行、州郡、百官。
(七)《南齊書》:《志》 —— 禮、樂、天文、州郡、百官、輿服、祥瑞、五行。
(八)《梁書》: 無《志》。
(九)《陳書》: 無《志》。
(十)《魏書》:《志》 —— 天象、地形、律曆、禮、樂、食貨、刑罰、靈徵、官氏、釋老。
(十一)《北齊書》: 無《志》。
(十二)《周書》: 無《志》。
(十三)《南史》: 無《志》。
(十四)《北史》: 無《志》。
(十五)《隋書》:《志》 —— 禮儀、音樂、律曆、天文、五行、食貨、刑法、百官、地理、經籍。
(十六)《舊唐書》:《志》 —— 禮儀、音樂、曆、天文、五行、地理、職官、輿服、經籍、食貨、刑法。
(十七)《新唐書》:《志》 —— 禮樂、儀衛、車服、曆、天文、五行、地理、選舉、百官、兵、食貨、刑法、藝文。
(十八)《舊五代史》:《志》 —— 天文、曆、禮、樂、食貨、刑法、選舉、職官、郡縣。
(十九)《新五代史》:《考》 —— 司天、職方。
(二十)《宋史》:《志》 —— 天文、五行、律曆、地理、河渠、禮、樂、儀衛、輿服、選舉、職官、食貨、兵、刑法、藝文。
(二十一)《遼史》:《志》 —— 營衛、兵衛、地理、曆象、百官、禮、樂、儀衛、食貨、刑法。卷 116《國語解》，對遼語言名物制度訓釋。

㈢《金史》:《志》── 天文、曆、五行、地理、河渠、禮、樂、儀衛、輿
　　服、兵、刑、食貨、選舉、百官。卷 135 末附《金國語解》。

㈢《元史》:《志》── 天文、五行、曆、地理、河渠、禮樂、祭祀、輿服、
　　選舉、百官、食貨、兵、刑法。

㈣《明史》:《志》── 天文、五行、曆、地理、禮、樂、儀衛、輿服、選
　　舉、職官、食貨、河渠、兵、刑法、藝文。

歷代正史史《表》比較

按:《史記》的《表》，通古今，論興衰，至《漢書》是一變，
《漢書》《表》，也求通，但重心在西漢一代。《漢書》以後又是一
變，史《表》基本消失。至宋人歐陽修寫史，《表》體恢復，但能
體會司馬遷作《表》之精神的史書不多。

㈠《史記》:三代世表、十二諸侯年表、六國年表、秦楚之際月表，漢興
　　以來諸侯王年表、高祖功臣侯者年表、惠景間侯者年表、建元以來侯
　　者年表、建元以來王子侯者年表、漢興以來將相名臣年表。

㈡《漢書》:異姓諸侯王表、諸侯王表、王子侯表、高惠高後文功臣表、
　　景武昭宣元成功臣表、外戚恩澤侯表、百官公卿表、古今人表。

㈢《後漢書》:無表。

㈣《三國志》:無表。

㈤《晉書》:無表。

㈥《宋書》:無表。

㈦《南齊書》:無表。

㈧《梁書》:無表。

㈨《陳書》:無表。

㈩《魏書》:無表。

㈠《北齊書》:無表。

㈡《周書》:無表。

㈢《南史》:無表。

㈣《北史》:無表。

㈤《隋書》:無表。

(共)《舊唐書》：無表。

(七)《新唐書》：宰相表、方鎮表、宗室世系表、宰相世系表。

(大)《舊五代史》：無表

(丸)《新五代史》：卷 71 爲《十國世家譜》，即表。

(宇)《宋史》：宰輔表、宗室世系表。

(三)《遼史》：世表、皇子表、公主表、皇族表、外戚表、遊幸表、部族表、屬國表。

(三)《金史》：宗室表、交聘表。

(三)《元史》：後妃表、宗室世系表、諸王表、諸公主表、三公表、宰相年表。

(四)《明史》：諸王世表、功臣世表、外戚恩澤侯表、宰輔年表、七卿年表。

第六章　經學、玄學和史學

第一節　經學的變化、玄學的興起與發展

　　兩漢學術的發展，影響最大的事件是今文經學和古文經學的鬥爭。今文經學宣傳大一統的主張和皇權神授的思想，它適應封建王朝的需要，在兩漢社會中成爲占統治地位的意識形態。讖緯學說與今文經學糾纏在一起，彙成一股思潮，作用和影響社會生活的各個方面，作用和影響包括史學在內的社會文化的發展。

　　自漢武帝建元立五經博士，其後，光武帝更立爲十四博士：《詩》在漢初有齊、魯、韓三家；《易》立施（讎）、孟（喜）、梁（邱賀）、京（房）；《書》立歐陽（生）及大、小夏侯（勝、建）；《禮》有大、小戴（戴德、戴聖）；《〈公羊〉春秋》有嚴（彭祖）、顏（安樂）二博士。所謂十四博士，不過是十四個學術方面的人物在官府中佔有顯赫的地位。除《詩》外，其他各門博士，並非在師授的淵源上有嚴格的區分。皮錫瑞在《經學歷史》中，說各家之分，有的是分所不必分，立所不當立，這裏面沒有難理解的地方。有一點是確定無疑的，今文經學雖不等同於讖緯學說，但是兩者結成一種聯盟，構成強大的勢力，是當時思潮中的主潮。董仲舒是他們的典型代表。

　　漢朝的皇帝利用今文經學，爲漢朝的統治服務。《漢書·儒林傳》說：“自武帝立五經博士，開弟子員，設科射策，勸以官祿，訖於元始，百有餘年，傳業者漸盛，支葉繁滋。一經說至百余萬言，大師衆至千余人，蓋祿利之路然也。”東漢經學之風更盛，大師弟子數千人者，比比皆是。東漢建武五年，修太學，中元元年，初建三雍。東漢明帝“正坐自講，諸儒執經問難於前。冠帶縉紳之人，

圍橋門而觀聽者，蓋億萬計。"（《後漢書·儒林傳》）匈奴也派貴族子弟入太學。大凡學術的繁盛時，往往又是枝蔓雜生、衰落之始，不修家法，"經有數家，家有數說。章句多者或乃百余萬言，學徒勞而少功，後生疑而莫正"。（《後漢書·鄭玄傳》）今文經學的衍變不可避免，盛極而衰，學術和別的事物一樣。今文經學通過宣帝甘露三年的石渠閣會議，東漢光武帝宣佈圖讖于天下，章帝建初四年的白虎觀會議一系列的階段的發展，達到它的極盛點；這卻又是今文經學由盛變衰的轉捩點。

　　古文經學處於在野的地位，他們中間有傑出的思想家，如西漢末的揚雄、東漢的王充等，但由於其學說精神不合 "時務"，即使一時占了上風，而最終還是不能改變局面。劉歆曾經發動對今文經學的進攻，沒有什麼收效。白虎觀會議後，古文經學勢力上升。皇帝 "詔天下高才生受《古文尚書》、《毛詩》、《谷梁》、《左氏春秋》，雖不立學官，然皆擢高第爲講郎，給事近署，所以網羅遺佚，博存衆家"。經學在此後，經過一段曲折的變化，後來已是 "章句漸疏，而多以浮華相尙，儒者之風蓋衰矣"。（《後漢書·儒林傳》）黨錮之禍，又是一次打擊。東漢末，賈逵、馬融、服虔一批大師，傳古文經，聲勢很大，雖未立於官學之中，但其影響在今文經學之上。馬融弟子鄭玄會通今古文經，成爲漢朝經學的集大成者，"括囊大典，網羅衆家，刪裁繁誣，刊改漏失，自是學者略知所歸"。（《後漢書·鄭玄傳》）

　　今文經學的式微，出現新的情況，一是天人感應的學說受到進一步的批判，出現危機。二是天人問題和社會人事問題的思考向著哲理的深度發展。三是，東漢後期分裂割據的局面和戰亂的動蕩，儒家的倫理道德觀念和名教的觀念發生了動搖。在這同時，道教的產生和發展以及佛教、佛學的傳入，爲中國學術的變化注入新的因數。玄學應時勢的需要產生。玄學在中國思想史上的地位十分重要·侯外盧在《中國思想通史》第三卷中說："漢學重在 '由辭以通道' 的訓詁，魏晉學重在 '天人之際' 的義理。前者是宋代 '心傳’之學的死敵，後者是宋代‘理學’的祖宗。從反對宋學的人看來，漢魏之學，宋人皆未能或之先也。”（第 95 頁）馮友蘭在《中國哲學史新編》第四冊中說：“玄學的辯名析理完全是抽象思維，從這一方面說，魏晉玄學是對兩漢哲學的一種革命。……在中國哲學史中，魏晉玄學是中華民族抽象思維的空前的發展。”（第 44 頁）無論怎樣說，魏晉的玄學在中國思想史上是一次大的轉折。它對中國史學思想的發展不能不產生影響。

　　東漢末年，社會上出現清談思潮，爲魏晉玄學的產生開闢了道路。從東漢末的清議，到清談，從解剖社會的問題，到理論的思辨，是認識的發展。魏晉玄學經歷正始、竹林、元康各個階段，最後是玄學與佛學的合流。曹魏正始時期玄學的代表人物是何晏與王弼。他們認爲世界的本體是“無”，主張以儒家的名教爲末，以道家的自然無爲爲本來治理社會。西晉初年的竹林時期的玄學代表人物是阮籍、嵇康，重要的人物有所謂的“竹林七賢”。“陳留阮籍、譙國嵇康、河內山濤，三人年皆相比，康年少亞之。預此契者，沛國劉伶、陳留阮鹹、河南向秀、琅邪王戎。七人常集于竹林之下，肆意酣暢，故世謂‘竹林七賢’。”（見《世說新語》卷二十三《任誕》）他們提出“越名教而任自然”的主張。這些人有的在母喪期間，可以神色自若地飲酒食肉，有的脫衣裸形於屋中以爲放達，以玄學的名教觀來對抗儒家的名教觀。西晉後期的玄學的代表人物是郭象，認爲“有”自生自化，調和儒、道的名教觀。在這裏我們說明玄學的梗概，對於理解魏晉時期的史學思想是有益的。

　　東漢至三國兩晉南北朝，史學思想發生的變化與哲學思想的發展基本是相平行的。這一時期的思想家的貢獻同樣是史學理論遺產、史學思想遺產中的寶貴財富。

　　東漢時期，天人感應的學說受到進一步的批判。王充的《論衡》指出“天”是“自然”，天是無口、無目，也沒有欲望，是一個沒有意志的東西。天道是“無爲”，人道才是“有爲”。（《自然篇》）建立災異說基礎上的天人感應的學說，把天道看作是“有爲”，當然

也是錯誤的。他指出,以災異作爲一種譴告,是一種衰亂之語,說:

> 上天之心,在聖人之胸;及其譴告,在聖人之口。不信聖人
> 之口,不信聖人之言,反然災異之氣,求索上天之意,何其
> 遠哉?(《譴告篇》)

又說:

> 論災異者,已疑於天用災異譴告人矣,更說曰:"災異之至,
> 殆人君以政動天,天動氣以應之。譬之以物擊鼓;以椎扣鍾。
> 鼓猶天,椎猶政,鐘鼓聲,猶天人之應也。人主爲於下,則
> 天氣隨人而至矣。"曰:此又疑也。夫天能動物,物焉能動
> 天?何則?人物系於天,天爲人物主也。……寒溫之氣,系
> 於天地,而統於陰陽;人事國政,安能動之?(《變動篇》)

作爲自然的天,是一個沒有意志的東西,它的陰陽之氣,直接影響
人和物,人是物,物亦是物,均是物,但是對人事和國政,卻是沒
有感應的關係。這對天人感應說是一個很有力的批駁。《論衡》共
有 84 篇,其中四分之一的內容是對天人感應和各種封建迷信思想
進行批判。

王充(27 年－約 97 年),會稽上虞(今浙江上虞)人。少年
在洛陽太學,曾師事班彪。他的歷史思想除了一定的進化的觀點
外,重要的是他對天人感應的學說作了全面的揭露,在史學思想史
上佔有十分重要的地位。他的思想中消極的方面,主要是命定的觀
點和歷史循環思想。《論衡》中有《宣漢》專節,但王充的宣漢和
班固的"宣漢"不一樣。班固以"漢紹堯運"的觀點,通過宣西漢,
達到宣東漢的目的。王充的"宣漢"的思想卻有著積極的因素,他
說:

> 儒者稱"五帝三王,致天下太平;漢興已來,未有太平"。……
> 謂漢不太平者,漢無聖帝也。賢者之化,不能太平。又見孔
> 子言:"鳳鳥不至,河不出《圖》,吾已矣夫!"方今無鳳鳥、
> 《河圖》,瑞頗未至悉具,故謂未爲太平。此言妄也。
> 夫太平,以治定爲效,百姓以安樂爲符。孔子曰:"修己以

安百姓，堯舜其猶病諸！”百姓安者，太平之驗也。夫治人
以人為主，百姓安而陰陽和，陰陽和則萬物育，萬物育則奇
瑞出。視今天下，安乎危乎？安則平矣，瑞則未具，無害于
平。故夫王道，定事以驗，立實以效；效驗不彰，實誠不見。
時或實然，證驗不具。是故王道立事以實，不必具驗；聖主
治世，期於平安，不須符瑞。

這就是說，不能一味歌頌五帝三王，後世的漢代能夠度越聖世。是
不是聖世、太平世界、盛世？應當以事實進行判斷，不是以所謂符
瑞出現為依據。這裏的“宣漢”思想，包含著歷史進化思想的因素；
他的以“實驗”“實效”為價值判斷準則的見解，又是有著科學因
素的認識論。

　　除王充外，東漢的思想家中，王符也對封建迷信的思想進行了
批判，批判了“國之盛衰”在“運”、“數”的觀點，著重論述重民
思想，他說：“國之所以為國者，以有民也。”“治國之日舒以長，
故其民閒暇而力有餘；亂國之日促以短，故其民困務而力不足。”
(《潛夫論·愛日》)仲長統寫的《昌言》，反對神意的天命說，提出
“人事為本，天道為末”的觀點，認為自然的“天道”，是一種自
然規則，可以用以指導百姓的生產，要以天道觀論說天人感應，則
是荒謬的。他說：“所貴乎用天之道者，則指星辰以授民事，順四
時而興功業。其大略吉凶之祥，又何取焉。故知天道而無人略，是
巫醫卜祝之伍，下愚不齒之民也；信天而背人事者，是昏亂迷惑之
主，覆國亡家之臣也。”(《群書治要》卷四十五引)這同樣是以重民
的思想批駁天人感應的觀點。

　　應該特別說明的是，東漢的張衡（78－139 年），一位偉大的
自然科學家、文學家，偉大的思想家，也是一位偉大的史學家、史
學思想家。安、順帝時期，他是太史令。《後漢書》本傳中收進他
的《應間》篇文字，實際是一篇史論，“自去史職，五載複還，乃
設客問，作《應間》以見其志”。安帝元初中，劉珍等寫《東觀漢
記》曾擬請張衡定漢家禮儀，由于劉珍等去世，未果，但他仍想完

成此事。《後漢書》說到他此後從事的史學工作，"及爲侍中，上疏請專事東觀，收撿遺文，畢力補綴。又條上司馬遷、班固所敍與典籍不合者十餘事。又以爲王莽本傳但應載篡事而已，至於編年月，紀災祥，宜爲元後本紀。又更始居位，人無異望，光武初爲其將，然後即真，宜以更始之號建于光武之初。書數上，竟不聽。及後之著述，多不詳典，時人追恨之"。他對司馬遷和班固的史書作了考訂，考出十餘條差訛。主張在漢代的史書中，應當書漢光武帝初事，以更始作年號，等。這些主張可以看出他的史學上的見解。其中以"更始之號建于光武之初"的主張，和正統的史學編年體系相衝突，它不能爲當時的統治者所接受，也是意料中事。

《後漢書‧張衡傳》把他視作反讖緯的勇士，說："初，光武善讖，及顯宗、肅宗因祖述焉。自中興之後，儒者爭學圖緯，兼複附以沃言。（張）衡以圖緯虛妄，非聖人之法。"他對《春秋讖》、《詩讖》、《春秋元命苞》等書中宣揚圖讖的內容作了分析，說："一卷之書，互異數事，聖人之言，勢無若是，殆必虛偽之徒，以要世取資。往者侍中賈逵摘讖互異三十余事，諸言讖者皆不能說。至於王莽篡位，漢世大禍，八十篇何爲不戒？……此皆欺世罔俗，以昧勢位。情偽較然，莫之糾禁。"他請求"宜收藏圖讖，一禁絕之"。張衡對讖緯說的批判是深刻的。還應該指出，張衡對讖緯的批判是建立在科學認識基礎之上的，他制造出渾天儀、地動儀，科學地解釋了地震發生的原因，對天人感應說更是一次沈重的打擊。他提出的宇宙論，以及對月蝕天體運動現象作出的說明，都是從根本上對天人感應說的有力批判。

但是，他對占而有效的讖言，並沒有徹底否定，對占卜的書，卻持肯定的態度。這些又反映了他思想上不徹底的地方。在政壇上，他敢於同豪強作鬥爭，但在當時的政局的動蕩中，他受到了衝擊，因此他又有向著玄理靠近的傾向。

魏晉時期的玄學，從另一個方面對天人感應的學說進行挑戰。

東漢後期，政治上黑暗，統治階級日益腐朽，經學衰落，封建道德倫理的教條遭到破壞。士子品題人物，相互標榜以擡高各自的地位，社會上出現了清談的風氣。清談和玄學是聯結在一起的。把清談和玄學混而爲一，是不確切的，但是把清談和玄學當成截然不同的東西，也是值得商榷的。儒家的名教觀受到衝擊，玄學的名教觀念代之而起。不能把清談當作是空談，清談的內容很廣，涉及倫理、道德、天體、宇宙各個方面。歷史是清談的內容之一。《世說新語・言語》記載王衍同一些"名士"在洛水相聚，有人問王衍是不是很快樂？王衍說他們在清談中獲得快樂："裴仆射善談名理，混混有雅致，張茂先論《史》、《漢》，靡靡可聽。我與王安豐說延陵、子房，亦超超玄著。"評論各種作品包括史學在內，評論人物，成爲一時風氣。這裏包括品評人物風度，才性，才情，詞藻，人品等各個方面。對於從東漢以後的各種清談及玄學的"任自然"的名教觀念，我們都應當把它放在思想發展史的過程中加以分析。在兩漢時期，天人感應的學說籠罩著整個社會，個人只是天的附屬物；綱常體現出天意，社會上的人都要服從封建綱常倫理道德。所以，清談、品評人物，作爲一種思潮，它是一種對人的個性的突出，對綱常的人倫束縛是一次衝擊。特別是竹林時期的"名士"們的行徑和議論，是對儒家的名教觀的一次否定。到了後期，儒玄合一的名教觀，是對原來的儒家名教觀的修正。

　　兩漢的農民戰爭沈重打擊了漢朝的統治者，漢朝無可避免地走向衰亡。舊日的世家地主和豪族地主衰落下去，代之而起的是門閥地主。門閥地主帶有明顯的家族的私有性質。政治上他們有世襲的特權、地位。他們剝削的物件是蔭戶，是依附他們的蔭附的農民。這些蔭戶擺脫封建國家的賦役，不再被編制在國家的戶籍中，這就使得他們不同於過去的編戶齊民。這一時期譜學發達以及史傳中大量的家傳出現，都是反映了這一現實。

　　東漢後史學發生的變化，就其代表作來說，肇始于《漢紀》，而變化於《三國志》；袁宏的《後漢紀》最能看出南北朝的玄學的折光。範曄的《後漢書》在玄儒合流的時代背景的情勢下，代表史學發展的一種趨向。

第二節　《漢紀》的天人觀與“五志”

　　史書體裁的變化也能反映史學觀念的變化。紀傳體和編年體並行發展，是南北朝史學的一大景觀，它改變了兩漢時期主要是紀傳體史書發展的局面。紀傳體與編年體兩者的結合，更能適應封建統治的需要。劉知幾說：“然則班荀二體，角力爭先，欲廢其一，固亦難矣。後來作者，不出二途。故《晉史》有王虞，而副以幹《紀》；《宋書》有徐、沈，而分爲裴《略》。各有其美，並行於世。”（《史通·二體》）劉勰在《文心雕龍·史傳篇》中說：

> 然紀傳爲式，編年綴事，文非泛論，按實而書，歲遠則同異難密，事積則起訖易疏，斯固總會之爲難也。或有同歸一事，而數人分功，兩記則失於複重，偏擧則病於不周，此又詮配之未易也。故張衡摘史、班之舛濫，傅玄譏《後漢》之尤煩，皆此類也。

　　這就是說，紀傳和編年兩體，在反映歷史上都有其不足的地方，司馬遷創紀傳體，它適應了封建大一統王朝的需要，但是經過一段時間的發展，它的不足也逐漸顯現出來。特別是要求史書達到尊經崇聖的要求，紀傳體的史書不能如同編年史書《春秋》那樣，進行一以貫之的脈絡清晰的說教。這就是爲什麼紀傳體史書經過一段時間的發展後，撰寫編年體的史書又出現一個“熱潮”。到了中唐以後，史學家開展紀傳體史書體裁與編年體史書體裁孰優孰劣的爭論，到了兩宋，編年體又出現一個繁榮發展的時期。

　　《漢紀》是依據《漢書》的內容，改紀傳體爲編年體，“謹約撰舊書，通爲敘之，總爲帝紀，列其年月，比其時事，撮要擧凡，存其大體，旨少所缺，務存約省，以副本書，以爲要紀。”（《漢紀》卷一“荀悅曰”）全書三十卷，十八萬字，概述了西漢一代的歷史，荀悅充分表現了他在文字表述上的才華，"辭約事詳，論辨多美"（《後漢書‧荀悅傳》）。劉知鋸說，荀悅改編《漢書》為《漢紀》是"厭其迂闊，又依左氏成書，翦截班史，篇才三十，歷代褒之，有逾本傳"。（《史通‧二體》）唐太宗以這本書作為修史的範本之一，下賜群臣。

從班彪的《史記後論》、《王命論》，到班固的《漢書》、《白虎通德論》，再到荀悅的《漢紀》、《申鑒》，把它們作一比較，可以看出漢末的史學思想的變化。首先是，荀悅在保留天人感應論的基礎上，突出表現出一種重人事的思想。《漢紀》大量保留了《漢書》的關於天人感應的災異內容，同時對天人感應說，提出自己的看法。他在《申鑒》卷二《時事篇》中，說到了史書著述的宗旨和應當記載的幾個方面，他說：

> 古者天子諸侯有事，必告於廟；朝有二史，左史記言，右史記動。動為《春秋》，言為《尚書》，君舉必記，臧否成敗（《後漢書》本傳作"善惡成敗"），無不存焉。下及士庶，等各有異（《後漢書》本傳作"苟有茂異"），鹹在載籍，或欲顯而不得，或欲隱而名章。得失一朝，而榮辱千載，善人勸焉，淫人懼焉，故先王重之，以嗣賞罰，以輔法教。宜於令者，官以其方（《後漢書》本傳不盡相同，此兩句作"宜於今者備置史官，掌其典文，紀其行事"。）各重其盡，則集之于《尚書》。若史官使掌典其事，不書詭常。（本傳此兩句作"每於歲盡，舉之尚書，以助賞罰，以弘法教。）為善惡則書；言行足以為法式則書；立功事則書；兵戎動眾則書；四夷朝獻則書；皇后貴人太子拜立則書；公主大臣拜免則書；福淫禍亂則書；祥瑞災異則書。先帝故事有起居注，日用動靜之節必書焉。

關係到軍國大事、風俗禮儀的社會生活各個方面的都是史官要記載的。他認為，古代的天子和諸侯重視歷史，其著眼點是"以嗣賞罰，以輔法教"，而不是別的。史書中也包括災異的內容，但這僅是其中的內容之一。他認為重民和承天命是一致的。《申鑒》卷三《俗嫌》說：“人主承天命以養民者也，民存則社稷存，民亡則社稷亡，故重民者，所以重社稷而承天命也。”在這裏“重民”是“承天命”的前提，這已經是修正兩漢的天意支配人事的思想。他在《漢紀》中說：“大數之極雖不變，然人事之變者亦衆矣。”（《漢紀》卷六“荀悅曰”）“正身以應萬物，則精神形氣各返其本矣。”（《漢紀》卷十三“荀悅曰”）

應該看到，《漢紀》中大量保留了災異的內容，也記錄了班彪的《王命論》；特別是在談漢高祖時，進一步發揮班固的神學天命論，但是《漢紀》是奉獻帝“欽命”寫成的，獻帝因爲《漢書》文繁難省，要荀悅“依《左氏傳》體”，寫一本簡明的歷史的讀物。在這種欽定的壓力下，《漢紀》中有大量的天人感應的內容，是可以理解的。要研究荀悅的思想，還應當從他的《申鑒》的內容中尋找，不能僅以《漢紀》的內容，就斷定荀悅還是在宣揚天人感應說。

《漢紀》的兩重性表現得很明顯，它一方面保留的天人相關的神意史觀，表明漢家王朝是受命於天的。但荀悅的重民思想又表明到了東漢末，天人感應學說的影響已經大大削弱，並且出現了裂痕。又一方面，《漢紀》突出了以史求鑒戒的思想。《漢紀》的《序》說：

> 凡《漢紀》有法式焉，有監戒焉，有廢亂焉，有持平焉，有兵略焉，有政化焉，有休祥焉，有災異焉，有華夏之事焉，有四夷之事焉，有常道焉，有權變焉，有策謀焉，有詭說焉，有術藝焉，有文章焉。斯皆明主賢臣命世立業，群後之盛勳，髦俊之遺事。是故質之事實而不誣，通之萬方而不泥。可以興，可以治，可以動，可以靜，可以言，可以行，懲惡而勸善，獎成而懼敗。茲亦有國之常訓，典籍之淵林。

《漢紀》的內容能進行懲惡獎善的作用，其基礎是“質之事實而不誣”。荀悅說：“《易》稱‘多識前言往行以畜其德’；《詩》雲‘古訓是式’，中興以前，一時之事，明主賢臣，規模法則，得失之軌，亦足以觀矣。撰《漢書》百篇以綜往事，庶幾來者亦有監乎此？”

（《漢紀》卷三十）求監戒和重民的思想聯繫在一起，構成《漢紀》思想的另一面。

《漢紀》的監戒觀點，有兩點值得重視的。一是論歷史盛衰形成的"勢"。荀悅提出"三勢"說："夫事物之性，有自然而成者；有待人事而成，有失人事不成者；有雖加人事終身不可成者，是謂'三勢'。"（《漢紀》卷六，"荀悅曰"）由三勢說出發，他最後又肯定天人相關的感應的理論，這裏既承認"天"的意義，又承認"人"的作用。把史書的兩個作用，合在一起。荀悅能夠從"勢"上談盛衰，不只是發揮先秦諸子如韓非子的歷史盛衰論，而且進一步對歷史變動的"勢"作了具體的分析，是值得注意的。他對歷史的觀察，又不僅是論歷史興衰的具體的緣由，還能歸納分類，分析盛衰的不同原因。荀悅把歷代的君主分成六等，即王主和治主、存主、衰主、危主、亡主。天子之臣同樣有六類：王臣、良臣、直臣、具臣、嬖臣、佞臣。後來的宋人司馬光把歷代的君主進行分類，可以看成是荀悅史學的發展。

荀悅提出了史書編寫的原則和方法，《漢紀》的《序》說："昔在上聖，惟建皇極，經緯天地，觀象立法，乃作書契，以通宇宙，揚于王庭，厥用大焉。先王光演大業，肆于時夏。亦惟厥後，永世作典。夫立典有五志焉：一曰達道義，二曰章法式，三曰通古今，四曰著功，五曰表賢能。於是天人之際，事物之宜，粲然顯著，罔不備矣。世濟其軌，不隕其業。損益盈虛，與時消息。臧否不同，其揆一也。漢四百有六載，撥亂反正，統武興文，永惟祖宗之洪業，思光啓乎萬嗣。聖上穆然，惟文之恤，瞻前顧後，是紹是繼，闡崇大猷，命立國典。於是綴敍舊書，以述《漢紀》，中興以前，明主賢臣得失之軌，亦足以觀矣。"（《後漢書·荀悅傳》，原《序》文字稍異）他提出修史五志，即達道義，章法式，通古今，著功勳和表賢能，以使自己修的史書，能達到預期的要求，適應封建統治的兩重的需要。封建社會的史學家明確修史的宗旨，規定寫史的原則和要求，這表明史學上的一種自覺意識。

　　總之，從《漢書》到《漢紀》，值得重視的是荀悅的重民的思想。(仲長統等已經提出過，但作爲史學家能提出這樣的觀點，並且寫出有影響的史學作品，應當是荀悅。)在一些進步思想家的攻擊下，天人感應的思想體系產生裂痕；從史學思想發展的趨向上看，神學的史學思想在淡化。

　　荀悅(148年—209年)，字仲豫，東漢潁川(今河南許昌)人。漢獻帝被曹操所迫，遷都許昌時，荀悅49歲，他希望借曹氏的力量以中興漢家的天下。建安元年至二年，寫成《申鑒》，建安三年至五年寫成《漢紀》。另外，他又寫出《崇德》、《正論》等數十篇作品。

第三節　《三國志》的歷史觀和
對歷史人物的品評

　　公元196年，漢獻帝遷都許昌，東漢已經是名存實亡。220年，曹丕稱帝，到265年，西晉統一全國。這一段時間是魏、蜀、吳三國鼎立時期。史家如何認識這一個歷史時期，並且在史書中反映這一時期歷史特徵，足以看出他的歷史的見解、他的歷史觀。

　　陳壽的《三國志》受到後人的推崇，《晉書》的作者在比較三國魏晉南北朝的史學作品時，說："丘明既沒，班馬疊興，奮鴻筆於西京，騁直詞於東觀。自斯已降，分明競爽，可以繼明先典者，陳壽得之乎。"(《晉書》卷八十二"史臣曰")這樣的評價並不爲過。

　　陳壽的《三國志》對三國時期的歷史有一個全局的處理。以魏作爲線索，作爲主綱，魏主入"紀"。從歷史的實際出發，三國時期，魏在錯綜複雜的鬥爭中，始終處在矛盾的支配的地位。所以，以魏作爲這一個時期歷史的"紀"，是歷史的卓識。以前的史家從習鑿齒到《四庫全書總目》的作者，乃至於近代的一些學人，或者爲蜀漢爭正統，進行統閏之爭，批評陳壽；或者去發明陳壽作史的微意，實在是對陳壽的史識還不瞭解。

　　這裏應當討論陳壽的老師譙周對他的影響。陳壽爲他的老師譙周作《傳》，稱譙周是“詞理淵通，爲世碩儒，有董、揚之規”。陳壽認爲譙周是一個具有通識的“碩儒”。《三國志》卷四十二的《譙周傳》寫出了譙周是一個能認清歷史發展趨勢的學人。譙周字允南，他“耽古篤學”，“研精《六經》，尤善書劄，頗曉天文，而不以留意。諸子文章非心所存，不悉遍視也。……無造次辯論之才，然潛識內敏”。這種經學，正是漢末學風的特點，對陳壽當然有影響。這中間更爲重要的是，譙氏的對三國鼎立變化的見識。譙周曾爲蜀漢後主的太子的家令，規勸太子應當奮發有爲，要節儉。他在進言中以歷史事實說出天下三分的大局。所作《仇國論》看出了當時的天下大勢，“既非秦末鼎沸之時，實有六國並據之勢。故可爲文王，難爲漢祖”。在司馬氏的大軍逼近四川時，蜀中的君臣一片混亂。有人主張投奔東吳，有的主張依南中七郡，同晉相對抗。譙周上疏以歷史變化的事實，請後主從晉。“於是（後主）遂從（譙）周策，劉氏無虞，一邦蒙賴，（譙）周之謀也。”所以陳壽帝曹魏的觀點，和他的老師的影響有聯繫。

　　陳壽沒有在自己的史著中清除天命論的觀點，其用意在證明曹魏代漢是天命，但同時陳壽也強調曹操才能的作用。陳壽寫曹操破袁紹，加了一段插曲：“初，桓帝時有黃星見於楚、宋之分，遼東殷馗善天文，言後五十歲當有真人起于梁、沛之間，其鋒不可當。至是凡五十年，而公破紹，天下莫敵矣。”暗示曹魏代漢，是天意。陳壽在《武帝紀》後面，評曹氏所以能戰勝各個對手時，卻是另一種態度，說：

　　　　評曰：漢末，天下大亂，雄豪並起，而袁紹虎眂四州，強盛
　　　　莫敵，太祖（曹操）運籌演謀，鞭撻宇內，攬申、商之法術，
　　　　該韓、白之奇策，官方授材，各因其器，矯情任算，不念舊
　　　　惡，終能總禦皇機，克成洪業者，惟其明略最優也。抑可謂
　　　　非常之人，超世之傑矣。

這完全是以曹操的才能說明曹魏的興起的道理，完全沒有天命的意味。講天命，又重人事，這是《三國志》論歷史興衰的一個重要的特點。

陳壽說到西晉統一全國，代曹氏而起，卻又以天命說明其合理性。"天祿永終，歷數在晉。"而在《三少帝紀》後面的評論中又是另一個腔調。陳壽說：

> 古者以天下為公，唯賢是與。後代世位，立子以嫡；若嫡嗣不繼，則宜取旁親明德，若漢之文、宣者，斯不易之常准也。明帝既不能然，情系私愛，撫養嬰孩，傳以大器，託付不專，必參枝族，終於曹爽誅夷，齊王替位。高貴公才慧夙成，好問尚辭，蓋亦文帝之風流也；然輕躁忿肆，自蹈大禍。

這完全是從王位繼承人才德方面尋找興亡的原因。

《三國志》以天命說明一個朝代的興，是合理的，又以天命說明這個朝代的亡同樣是合理的。在談天命的同時，還強調了人事作為在歷史的興衰的變化中起了決定性的作用。兩種相反的觀點往往是出現在同一卷中，顯得很不協調。要是從思想史發展的過程中看，這表明兩漢時期的天命論到了這個時期，已經發生了變化。陳壽把天命和人事合在一起，當作是決定歷史運動趨向的原因。既要有天命，又要有才能之主，兩者的作用決定了一個時期的歷史的運動趨向，人們應當順從這種大勢。《三國志》推崇譙周這樣的人物，正是從這個角度思考的。

而且陳壽說的"天命"，和兩漢時期的"天命"觀又有一定的差別。在《三國志·劉二牧傳》中，評論劉璋，說："……劉歆見圖讖之文，則名字改易，終於不免其身，而慶鍾二主。此則神明不可虛要，天命不可妄冀，必然之驗也。而劉焉聞董扶之辭則心存益土，聽相者之言，則求婚吳氏，遂造輿服，圖竊神器，其惑甚矣。（劉）璋才非人雄，而據土亂世，負乘致寇，自然之理，其見奪取，非不幸也。"這裏明顯表示與劉歆的觀點的區別，不是一般的圖讖說所能包括得了的。陳壽說的"天命"，實際上含有一種歷史必然的意思。

　　如上所說，《三國志》能結合歷史大勢評價歷史人物的行為。只有認清這種大勢的傑出人物，才受到陳壽的充分的肯定。有些傑出的歷史人物，但不能或無法順應大勢，陳壽對這些人的評價則是另一個樣子。諸葛亮在三國時期是一流的傑出的歷史人物。陳壽在《蜀書・諸葛亮傳》中是這樣評論的：

> 評曰：諸葛亮之為相國也，撫百姓，示儀軌，約官職，從權制，開誠心，布公道；盡忠益時者，雖仇必賞；犯法怠慢者，雖親必罰；服罪輸情者，雖重必釋；遊辭巧飾者，雖輕必戮。善無微而不賞，惡無纖而不貶。庶事精練，物理其本，循名責實，虛偽不齒；終於邦域之內，咸畏而愛之。刑政雖峻而無怨者，以其用心平而勸戒明也。可謂識治之良才，管、蕭之亞匹矣。然連年動衆，未能成功，蓋應變將略，非其所長歟！

陳壽對諸葛亮的評價是相當高的，從治理國家的方方面面的要求上看，可以說達到了盡善盡美的地步。陳壽說他可以與戰國時齊國的管仲、漢朝的蕭何相比，這已經是極高的評價。但是從歷史發展的大勢上看，劉備特別是到了後主劉禪時，蜀漢已是沒有前途的政權。諸葛亮恪守職責，發揮了一切才能，也扭轉不了形勢，"然連年動衆，未能成功"，這並不是諸葛亮的才能不足，而是大勢決定了的。作為諸葛亮個人來說，陳壽說他"蓋應變將略，非其所長"。這裏的"應變將略"四個字，應該是指認識大勢說的，並不是說諸葛亮缺少智謀。應該說，陳壽的評價還是公允的。

　　過去有的人說，陳壽對諸葛亮有微詞，是因為陳壽的父親是馬謖的參軍，馬謖因軍事上的失誤被諸葛亮所誅，陳壽的父親也受到處罰，所以陳壽寫史，有意貶諸葛亮。"以愛憎為評"（參見王隱的《晉書》，唐人修的《晉書・諸葛亮傳》承襲了這一觀點）。這是一種誣詞。陳壽明明說諸葛亮刑賞公正，受到百姓的愛戴，"善無微而不賞，惡無纖而不貶"、"用心平而勸戒明"，《晉書》的評價沒有根據。《世說新語》卷二十五，還提到陳壽評諸葛亮的事，“陳壽作諸葛評”，在一時間還有相當大的影響。有人以爲這樣評價人物，世人難以接受，其實這正是陳壽評價歷史人物的實事求是的態度。

陳壽評價歷史人物，如同魏晉時期名士一樣，從人物的才情、才性、風度、風貌加以品評。《三國志》幾乎對每一個歷史人物，都加以品評。陳壽在評論人物，縱論大勢，有時又把不同的人物加以比較。這些在《三國志》中俯拾皆是。如在卷六中，他寫劉表，是“少知名，號八俊。長八尺餘，姿貌甚偉”。在卷十二中寫崔琰“聲姿高暢，眉目疏朗，須長四尺，甚有威重，朝士瞻望，而太祖亦敬憚焉”。這裏是評人物的才情、姿貌。《三國志》卷二十一評王粲等人，說：

> 昔文帝、陳王以公子之尊，博好文采，同聲相應，才士並出，惟粲等六人最見名目。而粲特處常伯之官，興一代之制，然其沖虛德宇，未若徐幹之粹也。衛覬亦以多識典故，相時王之式。劉劭該覽學籍，文質周洽。劉虞以清鑒著，傅嘏用才達顯雲。

這裏已經是把同一類的不同的人物，加以比較。這是發揮了仲長統、劉劭的分類品題人物，或者說類評歷史人物的方法。在《三國志》卷五十四中，陳壽的評論是：“……周瑜、魯肅建獨斷之明，出衆人之表，實奇才也。呂蒙勇而有謀斷，識軍計，譎郝普，禽關羽，最其妙者。初雖輕果妄殺，終於克己，有國士之量，豈徒武將而已乎！”這同樣是把一類人物放在一起，加以比較。再如在《三國志》卷五十八中，他評陸遜時，是這樣說的：

> 劉備天下稱雄，一世所憚，陸遜春秋方壯，威名未著，摧而克之，囷不如志。予既奇（陸）遜之謀略，又歎（孫）權之識才，所以濟大事也。及（陸）遜忠誠懇至，憂國亡身，庶幾社稷之臣矣。（陸）抗貞亮籌幹，咸有父風，奕世載美，具體而微，可謂克構者哉。

這裏是從整個三國三分天下的大背景下，論說人物的行事作用。

《三國志》的歷史人物評價，多數是沒有神意的說教。陳壽的品評，帶有魏晉清談的風格，這種突出人物的個性的評價，重視人物的才能、品德、風貌，強調了人事在歷史的興衰中的作用，這在史學思想史上是進步的表現。

陳壽（233 年－297 年），字承祚，巴西安漢（今四川南充）人。師事譙周。在蜀漢中爲觀閣令史，爲人正直，不屈附宦官黃皓，仕途不得意。蜀漢滅亡後，在西晉朝中除著作郎、出補陽平令，後遷長廣太守等。他除撰《三國志》六十五卷外，曾次定《諸葛亮故事集》，又撰《古國考》、《益都耆舊傳》（或作《益部耆舊傳》）等。後來南朝劉宋的裴松之爲《三國志》作注。裴注爲《三國志》補闕，"鳩集傳記，增廣異聞"，對史事多有考訂。體現出追求信史的旨意。把裴注和《三國志》作爲一個整體看待，更可見封建社會史學的特征。

有一點要說明，《晉書·陳壽傳》說陳壽在父喪期間，"有疾，使婢丸藥，客往見之，鄉黨以爲貶議"。其實，在玄風放達的魏晉社會中，這算不得是敗壞風俗的事。比起那些名士，陳壽只是"使婢丸藥"，並沒有大的出格。《世說新語》卷十五，載王咸曾和姑姑的鮮卑族的婢女私通，母喪，姑姑要帶著婢女遠去；王鹹穿著重孝服，借驢追回婢女。至于石崇爲顯出自己的富有，派十多名婢女，站在廁所裏，侍奉客人。這也是名士的作爲。《晉書》的作者對陳壽事，費筆墨渲染一番，大約是蜀中地區的玄風不盛，"鄉党"是容不得陳壽這樣不拘"禮教"。這也反映到寫作《晉書》時，玄學的名教觀又爲儒家的名教觀所代替。

第四節　袁宏援"玄"入史，和他的《後漢紀》

到了西晉元康時期，玄學發展進入一個新的階段。郭象等提出"崇有"的觀點，調和名教與自然的儒道合一的思潮出現，認爲名教即自然，自然即名教，本即是末，末即是本，本末一體，反對王弼的以"無"為本。玄學的進一步發展，便是玄儒的合流。據《世說新語》的《文學篇》注，袁宏把曹魏以後的玄學名士，分成了正始名士、竹林名士、中朝名士三種類型，大體是反映了玄學發展的實際。這也說明袁宏在玄學名士中是有史識的名士。

　　袁宏評幾千年的學術的大勢，論六經之得失，對兩漢的學術有他自己的看法，他說："太史公（司馬）談判而定之，以為六家；班固演其說，而明九流。觀其所由，皆聖王之道也，支流區別，各成一家之說。夫物必有宗，事必有主，雖治道彌綸，所明殊方，舉其綱契，必有所歸。尋史談之言，以道家為統，班固之論，以儒家為高。二家之說，未知所辯。"他雖然是以玄學家的眼光，看待學術的發展，但他在這裏沒有排斥別的學派的意味。他同司馬談一樣，對六家有一個總體的認識，也可以說是新的《論六家要指》，他說：

> 嘗試論之曰：夫百司而可以總百司，非君道如何情動，動而非已也。虛無以應其變，變而非為也。夫以天下之事，而為以一人，即精神內竭，禍亂外作。故明者為之視，聰者為之聽，能者為之使，惟三者為之慮，不行而可以至，不為而可以治，精神平粹，萬物自得，斯道家之大旨，而人君自處之術也。夫愛之者，非徒美其車服，厚其滋味，必將導之訓典，輔其正性，納之義方，閑其邪物。故仁而欲其通，愛而欲其濟，仁愛之至，於是兼善也。
>
> 然則百司弘宣，在於通物之方，則儒家之算，先王教化之道。居極則玄默之以司契，運通則仁愛之以教化。故道明其本，儒言其用，其可知也矣。

以上引文，見《後漢紀》卷十二。這後面一段文字，清楚表明了他的觀點是"道明其本，儒言其用"。他是以玄學家的眼光認識學術的變化，又反映儒道合流的趨向。接著，他和司馬但談一樣，對各家作了一個比較，是又有不同的特點。司馬談肯定道家，認為道家是兼有眾家之長，又排去眾家之弊。主張“以虛無爲本，以因循爲用”，所以是“體用皆道家”論。但袁宏從“治”的角度論六家，要以“道明其本，儒言其用”，這是融儒道爲一的主張，仍是以道家的眼光認識儒家。

從漢初各家林立、合流，到司馬談的“六家要旨”，董仲舒、漢武帝的“罷黜百家，獨尊儒術”及漢代學術的神學化；再到經學的衰微、玄學的興起，經過一段時間的發展，出現新的學術匯合的趨向。史學在兩漢以來的學術發展的大潮流中帶上了時代的特色。

袁宏按照他自己的話說，他經營八年，“綴會《漢紀》、謝承《（後漢）書》、司馬彪《書》、華嶠《書》、謝沈《書》、《漢山陽公記》、《漢靈獻起居注》、《漢名臣奏》，旁及諸郡《耆舊先賢傳》，凡數百卷”，寫成《後漢紀》一書，其用心，他在《後漢紀》的《原序》中，作了說明：

> 夫史傳之興，所以通古今而篤名教也。丘明之作，廣大悉備；史遷剖判六家，建立《十書》，非徒記事而已，信足扶明義教，網羅治體，然未盡之。班固源流周贍，近乎通人之作，然因籍史遷，無所甄明。荀悅才智經綸，足爲嘉史，所述當世，大得治功已矣。
>
> 然名教之本，帝王高義，韞而未敘。今因前代遺事，略舉義教所歸，庶以弘敷王道，前史之闕。古者方今不同，其流亦異，言行趣舍，各以類書。故觀其名迹，想見其人。丘明所以斟酌抑揚，寄其高懷，末吏區區註疏而已。其所稱美，止於事義；疏外之意，歿而不傳，其遺風餘趣，蔑如也。今之史書，或非古之人心，恐千載之外，所誣者多，所以悵怏躊躇，操筆恨然者也。

袁宏的話，第一，指明寫史的根本宗旨，應當是“通古今而篤名教”。他以爲《左傳》、《史記》、《漢書》及《漢紀》等，每一種史書都有其優點，其中他最推崇的是荀悅的《漢紀》，但從總體上看，都沒有體現寫史的根本的精神，“然名教之本，帝王高義，韞而未敘”。

他明確標明自己的《後漢紀》的特點，是"今因前代遺事，略舉義教所歸，庶以弘敷王道"。這就是說，通古今是一種手段，篤名教是著史的根本的精神，最終達到弘敷王道的目的。這可以說是把"道明其本，儒言其用"的思想貫徹到史學的領域中去。下面我們還要分析。

第二，《後漢紀》在編纂上的特點是"言行趣舍，各以類書"。在編年體史書中突出類書的編纂要求，這是袁宏的貢獻。

其三，在史文上面，他的要求是通過史文的敍述，做到"觀其名迹，想見其人"。袁宏本來就是一個有成就的文學家，被當時人視作是"一時文宗"，有人說他"當今文章之美，故當推此生"。袁宏把同類或相近的歷史人物，放在一起，這是把紀傳體史書中的"類傳"的優點運用到編年體的史書中去，更好地反映出人物的精神風貌和內心世界。

但最根本的是以玄學的要求，重新界定史書編寫的著述之旨。這裏應當特別注意的是袁宏的名教觀，不是儒家的名教觀，更不能簡單地斷定袁宏的名教觀是一種腐朽的名教觀。我們應當在具體的歷史條件下來分析袁宏的"名教"觀點。

袁宏所說的"名教"，是自然、變化、變通的體現。一部歷史是一種自然變化的歷史，是名教的歷史。歷史上的禪讓、革命是合乎自然的。公元 220 年，曹丕稱帝，史書說是"禪讓"，曹丕下面的群臣中如陳群、華歆一些人本是劉氏漢朝的臣子，自然有他們的觀點。袁宏認爲漢之"德"未亡，說是揖讓，是不夠妥當的。但值得重視的是他談歷史發展趨向問題，提出了"名教"歷史發展說：

> 是以古之聖人，知治亂盛衰有時而然也，故大建名教，以統群生，本諸天人，而深其關鍵。以德相傳，則禪讓之道也。暴極則變，則革代之義也。廢興取與，各有其會，因時觀民，理盡而動，然後可以經綸丕業，弘貫千載。

這就是說，歷史上的禪讓與革代，是一種自然中有時而然的情形，所以聖人根據它建立起名教，以它來統理群生百姓。自然的名教的內涵是"德"。興亡由此而產生，袁宏解釋說："是以有德之興，靡不由之；百姓與能，人鬼同謀；屬於蒼生之類，未有不蒙其澤者也。……及其亡也，刑罰淫濫，民不堪命。匹夫匹婦，莫不憔悴於虐政；忠義之徒，無由自效其誠。故天下囂然，新主之望，由茲而言。君理既盡，雖庸夫得自絕於桀、紂；暴虐未極，縱文王不得擬議於南面，其理然也。"袁宏的名教歷史觀，含有歷史發展必然的思想。如果名教沒有被破壞，即使是周文王也不能奪得政權；名教的"德"毀壞了，一般百姓都要起而反對暴虐之君。"廢興取與，各有其會，因時觀民，理盡而動"。這就是弘貫千載的歷史之理。(《後漢紀》卷三十，漢獻帝二十五年"袁宏曰")

　　袁宏在《後漢紀》中提出玄學的"天理"說，天地人物都是與天理相應，而理爲陰陽所構成，他的話是這樣說的：

> 夫物有方，事有類。陽者從陽，陰者從陰，本乎天者親上，本乎地者親下，則天地人物各以理應矣。……古之哲王，知治化本于天理，陶和在於物類。故導之德禮，威以刑戮，使賞必當功，罰必有罪，然後天地群生，穆然文泰。故斬一木，傷一生，有不得其理，以為治道未盡也，而況百姓之命乎？
> (《後漢紀》卷十一，章帝建初元年"袁宏曰")

這一段是就刑獄問題發的議論，但是他提出一個普遍的命題，"天地人物各以理應"，"治化本于天理"。社會上的這種天理存在於德禮和刑賞之中。這種"天理"，也就是"名教"、自然，但和那種主張有爲的天理論又有不同。所以，袁宏有時又把這種理稱作"自然之理"。他說：

> 夫君臣父子，名教之本也。然則名教之作，何為者也？蓋准天地之性，求之自然之理，擬議以制其名，因循以弘其教，辯物成器，以通天下之務者也。是以高下莫尚於天地，故貴賤擬斯以辯物。尊卑莫大于父子，故君臣象茲以成器。天地，無窮之道；父子，不易之體。夫以無窮之天地，不易之父子，故尊卑永固而不逾，名教大定而不亂，置之六合，充塞宇宙，

> 自今及古，其名不去者也。未有違夫天地之性，而可以序定
> 人倫；失乎自然之理而可以彰明治體者也。（《後漢紀》卷二十
> 六，獻帝初平二年"袁宏曰"）

名教之本，是君臣父子關係，君臣父子永恒不變的尊卑關係體現天
地之性，是"自然之理"，也就是名教。人們應當按照這種自然之
理，順乎其自然，去行事，行國家典禮大事，立君繼位都應以其自
然之理爲準則。袁宏把儒家的禮制，納入到道家的"自然無爲"的
理論體系中去。它既不同于董仲舒的綱常說，也有別於原始的道家
的自然無爲說。

袁宏說的"天理"，是承認人的有限欲望是合理的。他說："夫
生而樂存，天之性也；困而思通，物之勢也；愛而效忠，情之用也。
故生苟宜存，則四體之重不可輕也；困必宜通，則天下之欲不可去
也；愛必宜用，則北面之節不可廢也。此三塗者，其於趣舍之分，
則有同異之辨矣。統體而觀，亦各天人之理也。是以君子行己業，
必所托焉。"（《後漢紀》卷十七，安帝延光三年"袁宏曰"）承認天下之
欲不可去與天人之理是一致，這是袁宏的天理論、名教觀一個很重
要的特點，與以後的兩宋理學家的天理觀有很大的區別。袁宏在另
一處又說："夫饑而思食，寒而欲衣，生之所資也。遇其資則粳糧
組袍，快然自足矣。然富有天下者，其欲彌廣，雖方丈齫歡，猶曰
不足；必求河海之珍，以充耳目之玩，則神勞於上，民疲於下矣。"
（《後漢紀》卷十八，順帝永建四年"袁宏曰"）承認下民的必要的生存
欲望是合理的，同時又認爲統治者的奢侈必然要加以限制，對他們
應當"限欲"，袁宏在這一段話下面又說："夫上苟不欲，則物無由
貴；物無由貴，則難得之貨息；難得之貨息，則民安本業；民安本
業，則衣食周，力任全矣。夫不明其本而禁其末，不去其華而密其
實，雖誅殺日加，而奢麗逾滋矣。"要維持社會的穩定，應當去"上"
之"欲"，而讓下民能生存下去。這就是袁宏的天理論。袁氏的天
理論中包含有重民的觀點，是兩漢以來的重民思想的演變。簡單地
說袁宏的名教觀是腐朽的，完全是望文生義。

在袁宏看來，社會中的"禮"是自然，他說："夫禮也，治心軌物，用之人道者也。其本所由在於愛敬自然，發於心誠而揚於事業者。聖人因其自然，而輔其性情，爲之節文，而宜以禮物，於是有尊卑親疏之序焉。推而長之，觸類而申之，天地鬼神之事，莫不備矣。"（《後漢紀》卷十三，和帝永元三年"袁宏曰"）"禮"是自然形成的，是發於內心的。但是"禮"又是可以改變的。變中有不變，"夫尊卑長幼不得而移者也"，這是自然的原則。具體的東西又是可以變的，"器服制度不時而變者也。小則凶荒殊典，大則革伏異禮，所以隨用合宜，易民視聽者也。此又先王變禮之旨也"。袁宏批評一味抱著董仲舒、劉向的教條，言禮樂之用，而不能詳備制度，又不能隨時更革之人。說："夫政治綱紀之禮，哀樂死葬之節，有異于古矣。而言禮者必證于古，古不可用，而事各有宜，是以人用其心，而家殊其禮，起而治之，不能紀其得失者，無禮之弊也。"（同上）這就把禮制的不變與變統一到玄學的體系中去。

禮的變與不變，要根據條件，這就是"時"，袁宏說："堯、舜之傳賢，夏禹、殷湯授其子，此趣之不同者也。夏後氏賞而不罰，殷人罰而不賞，周人兼而用之，此德刑之不同者。殷人親盡則婚，周人百世不通，此婚姻之不同也。立子以長，三代之典也。文王廢伯邑考而立武王，廢立之不同者也。'君親無將，將而必誅。'周之制也；春秋殺君之賊，一會諸侯，遂得列於天下，此褒貶之不同者。彼數聖者受之哲王也，然而會通異議，質文不同，其故何耶？所遇之時異。"（《後漢紀》卷十二，章帝建初八年"袁宏曰"）德刑不同、廢立不同、褒貶不同，這些不同都是由於"時"的變化的要求。袁宏的歷史觀中承認了變化的合理性、必要性。

樂之用也是明顯的，其作用的建立在無爲、自然的基礎之上，袁宏同意嵇康的《聲無哀樂論》的觀點："古之王者承天理物，必崇簡易之數，仰無爲之理。君靜於上，臣順於下，大化潛通，天下交泰。群臣安逸，自求多福，默然化道，懷抱忠義，而不覺其所以然也。和心足于內，則美言發於外。……故無聲之樂，民之父母也。"

（《後漢紀》卷九，明帝永平三年"袁宏曰"）樂能使上下安逸于自然之中，從而能大化治天下。樂變成無爲而治的手段。樂與禮相互爲用。

此外，袁宏在才性論等論述，貫穿了道爲本、儒爲用的觀點，以道爲本，儒玄合流。

袁宏由此出發，對歷史，特別是對兩漢的歷史作出了解釋。從道家的無爲觀點來看，三代與秦漢以後不同，袁宏說：

> 自三代已前，君臣穆然，唱和無間，故可以觀矣。五霸、秦、漢，其道參差，君臣之際，使人瞿然。有志之士，所以苦心斟酌，量時君之所能，迎其悅情，不幹其心者，將以集事成功，大庇生民也，雖可以濟一時之務，去夫高尚之道，豈不遠哉。（《後漢紀》卷四，建武四年"袁宏曰"）

三代和後世的秦漢的區別，在於三代之治符合無爲之道，五霸秦漢之世，雖然君臣也有努力治理社會的，也可以取得一時之功，但不合于無爲的高尚之道。從總的方面看，袁宏和以前的史家大體是一樣的，推崇三代，但是袁氏是以道家的觀點解釋歷史的行程。同樣，袁宏評論東漢初年分封一事時，從三代到周、戰國、秦、西漢幾千年的歷史大過程中，論其變化，以爲五等分封，保有天下，即使一國不治，天下不會因此而亂，"故時有革代之變，而無土崩之勢"。實行郡縣制，君臣的尊卑變化無常，禍亂實多。他說："夫安危之勢，著於古今，歷代之君，莫能創改，而欲天下不亂，其可得乎？嗚呼，帝王之道，可不鑒歟。"（《後漢紀》卷七，建武十四年"袁宏曰"）袁的歷史過程論和歷史盛衰論都明顯地反映出他的玄學觀點。他崇尚自然，但又堅持儒家的尊卑是不可逾越的觀點。

劉秀建立東漢，以讖緯說爲依據，封官行事。袁宏對這件事，提出自己的看法，說："若夫讖記不經之言，奇怪妄異之事，非聖人之道。世祖中興，王道草昧，格天之功，實賴台輔。"劉秀的興起，在袁宏看來，這是天意，但是以讖緯治理天下，就不是聖人之道。以此行事封賞，也就不會得人心，"衆心不悅"。（《後漢紀》卷三，建武元年秋七月"袁宏曰"）袁宏一方面以天意、天命說明東漢的建立是合理的，又一方面他不滿意以粗鄙的讖緯說來解釋歷史。可以再舉一個例子，桓溫在進軍到北方時，同袁巨集有一段對話，史載：

> （桓溫）過淮泗，踐北境，與諸僚屬登平乘樓，眺矚中原，慨然曰：“遂使神州陸沈，百年丘墟，王夷甫諸人不得不任其責。”

桓溫把一代的興亡責任歸結到玄風上面。袁宏直陳自己的看法。說：

> 運有興廢，豈必諸人之過！（《晉書》卷九十八）

袁宏爲玄學人士作了辯護，同時也表達了自己的歷史的興衰見解。桓溫對此是老大的不快，挖苦了袁宏，但也無可奈何。

袁宏論歷史興衰中，以玄學的眼光分析原因，其中包含對歷史的批判。他以無爲的觀點，批評後世人主的開邊政策，說：“古之有天下者，非欲制禦之也，貴在安靜之。故修己無求於物，治內不務於外。”自唐虞、三代都是執行這樣的安邊政策，周邊和一些少數民族地區，“習其故俗”，“戎服不改”，中原君主“南面稱王，君臣泰然，不以區宇爲狹也”。所以天下相安，享國長久。秦漢的人主，統治的地域比先前擴大了數倍，但是貪心未已，“乃複西通諸國，東略海外”。其結果是“地廣而威刑不制，境遠而風化不同，禍亂薦臻，豈不斯失！”（《後漢紀》卷十四，永元十三年“袁宏曰”）又如袁宏以因循無欲的觀點，批評後世盤剝百姓的君主，“末世之主，行其淫志，恥基堂之不廣，必壯大以開宮；恨衣裳之不麗，必美盛以修服；崇屋而不厭其高，玄黃而未盡其飾。於是民力殫盡，而天下鹹怨，所以弊也。故有道之主，睹先王之規矩，察秦漢之失制，作營建務求厥中，則人心悅固，而國祚長世也。”（《後漢紀》卷九，明帝永平二年“袁宏曰”）在這些地方，道家的無爲、自然思想，成了對曆世人君壓榨行爲進行批判的理論依據。

袁宏對歷史人物評論，也是依據於名教觀，一方面，他稱讚忠孝節義的人物，但這些與儒家的忠孝節義觀又有區別。例如，伏波將軍馬援在東漢是一位戰功卓著的名將，但是臨終前，還是遭到光武帝的懷疑、打擊，死而不能歸舊墓。袁宏評馬援，說他是有才，卻是"過其才"。說：

> ……善為功者則不然，不遇其主，則弗為也。及其不得已，必量力而後處，力止於一戰，則事易而功全；勞足於一邑，則慮少而身安。推斯以往，焉有毀敗之禍哉？馬援親遇明主，動應銜響，然身死之後，怨謗並興，豈非過其才，為之不已者乎！(《後漢紀》卷八，光武帝建武二十六年"袁宏曰")

這裏說的"智"，包含道家的順勢而為的思想，它與儒家的"忠"的觀念有明顯的差異。他對寇恂的評價是："夫世之所患，患時之無才；雖有其才，患主之不知也；主既知之，患任之不盡也。彼三患者，古今所同，而禦世之所難也。"(《後漢紀》卷六，光武帝建武九年"袁宏曰")這裏發揮的主要是保全性命的思想。對東漢章帝，他的評價很高，說："章帝尊禮父兄，敦厚親戚，發自中心，非由外入者也。"(《後漢紀》卷十一，光武帝建武七年"袁宏曰")他強調發於內心的自然的崇禮的品德。這和強調品德是通過後天學習、培養得來的，不一樣，因而它有別於儒家的思想。《晉書·袁宏傳》中保存他的《三國名臣頌》，是一篇歷史人物的評論的作品。他執著名教觀品評歷史人物。但這是玄學的名教觀，與原來的儒家的名教觀有所不同。

袁宏（328年－376年），字彥伯。陳郡陽夏（今河南太康）人，出生在一個世族家庭。其父袁勖，為臨汝令。後來家業破落，"少孤貧，以運租自業"。他為桓溫專綜書記，後官至東陽郡太守。他的著作除《後漢紀》外，還有《竹林名士傳》、《東征賦》、《北征賦》及《三國名臣頌》等。死時年僅49歲。袁宏在文學上有盛名，被時人視作一代文宗。

第五節　《後漢書》的論贊和范曄的史學思想

　　一個時代的哲學思想總是從不同的方面影響著史學的發展，當一個時代的各種思潮在激盪中合流的時候，史學思想表現出繁雜的情形。南北朝時期，玄學和儒學、佛學合流，這在史學思想上也反映出來。一方面，史學家和他們的史學著作反映出玄風、玄理；又一方面，史學家著重以儒學理論解釋歷史的變化，思考歷史的出路。其中有的史家表現出反佛的傾向，卻是有保留。這些都是時代思潮賦予史學的特色。

　　南北朝時期的史學家可以以范曄和沈約作爲代表。其中影響大是范曄（398 年－445 年）。范曄的《後漢書》在中國史學史上佔有重要的地位。這一部書是"刪衆家《後漢書》爲一家之作"（《宋書》卷六十九《范曄傳》），從史料上說，成就並不突出。其重要的貢獻，他自己有一個評價，他在《獄中與諸甥侄書》中說：

　　……既造《後漢》，轉得統緒，詳觀古今著述及評論，殆少可意者。班氏最有高名，既任情無例，不可甲乙辨。後贊於理無所得，唯《志》可推耳。博瞻不可及之，整理未必愧也。吾雜傳論，皆有精意深旨，既有裁味，故約其詞句。至於《循吏》以下及《六夷》諸序論，筆勢縱放，實天下之奇作。其中合者，往往不減《過秦篇》。嘗共比班氏所作，非但不愧之而已。欲遍作諸《志》，《前漢》所有者悉令備。雖事不必多，且使見文得盡。又欲因事就卷內發論，以正一代得失，意復末果。贊自是吾文之傑思，殆無一字空設，奇變不窮，同含異體，乃自不知所以稱之。此書行，故應有賞音者。《紀》、《傳》例爲舉其大略耳，諸細意甚多。自古體大而思精，未有此也。恐世人不能盡之，多貴古賤今，所以稱情狂言耳。（《宋書·范曄傳》）

概括起來，一是編纂上的"整理"之功。憑藉諸家的《後漢書》究竟是哪一些，他自己沒有說，根據時間先後，應當是劉珍等的《東觀漢記》、謝承的《後漢書》、華嶠的《後漢書》、司馬彪的《續漢書》、謝沈的《後漢書》、袁山松的《後漢書》、薛瑩的《後漢紀》、張瑩的《後漢南紀》以及袁宏的《後漢紀》、張璠的《後漢紀》等。其中華嶠的《後漢書》與范氏的史作關係很密切，范曄在自己的《後漢書》中不止一次地引用這本書。雖不能說范曄是抄襲這本書，但關係絕非一般。

范曄的"整理"突出地表現在類傳的體例的運用上。除了各種專傳以外，其他的各《傳》基本上都是以"類"區分，或以人物的活動、或以人物的品行、或以人物的風貌分類等。這些可以視作是東漢魏晉的清談、品評人物在史書寫作上的一種升華、提高。子孫附傳的形式也出現了，這是當時的莊園經濟、門閥制度在史學中的反映，但這一類《家傳》在《後漢書》中並不占主要地位，又是范氏的一種史識。

二是在史文上的貢獻。在我看，范曄在史文上的成就，主要是史論文字。他說的"筆勢縱放，實天下之奇作"，還是符合實際的。他稱《後漢書》中的"贊"是"吾文之傑思，殆無一字空設，奇變不窮，同含異體，乃自不知所以稱之"。如果從純文學的角度和當時流行的駢體文發展上看，這話也許不無道理，但是從史文的要求上說，有的"贊"是大可刪削。不少《傳》末的《論》與《贊》，一論，一頌，一議，一抒發，但在思想上並沒有多少差別，在內容上也沒有增添新的成分。他聲明："恥作文士"史文之別，范曄是意識到的，但是《後漢書》的"贊"，多屬"文士"之文。

三是，也最為重要的是，《後漢書》在史學思想上具有十分重要的意義。

《後漢書》中的論，集中在《循吏》以下及《六夷》諸序論。這就是循吏、酷吏、宦者、儒林、文苑、獨行、方術、逸民、列女以及東夷、南蠻西南夷、西羌、西域、南匈奴、烏桓鮮卑等傳的序論，有文前的《序論》、文中的《論》以及各篇結尾的《總論》。此外有《皇後紀》、《黨錮列傳》各傳都有各種《論》。其他各個《列傳》基本上都有《總論》，有的有文中《論》；個別的傳有《序論》。如卷三十九的《劉趙淳于江劉周趙列傳》，開篇引《論語》論孝行與"義養"。又如卷三十七的《桓榮丁鴻列傳》文中就桓鬱至桓典家族中學行兩次發論，後又就丁氏事發論。范曄重視史論，並且把《後漢書》的《論》比作賈誼的《過秦論》，不是沒有道理的。

范曄在論贊中評歷史人物，論興衰，顯示出一種儒道貫通的特點。他常以"仁"解釋歷史人物的禍福得失，他說的"仁"和儒家說的"仁"不是一個樣子。一是以"心"闡釋仁，仁在於心，而不僅僅在形式上的儉樸。戰國時的季孫行父的妾不穿用帛制的衣服，漢朝的公孫弘為武帝的丞相，"身服布被"，但人們稱道前者，批評後者，認為公孫弘是一種"欺詐"的行徑。范曄說："夫利仁者或借仁以從利，體義者不期體以合義。"《後漢書》的注說："此言履仁義，其事雖同，原其本心，真偽各異。"仁要發自心，由此他對東漢的人物宣秉、王良等人物作出評價。(《後漢書》卷二十七，《宣張二王杜郭吳承鄭趙列傳》)卓茂為漢代的通儒，性寬厚，鄉黨故里皆愛慕，光武帝極為推崇。范曄評這個歷史人物時，說："夫厚性寬中近於仁。"(《後漢書》卷二十五)以厚性寬中作為"仁"的屬性，和原始儒家的"仁"有差別。他有一段話是專門說"仁人之道"的，他認為：

> 夫稱仁人者，其道弘矣。立言踐行，豈徒徇名安己而已哉，將以定去就之概，正天下之風，使生以理全，死與義合也。
> 夫專為義則傷生，專為生則騫義，專為物則害智，專為己則損仁。若義重於生，舍生可也；生重于義，全生可也。

東漢後期，昏君當政，君道喪失，在這樣的形勢下，"臣節盡而死之，則為殺身以成仁，去之不為求生以害仁也"。(《後漢書》卷六十三，《李杜列傳》)在這裏，范曄把殺身而成仁和全生而成仁兩者調和起來。這和原始的儒學也不相同。

　　從上面所說，可以看出範曄評歷史人物一個重要標準，是"節義"。節義爲"仁人"之"道"的內涵。他批評班氏父子說："然其論議常排死節，否正直，而不敘殺身成仁之爲美，則輕仁義，賤守節愈矣。"（《後漢書》卷四十下，《班彪列傳下》）在範曄那裏，"節"有殺身成仁的"死節"，還有一種所謂的"貞良之節"。這是在世事紛亂中能獨立於世的一種品質。盧植在東漢末可說是忠於漢室的儒將，但屢遭宦官的打擊，卻是獨立不改。范曄評盧植有一段議論，說：

> 論曰：風霜以別草木之性，危亂而見貞良之節，則盧公之心可知矣。……當（盧）植抽白刃嚴閣之下，追帝河津之間，排戈刃，赴戕折，豈先計哉？君子之于忠義，造次必於是，顛沛必於是也。（《後漢書》卷六十四，《吳延史盧趙列傳》）

此外還有一種是"清節"，就是處於貧賤困窮而能守志，如他寫荀恁，說他是"少亦修清節，資財千萬，父越卒，悉散與九族。隱居山澤，以求厥志"。（《後漢書》卷五十三，《周黃徐姜申屠列傳》）還有一種"高節"，是不慕權勢逸民一類的人物，如梁鴻，"家貧而尙節介，博覽無不通而不爲章句。"權勢之家慕其高節，想把女兒嫁給他，但梁鴻"絕不娶"。《後漢書》的《逸民傳》記載逸民類人物，範曄在"贊"中說："江海冥滅，山林長往。遠性風疏，逸情雲上。道就虛全，事違塵枉。"（《後漢書》卷八十三，《逸民傳》）這顯然又有玄理在其中。

　　范曄評歷史人物的標準，還有才性、才情以及忠、誠、信等各種觀點。仔細地分析一下，這些觀點有儒學成分，也有玄學的成分，但沒有融鑄成一以貫之的思想，顯得有點"雜"，這在學術匯流的初期時所難免的。

　　范曄在談到社會人事和歷史興衰時候，明顯地表現出重人事的一面，但對天命論又有保留。東漢光武帝的即位，范曄列舉了一系列符瑞現象、徵兆，說："初，道士西門君惠、李守等亦雲劉秀當爲天子。其王者受命，信有符乎？不然，何以能乘時龍而禦天哉！"

在《光武帝紀》這一段"論"後，他又在"贊"中說："於赫有命，系隆我漢。"作爲一代適合封建統治者需要的史書宣揚王權神授，這是不可缺的一個環鏈。但是在《後漢書》中，范曄著重強調人心的思漢的意義。劉秀在河北一帶失利的時候，《後漢書》的《馮異傳》特別寫了馮異的一段話，說："天下同苦王氏，思漢久矣。今更始諸將從橫暴虐，所至擄掠，百姓失望，無所依戴。"他建議劉秀要施行恩德。劉秀採納了這條建議。(《後漢書》卷十七，《馮岑賈列傳》) 范曄在有的"論"中說到東漢的興起的原因，一是光武的中興，是在一個有利的背景下進行的，"然敵無秦、項之強，人資附漢之思"；二是劉秀的用兵與實行正確的對內對外政策的結果，劉秀滅隗囂、公孫述，軍勢雖威猛，但是劉秀對匈奴沒有輕啓戰事，"閉玉門以謝西域之質，卑詞幣以禮匈奴之使"。(《後漢書》卷十八，《吳蓋陳臧列傳》) 這些地方，沒有神意的說教。在論到順帝衰落時，范曄的"論"說："古之人君，離幽放而反國祚者有矣，莫不矯鑒前違，審識情僞，無忘在外之憂，故能中興其業。觀夫順朝之政，殆不然乎？何其效辟之多歟？"(《後漢書》卷六，《順帝紀》)《靈帝紀》、《獻帝紀》等，一方面從當時的宦者的專權論東漢的衰落，一方面以"天厭漢德"解說東漢滅亡的緣由。

總之，范曄的歷史興衰論中，有重人事的一面，卻保留著天人說教，這兩者是范氏史學思想的不可分割的組成部分。

第六節　魏晉南北朝史學的民族、宗教思想和門閥觀念

三國魏晉南北朝時期是民族重新組合的時期，民族之間的紛爭、交往又密切了民族間的聯繫，"民族分分合合，使漢族本身得到一定程度的更新，一些少數民族得到經濟上和文化上的提高，全國封建化過程有了進一步發展"。(白壽彝主編的多卷本《中國通史》導

論卷，第 14 頁）這一時期特點在史學思想上得到反映。正統論與民族思想密切相關。在中國史學史上，到了南北朝，所謂的正統的觀念實際上是兩層的內涵。一是王朝的統閏，一是民族的觀念，這二者往往又交織在一起。正統之爭的這種情況使得問題更加複雜，但同時在史學思想上，是民族思想的一個發展。南指北爲索虜，北謂南爲島夷，這在實際上，是爭論誰是中國這塊土地上的主人。

　　陳壽的《三國志》對傳統的兩漢正統的觀念是一個突破。《三國志》以曹魏入《紀》，而把蜀漢、孫吳之主入《傳》。陳壽這一觀點，引起後世的很多的爭議。《四庫全書總目》的作者說：

> 其書以魏爲正統，至習鑿齒作《漢晉春秋》始立異議。自朱子以來，無不是鑿齒而非（陳）壽。然以理而論，壽之謬萬萬無辭；以勢而論，則鑿齒帝漢順而易，壽欲帝漢逆而難。蓋鑿齒時，晉已南渡，其事有類乎蜀，爲偏安者爭正統，此孚於當代之論者也。壽則身爲晉武之臣，而晉武承魏之統，僞魏是僞晉矣，其能行於當代哉？此猶宋太祖篡立近于魏，而北漢、南唐迹近於蜀，故北宋諸儒皆有所避而不僞魏；高宗以後，偏安江左近於蜀，而中原魏地全入于金，故南宋諸儒乃紛紛起而帝蜀。此皆當論其世，未可以一格以繩也。惟其誤沿《史記》周、秦《本紀》之例，不托始于魏文，而托始曹操，實不及《魏書·敘記》之得體，是則誠可已不已耳。
>
> （《四庫全書總目》卷四十五）

《四庫全書總目》的作者，說了一個大實話，所謂史學上的正統，並不是有什麼根據，只是一個朝代的統治者的需要。這正是史學的另一面。其實習鑿齒反對帝曹魏的真正用心，在反對桓溫奪晉室之權，這就是《晉書》卷八十二說的："是時（桓）溫覬覦非望，鑿齒在郡，著《漢晉春秋》以裁正之。起漢光武，終於晉潛帝。于三國之時，蜀以宗室爲正，魏武雖受漢禪晉，尙爲篡逆，至文帝平蜀，乃爲漢亡而晉始興焉。引世祖諱炎興而爲禪受，明天心不可以勢力強也。凡五十四卷，後以腳疾，遂廢於裏巷。"

　　儘管封建社會的史家強調如實記載史事，然而他們爲了某種政治的需要，就要確定一定史法，說明這種統治的合理性。

　　這僅僅是在寫史時，爲確定中原的政權的統系産生的各種爭論。魏晉南北朝時，中國是一個大動盪、區劃不斷改組的時代，周邊的少數民族建立各種政權，或入主中原。江左的漢族的政權也在不斷更改，這裏又有一個政權的合法性問題的爭論。

　　沈約的《宋書》卷二十七《符瑞志》，編出歷代帝王的受命於天的一部歷史；從太昊帝伏羲氏開始，一直到兩漢的歷代的政權出現，都是天命所授。曹魏是“以土德承漢之火”，劉備、孫權一方的政權能出現，也是天的意志。兩晉、劉宋的統治也都是早有成爲人間帝王的徵兆。可以說，《宋書‧符瑞志》是一部王權神授的大雜燴的彙編。班彪的《王命論》是這篇《志》重點收錄的內容。《五行志》是具體列出天人感應的事例；《天文志》重點是記錄天人感應現象。

　　《魏書》也是從符瑞、災異說明北魏政權同樣是天命所歸，這是《魏書‧天象志》撰寫的中心思想之一。作爲寫鮮卑族拓跋氏政權的史書，一個重要的任務是說明這個政權的出現的必然。魏收在《魏書》的第一卷《序紀》開篇說明鮮卑族是黃帝的後裔，他說：“昔黃帝有子二十五人，或內列諸華，或外分荒服，昌意少子，受封北土，國有大鮮卑山，因以爲號。其後，世爲君長，統幽都之北，廣漠之野，畜牧遷徙，射獵爲業，淳樸爲俗，簡易爲化，不爲文字，刻木紀契而已，世事遠近，人相傳授，如史官之紀錄焉。”鮮卑是黃帝的兒子昌意的後代，以後史書沒有記錄，是因爲遠在北方，不交南夏，所以“載籍無聞焉”。北魏的興起，固是天意，又是人事的作用。魏收在這篇《序紀》後的“論”中說：“帝王之興也，必有積德累功博利，道協幽顯，方契神祇之心。有魏奄迹幽方，世居君長，淳化育民，與時無競，神元生自天女，桓、穆勤于晉室，靈心人事，夫豈徒然。”對於北魏統一北方的事業作了肯定的評價，他說拓跋燾是“世祖聰明雄斷，威靈傑立，藉二世之資，奮徒伐之

氣，遂戎軒四出，周旋險夷，掃統萬，平秦隴，翦遼海，蕩河源，
南夷荷擔，北蠕削迹，廓定四表，混一戎華，其為功大矣。遂使有
魏之業，光邁百王，豈非神鑿經綸，事當命世"。在魏收看來，只
有北魏才是正統，他說：

> 夫帝皇者，配德兩儀，家有四海，所謂天無二日，上無二王
> 者也。三代以往，守在海外，秦吞列國，漢並天下。逮桓靈
> 失政，九州瓦裂，曹武削平寇難，魏文奄有中原，於是偏孫
> 假命于江吳，僭劉盜名於岷蜀。

他在這裏宣佈劉備、孫權都是不合法的，理由是，蜀、吳是"偷名
竊位，協息於一隅。……天人弗許，斷可知焉"。兩晉是"時逢喪
亂，異類群飛"，不能稱得是一代的帝王。(《魏書》卷九十五"傳序")
他在另一處說："司馬之竄江表，竊魁帥之名，無君長之實，……
其孫皓之不如矣。"(《魏書》卷九十六)對儒家的正統思想作了一個
徹底否定，但他走向了極端。

對於魏的興衰，魏收始終把北魏吸收中原的文化作為社會繁榮
的重要因素。在反對一些少數民族蹂躪中原文化的同時，魏收重視
魏境內的其他各族如奚斤等的文化。對南方一些少數民族的文化，
他作了肯定的評價，說"聖人因時設教，所以達其志而通其俗也"。
(《魏書》卷一百一)

《魏書》的十《志》從統一規模變動來論說疆域、文化、制度
的變遷，以務實的態度，看待各個民族的文化。魏收在《前上十志
啟》中說：

> 昔子長命世偉才，孟堅冠時特秀，……臣等肅奉明詔，刊著
> 魏籍，編紀次傳，備聞天旨。竊謂《志》之為用，網羅遺逸，
> 載紀不可、附傳非宜。理切必在甄明，事重尤應標著，搜獵
> 上下，總括代終，置之眾篇之後，一統天人之迹。

總之，《魏書》是第一部以少數民族為主體的正史，這部史書中的
民族思想很多內容是對司馬遷的民族思想的一個發展。魏收在承認
各族都是黃帝子孫的前提下，爭正統，固然體現出中華民族各族之

間的向心力、凝聚力。但相比之下，他缺少司馬遷民族思想的開闊胸襟，仍然跳不出正統之爭的圈子。總的說來，在民族大組合的時期；魏收史學僅反映出當時的各種民族思想，其積極因素是主要的。

除漢族地區外，其他的各個民族地區的史書相當多。重要的有崔鴻的《十六國春秋》一百卷等。此外，據《隋書》的《經籍志》，僅所謂的霸史類，收錄的就有：《趙書》、《二石傳》、《二石僞治時事》、《燕書》、《南燕錄》、《南燕書》六卷、《南燕書》七卷、《燕志》、《秦書》、《秦記》十卷及《秦記》十一卷，《涼記》、《涼書》有五種，另有《西河記》及《拓跋涼錄》、《敦煌實錄》、《纂錄》、《戰國春秋》、《漢趙記》、《吐穀渾記》等。其中《敦煌實錄》十卷，《涼書》十卷，《隋志》注明均爲劉景撰。劉景當系劉昞，據《魏書》卷五十二，劉氏是一位元重要的民族地區的史家，他寫《涼書》十卷，作《敦煌實錄》是二十卷，另又改作三史爲《略記》。另有闞駰寫《十三州志》，宗欽在河西撰《蒙遜記》十卷，這本書可能寫得不好，所以魏收說它"無足可稱"。周道方修《起居注》；陰仲達與段承根爲"涼士才華，同修國史"。（以上見《魏書》卷五十二）所以這一時期的民族地區的史學比較發達，也有一批較好的著作。從思想上說，多數作品是突破傳統的觀念，在一定的程度上，它反映了各個民族對中國歷史的創造。

三教並存的宗教觀點反映當時宗教文化上的特色。魏晉南北朝時期，佛教道教在相互鬥爭、相互吸收中向前發展。梁武帝崇佛，隋代的侫佛，北魏太武帝和周武帝的滅佛，演出一幕幕鬥爭的活劇。《魏書》的《釋老志》是專門論列佛教的篇章。《宋書》的卷九十七《夷蠻傳》爲諸多僧人立傳，論及佛教在中國傳播的事實，沈約說："佛道自後漢明帝，法始東流。自此以來，其教稍廣，自帝王至於民庶，莫不歸心，經誥充積，訓義深遠，別爲一家之學焉。"一代思潮對沈約不能不產生影響，但在解釋歷史變化的時候，沈約基本上是採用儒家的天命論。

袁宏對佛教相當推崇，他說：

> 佛者，漢言覺，將以覺悟群生也。其教以修善慈心為主，不
> 殺生，專務清淨。其精者號為沙門，沙門者，漢言息心，蓋
> 息意去欲歸於無為也。

袁宏在這裏表現出企圖把佛教納入到無為的玄學的框架中去。他又
說佛是"變化無方，無所不入，故能化通萬物，而大濟群生"。稱
讚佛經"有經數千萬言，以虛無宗，苞羅精粗，無所不統；善為宏
闊勝大之言"。(《後漢紀》卷十，明帝永平十三年十二月) 但是袁宏沒有
也不可能融化佛理於玄學之中，所以他評論歷史還是玄學的名教的
觀點。這些都可以說明三教並存的觀點在史學上的表現。在各種思
潮湧入的最初的時期，這是避免不了的，表現出一種學術上的博雜
景觀。

蕭子顯明確表示他是信佛的。《南齊書》卷五十四記載顧歡與
袁粲進行關於佛道孰優孰劣的一場辯論，顧歡著《夷夏論》，他"雖
同二法，而意黨道教"。袁粲則托為道人通公，反辯這種說法。蕭
子顯在這篇《高逸傳》後面有一篇長論，他縱論佛、道、儒、陰陽、
法、墨、農各家的思想、觀點，認為佛理為長，以佛道兩家而論，
"詳尋兩教，理歸一極"。這樣說，不是沒有分別，他反對顧歡"優
老而劣釋"，說：

> 佛法者，理寂乎萬古，迹兆乎中世，淵源浩博，無始無邊，
> 宇宙之所不知，數量之所不盡，盛乎哉，真大士之立言
> 也。……道本虛無，非由學至，絕聖棄智，已成有為。有為
> 之無，終非道本。若使本末同無，曾何等級。佛則不然，具
> 縛為種，轉暗鹹明，梯愚入聖。……史臣服膺釋氏，深信冥
> 緣，謂斯道之莫貴也。

在史書中直接宣佈自己這個史臣是佛學的忠實的信徒，可以說是極
為罕見。即使如此，他不只是看到佛道的精義處，同時在解釋南齊
興起的歷史，還是以天人感應學說作為說明興亡的基本理論，交代
"皇齊所以集大命"的原因。(《南齊書》卷二) 他在解說帝王子孫之
所以不能成為扶危的人主的緣由時，又是另一副模樣，他說：

> 史臣曰：民之勞逸，隨所遭遇，習以成性，有識斯同。帝王子弟，生長尊貴，薪禽之道未知，富厚之圖已極。齠年稚齒，養器深宮，習趨拜之儀，受文句之學……處地雖重，行己莫由，威不在身，恩未接下，倉促一朝，艱難總集，望其釋位扶危，不可得矣。(《南齊書》卷四十，《武十七王傳》)

這樣的史論，可以說沒有神學的氣味。蕭子顯的史學思想上的"雜"，表現出佛學對史學的侵蝕相當的厲害，但是史學到底沒有成爲佛學的附屬物。

范曄反對災異、迷信，揭露佛教宣傳教義的荒謬，但是他也有彙通釋道的傾向，他一方面說，佛教"何誣異之甚"，但另一面他指出："……且好仁惡殺，蠲敝崇善，所以賢達君子多愛其法焉。然好大不經，奇譎無已，雖鄒衍談天之辯，莊周蝸角之論，尙未足以概其萬一；又精靈起滅，因報相尋，若曉而昧者，故通人多惑焉。蓋導俗無方，適物異會；取諸同歸，措夫疑說，則大道通矣。"(《後漢書》卷八十八)在范曄看來，佛教還是有可取之處。儒、釋、道的相互爲用的道理在當時已經爲一些人所理會。北魏宣武帝"專心釋典，不事墳籍"時，裴延雋上疏，說："然《五經》治世之模，六籍軌俗之本，蓋以訓物有漸，應時匪妙，必須先粗後精，乘近即遠。"他建議："伏願經書玄覽，孔、釋兼存，內外俱周，眞欲斯暢。"(《魏書》卷六十九)孔、釋兼存的重要，南朝的蕭摹之有一段話，說："佛化被於中國，已曆四代，形象塔寺，所在千數，進可以系心，退足以招勸。"(《宋書》卷九十七)就是說，儒佛兼存，對維繫一代的統治是有利的。儒士習佛典的，僧人讀儒家經籍的大有人在。天師道的寇謙之很佩服崔浩在論古今治亂之迹上的見解。他對崔氏說：

> 吾行道隱居，不營世務，忽受神中之訣，當兼修儒教，輔助泰平眞君，繼千載之絕統。而學不稽古，臨事暗昧。卿爲我撰列王者治典，並論其大要。(《魏書》卷三十五)

崔浩於是寫出二十餘篇，"上推太初，下盡秦漢變弊之迹，大旨以複五等爲本"。這可以說是儒道相互利用的一個典型。北魏的統治

者中有的“好黃老，頗覽佛經”，“亦好黃老，又崇佛法”。也有的
人如梁武帝甚而出家爲僧。但也有的開展滅佛的鬥爭，一代史書反
映出這樣的社會風氣和思潮。三教的相互作用變化，促成以後諸如
唐宋的思想史新的走向，也對中國史學思想產生重要的影響。《釋
老志》寫出了佛、釋、道興衰變化，魏收闡明了中國政治與宗教的
矛盾和鬥爭，寫出了宗教對中國社會的發展產生的各種影響，揭露
宗教的虛僞和黑暗面。魏收的寫作也是較爲平實和客觀的。

　　然而，一個明顯的事實是，無論北方，還是南方，宗教包括佛
教、道教在一個時期盛極，但從總體上看，宗教始終不能在長時期
內成爲國教，不能在政治生活中長期起著主導的作用。中國的史學
中的支配思想仍是天人感應的災異論和重人事的思想。中國的歷史
學也沒有如同西歐那樣，成爲神學的婢女。唐初的史家論史中已經
是另一種情形，令狐德棻在《周書》中說：

> ……自書契之興，先哲可得而紀者，莫不備乎經傳。……漢
> 無尺土之業，崇經術而久長。雕蟲是貴，魏道所以淩夷；玄
> 風既興，晉綱於焉大壞。考九流之殿最，校四代之興衰，正
> 君臣，明貴賤，美教化，移風俗，莫尚於儒。故皇王以之致
> 刑措而反淳樸，賢達以之鏤金石而雕竹素，儒之時義大矣
> 哉。（《周書》卷四十五）

玄學、佛學到了唐朝走向另一個階段，中國的史學經歷一陣動蕩，
開始了系統的反思。儒佛道三教的學說，還沒有進入到融合的時
期，史學思想也沒有可能更新。史學基本上只能在原有的框架中作
一些調整。

　　魏晉南北朝時期，門閥地主在地主階級中占支配地位，反映在
史學上，是譜牒學的興起、發達。如賈弼的《姓氏譜狀》、王儉的
《百姓集譜》，這些是譜學方面的代表作品。賈弼的子孫接繼了這
一事業。唐朝的路敬淳爲譜學之宗，其次有柳沖、韋述、蕭穎士及
孔至，“然皆本之路氏”。唐太宗命人修《氏族志》甄別士庶，以反
映發生了變化。中宗時史官柳沖上表請改修，他與當時一些大史

官，包括劉知幾等，經歷了不少曲折，修成《姓系錄》二百卷。玄宗開元二年又對《姓系錄》作了刊定；柳芳論說氏族之書，"古史官所記"有著長久的歷史，分析魏晉南北朝以後譜學發達的原因，說："魏氏立九品，置中正，尊世胄，卑寒士，權歸右姓已。其州大中正、主簿，郡中正、功曹；皆取著姓士族為之，以定門胄，品藻人物。晉、宋因之，始尚姓已。然其別貴賤，分士庶，不可易也。于時有司選舉，必稽譜籍，而考其真偽；故官有世胄，譜有世官，賈氏、王氏譜學出焉。"（《新唐書》卷一百九十九）《隋書·經籍志》在"史部"的譜系篇中著錄的作品，連同亡佚的在內，共有 53 部，合 1280 卷。譜學作為史學的一個分支，它的發展和變化，反映出社會的變化。

紀傳體史書中的家傳和子孫附傳，幾乎成為列傳中的主要的形式。清人趙翼批評這一情形，說：

若一人立傳，而其子孫、兄弟、宗族，不論有無官，有事無事，一概附入，竟似代人作家譜，則自魏收始，……《魏書》一傳數十人，尚只是元魏一朝之人，《南》、《北史》則並其子孫之仕於列朝者，俱附此一人之後。遂使一傳之中，南朝則有仕于宋者，又有仕于齊、梁及陳者；北朝則有仕于魏者，又有仕于齊、周、隋者。每閱一傳，即當檢閱數朝之事，轉覺眉目不清。且史雖分南、北，而南北又分各朝，今既以子孫附祖父，則《魏史》內又有齊；周、隋之人，成何魏史乎？《宋史》內又有齊、梁、陳之人；成何宋史乎？……其後宋子京修《唐書》，反奉以為成例而踵行之，其意以為簡括，而不知究非史法也。（《廿二史劄記》卷十，《南北史子孫附傳之例》）

趙翼看到史學的變化，但是史法也是一定社會觀念的反映。社會變化和思潮的變化，都必然反映到史學上來。譜牒之學其源出自《世本》，但是隨著時代的變遷，譜學的作用和意義也在發生變化，這是我們所應當注意的。

第三編
中世紀史學思想的
進一步發展和哲理化趨向

第七章　史學的總結和歷史的總結

第一節　史學總結的走向

　　史學的發展體現在哪幾個方面，有不同的說法。一、史學發展，從形式上看，是史書的數量增多和史學作品的種類的增加。二、從深層次上思考，應當是在對前人史學進行總結的基礎上，對史學的認識進了一步。三、對歷史的認識得到了深化，並且在自己的史著中反映了這種認識。四、史學對社會的作用得到了加強。如果以幾條標準考察魏晉南北朝隋唐的史學，可以說，這個時期的史學是在一個橫廣的方向上的發展。這個時期沒有產生如兩漢時期的馬、班那樣的史家和《史》、《漢》那樣的史著，也不能和後世兩宋時期紛彩並呈的史學發展的局面相比。但這個時期的史學確實有了相當大的進展，並為以後的史學發展準備了條件。

　　在史學思想史上，這個時期的史學總結和歷史總結的意識相當突出。史學總結的發展要有兩個前提，一是史書的編寫工作有了一定的進展，二是史學總結已經有了一定的基礎。

　　魏晉南北朝隋唐時期史學作品，無論是數量上還是種類上，都有了較大的發展。據《隋書·經籍志》記載，史部 13 類，總計是817 部，13264 卷。連同亡書是 874 部，16558 卷。其中，《史記》、《漢書》等紀傳體史書及相關的作品，是 67 部，3083 卷。連同亡書是 80 部，4030 卷。編年類的史書及相關的作品，34 部，666 卷。但無可疑問的是，除去《史》、《漢》等，魏晉以後精品不多，如《隋志》所說："自史官廢絕久矣，漢氏頗循其舊，班、馬因之。魏晉以來，其道逾替，南董之位，以祿貴遊，政、駿（劉向、歆）之司，罕因才授。……一代之記，至數十家，傳說不同，聞見舛駁，理失中庸，辭乖體要"史書的這種狀況，表明了史學為自身發展進行大規模的總結既有可能，又十分必要。

　這一時期書籍遭到劫難，隋唐都有求書的活動。唐末、五代時的書籍散失嚴重，又遭到一次劫運。即使如此，唐代的史書的數量明文記載的，還是增加了一些。《舊唐書‧經籍志》載史部書是 13 類，944 部，17946 卷。當然，實際的數位應該不止這些。

　史學家重視史學的總結，是中國史學上的一個好傳統。可以說，中國史學史上的優秀史學家，都十分精通史學發展的歷史，深知前代史學發展的利和弊。司馬遷父子、班氏父子，范曄、陳壽及袁宏、魏收、沈約等，都是這樣的大家。這層道理不難理解，一個史學家如果對前人的史學工作都缺乏認識，對前人的史學工作的得與失、經驗與教訓都不知道，那怎麼能在繼承前人的基礎上，把史學工作推向前進。司馬遷對先秦及秦漢之際史學的評論，班彪、班固父子對司馬遷《史記》的評論，范曄對馬班的評介等，我們在前面都說到。魏晉南北朝史家對歷代史學的評議和總結體現出這個傳統的精神。

　其一，繼往開來的立意。中國史學家重視總結前人的史學工作，提出自己的編寫史書的構想。北魏的高祐和李彪上書請修魏史，說：

> 然則《尚書》者記言之體，《春秋》者錄事之辭。尋覽前志，斯皆言動之實錄也。夏殷以前，其文弗具。自周以降，典章備舉。史官之體，文質不同，立書之旨，隨時有異。
> 至若左氏，屬詞比事，兩致並書，可謂存史意，而非全史體。逮司馬遷、班固，皆博識大才，論敘今古，曲有條章，雖周達未兼，斯實前史之可言者也。至於後漢、魏、晉鹹以放焉。唯聖朝創制上古，開基《長髮》，自始均以後，至於成帝，其間世數久遠，是以史弗能傳。……宜依遷、固大體，令事類相從，紀、傳區別，表、志殊貫，如此修綴，事可備盡。

（《魏書》卷五十七）

前史的發展與變化被敍述得清清楚楚，對前史的評價也是中肯的。魏收修《魏書》的《十志》，對歷代史表、史志作了系統的比較，說：

> 昔子長命世偉才，孟堅冠時特秀，憲章前哲，裁勒墳史，紀、傳之間，申以書、志，緒言餘迹，可得而聞。叔峻刪緝後劉，紹統削撰季漢，十《志》實範遷、固，表蓋闕焉。曹氏一代之籍，了無具體，典午終世之筆，罕雲周洽。（《魏書》卷一百五，《前上十志啓》）

但是他又不是主張一味仿前人的表志之體，說：“時移世易，理不刻船，登閣含毫，論敍殊致。《河溝》往時之切，《釋老》當今之重，《藝文》前志可尋，《官氏》魏代之急，去彼取此，敢率愚心。”《魏書》立《序紀》、《官氏志》、《釋老》等，這些體例上的創造，也是史臣在總結前代史學的得失的基礎上提出來的。

可以說，封建時代的史臣大多對前代的史學，有比較清晰的瞭解，他們的總結立意是想有所創新；但是他們在總結中，是繼承多於創新，墨守有餘，而開拓不足；加之他們的歷史觀點上的貧乏，所以很難有更多的突破。

其二，史學批評的意識。史學家的總結與史學的批評聯結在一起。《晉書》的史臣有一段史論，論述當代的史書的優劣。說：

> 古之王者咸建史臣，昭法立訓，莫近於此。若夫原始要終，紀情括性，其言微而顯，其義皎而明，然後可以茵藹緹油，作程遐世者也。
>
> 丘明既沒，班馬叠興，奮鴻筆於西京，騁直詞於東觀。自斯已降，分明競爽，可以繼明先典者，陳壽得之乎。江漢英靈，信有之矣。允源將率之子，篤志典墳；紹統戚藩之胤，研機載籍：咸能綜輯遺文，垂諸不朽，豈必克傳門業，方擅箕裘者哉。處叔區區，勵精著述，混淆蕪舛，良不足觀。叔甯寡聞，穿窬王氏，雖勒成一家，未足多尚。令升、安國有良史

之才，而所著之書，惜非正典。悠悠晉室，斯文將墜。鄧粲、謝沈祖述前史，葺宇重軒之下，施床連榻之上，奇詞異義，罕見稱焉。習氏、徐公，俱雲筆削，彰善癉惡，以爲懲勸。夫蹈忠履正，貞士之心；背義圖榮，君子不取。而彥威迹淪寇壤，逡巡于偏國。野民運遭革命，流漣於舊朝，行不違言，廣得之矣。(《晉書》卷八十二)

這一段文字，簡要回顧左、馬以來史學的發展歷史，最推崇陳壽，以爲陳壽是能繼明先典的史學家。對東漢後的一些史家作了詳盡的評論。同卷中，介紹了各個史家的史學作品：虞溥（允源）有《江表傳》，司馬彪（紹統）作《九州春秋》、《續漢書》，又據《汲塚紀年》條陳譙周的《古史考》有百二十二事爲不當。虞預（叔甯）作過《晉書》，據載是借王隱（處叔）的著述"竊寫之"。孫盛（安國）著《魏氏春秋》、《晉陽秋》，其中的《晉陽秋》是"詞直而理正，咸稱良史焉。"幹寶（令升）著《晉紀》，"其書簡略，直而能婉，咸稱良史"。鄧粲有《元明紀》，（謝沈著後漢書》百卷，《漢書外傳》等。習鑿齒（彥威）著《漢晉春秋》，主張以蜀漢爲史之正統，反對桓溫的威逼晉室，"明天心不可以勢力強也"。徐廣（野民）作《晉紀》，爲世所重。一代史家如許之多，雖沒有什麼傳世之作，但是唐朝的史臣對這些史家，還是作出了大體貼切的批評。

在這些史學批評中，我們看出，史學著作能不能記載真實的史事，從而爲人君提供有意義的歷史經驗教訓；史學能不能宣傳一代的政權的合理性，並且能起到褒善貶惡的道德垂訓鑒戒的作用，這兩條即是所謂"詞直而理正"，是一代統治者開館修史最關心的事，也是史學家評價、批評前代史著的最重要的標準。當然不是說，具備這兩點的史著，就可以成爲一本優秀的史學作品。評價史書優劣還有其他的標準。史書能不能反映出史家的精審的見解，從而具有一家之言的精神，是區分史書優劣另一個十分重要的標準。此外，史書的文字表述，以至史家的個人的修養、品德也都成爲後世人評價史書的尺度。這裏的史學的批評標準既有史學客體，也有史學主體方面的要求。史學批評由此而發育起來。但是如前所說，儒家的綱常名分、天人感應的理論框架又阻礙史學批評的發展。許多史學的批評往往是雷同的教條，這反過來又對史學的發展產生不利的影響。

可以說，每位大史家寫史時，對史學發展的歷史、對當代的史著的情形的瞭解，都是成竹在胸。各類史書的《自序》、《序傳》、史學評論及《上書表》之類文字，可以說明這一點。一個史家的史學成就如何，在一定程度上，和他們對史學發展的狀況的認識、和他們對史學歷史的反思所能達到的理論的高度有關係。

魏晉南北朝隋唐的史學總結逐漸從個別史家、史著的評論，向著對一類史學作品的批評的方向發展，一些民族地區的史學批評同樣體現出這樣的趨向。崔鴻著《十六國春秋》也是由於不滿意這些地區的史書的情況而起意的。據載：“（崔）鴻弱冠便有著述之志，見晉、魏前史皆成一家，無所措意。以劉淵、石勒、慕容俊、苻健、慕容垂、姚萇、慕容德、赫連屈子、張軌、李雄、呂光、伏乞國仁、禿髮烏孤、李暠、沮渠蒙遜、馮跋等，並因世故，跨僭一方，各有國書，未有統一，鴻乃撰爲《十六國春秋》，勒成百卷，因其舊記，時有增損褒貶焉。”（《魏書》卷六十七）後來他在《表》中陳說著述的艱辛。自景明後，他開始收集諸國舊史，加以考訂，“三豕五門之類，一事異年之流，皆稽以長曆，考諸舊志，刪正差謬，定爲實錄”。除了家貧紙盡，資費不足外，爲搜常璩的《蜀書》，又耗費大量時日。他稱這百二卷之作，“近代之事，最爲悉備”。可見，崔氏把史學批評和新史書的撰寫結合起來。

其三，史學的社會價值的再認識。通過史學的總結，一些史家對史學的意義作了新的闡發。北魏高允在統治者的淫威面前，陳述對史學的看法，說：“夫史籍者，帝王之實錄，將來之炯戒，今之所以觀往，後之所以知今。是以言行舉動，莫不備載。故人君慎焉。”（《魏書》卷四十八）這稱不上是新見解，但在統治者屠刀前直說史學的意義，也是一種南董精神。北周的柳虬反對史官密書，以爲這樣起不到懲戒人主的作用，"史官密書善惡，未足懲勸"，他說：

> 古者人君立史官，非但記事而已，蓋所以為監戒也。動則左
> 史書之，言則右史書之，彰善癉惡，以樹風聲。故南史抗節，
> 表崔杼之罪；董狐書法，明趙盾之愆。是知直筆於朝，其來
> 久矣。而漢魏已還，密為記注，徒聞後世，無益當時，非所
> 謂將順其美，匡救其惡者也。且著述之人密書其事，縱能直
> 筆，人莫知之，何止物生橫議，亦自異端互起。故班固致受
> 金之名，陳壽有求米之論。著漢魏者，非一氏；造晉史者，
> 至數家。後代紛紜，莫知准的。(《周書》卷三十八)

這對史學直筆的意義，有了進一層的闡釋。過去採用"密書"的辦
法，史臣以為它可以作為一種勸戒君主的手段。而柳虯則以為這種
密書，在實際上是達不到目的，"徒聞後世，無益當時"。"密為記
注"的另一個弊端是真正行直筆的人，別人並不知道；而且後世一
旦對史事有爭議或褒貶不一致時，後人也難以裁斷，從而引起無數
的文字糾紛。柳虯的看法說出一個事實，在封建社會裏，靠史官以
"密為記注"的辦法行監戒，多是一句空話，如同掩耳盜鈴，所以
"直筆於朝，其來久矣"，卻達不到預期的效果。這表明史家對史
學的社會作用有了更多的思考。他主張史官記事，應當在當時就公
之於朝，然後宣付史館，"庶令是非明著，得失無隱。使聞善者日
修，有過者知懼。"(《周書》卷三十八) 但這同樣是一種天真，一種
理想，無法行得通的，北魏的崔浩，就是一個樣子。當他的直筆揭
露到當朝的人主時，就遭到殺身滅族之禍。即使唐太宗這樣的開明
的君主，一旦觸到痛處，也會表現反常，魏徵為此嘗到過苦頭。所
謂的"直筆"是有限度的，只有它能為當朝的統治者提供歷史經驗
教訓時，才會為統治者所提倡。

　　史學的總結在魏晉南北朝隋唐時期，向一個新的方向即向著更
為開闊的方向發展。這是史學思想發展的一個標誌。在這中間劉勰
的《文心雕龍·史傳》、《隋書·經籍志》和劉知幾的《史通》是這
一時期史學總結的代表作，是史學總結思潮發展的標誌。

第二節　《文心雕龍‧史傳》、《隋書‧經籍志》和《史通》對史學的總結

　　我們應當以通變的眼光去認識《文心雕龍》這本書，它是一部文論，也是一部史論的著作。前人說："論文則《文心雕龍》，評史則《史通》"，（見《王惟儉〈序〉》），這話不是很確切。劉勰論文兼及史，融史論於論文之中，一是史中有文，劉氏論及"論說"、"詔策"、"章表"、"奏啓"、"議對"、"書記"，即使是"詮賦"、"頌贊"等，是文，但何嘗不是史？是史中之文。其二，在劉氏看來，文需宗經、仰聖，史同樣是要宗經、崇聖。文史一源，文筆分途，邪是後代的事。劉勰說："今之常言，有文，有筆，以爲無韻者，筆也；有韻者，文也。夫文以足言，理兼詩書，別目兩名，自近代耳。"（《總術》）古代未嘗有文、史之分。"仲舒專儒，子長純史，而麗縟成文，亦詩人之告哀焉。"南北朝時的孫盛、幹寶、袁宏等也都是文筆高手。（《才略》）文需有識，有氣，而史之識即爲其一。"熔鑄經典之範，翔集子史之術，洞曉情變，曲昭文體，然能莩甲新意，雕畫奇辭。"（《風骨》）因而強分文論、史評並不可取。只可說，各有所側重。

　　《文心雕龍》的《史傳》篇，是集中論述史學的篇章，另外其他各篇中，也都有史書評論的內容。

　　劉勰字彥和，生活在公元五世紀的後半期至公元六世紀的前半期。《梁書‧劉勰傳》說，他的父親劉尚是越騎校尉，"（劉）勰早孤，篤志好學，家貧，不婚娶，依沙門僧祐，與之居處，積十餘年，遂博通經論"。劉勰長於爲文、長於佛理，所作的《文心雕龍》未爲時人所重，審約命取讀，"大重之，謂爲深得文理，常陳諸幾案"。這已經是南北朝的後期，玄學經過一段時間的發展，已是強弩之末，佛學在南北傳播，但是要吸收融化進各種學理中去還要一個過

程。但是，劉勰的文論和史評中還是能看出時代的印痕。

宗經仰聖是劉勰論文的一個基本理論，也是他評史書的一個根本觀點。"論文必徵於聖，窺聖必宗於經"。(《徵聖》)所謂"經"，他解釋說："經也者，恒久之道也，不刊之鴻教也。"(《宗經》)"經"是遠古聖人之作，經孔子的刪定，"而大寶鹹耀"。文能宗經才能體有六義：一則情深而不詭；二則風清而不雜；三則事信而不誕；四則義貞而不回；五則體約而不蕪；六則文麗而不淫。劉氏認為論文當以道為准，經為道之體現。宗經的要求，是把為文提高到"道"的高度上。史書立意，也應當是"立義選言，宜依經以樹則；勸戒與奪，必附聖以居宗"。(《史傳》)

劉勰以宗經的觀點在《史傳》篇中評品各代的史書。在《經》書中，《尚書》是"言經"，《春秋》是"事經"。"丘明同時，實得微言，乃原始要終，創為傳體。傳者，轉也，轉受經旨，以授於後，實聖文之羽翮，記籍之冠冕也"。後來的劉知幾的史學評論可以看成是劉勰的延長與發展。對於兩漢的史書，如《史記》《漢書》，劉勰借前人的評論表明他的看法：《史記》是"爾其實錄無隱之旨，博雅弘辯之才，愛其反經之尤，條例躊落之失"。《漢書》其優長是"宗經矩聖"、"端緒豐贍"，"十志該富，贊序弘麗，儒雅彬彬，信有遺味"。

劉勰認為，從司馬遷、班固到張衡，在史書中所立的《紀》，都違背了"宗經"的原則，他說：

> 班史立紀，並違經實，何則？庖羲以來，未聞女帝者也……
> 呂氏危漢，豈唯政事難假，亦名號宜慎矣。張衡司史，而惑
> 同遷、固，元、平二後，欲為立紀，謬亦甚矣。

兩漢以後，劉勰稱道的史書很少，東漢的史書中，"司馬彪之詳實，華嶠之准當，則其冠也"。三國史中"唯陳壽《三志》，文質辨洽"。晉代史書中，"幹寶述紀，以審正得序；孫盛《陽秋》，以約舉為能"。

總之，劉勰評史，權衡史書的得失的最重要的準則，是以"宗經"為尺度。馬班之失，失在偏離宗經的宗旨。

　　劉勰的直筆論是兩個方面。一是指出造成史書失實的原因。其一是愛奇述遠。劉氏說："蓋文疑則闕，貴信史也。然俗皆愛奇，莫顧實理，傳聞而欲偉其事，錄遠而欲詳其迹，於是棄同即異，穿鑿傍說，舊史所無，我書則傳，此訛濫之本源，而述遠之巨蠹也。"其二是爲權勢利害所左右。"至於記篇同時，時同多詭，雖定、哀微辭，而世情利害。勳榮之家，雖庸夫而盡飾，……寒暑筆端，此又同時之枉，可爲歎息者也"。仔細地分析一下，這兩點指出曲筆的緣由，有客觀上的材料的不足與權勢的逼迫，也有主觀認識上與品德上的問題。

　　劉勰直筆論的第二個方面是"尊賢隱諱"論，他把這一條作爲史家修史的原則定了下來。劉勰說：

> 若乃尊賢隱諱，固尼父之聖旨，蓋識瑕不能玷瑾瑜也；奸慝懲戒，實良史之直筆，農夫見莠，其必鋤也；若斯之科，亦萬：代一準焉。至於尋繁領雜之術，務信棄奇之要，明白頭訖之序，品酌事例之條，曉其大綱，則眾理可貫。……若任情失正，文其殆哉。

這顯然是一個矛盾。一方面要直筆，做到書法不隱；另一方面又提倡爲聖人賢者諱，聖賢者有缺點也要爲之隱。但這表明所謂的直筆，總是有一定的界限。直筆和爲聖賢"諱"，統一在"宗經"這個前提之下。封建史學的這種特性表現得很明朗。以後我們在劉知幾那裏也可以看得到的。

　　論史書的體裁與體例。總的說來，劉勰重編年體史書，也重紀傳體史書。他稱丘明的傳體，是"實聖文之羽翮，記籍之冠冕"，他認爲編年的《左傳》和紀傳體的《史記》各有所長，紀傳體中的《傳》與之相比，則是一種發展，他說："觀夫左氏綴事，附經間出，于文爲約，而氏族難明，及史遷各《傳》，人始區詳而易覽，述者宗焉。"司馬遷《史記》創五體，劉勰有一段評論，說：司馬遷創紀傳體的五種體例："取式《呂覽》，通號曰'紀'，紀綱之號，亦宏稱也。故《本紀》以述皇王，《列傳》以總侯伯，《八書》以鋪

政體,《十表》以譜年爵,雖殊古式,而得事序焉。"但是紀傳體
又有其不足之處,他說:

> 然紀傳為式,編年綴事,文非泛論,按實而書,歲遠則同異
> 難密,事積則起訖易疏,斯固總會之為難也。或有同歸一事,
> 而數人分功,兩記則失於複重,偏舉則病於不周,此又詮配
> 之未易也。故張衡摘史班之舛濫,傅玄譏《後漢》之尤煩也,
> 皆此類也。

概括起來,是失於重複,病於不周,詮配不易。後來劉子玄的《史
通》論紀傳體的得失,大體也是這個思路。可以說,魏晉南北朝時
期的史學評論、批評,為唐初的史學系統的總結打下了基礎。

　　關於史學的作用,劉氏所論可以歸結為三點。其一是"居今識
古"。他說:"開闢草昧,歲紀綿邈,居今識古,其載籍乎。軒轅之
世,史有倉頡,主文之職,其來久矣。《曲禮》曰:'史載筆'。史
者,使也;執筆左右,使之記也。古者左史記言,右史記事。"其
二是"彰善癉惡,樹之風聲"。孔子因魯史以修《春秋》,"舉得失
以表黜陟,徵存亡以標勸戒。褒見一字,貴逾軒冕,貶在片言,誅
深斧鉞"。其三是"表徵興衰"。劉勰以為:"原夫載籍之作也,必
貫乎百氏,被之千載,表徵興衰,殷鑒興廢,使一代之制,共日月
而長存,並天地而久大。"總之,史家的責任重大,"史之為任,
乃彌綸一代,負海內之責,而贏是非之尤。秉筆荷擔,莫此之勞"。
(上引見《史傳》篇)

　　《文心雕龍》論文,其中包括論歷史文學。這裏提出劉氏的幾
個方面,對於我們認識歷史文學問題也是有益的。一、"善敷善刪"
說。這是說,文當簡潔。《熔鑄》篇說:"思贍者善敷,才核者善刪。
善刪者字去而意留,善敷者辭殊而意顯。"只有做到"字不得減,
乃知其密"。這和一味求簡的主張不同。該敷則敷,該減則減。在
《誇飾》篇中劉勰引孟子的話:"說《詩》者,不以文害辭,不以
辭害意。"其意思一致。二、"理髮而文見"說。劉勰從兩漢的子
史文中總結出這樣的認識。所謂文中的風骨等也都是這一層意思。

熔鑄經典之範，翔集子史之術，洞曉情變，爲文則達到風清骨峻的境界。劉彥和論文言氣、言識、言理、言勢、言風骨，大前提是"宗經"，但他的重視文章的器識，對於史文來說，也是有啓發的。他說的"文之司南"，對於史文說，同樣有它的價值。三、文當達於政事。《程器》篇說："安有丈夫學文，而不達於政事哉。"這和後世所說的文需有益於天下的思想相通。但他批評揚雄、司馬遷的有文無質，卻又是不瞭解史文。有人說，劉勰所論是一種形式主義，這樣的看法並不全面。

《文心雕龍》反對緯書，提出"正緯"的主張。兩漢以後的說災異、說祥瑞，讖緯之學彌漫，毒化了當時的社會風氣。劉氏的出發點，是反對以這樣的東西亂經，"《經》足訓矣，緯何豫焉"。同時劉氏相信迷信、宿命的東西，所以他的歷史觀中積極的因素有限。他的通變的思想也僅僅局限在論文之中，比《周易》、司馬遷等人通變的思想，顯得狹隘。

劉勰論文論史中，開始引"道"、"氣"、"理"、"勢"的術語與概念，但重在說明爲文之術，還沒有以它來說明歷史的變化、史學的發展，這固爲論題所限，但表明這個時期的理性思維的不足。

魏晉南北朝時期的史學總結，爲以後的史學的進一步的、系統的總結打下了良好的基礎。

隋開皇三年，秘書監牛弘上表，請搜天下圖書。"於是民間異書往往間出"。後得圖書三萬餘卷。唐初，由水道運圖書進長安，由於船在底柱漂沒，存書"十不一、二"。後經整理，總計留下圖書 14466 部，89666 卷。史書蔚爲大觀，從而爲史學的總結提供了條件。唐初史臣修的《隋書·經籍志》對中國的文獻典籍是一次重要的總結性、分類性的研究。對史部書的總結超過了以往的規模。從文獻學的角度對史學進行考察，可以說《隋志》是一部簡明史學史。過去史學史研究對《隋志》重視得不夠，這是一個很大的缺陷。下面著重分析它對史學的認識。

經籍源于史，《隋志》認爲經籍文獻起源史部文獻，這是一個值得注意的觀點。《隋志》說：

> 夫經籍也者，先聖據龍圖，握鳳紀，南面以君天下者，咸有
> 史官，以紀言行。言則左史書之，動則右史書之，故曰"君
> 舉必書"，懲勸斯在。考之前載，則《三墳》、《五典》、《八
> 索》、《九丘》之類是也。下逮殷、周、史官尤備，紀言書事
> 靡有闕遺。

周道衰，孔子述《易》，刪《詩》、《書》，修《春秋》是爲經籍；戰國諸子縱橫，始而有子。因此，中國的經籍及各種文獻都是發源于史官之記錄。《隋書·經籍志》的結論是："史官既立，經籍於是興矣。"這可以說，是從文獻發源上，論證了經即史的觀點。

史部書在整個文獻史的地位的重要，前面所論很可以說明。史部作爲與其他門類的文獻相獨立的文獻，經過了一個很長的發展階段。劉向、劉歆父子作的《七略》即集略、六藝略、諸子略、詩賦略、兵書略、術數略、方技略，除集略（《漢志》作輯略）爲總匯"總群書"各篇旨意的文字外，實分天下圖書爲六類。曹魏秘書郎鄭默作《中經》，秘書監荀勗因《中經》而作《新簿》。分圖書爲四部，第三部是丙部，中有史記、舊事、皇覽簿、雜事。史始爲獨立門類。但別的門類中也有史部書。東晉著作郎李充、劉宋的謝靈運所作目錄，無所變化。王儉作《七志》，一曰經典志，其中有史記及雜事之類。南朝梁的阮孝緒，作《七錄》，其二曰《紀傳錄》，紀史傳。直到《隋書·經籍志》，史書始真正成爲獨立的門類。史書與其他文獻的合與分，史書與其他文獻從最初一源，到混沌相錯，然後再到成爲獨立的門類，它從一個側面反映了史學的發展。史書只有成爲一個獨立的門類，才爲更好地討論史學的問題提供了條件，才能更好地思考史學的成果與發展的走向。但是也要看到，史部的確立，從另一個方面又局限了人們對中國史學的認識。大量的思想家的作品，也就是"子部"及解"經"的作品被排列在史部書以外，其中的豐富的史學思想、歷史觀點，往往被人們所忽視，以致一些學人認爲中國的歷史編纂學發達，但中國的史學思想貧乏。除了別

的原因，以固定的眼光認識史部書的分類，不能說不是一個十分重要的原因。

　　除道釋的經藏外，四部書共有書 3127 部，36708 卷。史部書籍數量在各部中，數量最多，計有 817 部，13264 卷。諸子書 835部，但卷數僅爲史部書的一半。史部書卷數均在經、子、集部書籍的一倍以上。史部分爲 13 類，即正史、古史、雜史、霸史、起居注、舊事、職官、儀注、刑法、雜傳、地理、譜系、簿錄。反映了封建統治階級意志的正史，在史書中始終處於主導的地位。正史的紀傳體和編年體的古史，是史書的兩大門類，史學的總結，集中在這兩大門類中也就是自然的事。其次，分類表明《隋志》的作者對史書較爲開闊的認識，譜系、簿錄收錄了進史部，反映了社會的需求。這樣的分類，又反映出重歷史記載、重編纂，而輕理論、思想。我們在分析《隋書·經籍志》中的史學思想時，重視史部書中的思想觀點，同時也要重視其他各部中的史學思想，不應當爲這種分類所局限。

　　《隋書·經籍志》對史學的批評可以歸結爲以下幾點。一、反對讖緯和玄言，《隋志》在“經”類中曆敘經學的發展，說：

　　　至後漢好圖讖，晉世重玄言，穿鑿妄作，日以滋生。先王正
　　　典，雜之以妖妄，大雅之論，汩之以放誕。陵夷至於近代，
　　　去正轉疏，無複師資之法。

這是明顯地要求學術從玄學和讖諱學中解脫出來，恢復儒學的地位。對佛、道之學，《隋志》的態度是：“道佛者，方外之教，聖人之遠致也。俗士爲之，不通其指，多離以迂怪，假託變幻亂於世，斯所以爲弊也。故中庸之教，是所罕言，然亦不可誣也。”佛道在中國的傳播，儒士看到它不同於儒學的一面，同時又並不盲目排斥。經隋唐，儒釋道相互吸收融合，到了宋代，理學的出現與這一股思潮的發展密不可分。

　　二、指出史學的趨向是“作者多，而名家少”。司馬遷以後，好事者亦頗著述，用《隋志》的話說，是“然多鄙淺，不足相繼”。

後漢班固與其先人寫就的、後人繼之完成的《漢書》是史書中佼佼者。

自陳壽《三國志》以後，"自是世有著述，皆擬班馬，以爲正史，作者尤廣，一代之史，至數十家"。除范曄、陳壽等名家之外，其餘是讀之可知。"《史記》傳之甚微"。史學總的發展的趨向，《隋志》說：

> 自史官廢絕久矣，漢氏頗循其舊，班馬因之。魏、晉以來，其道逾替。南、董之位，以祿貴遊，政、駿之司，罕因才授。故梁世諺曰："上車不落則著作，體中何如則秘書。"於是尸素之儔，盱衡延閣之上，立言之士，揮翰蓬茨之下。一代之記，至數十家，傳說不同，聞見舛駁，理失中庸，辭乖體要。

《隋志》的作者在"經"部的解說中，批評過學者"不知變"的缺點，這同樣可以適用于史書作者的狀況；史著表面繁榮，實是不景氣，這就要討論史學，尋求史學出路，史學的總結是形勢的要求。

三、對各類史書的批評。前面已說到《隋志》對正史、編年史書的批評。於雜史類，《隋志》說：它是"蓋率爾而作，非史策之正也。""又自後漢以來，學者多抄撮舊史，自爲一書，或起自人皇，或斷之近代，亦各其志，而體制不經。又有委巷之說，迂怪妄誕，真虛莫測"。職官類史作："又多瑣細，不足可紀。"儀注類："或傷於淺近，或失于未達，不能盡其旨要。"雜傳類："因其事類，相繼而作者甚衆，名目轉廣，而又雜以虛誕怪妄之說，推其本源，蓋亦史官之末事也。"地理類："是後載筆之士，管窺末學，不能及遠，但記州郡之名而已。"簿錄類，也就是目錄類，劉向《別錄》、劉歆《七略》，"剖析條流，各有其部，推尋事迹，疑則古之制也。自是之後，但記書名而已，博覽之士，疾其渾漫，故王儉作《七志》，阮孝緒作《七錄》，並皆別行。大體准向、歆，而遠不逮矣"。

四、關於史才與史官。《隋志》認爲史官、史家應當是"疏通知遠"之士。這裏有一段話，說：

夫史官者，必求博聞強記，疏通知遠之士，使居其位，百官衆
職，鹹所貳焉。

是故前言往行，無不識也；天文地理，無不察也。人事之紀，
無不達也。內掌八柄，以詔王治、外執六典，以逆官政。書
美以彰善，記惡以垂戒，範圍神化，昭明令德，窮聖人之至
賾，詳一代之壇壇。

這簡要地說史家應當是識前言往行，達於政事，明古神聖之道。以
彰善癉惡爲己任。

《隋書》的《經籍志》論史學的發展趨向，述說史書在整個文
獻經籍中的重要地位，評史書、史體，論史家的必備素養，所有這
一切，都爲史學的進一步總結奠定了基礎，構築了框架。

《史通》緊隨《隋志》之後，對史學作了全面的總結。

《史通》對中國史學作了一次全面的理論性的總結。歷代的學
者對劉知幾以及他的《史通》的研究，相對說是比較充分的。現在
我們應當作更爲深入一點的思考。首先，我們要研究劉氏是怎樣理
解史學的。其次他是從怎樣的角度來看待史學的變化，以及他對中
國史學發展的趨向提出了怎樣的主張。

劉知幾貫通經、史論史學，這是我們首先要注意到的。劉知幾
在總結史學時提出"家"、"類"、"流"等概念。他在《史通》的開
篇說："古往今來，質文遞變，諸史之作，不恒厥體。權而爲論，
其流有六：一曰《尙書》家，二曰《春秋》家，三曰《左傳》家，
四曰《國語》家，五曰《史記》家，六曰《漢書》家。"(《六家》)
古代並沒有一種獨立的史學，因此，所謂史體也只是後來的事。"家"
只能是就源流上說，劉知幾認爲史學的源流是六家，這六家是史學
的根本精神所在。我們也要看到，劉知幾說史學"六家"，與司馬
談論學術"六家"涵義不同。關於"家"的概念，司馬談更重在論
學術源流；劉知幾論史源又重在"類"上，下面還要分析這一點。

《尙書》、《春秋》爲史之家，劉知幾引孔子的話說："疏通知

遠，《書》之教也；屬辭比事，《春秋》之教也。"前者是重在說明史學述作的根本的宗旨，後者說明作爲史書的編纂的基本精神。屬辭中有褒貶，比事中有書法，後世史書的變化也只是時代變遷的緣故。這和僅僅"言罕褒貶，事無黜陟"，所謂"整齊故事"那樣的作品不是一回事。

《左傳》之成家，主要在"述"。劉知幾說："觀《左傳》之釋《經》也，言見《經》文，而事詳《傳》內，或傳無而《經》有，或《經》闕而《傳》存。其言簡而要，其事詳而博，信聖人之羽翮，而述者之冠冕也。"於述中能得《經》之意，文字上是簡而有要，詳而能博，這是作爲一本史書的基本的要求。《左》爲史之家，其基本精神在此。《國語》作爲史之一家，主要還是從文獻方面說的，是在《左傳》之外，"稽其逸文，纂其別說"以解經。

《史記》具有通史的見識，又創造出紀傳體裁，劉氏說："至（司馬）遷乃鳩集國史，采訪家人，上起黃帝，下窮漢武，紀傳以統君臣，書、表以譜年爵。"自此以後，史書二體，即紀傳與編年二體，角力爭先，不可廢一。

《漢書》家的特點，一是"包舉一代"，二是"言皆精煉，事甚該密"，從而成爲歷史的"正史"撰寫的範本。

劉知幾以"家"論史學的淵源，展示史學發展的流變，繼承了考鏡源流的治學的傳統，表明經史同源。《尙書》在劉氏的眼裏地位十分重要，他說："夫《尙書》者，七《經》之冠冕，百氏之襟袖。"(《斷限》)而《尙書》也是史學之源。由《書》、《春秋》而有《史》、《漢》，是史學逐漸形成獨立的學科的過程。劉知幾在《編次》篇中說：

> 昔《尚書》記言，《春秋》記事，以日月為遠近，年世為前後，用使閱之者雁行魚貫，皎然可尋。至馬遷始錯綜成篇，區分類聚，班固蹺武，仍加祖述。

史學與經學同源，又從中演變成獨立學科，很重要的一點是"類"的思想的運用，所謂"至馬遷始錯綜成篇，區分類聚"，也就是這個意思。劉知幾說到"類"的地方很多。類聚思想促成史書在編纂上走向成熟，"類"又是立例的方法，史之分類、立例，以及劉氏說的"別立科條"等都是這一含意。即如史傳雜篇，也當"區分類聚，隨事立號"。(《題目》) 分類不清，會導致在寫史書上的混亂。"類"又是史學評史的方法。劉知幾說："蓋聞方以類聚，物以群分，薰蕕不同器，梟鸞不比翼。""史氏自遷、固作傳，始以品彙相從。"他批評史書中類聚上的混亂，是朱紫不分，蘭艾相雜，"是誰之過歟？蓋史官之責也。"他又說：史官之責，是"能申藻鏡，區別流品，使小人君子，臭味得朋，上智中庸，等差有敘，則懲惡勸善，永肅將來，激濁揚清，鬱爲不朽者矣"。(《品藻》) 劉知幾的論史體、史例、史法以及評藻人物，無一不是"類"的思想的運用。他的思想中消極的一面，如等級名教觀念、史法論反映出的等級尊卑思想，也同樣是一種"類"觀念，其內涵則是另一種性質。

劉知幾說到《史通》的寫作經歷時，說：

> 自惟歷事二主，從官（或作"宦"）兩京，遍居司籍之曹，久處載言之職。昔馬融三入東觀，漢代稱榮；張華再典史官，晉朝稱美。嗟予小子，兼而有之，是用職思其憂，不遑啓處，嘗以載削餘暇，商榷史篇，下筆不休，遂盈筐篋，於是區分類聚，編而次之。(《原序》)

可見，"區分類聚"也是他編纂《史通》的基本方法。劉知幾研究、總結史學作《史通》和編纂《史通》的基本方法是"類聚"的方法。章學誠說劉知幾言"史法"，但劉氏的史法基本特徵是什麼，章學誠沒有明說。劉知幾的史法，一般地說，是談史書編纂的方法，談體裁、體例確定之法，但劉氏法，也是《史通》方法論的內在精神，是"類聚"。這只有通過對劉知幾的《史通》作全面的分析，才有更深的體會。

值得重視的是劉知幾"類"的思想中的積極因素。首先，劉知殘說的"類"和他論源流的思想是結合在一起的。他的關於"家"和"類"的觀點相聯繫。其次，他說："夫名以定體，爲實之賓，苟失其途，有乖至理。"（《題目》）就是說，"類"之名，應當從內在的內容出發，使之名實相符。劉知幾批評那種"貌同心異"的分類，也是基於他的名實論。如後世一些稱爲"某某尙書"作品，與《尙書》書名相同而精神相異，不能列入《尙書》家。又如《漢書》的《古今人表》，其失在於，把古今人物強分之以三科，定之以九等。另外，劉知幾論"家"、"類"與論流變相統一。史有六家，有二體，但史又有變異，"愛及近古，斯道漸煩，史氏流別，殊途並騖，權而爲論，其流有十焉：一曰偏記，二曰小錄，三曰逸事，四曰瑣言，五曰郡書，六曰家史，七曰別傳，八曰雜記，九曰地裏書，十曰都邑簿"。（《雜述》）劉知幾的通與類的思想結合，從而使他的史學通識具有自己的特色。

但是也應當看到，他的通和類的思想，爲他的名分等級觀念所窒息，很多地方，他以封建名分等級的禮教的"實"，去確立"名"，又是以先驗的"名"規範現實世界，從而使自己"名以定體，爲實之賓"的很好命題走向反面，伺時也大大削弱了他的史學通識。他企圖以立例的方法規範史學於固定的框架之中，稍有逾越，即被視爲"爲例不純"。中世紀的中國的史學思想、哲理不能很好地發育起來，往往在這一方面可以找到一些原因。史學的總結達到一定的高度，就被限制住了。

劉知幾總結史學的一個重要特點，是從史學變化的趨向上提出問題。總的說來，劉知幾認爲史學的變化是今不如古。但他的史學退化論，其用意是論說史學更革的必要，以"復古"的語言說出對史學的希望，希望史學在古代的史學中找到恢復生機的營養。

劉知幾考察史學的各個方面，從整個學術的變化上看，是經史不分，到經史相分。劉氏在《敍事》篇中說：

> 昔聖人之述作也，上自《堯典》，下終獲麟，是爲屬詞比事之言，疏通知遠之旨。子夏曰："《書》之論事也，昭昭然若日月之代明。"揚雄有云："說事者莫辨於《書》，說理者莫辨乎《春秋》。"然則意指深奧，詁訓成義，微顯闡幽，婉

而成章，雖殊途異轍，亦各有差焉，諒以師範億載，規模萬
古，為述者之冠冕，實後來之龜鏡。既而馬遷《史記》，班
固《漢書》，繼聖而作，抑其次也。故世之學者，皆先曰五
經，次雲三史，故經史之目，於此分焉。

這樣的學術趨勢，劉知幾的認識是："自漢已降，幾將千載，作者
相繼，非複一家，求其善類，蓋亦幾矣。夫班馬執簡，既五經之罪
人；而晉宋殺青，又三史之不若。"（《敘事》）這真像他在另一處說
的，史道凌夷，經史分作兩科後，是一代不如一代。以致"以觀今
古，足驗積習忘返，流宕不歸"。（《書事》）

分而言之，同樣是一種倒退。從史體上說，自左丘明傳《春秋》，
司馬遷作《史記》，編年及紀傳二體皆臻于成熟，劉知幾說："載筆
之體，於斯備矣。後來繼作，相與因循，假有改張，變其名目。"
（《二體》）這種相與因循的積習，導致史學的衰微。就編年體來說，
"降及戰國，迄乎有晉，年逾五百，史不乏才，雖其體屢變，而斯
文終絕"。（《序例》）後人雖有幹寶、沈約及蕭子顯一二人企圖使史
例中興，但總的趨勢沒有改變。

從史文上說，後世日益繁蕪，文風浮華。上古人惟純樸，史文
語言，事簡而理深，周監於二代，鬱鬱乎文哉。後世尚文，然"自
漢以下，無足觀焉"。（《言語》）在史料的采擇上，上古之時，采擇
既廣，即使是有的史家雜引眾書，亦多是當代雅言，所以"能取信
一時，擅名千載"。中世作者，其流日煩，作史中，虛益新事，好
聚寓言，晉史作品中，有的是故造新奇。總之，越是到了後世，史
書日益乖濫。

史學變化上的趨向表明了史學變革的必要與迫切。劉知幾在
《史通》中提出史書更革的主張，這是劉知幾論史學大勢的用心。

下面擇引劉知幾有關論述。

在談到史體的弊病時，劉知幾說："故前史之所未安，後史之
所宜革。"（《二體》）論及寫史的書法、稱謂等問題時，他說：

蓋聞三王各異禮，五帝不同樂。故傳稱因俗，俗貴隨時。況

> 史書者，記事之言耳。夫事有貿遷，而言無變革，此所謂膠
> 柱而調瑟，刻船而求劍也。（《因習》）

在談到各史沒有必要都作《藝文志》時，劉氏以爲：“愚謂凡撰《志》
者，宜除此篇，必不能去，當變其體。”（《書志》）

　　劉知幾全面論史學更革，一是從史學的變化的趨向上說。二是
從史與時代的關係上說。所謂“三王各異禮，五帝不同樂”，“易貴
隨時”，說出這層道理。他意識到史書的寫作總是和一定的時代政
局有關。自魏晉以後，出現一批地區性的紀傳、編年體的史著，劉
氏認爲這是可以理解的，說：“自魏都許洛，三方鼎峙，晉宅江淮，
四海幅裂，其君雖號同王者，而地實諸侯，所在史官，記其國事。
爲紀傳者，則規模班馬；創編年者，則議擬荀袁。於是史、漢之體
大行，而《國語》之風替矣。”（《六家》）在論及史書的語言與文風
時，劉知幾以爲要“考時俗之不同，察古今之有異”。（《敍事》）再
如後世史文蕪累，這是一個事實，但應當看到這種情況“亦古今不
同，勢使之然也”。從一定的時代的政治、文化的背景出發，從歷
史發展的大勢出發，論述史書、史體的出現與變革的必要，這樣的
看法有積極的意義。

　　劉知幾的史學變革觀中含有變通的史學批評精神。首先，他反
對“因習”、“模仿”，提出要善於師古、巧于師古。例如，他以爲
《東觀漢記》中立《載記》，“可謂擇善而行，巧於師古者矣”。在
史傳雜篇的名稱上，主張史家寫作時，當“區分類聚，隨事立號”。
（《題目》）《史記》《漢書》收錄學人的言論、文字，對載事卻不經
意，這是一個不足，但是“後史相承，不改其轍”。這是師古而不
知變的典型。其次，他說的師古而變，所謂師古，當得古人的學術
精髓，要有一種見識。他提倡對古人，應當“貌異而心同”。“何哉？
蓋鑒識不明，嗜愛多辟，悅夫似史而憎夫真史”。（《類比》）所謂的
變，不是一種形式上的變，當有鑒識。“蓋貌異心同者，類比之上
也；貌同而心異者，類比之下也”。三是，劉知幾對前人的史學，
不作絕對的肯定與否定。《尚書》、《春秋》、《左傳》、《國語》、《史

記》、《漢書》，他都有各種批評。劉知幾"自小觀書，喜談名理"，
對前史不當之處，勇於發表自己的看法，這種作法，使他受到一些
批評，"當時聞者，共責以童子何知，而敢議前哲"。他著《史通》，
繼承了揚雄、王充、劉勰等人的學術批評的傳統。關於《史通》的
著述宗旨，他說：

> 若《史通》之為書也，蓋傷當時載筆之士，其義不純，思欲
> 辨其指歸，殫其體統。夫其書雖以史為主，而餘波所及，上
> 窮王道，下掞人倫，總括萬殊，包吞千有，自《法言》以降，
> 迄于《文心》而往，固以納諸胸中，曾不蒂芥者矣。夫其為
> 義也，有與奪焉，有褒貶焉，有鑒戒焉，有諷刺焉。其為貫
> 穿者深矣，其為網羅者密矣，其所商略者遠矣，其所發明者
> 多矣。蓋談經者，惡聞服、杜之嗤；論史者，憎言班、馬之
> 失。而此書多譏往哲，喜述前非，獲罪于時，固其宜矣。猶
> 冀知音君子，時有觀焉。（《自敘》）

由此可見，劉知幾的史學更革思想和他的史學批判繼承的精神結合
在一起，並且又是建立在一種開闊的歷史見識上：總括萬殊，包吞
千有。

劉氏的史學更革的具體的主張，一個很重要的方面是擴大史書
的反映面。他主張史書增三《志》。他說："曆觀衆史，諸《志》列
名，或前略而後詳，或古無而今有，雖遞補所闕，各自以爲工，權
而論之，皆未得其最。蓋可以爲志者，其道有三焉：一曰都邑志，
二曰氏族志，三曰方物志。"（《書志》）史書應該有作《都邑志》，
以使"帝王表其尊極"；作《方物志》列於《食貨》之首，以便"任
土作貢，異物歸於計吏"；作《氏族志》，譜系帝王及公侯的世系，
可以品藻士庶，甄別華夷。這些適應了加強封建專制主義統治的需
要，符合新的身份性門閥地主重新編制的需求。後來有的史學家接
受了劉知幾的主張，在史著中增加了三志的內容。同時，劉知幾認
爲各史不必都修《天文志》、《藝文志》，認爲如果實在不能刪去，
當改變體例；《五行志》也不必強修。

在史文的敍事、語言、載事等各個方面，劉知幾提出更革的想法。

劉知幾從前人的史學中總結出史法，又以這種史法去評品歷代的史書，並且用這樣的史法作爲史學更革的根本要求，從而使史書能起到尊經、尊君的作用。這是他的史學思想的根本的局限和缺陷所在。中國的中世紀史學在一次次的總結中，還是找不到出路，其原因也在這裏。

劉知幾曾經把自己寫《史通》和揚雄作《法言》相比，有“似”，有“不似”，這只是說，他要成“一家”，但其用心更深。如果說《白虎通》是中世紀封建專制主義統治的法典，那麼劉知幾作《史通》也是企圖爲史學立一個法典。劉知幾說：“昔漢世諸儒，集論經傳，定之于白虎觀，因名曰《白虎通》。予既在史館而成此書，故便以《史通》爲目，且漢求司馬遷後，封爲史通子，是知史稱通其來自久，博采衆議，爰定茲名。”（《史通原序》）從形式上看，劉知幾是表達他要以史學的通識總結史學，並且以“通”爲名，用“史通”兩字爲他的史著定名。但是仔細讀這一段，便可以體察出劉知幾的話是兩層意思。一是說，他是寫的史著，如同《白虎通》一樣的作品。這是就作品的重要性來說的。二是說，自己的著作所以以“通”爲名，是因爲史學求通有悠久的傳統。問題還不僅僅在一本書的書名上作文章，我們還要從中看劉知幾怎樣思考史學的問題。

在劉知幾看來，史學最重要的問題是確立史之法，也就是史例。他說：“夫史之有例，猶國之有法。國之無法，則上下靡定；史之無例，則是非莫准。昔夫子修經，始發凡例，左氏立傳，顯其區域，科條一辨，彪炳可觀。”（《序例》）又說：“苟書而不法，則何以示後世。”（《類比》）史法、史例是史家作史的綱，也是評論史書的依據。

《史通》各篇總結出一套史例。以紀傳體史書來說，本紀只能記帝王。劉知幾說：“及司馬遷之著《史記》也，又列天子行事，以‘本紀’名篇，後世因之，守而勿失。譬夫行夏時之正朔，服孔門之教義者，雖地遷陵谷，時變質文，而此道常行，終莫之能易也。"
（《本紀》）在同一篇另一處又說："又紀者，既以編年爲主，唯敍
天子一人，有大事可書者，則見之於年月，其書事委曲，付之列傳，
此其義也。"總之，紀傳體史書中《本紀》只能記帝王的行事，如
同《春秋》經一樣。在這裏劉氏把尊君和尊經統一起來作爲史法。
這是史之大法，紀傳史書中的根本的"義"；時代會有變化，但這
一條史義不變。由此出發，劉知幾批評包括司馬遷、班固在內的各
個史家，項羽入《本紀》、呂後入《本紀》、陳勝入《世家》都是爲
例不純。陳壽作史以曹魏之主入《紀》，北魏的少數族拓跋氏之主
的事績收在《紀》中，所有這些都受到劉知幾的非議。史學的變，
只能在史例不變的前提下進行。與之相關的是"傳"在史書中地位。
劉知幾說：

> 夫紀傳之興也，肇于《史》、《漢》。蓋紀者，編年也；傳者，
> 列事也。編年者，歷帝王之歲月，猶《春秋》之經；列事者，
> 錄人臣之行狀，猶《春秋》之傳。《春秋》則傳以解經，《史》、
> 《漢》則傳以釋紀。（《列傳》）

《史通》中的史學批評執著這一原則，得出一條結論，如他在《列
傳》篇中說的一句話："自茲以後，史氏相承，述作雖多，斯道都
廢。"

　　劉知幾關於《表》、《志》各個史例上的評說，包括史料采擇、
記時書事，大體也是視其能不能服從尊君這一個根本的要求。

　　概括劉知幾的史學更革的主張，主要是：一、史學的更革，應
有鑒識，其基本的方面是他在《六家》說的：疏通知遠和屬辭比事
兩條。二、史學變化要更開闊地反映出社會的各個層面。三、史學
的變中有不變，這就是各種史例。史例體現尊君與尊經的要求。前
兩點富有活力。後者則是僵化的，而這在劉知幾的史學思想中又是
主要的。《史通》中的疑經、惑古，並非對儒家經籍的批判，是從
另一個角度，申述一些《經》文內容與尊聖尊君不一致，"夫五經
立言，千載猶仰，而求其前後，理甚相乖"。（外篇《疑古》）除一些

事、實不合情理，更多是因為這些內容不合尊聖崇君的原則，卻為一些昏君逆臣賊子開脫。《史通》中的"變"為"不變"所扼殺，"通"最後又是不通。清人章學誠說，兩千年紀傳體史書，最後成了科舉之程式。他沒有直接批評劉知幾，但是縱觀中國史學的發展，以劉知幾為代表的史學家，他們硬是要以自己的史例寫作史書，越雷池一步，便被視為"為例不純"，受到各種責難。後來的史學評論，不少是這種模式。紀傳體史書發展到後來，自然失卻了生命力。評價一個史學家的史學主張的意義，不只是看到他提出怎樣的主張，還要考察他的主張對後世史學產生的實際影響。

劉知幾的很多史學主張，從現象上看，是自相矛盾的。但如果從中世紀的史學的本質上看，則是可以理解的。劉知幾的史學"直筆"論，一方面強調史書應當具有"實錄"的精神，又一方面主張史學為存名教，可以為君父隱諱。

劉知幾說："善惡必書，斯為實錄。"又說："蓋君子以博聞多識為工，良史以實錄直書為貴。"（《惑經》）史官應當堅持直筆，不畏強暴，他說：

> 蓋烈士殉名，壯夫重氣。寧為蘭摧玉折，不為瓦礫長存。若南、董之仗氣直書，不避強禦；韋、崔之肆情奮筆，無所阿容。雖周身之防有所不足，而遺芳餘烈，人到於今稱之。（《直書》）

直筆實錄精神是史家的基本品質，也是史學的任務所規定的。他說："況史之為務，申以勸戒，樹之風聲。其有賊臣逆子，淫君亂主，苟直書其事，不掩其瑕，則穢迹彰於一朝，惡名被於千載，言之若是，吁，可畏乎。"（《直書》）因此，史學要能發揮戒鑒、垂訓的作用，直筆書事是不可或缺的。史家有三等："彰善貶惡，不避強禦，若晉之董狐、齊之南史，此其上也。編次勒成，鬱為不朽，若魯之丘明，漢之子長，此其次也。高才博學，名重一時，若周之史佚，楚之倚相，此其下也。苟三者並重，複何為者哉。"（《外篇〈辨職〉》）這樣區分史家不確切，但我們可以體會劉知幾強調的是實錄、直書的精神，他認爲在這方面做得好，才是一個好的史家。

　　但是，直筆有一個前提，即保存名教。那麼怎樣才能區分曲筆與存名教呢？劉知幾有一段論述，說：

> 筆有人倫，是稱家國。父父子子，君君臣臣，親疏既辨，等差有別。蓋子爲父隱，直在其中，《論語》之順也。略外別內，掩惡揚善，《春秋》之義也。自茲已降，率有舊章。史氏有事涉君親，必言多隱諱，雖直道不足，而名教存焉。其有舞詞弄劄，飾非文過，若王隱、虞預毀辱相淩，子野休文，釋紛相謝，用舍由乎臆說，威福行乎筆端，斯乃作者之醜行，人倫之所同疾也。亦有事每憑虛，詞多烏有。或假人之美，藉爲私惠；或誣人之惡，持報己仇。若王沈《魏錄》，濫述貶甄之詔；陸機《晉史》，虛張拒葛之鋒。班固受金而始書，陳壽借米而方傳。此又記言之奸賊，載筆之凶人，雖肆諸市朝，投畀豺虎，可也。（《曲筆》）

這是一個怪圈，堅持直筆，應當無所隱諱；要隱諱，則對君父的穢行醜迹又不能如實記載、堅持直筆。劉知幾的直筆論，也只能在這種怪圈中轉，找不到出路。

　　從一定的意義上說，在劉知幾的思想上，實際上有兩種“曲筆”，一種是封建史家爲維護名教，在記載歷史、評論史事上對歷史的扭曲。一種是史家的品德不純，受某種“私心”的驅使或迫於權勢，隱諱歷史的真相，在記時書事、褒貶古今時，歪曲歷史的本來面目，造成是非混淆、黑白顛倒。劉知幾反對的是後一種“曲筆”。他認爲維護名教也是“直筆”，不能做到這一點，反倒是“曲筆”。他在《曲筆》篇中說的“史之不直，代有其書”，很多是這方面的問題。但他尤其反對封建統治者對史家的迫害，如三國時的吳昭、北魏的崔浩，由於堅持直書，遭到殺身滅族之禍。劉知幾說：“夫其世事如此，而責史臣不能申其強項之風，勵其匪躬之節，蓋亦難矣。”所以有些史家如孫盛著《晉陽秋》，其子孫深懼此書會招來災禍，私下加以修改。劉知幾說：這足以“驗世途之多險，知實錄

之難遇"。(《直書》)

劉知幾提出史學獨斷之學,從學術精神上,反對封建統治者對史學的控制。史館諸多弊端,劉知幾說是有"五失",在這樣的地方修史,史官處在封建權勢的高壓之下,沒有、也不允許有史家的獨到的見解,一依監修者的意志而定。史家記時書事、評篤、褒貶,要達到直筆的要求,無異癡人說夢。"每欲記一事,載一言,皆閣筆相視,含毫不斷。故首白可期,而汗青無日";采擇史材,"求風俗於州郡,視聽不該。討沿革於台閣,簿籍難見";在史局作史"一字加貶,言未絕口,而朝野具知,筆未棲毫,而縉紳鹹誦,夫孫盛紀實,取嫉權門,王劭直書,見仇貴族,人之情也,能無畏乎?"作史"多取稟監修,楊令公則雲必須直詞,宗尚書則雲宜多隱諱惡,十羊九牧,一國三公,適從何在?"修史者衆多,然而在史館中"用使者學苟且,務相推避,坐變炎涼,徒延歲月"(《忤時》)。

因此劉知幾說:"是以深識之士,知其若斯,退居清淨,杜門不出,成其一家獨斷而已。"(《辨職》)獨斷之學是反對封建國家控制史學的抗爭,也是史家必備的素質。他說的史家三長(《舊唐書·本傳》及《唐會要》),即史識、史學、史才;史識的基本內涵,也就是成一家言的獨斷之學。他認爲這是中國史學的優良的傳統。"古之國史,皆出自一家,如魯漢之丘明、子長,晉、齊之董狐、南史,咸能立言不朽,藏諸名山"。(上引文見《忤時》篇)

關於史家堅持直筆之艱難,到了唐中期後,又引發出韓愈與柳宗元的一場爭論。這裏捎帶說一下。韓愈在《答劉秀才論史書》中,說作史官是一件很危險的事,他說:

愚以為凡史氏褒貶大法,《春秋》已備之矣。後之作者,在據事迹實錄,則善惡自見,然此尚非淺陋偷惰者所能就;況褒貶邪?

孔子聖人作《春秋》,辱于魯衛陳宋齊楚,卒不遇而死;齊太史氏兄弟幾盡;左丘明紀《春秋》時事以失明;司馬遷作《史記》,刑誅;班固瘐死;陳壽起又廢,卒亦無所至。王

　　隱諼退死家；習鑿齒無一足；崔浩、範曄赤誅；魏收天絕；
　　宋孝王誅死；足下所稱吳兢，亦不聞身貴而今其後有聞也。
　　夫為史者，不有人禍，則有天刑。豈可不畏懼而輕為之哉！
　　（《韓昌黎文集·文外集上卷》）

　　韓愈說史家遭禍的緣由有兩點：一是史官據實記事，二是史家行褒貶，只要是堅持直筆，就會遭當事的權勢者的打擊、迫害。但他說的不合乎事實，更不可由此得出普遍性結論：為史者"不有人禍，則有天刑"。他在信中又聲稱自己年紀大了，從事史學的人，只好由年輕的人去擔任，這更顯出他怯懦與自私的一面。柳宗元聽到此事後，"私心甚不喜"，給韓愈寫了一封信，這封信是《與韓愈論史官書》，柳宗元說，作史官行記錄、褒貶，涉及到人事，會遭到禍害；其實在朝中，作宰相、作禦史中丞大夫，都有這個問題；你韓愈要是在朝中作官無所作為和為史官只享俸祿不作史，是一樣的。柳宗元說：

　　又言"不有人禍，則有天刑"。若以罪夫前古之為史者，然
　　亦甚惑。凡居其位，思直其道，道苟直，雖死不可回也；如
　　回之，莫如亟去其位。
　　孔子之困于魯衛陳宋蔡齊楚者，其時暗，諸侯不能行也。其
　　不遇而死，不以作《春秋》故也。當其時，雖不作《春秋》，
　　孔子猶不遇而死也。若周公、史佚，雖紀言書事，猶遇且顯
　　也。又不得以《春秋》為孔子累。範曄悖亂，雖不為史，其
　　宗族亦赤。司馬遷觸天子喜怒，班固不檢下，崔浩沽其直以
　　鬥暴虜，皆非中道。左丘明以疾盲，出於不幸。子夏不為史
　　亦盲，不可以是為戒。其餘皆不出此。是退之宜守中道，不
　　忘其直，無以他事自恐。退之之恐，唯在不直、不得中道，
　　刑禍非所恐也。（《柳河東全集》卷三十一》）

柳宗元一腔正氣。無論為史抑或是為官，重要的是"為道"，重要的是為道直與不直，而不在其他。這裏把"直筆"與"道"論結合起來。雖然，論"道"也是為了鞏固封建統治，但是在那個時代，

與韓愈相比，柳宗元的思想境界高，把封建史家的直筆論提到一個新的高度。和劉子玄相比，柳宗元所論更帶有理論的色彩。

我們再回過頭來討論劉知幾的史學評論。

劉知幾的史學的批評與總結，基本上是劉勰史學總結的延長，只是內容更加豐贍，眼光更爲開闊，關於史學的基本精神，史書編纂體例、書法，史文要求，史料采擇的原則，以及史家素質和必備的條件，乃至關於中國史學發展的趨向，劉氏都有論述，這些論述構成了一個理論體系。他要求史學革新，特別是要求以獨斷之學的一家言的精神，恢復史學的優良傳統，這些都是值得肯定的。但是，在封建名教思想、尊經、尊君的觀點的支配下，他又不可能爲中國的中世紀的史學找到創新的路子。中世紀中國在新的哲學理論沒有出現以前，對歷史與史學的思考，在理論上作出的概括只能停留在一定的水平上。劉知幾的史學理論的"理"性顯得淡泊，一些精彩的見解又湮沒在大量的史法、史例的說教中，這給後人對他的理論的研究帶來困難，很難看出他史學見解中的精髓。應該說，劉知幾在史學理論上的局限又是時代局限性的反映。

總之，劉知幾的史學總結、史學批評的內容，可以歸結爲以下幾點：一、強調史學的根本精神是疏通知遠，史學編纂重要的原則是屬辭比事。著史的基本方法是要合於義例。史之無例，猶國之無法；史文要簡而晦。二、類聚以求史例，並以所求出的史例規范史學，以使所寫史書合於義例，臻於"純粹"的境地，合於尊經、尊君的要求。三、保存名教與史書直筆的要求相結合。四、提倡史家成一家言的獨斷之學的精神，批判封建政權對修史大權的壟斷，揭露文化專制主義對史家的迫害與打擊。但是，後世許多史家對劉知幾史學精神中的積極部分沒有很好地繼承，卻是突出劉氏論史法、史例的內容，史學失卻了圓而神的創新的精神，多少和這樣的思路有關。

劉知幾，字子玄，徐州彭城（今江蘇徐州）人。生於唐高宗龍朔元年（661年），卒于玄宗開元九年（721年），年61歲。680年，劉知幾年 20，舉進士，授獲嘉縣主簿。此後 20 餘年，於官務餘暇，究心史學。38 歲作《思慎賦》以刺時事。次年，至京都任右補闕，預修《三教珠英》。702 年知殘年 41 歲，除著作佐郎，兼修國史；後與監修者不合，數度出入史館。705 年始著《史通》，710 年《史通》書成，時劉氏年 50；其後，不斷修訂、增補。《史通》一書的寫作，也是對當時史館修史制度的抗議，劉知幾說：

> ……由是三為史臣，再入東觀，每惟皇家受命，多歷年所，史官所編，粗惟記錄。至于紀傳及志，則皆未有其書。長安中會奉詔預修《唐史》。及今上即位，又敕撰《則天大聖皇后實錄》。凡所著述，嘗欲行其舊議，而當時同作諸士及監修貴臣，每與其鑿枘相違，齟齬難入。故其所載削，皆與俗浮沈，雖自謂依違苟從，然猶大為史官所娭。
>
> 嗟呼，雖任當其職，而吾道不行，見用於時，而美志不遂。鬱怏孤憤，無以寄懷。必寢而不言，嘿而無述，又恐歿世之後，誰知予者。故退而私撰《史通》，以見其志。（《自紋》）

他在《史通》的《史官建置》篇中，具體說到唐朝史館制度的弊端，說：「由是史臣拜職，多取外司，著作一曹，殆成虛設。凡有筆削，畢歸於館。始自武德，迄于長壽，其間若李仁實以直辭見憚，敬播以敍事推工，許敬宗之矯妄，牛鳳及之狂惑，此其善惡之尤著者也。」在史館中不能表達自己的主張，無法堅持實錄直筆的傳統，因此他退而著《史通》，以寄一個偉大史家的情懷。

除《史通》外，劉知幾著有《劉氏家史》、《劉氏譜考》、《劉子玄集》和《釋蒙》。合修的除《唐書》、《三教珠英》、《重修則天皇後實錄》外，還有《中宗實錄》及《睿宗實錄》等。《唐會要》及《文苑英華》中收有劉氏多種佚文。同時代人徐堅及元行沖、吳兢等與劉知幾，為論學、論史之同調好友。

第三節　歷史的總結

　　每一本史書都是歷史的總結，但是在隋唐時期的歷史的總結和以前相比，有了新的特點。一是總結的規模恢巨集，唐初修的多種史書，表現出帝王對歷史興亡的關注。二是從中唐以後，這種總結向著縱通的方向發展。三是，中唐以後的歷史的總結，一個特點是一些思想家對歷史的思考，向著哲理的高度發展，用通變的眼光分析歷史的興衰。

　　唐初，有修梁、陳、北齊、北周歷朝史之舉，但沒有成書。貞觀三年（629年）重新開修的梁、陳、北齊、北周、隋五史，貞觀十年修成。這五朝史有簡謂之爲"五代史"。貞觀二十年修《晉書》，二十二年修成。這已經是六史。後來李延壽又作成南、北二史。高宗顯慶四年（659 年），朝廷批准行世。稍前一點時間，即高宗顯慶元年，《五代史志》成書，附在《隋書》中。在二十四史中，有8 部正史是在唐初修成，前後不過 30 年。無疑，這是一次大規模的歷史總結。從西晉到隋亡，這 350 多年，正是中國歷史上一次大動蕩的時期，民族經歷一個新的組合。朝代更叠頻繁，階級矛盾、民族矛盾交織在一起，它給一代帝王提供了豐富的經驗和教訓。在隋末農民大起義後建立的唐政權，迫切需要總結歷史的經驗教訓，作爲維持統治的借鑒。

　　唐初修史的首要目的是總結歷史興亡的經驗教訓。令狐德棻向李淵建議，說："陛下既受禪于隋，複承周氏歷數，國家二祖功業，並在周時。如文史不存，何以貽鑒今古？"唐高祖李淵同意這一建議，下詔說："司典序言，史官記事，考論得失，究盡變通，所以裁成義類，懲惡勸善，多識前古，貽鑒將來。"並且對修史人員作了安排。這次修史經過數年，並沒有結果。貞觀三年（629年）也就是李世民掌管政權的第三年，開始大規模的修史，令（令狐）德

棻與岑文本修周史，李百藥修齊史，姚思廉修梁、陳史，魏徵修隋
史，魏徵與房玄齡總監諸代史。令狐德棻奏引崔仁師佐修周史，並
總知類會諸史，十年書成。二十年，修晉書，房玄齡等三人爲監修，
參修者一十八人。事實上是令狐德棻爲首，"其體制多取決焉"。（以
上引見《舊唐書》卷七十三《令狐德棻傳》）應該說，令狐德棻在提倡、
組織和發凡起例上是有很大的功勞，而在指導、參與編修上，魏徵
起了主要的作用。"（魏）徵受詔總加撰定，多所損益，務存簡正。
《隋史》序論皆徵所作，梁、陳、齊各爲總論，時稱良史"。（《舊唐
書》卷七十一《魏徵傳》）所以這五部史書貫徹了魏徵的思想。魏氏作
的文字，有的已標明，有的未標明，還有一些有爭議，但無論怎樣，
它體現的借鑒歷史興衰的觀點與魏徵的思想一致。唐太宗爲《晉書》
寫的史論，也是強調借鑒歷史興亡，要居安思危，這又是魏徵史論
中的主要觀點。李百藥與其父李德林，同爲史家，李百藥深諳歷史
的興亡經驗教訓，又是文字老手，"以名臣之子，才行相繼，四海
名流，莫不宗仰"。（《舊唐書》卷七十二《李百藥傳》）所以，這一代的
人君、名臣、史家，他們作史、總結歷史，其歷史思想非常鮮明。

　　首先，這些史書，特別重視收錄前人關於歷史興亡的議論。這
在《晉書》與《隋書》中，可以看得很清楚。《晉書》卷五收錄幹
寶的興亡史論，卷四十六有劉頌論興亡，卷四十八西涼土著大姓段
灼論往代的興廢，都是值得注意的篇章。卷五十有王羲之論軍興以
後，財賦徵收及政治治理上的得失。卷六十五王導傳中有論興衰史
論，卷五十四收陸機的《辯亡論》、《豪士論》、《五等論》，卷五十
六有江統的《徙戎論》、《諫太子書》，卷六十八紀瞻論興衰，卷六
十張方之論興亡，卷六十九中有戴若思的興亡論，卷七十二有郭璞
以京《易》言興亡。此外，卷八十五的《劉毅傳》、卷八十七《李
玄盛傳》等，都收錄了不同類型人物言盛衰的內容。在《隋書》中，
魏徵的史論之主題是論歷代的興亡。此外，《楊素傳》、《虞世基傳》
等都有言盛衰的文字。另外，魏徵在《梁書》中的《敬帝紀》中寫
了史論。論"金陵之覆沒""江陵之滅亡"。

從《尙書》到《史記》、《漢書》，觀歷史的盛衰，一直是中國史學上的一個優良傳統，是史學的基本的主題，也是一代君王熱衷修史的內在的原動力。史書上的直筆精神能保存得住，其基本的原因在這裏。歷史是無情的，違背歷史的真實，也就不可能總結出能夠爲後世得以借鑒的歷史經驗教訓。中國中世紀的史學的價值很大的部分就在這裏。

再者，唐初的史臣在這些史書中，通過各種史論提出值得重視的歷史經驗教訓。

—— 封建人主應當居安思危。唐太宗李世民"禦筆"爲《晉書》的《武帝紀》寫了史論，他在總結歷史後，說了一段話：

> ……通上代之不通，服前王之未服。禎祥顯應，風教肅清，天人之功成矣，霸王之業大矣。雖登封之禮，讓而不為，驕泰之心，因斯以起。見土地之廣，謂萬葉而無虞，睹天下之安，謂千年而永治。不知處廣以思狹，則廣可長廣；居治而忘危，則治無常治。……雖則善始於初，而乖令終於末，所以殷勤史策，不能無慷慨焉。

李世民總結晉史，把自己的思考說給唐室子弟聽。《舊唐書》的《魏徵傳》載魏徵給李世民四封《疏》，中心內容要李世民鑒前世敗亡相繼的教訓，要居安思危。其中第三《疏》說：

> 夫鑒形之美惡，必就于止水；鑒國之安危，必取於亡國。《詩》曰："殷鑒不遠，在夏後之世。"又曰："伐柯伐柯，其則不遠。"臣願當今之動靜，思隋氏以為鑒，則存亡治亂可得而知。若能思其所以危，則安矣；思其所以亂，則治矣。……《易》曰："君子安而不忘危，存而不忘亡，治不忘亂，是以身安而國家可保。"誠哉斯言，不可以不深察也。

君臣的看法是一致的。在千百年的歷史面前，他們看到這幾乎是一條"鐵律"，只有安而不忘危，存而不忘亡，才能長治久安。有這樣的認識，才能去冷靜思考興亡的教訓。《晉書》卷四十八收段灼對晉武帝關於歷史盛衰的長篇議論，他是"敢論前代隆名之君及敗

亡之主興廢所由”。他希望晉武帝“居安思危，無曰高高在上，常
念臨深之義，不忘履冰之戒。”應當說《晉書》等史書收錄這些言
論，都包含一代史臣的用心。

　　—— “帝王興運，必俟股肱之力”。這是《晉書》《王導傳》“史
臣曰”開頭說的話。一代帝王的奪天下、治天下，都必須有賢良臣
佐作爲輔助。這裏有一個問題，封建子弟，“廣樹藩屏”當然是一
個辦法，作《晉書》的史臣以曹魏的衰亡說明這一點。但是史臣又
看到一個明顯的事實，西晉封了子弟，但恰恰是這些皇室子侄侯
“王”的爭鬥導致鼎祚的覆滅。“西晉之政亂朝危，雖由時主，然
而煽其風，速其禍者，咎在八王”。(《晉書》卷五十九，《列傳·序》)
“晉氏之禍難薦臻，實始藩翰”(《晉書》卷六十，《張方傳》)因此，唐
初史臣認爲是否要封建子弟，應該採取變通的態度。從陸機到李百
藥作《封建論》，看法各不一樣。但是，大唐的君主仍然封建子弟，
宮中的爭權奪利一直沒有停止過，大唐在這種爭鬥中，由它的鼎盛
期向著它的衰落期轉化。

　　—— 以通變的眼光總結歷史的經驗教訓。每本史書都會提出具
體的歷史經驗教訓，但又注意到時間、條件變化了，借鑒前代的經
驗與教訓也要有所變化。唐朝史臣在他們的史論中總結出諸如用
人、行仁義之道以及關於重民等經驗教訓。他們論歷史興衰，特別
指出要以通變眼光看待歷史上的經驗。魏徵說過：“聖人舉事，貴
在相時，時或未可，理資通變。”（《全唐文》卷一百四十一）這裏提
出“時”的概念，認爲運用歷史經驗，要注意看到“時”的變動。
《隋書》的《虞世基傳》引虞氏的《講武賦》，說：“夫玩居常者，
未可論匡濟之功，應變通者，然後見帝王之略。”《晉書》卷六十
八記紀瞻對陸機的話，說：“三代相循，如水濟火，所謂隨時之義，
救弊之術也。羲皇簡樸，無爲而化；後聖因承，所務或異。非賢聖
之不同，世變使之然耳。”注意，這裏又提出隨時“義”，是救弊
之術。唐太宗爲《晉書》的《宣帝紀》寫的論中說：“夫天地之大，
黎元爲本；邦國之貴，元首爲先。治亂無常，興亡是運。……順理

而舉易爲力，背時而動難爲功。"注意，這裏提出順"理"而治的論點。這已經不局限於個別經驗教訓的總結了。雖然他們認識到歷史的通變的問題，但並沒有更多的理性分析，比起司馬遷的認識，相對地說，缺少思維的力度。有的言歷史的變通，卻是通而不通。例如，李百藥談封建帝王子弟問題，他自稱不可膠柱於歷史的經驗，但是他依然墨守既往的經驗。總的說，唐初的史臣接觸到這個問題，這個史學的傳統還是繼承下來。到了後一時期，這一思想得到進一步發展。

有一點，還要說明。在魏晉南北朝隋唐時期，歷史的總結同樣體現各家的觀點，所得到的結論不盡一致。這是我們應當注意的。郭璞興亡論以京氏之《易》論歷史的前途；幹寶以儒家的觀點談歷史的興亡；西涼李玄盛等人在《表》中以歷數言帝王之興，則完全是政治上的需要。所以，各種歷史盛衰論既有不同的觀點，又有不同的動機。

經過安史之亂，唐朝走上它的下坡路。各種社會危機、民族危機進一步加深。政治家、歷史家、思想家從更深的層次上思考歷史的變動。他們討論的論題不是什麼居安思危的問題，因爲所謂的"安"，已經是昨天的事。各種危機暴露出來的矛盾，爲思想家進一步思考歷史、思考矛盾的由來，提供了條件。把歷史的前天、昨天和現實聯繫起來，對歷史認識的"通變"的思想得到進一步的發展。中唐以後，杜佑的《通典》是這方面的代表作品。

《通典》從史學思想上看，它具有了新的特點。杜佑自謂："佑少嘗讀書，而性且蒙固。不達術數之藝，不好章句之學。所纂《通典》，實采群言，徵諸人事，將施有政。"（《通典》卷一）這裏要注意，杜佑說他的治學，一、"不達術數之藝"。二、"不好章句之學"。走的是另一條路徑，和傳統的的儒學、玄學的學風相異。中國的經世史學在這中間孕育、發展起來。從形式上看，它和《周禮》、紀傳體史書中的"書""志"有直接的聯繫。但是它表明史家的歷史眼光已經從上層的政治鬥爭，轉向社會的制度和治理的措施上。它關心的不僅是政權的更替，而以開闊的眼光，討論社會的各個層面上的問題。後人說它和傳統的"博而寡要，勞而少功"的儒學不同，（李翰：《通典·原序》）這是看出杜佑史學的關鍵。

杜佑以食貨爲首，也就是以經濟爲根本。所謂教化問題是建立在這個基礎上面的。這是他的史學通識中的核心。他說：

> 夫理道之先，在乎行教化，教化之本，在乎足衣食。《易》稱：聚人曰財。《洪範》八政：一曰食，二曰貨。《管子》曰：倉廩實，知禮節；衣食足，知榮辱。夫子曰：既富而教，斯之謂矣。

> 夫行教化在乎設職官，設職官在乎審官才，審官才在乎精選舉。制禮以端其俗，立樂以和其心，此先哲王致治之大方也。故職官設，然後興禮樂焉；教化墮然後用刑罰焉。列州郡，俾分領焉；置邊防，遏戎狄焉。是以食貨爲之首，選舉次之，職官又次之，禮又次之，樂又次之，刑又次之，州郡又次之，邊防末之。或覽之者，庶知篇第之旨也。

《通典》開篇申明自己的著術的宗旨，顯示杜佑史學通識的特色。《通典》二百卷，其中《禮典》占去一百卷，但這並不能以此說明杜佑的思想局限於"禮"。杜佑解釋《禮典》之多的原因，說："《通典》之所纂集，或泛存沿革，或博采異同，將以振端末，備顧問者也，烏禮意之能建乎？"（《通典》卷四十一）整個《通典》以食貨爲首，由此來解剖封建社會中的問題。

《通典》各典繼承考鏡源流的傳統，論述典制在發展過程中的變化，討論沿革，《禮典》論大唐開元禮爲古代禮經損益三變後形成的。《邊防典》展示歷代開邊政策上的得失之源，得出的認識，是百世不磨。論曆世典制的淵源流變，杜佑提出幾點值得重視的意見。一是認爲事物變化有不得不然之理。他在總結唐代的邊防政策時，認爲在玄宗以前，唐朝的措施得當，爲"安邊的良算，爲國家之永圖"。但是玄宗時情況發生變化。他說：

> 開元二十年以後，邀功之將，務恢封略，以甘上心，將欲蕩

> 滅奚、契丹，翦除蠻、吐蕃，喪師者失萬而言一，勝敵者獲
> 一而言萬。寵錫雲極，驕矜遂增，哥舒翰統西方二師，安祿
> 山統東北三師。踐更之卒，俱受官名；郡縣之粟，罄為祿秩。
> 於是驍將銳士，善馬精金，空于京師，萃於二統。邊陲勢強
> 如此，朝廷勢弱又如彼，奸人乘便，樂禍覬欲，脅之以害，
> 誘之以利，祿山稱兵內侮，未必素蓄凶謀，是故地逼則勢疑，
> 力侔則亂起。事理不得不然也。（《通典》卷一百四十八）

杜佑對歷史問題的評價，這裏不討論，我們注意的是，他認爲唐朝
藩鎮勢力的強大，威脅中央，是由來已久，形成一種"勢"，構成
變化之"事理"。

二是古今變化，今勝於古的觀點。杜佑認爲："漢隋大唐，海
內一統，人戶滋殖，三代莫儔。"（《通典》卷三十一）他稱道《大唐
開元禮》說："於戲，百代之損益，三變而著明，酌乎文質，懸諸
日月，可謂盛矣。"（《通典》卷四十一》）對於大唐的樂，他也是特別
推崇，說："聖唐貞觀初，作《破陣樂舞》，有發揚蹈厲之容，歌有
粗和嘽有發之音，表興王之盛烈，何讓周之文、武。"（《通典》卷一
百四十一）

杜佑同樣認爲歷史的變化是一種質文之變，其立意在於說明要
根據歷史的變化，適時地進行變革。在這一點上，他又繼承了司馬
遷的承弊通變的思想。他論及歷代的選舉職官制度的變化，說：

> 夫人生有欲，無君乃亂，君不獨理，故建庶官。……夫文質
> 相矯，有如迴圈，教化所由，興喪是系，……且三代以來，
> 憲章可舉，唯稱漢室，繼漢之盛，莫若我唐。惜乎當創業之
> 初，承文弊之極，可謂遇其時矣，群公不議救弊以質，而乃
> 因習尚文，風教未淳。（《通典》卷十八）

杜佑指出在制度上，三代以後，可以稱道的是漢代，而大唐度越兩
漢，這同樣是一種歷史的進步觀點。他說的文質遞變，如同循環。
這是爲他的更革論提供歷史的依據。這裏可以再深入一步分析，他
認爲"夫人生有欲，無君乃亂，君不獨理，故建庶官"。在另一個

地方他肯定前人的思想，說：

> 夫人有生，萬物之最靈者也，然而爪牙不足供其欲，趨走不
> 足避其害，無毛羽以禦其寒暑，必役物以為養，任智而不恃
> 力者也。故不仁愛則不能群，不能群則不能勝物。物群而聚
> 之是為君矣，歸而往之是為王矣。人既群居，不能無喜怒交
> 爭之情，乃有刑罰，輕重之理興矣。……今捃摭經史，該貫
> 年代，若前賢有誤，雖後學敢言，亦庶幾成一家之書爾。（《通
> 典》卷一百六十三）

從物質欲望上說明制度的發生，並進而指出制度的發展，表明生民
在同自然鬥爭中形成群體，由是而有君、王；由於群體中有爭鬥，
產生了刑政；他說興衰系於教化，而教化之本，則是在食貨。這又
是一種歷史運動之“理”。把這些聯繫起來，可以看出他的歷史運
動觀的深刻的內涵，發展荀子等人歷史觀中的積極的因素。以這樣
的眼光觀察中國歷史，成就了他的“一家之書”的特色。

　　三是，古今異勢的論述。上面實際上已經涉及到這個問題。古
今是一個進步的過程，當然今與古相異。他不滿足于一般論述進步
中相異，進而提出處理具體的事件時，要以“勢”的眼光綜合分析
歷史的運動。中唐以後，有人以西周、東周都城變動為例，提出把
唐朝的都城由長安遷到洛陽，或其他的地方。杜佑不同意這樣的意
見，說：“古今既異，形勢亦殊。”他從地勢、財源、唐朝邊塞情
況及周邊關係上作了分析，並以歷史為例說明唐朝的都城不可變
動。他慨歎：“夫臨制萬國，尤惜大勢，秦川是天下之上腴，關中
為海內之雄地。巨唐受命，本在於茲。若居之則勢大而威遠，舍之
則勢小而威近，恐人心因斯而搖矣，非止于危亂者哉，誠系興衰，
何可輕議。”（《通典》卷一百七十四）他反對那種是古非今的觀點，
說：“人之常情，非今是古，不詳古今之異制、禮數之從宜。”（《通
典》卷五十八）

　　所以，杜佑的歷史總結顯示出的通識，表明他對歷史的總結相
當深刻。司馬遷的《史記》的歷史總結，體現承弊通變的卓越的思

想，但應當說，《史記》著重思考的是戰國到西漢前期的歷史變動，歷史所能提供的真實的歷史材料有一定的限度。唐代是中國封建社會發展時期，宋元是封建社會的繼續發展時期，但是中唐以後，從總體上看，中國封建社會的上升階段已經結束。杜佑有了可能對封建社會的各個層面上暴露出來的各種矛盾，作系統的貫通的思考，史學通識因而得到了進一步的發展。

杜佑在《通典》中，對歷史作出的具體的總結，重心一個是食貨，一個是兵與邊防。禮的部分內容雖多，但相對地說，是放在一個較爲次要的地位上。這一點可以理解，唐朝的危機集中在土地與賦稅上；周邊關係上的矛盾在激化，這些直接影響唐朝的盛衰變動。

杜佑反對土地的高度集中，認爲土地危機直接影響政權的穩定。他說：

> 穀者，人之司命也；地者，穀之所生也；人者，君之所治也。有其谷，則國用備；辨其地，則人食足；察其人，則徭役均。知此三者，謂之治政。……夫《春秋》之義，諸侯不得專封，大夫不得專地。若使豪人占田過制，富等公侯，是專封也；買賣由己，是專地也。欲無流竄，不亦難乎。（《通典》卷一）

中唐以後，土地集中的途徑是兩個，一是豪強無限制地占田，一是通過買賣土地。第一種情形，一直存在。第二種情形，是商品經濟發展以後，更加明顯地表現出來。解決土地危機的辦法，杜佑沒有新的方案，他所說的基本上還是行井田，使農民不離開土地，以保持社會的穩定。他看出土地問題在新的時代下有新的特點，但他又沒有解決土地危機的良方。

杜佑認爲農是國之根本。他說："農者，有國之本也。先使各安其業，是以隨其受田，稅其所植，焉可徵求貨幣，舍其所有而責其所無者哉。"（《通典》卷十二）主張以農爲本，而反對貨幣地租，就這一點說，是思想上局限性的反映，但應當看到，其用心是在反對土地高度集中。

造成中唐以後社會危機的原因之一，杜佑認爲是"厚斂"。唐

初實行"薄賦輕徭"政策，收到了很好的成效，爲後來唐朝的中興
奠定基礎。他說：高祖、太宗輕徭薄賦"澤及萬方，黎人懷惠，是
以肅宗中興，積周月而能成之，是雖神算睿謀，舉無遺策，戎臣介
夫能竭其力，抑亦累聖積仁之所致也"。由此他得出一個結論："夫
德厚則感深，感深則難搖人心所系，故速勘大難，少康、平王是也。
若厚斂則情離，情離則易動，人心已去，故逐爲獨夫，殷辛、胡亥
是也。"夏商周秦的歷史證實"輕斂"的意義，大唐的興衰史也說
明"輕斂"對維繫一個政權的較長時期穩定的重要性。杜佑作爲一
代的宰臣，他也看到，薄斂、輕斂與當時繁重的財政開支有矛盾。
空談薄斂是無濟於事。他從歷史中總結出經驗，說：

> 今甲兵未息，經費尚繁，重則人不堪，輕則用不足，酌古之
> 要，通今之宜，既弊而思變，乃澤流無竭。夫欲人之安也，
> 在於薄斂；斂之薄也，在於節用。若用之不節，而斂之欲薄，
> 其可得乎？

他提出具體的主張，說："先在省不急之費，定經用之數；使天下
之人，知上有憂恤之心。取非獲己，自然樂其輸矣。古之取於人也，
唯食土之毛，謂什一而稅；役人之力，謂一歲三日。未有直斂人之
財，而得其無怨，況取之不薄、令之不均乎？"（上引見《通典》卷十
二）行輕賦和省不急之費的"節用"是二位一體。他提出在理財上，
應當是"酌古之要，通今之宜"，通古今之變，以得到切實可行的
理財之方。杜佑的通變思想和經世思想，是一個整體。

　　杜佑不反對貨幣，他深知貨幣在經濟流通中的作用，他說："夫
立錢之意，誠深誠遠。凡萬物不可以無其數，既有數，乃需設一物
而主之。其金銀則滯於爲器、爲飾；穀帛又苦於荷擔、斷裂。唯錢
可貿易，流注不住如泉。若穀帛爲市，非獨提挈斷裂之弊，且難乎
銖兩分寸之用。"所以，貨幣出現是一種經濟上的必然。杜佑同意
前人的觀點，作爲人主，應當以錢爲"衡"，以此作爲鼓勵墾殖農
桑的手段：

> 衡者，使物一高一下，不得有常，故與奪貧富，皆在君上。

> 是以人戴君如日月，親君若父母，用此道也。
>
> 夫生殖衆，則國富而人安；農桑寡，則人貧而國危。使物之
> 重輕，由令之緩急，實在乎錢鍵，其多門利出一孔，摧抑浮
> 浪，歸趣農桑，可致時雍，躋于仁壽，豈止於富國強兵者哉。
> (《通典》卷八)

但是一代言利的君臣，以小錢作重錢，濫鑄錢幣，又以嚴刑禁鑄，造成社會的動蕩不安。

杜佑主張以貨幣作爲一種趨農歸田的措施，以貨幣經濟爲手段，來穩定封建社會生產有序地進行，這一點是他經濟變革思想的重要特點。他意識到貨幣有分離農業生產者和土地相結合的作用，因此又力圖通過貨幣，使農民再度依附于土地。封建社會的理財家思想上的矛盾反映出社會商品經濟發展的實際。

雖然，對於戰國時期的商鞅開井田的辦法，杜佑不同意，但是他仍把商鞅作爲治財的六個賢臣之一。杜佑說：

> 周之興也，得太公；齊之霸也，得管仲；魏之富也，得李悝；
> 秦之強也，得商鞅；後周有蘇綽；隋氏有高頻。此六賢者，
> 上以成王業，興霸圖；次以富國強兵，立事可法。其漢代桑
> 弘羊、耿壽昌之輩，皆起自賈豎，雖本於求利，猶事有成績。
> 自茲以降，雖無代無人，其餘經邦正俗，興利除害，懷濟世
> 之略，輒致理之機者，蓋不可多見矣。(《通典》卷十二)

對歷史上的理財有成績的人物，不能一概視作"聚斂"之臣，指出這一點是有意義的。理財與聚斂不是一回事。理財有一條原則，這就是：使國用增加，同時又使"大賈畜家，不得豪奪吾民"。(《通典》卷十一) 他首肯管仲、李悝、商鞅等，也是從這一點出發的。

兵與邊防，是杜佑總結歷史的另一個重點。從歷代的安邊政策看，唐朝前期對外用兵與積極備邊，是"安邊之良策，爲國家之永圖"。(《通典》卷一百四十九) 開元以後的"務恢封略，以甘上心"的開邊政策，則是錯誤的。畫野封疆，始自五帝，五帝之治，重在德而不在開邊，歷代的帝王不顧後果的開邊，使天下騷然，民不聊生，

這個教訓可以作爲一代人主的“殷鑒”。杜佑說：

> 夫天生烝人，樹君司牧，是以一人治天下，非以天下奉一人。
> 患在德不廣，不患功不廣。秦漢之後，以重斂爲國富，卒衆
> 爲兵強，拓境爲業大，遠貢爲德盛。爭城殺人盈城，爭地殺
> 人滿野。用生人膏血；易不殖土田。小則天下怨咨，群盜蜂
> 起；大則殞命殲族，遺惡萬代，不亦謬哉！（《通典》卷一百七
> 十一）

杜佑以兩漢對匈奴用兵與和親兩方面的事實，說明實行和親的政
策，則邊境少事。（《通典》卷一百九十四）

　　與邊疆思想相關的是杜佑的民族思想。他有一個重要的觀點即
“古之中華與夷狄同”。說：

> 古之中華多類今之夷狄。有居處巢穴焉，有葬無封樹焉，有
> 手團食焉，有祭立屍焉。……

所以，中華與四夷並沒有根本的區別。只是由於所處的地理條件差
異，導致發展上差別。由此，那種認爲周邊各族“非我族類”的觀
點自然是錯誤的，務欲開邊的窮兵黷武政策，也自然是錯誤的。他
說：

> 歷代觀兵黷武，討伐戎夷，爰自嬴秦，禍患代有。始皇恃百
> 勝之兵威，既平六國，終以事胡爲弊；漢武資文景之積蓄，
> 務恢封略，天下危若綴旒。王莽獲元始之全實，志滅匈奴，
> 海內遂至潰叛。隋煬帝承開皇之殷盛，三駕遼左，萬姓怨苦
> 而亡。夫持盈固難，知足非易，唯後漢光武深達理源。建武
> 三十年，人康俗阜，臧宮馬武請珍匈奴，帝報曰：“舍近而
> 圖遠，勞而無功。舍遠而謀近，逸而有終。務廣地者，荒；
> 務廣德者，強。有其有者，安；貪人有者，殘。”自是諸將
> 莫敢複言兵事。於戲，持盈知足，豈特治身之本，亦乃治國
> 之要道歟。（《通典》卷一百八十五）

杜佑的歷史總結把古與今聯結在一起，指出開元天寶之際西陲東北
用兵的錯誤，說：“前事之元龜，足爲殷監者矣。”

杜佑，字君卿，京兆萬年（今陝西西安）人，生於唐玄宗開元二十三年（735 年），卒于唐憲宗元和七年（812 年）。杜佑以蔭入士，補濟南郡參軍、剡縣丞。後任浙西觀察、淮南節度等官。貞元十九年（803 年）入朝，拜檢校司空、同平章事，充太清官使。德宗崩，攝塚宰，充度支鹽鐵等使。元和元年（806 年）拜司徒、同平章事，封岐國公。引《舊唐書》對他的評價是："佑性敦厚強力，尤精吏職，雖外示寬和，而恃身有術。為政弘易，不尚皎察，掌計治民，物便而濟，馭戎應變，即非所長。性嗜學，該涉古今，以富國安人之術為己任。" 其中說他 "馭戎應變"，非其所長。這種評價不恰當。關鍵在杜佑在開邊問題上與唐憲宗不合。他反對用兵西北，上疏說："蓋聖王之理天下也，唯務綏靜蒸人，西至流沙，東漸於海，在南與北，亦存聲教。不以遠物為珍，匪求遐方之貢，豈疲內而事外，終得少而失多。" 這種意見沒有被採納。但事實證明杜佑的看法是對的。杜佑於繁忙政務中，"勤而無倦，雖位極將相，手不釋卷；質明視事，接對賓客，夜則燈下讀書，孜孜不怠"。（上引見《舊唐書》卷一百四十七）

杜佑著作除《通典》二百卷外，還有《理道要訣》十卷，《管氏指略》二卷，《賓佐記》一卷。後三種作品，今天已經看不到了。

在杜佑稍後，柳宗元（773－819）對歷史的總結更為深刻，帶有哲理的特色。唐朝後期，社會的危機加深，學術出現值得注意的思潮。柳宗元說："近世之言理道者，眾矣；率由大中而出者，咸無焉。其言本儒術，則迂迴茫洋而不知其適；其或切於事，則苛峭刻核，不能從容，卒泥乎大道。甚者好怪而妄言，推天引神，以為靈奇，恍惚若化而終不可逐。故道不明于天下，而學者之至少也。"（《柳河東全集》卷三十一，《與呂道州溫論非國語書》）就思潮的一般表現形式，誠如柳宗元所說："言理道者眾"，但是這中間有諸多情形，一種是韓愈的儒家的道統觀，一種是柳宗元的以儒為主，融會儒、釋、道各家的 "理道" 理論。一種是雜博的言 "理道" 的觀點，也就是柳氏批評的 "其言本儒術，則迂回茫洋而不知其適"。總之，唐朝後期，學術思潮的新情況，在史學思想上必然有所反映。

　　為了說明問題，首先應當對柳宗元的思想特點，作一分析。柳宗元崇儒學，但他要求在窮究學問的本源後能立異以創新，這就是他說的："君子之學，將有以異也，必先究窮其書，究窮而不得焉，乃可以立而正也。""務先窮昔人書，有不可者而後革之，則大善。"（《全集》卷三十一，《與劉禹錫論周易九六書》）他不同意盲目排斥釋老，說：

> 太史公嘗言：世之學孔氏者，則黜老子；學老子者，則黜孔氏，道不同不相為謀。余觀老子，亦孔氏之異流也，不得以相抗；又況楊墨申商、刑名縱橫之說，其疊相訾毀，抵牾而不合者，可勝言耶？然皆有以佐世。太史公沒，其後有釋氏，固學者之所怪駭舛逆其尤者也。

他稱讚有的學者，不守門戶，"悉取向之所以異者，通而同之，搜擇融液，與道大適，咸伸其所長，而黜其奇衰，要之與孔子同道，皆有以會其趣，而其器足以守之，其氣足以行之"。（上引見《全集》卷二十五，《送元十八山人南遊序》）柳宗元"不守門戶"的態度和韓愈迥異，他批評韓愈，說：

> 儒者韓退之與余善，嘗病餘嗜浮圖言，訾余與浮圖遊。近隴西李生礎自東都來，退之又寓書罪余，且曰："見《送元生序》，不斥浮圖。"浮圖誠有不可斥者，往往與《易》、《論語》合，誠樂之，其於性情奭然，不與孔子異道。退之好儒未能過揚子；揚子之書，於莊、墨、申、韓，皆有取焉。浮圖者，反不及莊、墨、申、韓之怪僻險賊耶？曰："以其夷也。"果不通道而斥焉以夷，則將友惡來、盜跖，而賤季劄、由餘乎？非所謂去名求實者矣。吾之所取者，與《易》、《論語》合，雖聖人復生不可得而斥也。（《全集》卷二十五，《送僧浩初序》）

柳宗元與韓愈的爭論在學術史是一件大事。韓氏在《原道》中，一再表明他是固守禹湯文武周公孔孟之道，對此之外的學術，必須一律排斥，他說："不塞不流，不止不行。人其人，火其書，廬其居，明先王之道以道之"。這簡直是再放一把"秦火"，與西漢董仲舒"罷黜百家"的主張，是一脈系之。對於自己的好友柳宗元能融會諸家之說，大不以爲然，直有鳴鼓而攻之之勢。對此，柳宗元表明自己的心迹，說："同而通之，搜擇融液，與大道適，鹹取其所長。"他說所取者，是取其與《易》、《論語》兩書相通者。無疑地，柳宗元的學術精神是彙衆家之長，成一家之說。這正是學術發展的正確方向。柳宗元對佛學是有抉擇的，除上面說的是取其與《易》、《論語》合者。另外，他於佛學重在其學思想，看重馬鳴、龍樹之道，認爲在佛教傳入中國的過程中，言禪最病，"拘則泥乎物，誕則離乎真。真離而誕亦勝"。(《全集》卷六，《龍安海禪師碑》) 柳宗元沒有全盤接受佛學，有選擇地取其要義。柳宗元對佛學的認識還有一些局限，但從總體上說，他主張吸收釋、道中學理，取其合于儒學學理，這是代表當時學術發展的方向。應當說，以後的兩宋的儒學的變化、理學的產生，在實際上是柳宗元的學術精神的延長與發展。雖然，宋代的理學家，都是以堯舜禹湯文武周公孔孟及韓愈，作爲道統的統系，而儒學如果不融會釋、道，吸收新的思想因素，是不可能發生變化的。從這個意義上說，柳宗元的思想，預示著儒學行將發生的變化。因此，對於柳宗元吸收佛理的主張，要歷史地看待，具體地給以評價。

我們把柳宗元的《貞符》、《封建論》、《天對》、《非國語》等篇章聯繫起來，就可以明顯看出他對歷史的總結具有的哲理性。柳宗元認爲自然與社會不是一回事，"天"、"人"不相預。他在給劉禹錫的信中說：

> 生植與災荒，皆天也；法制與悖亂，皆人也。二之而已。其事各行不相預，凶豐理亂出焉，究之矣。(《全集》卷三十一，《答劉禹錫天論書》)

在柳宗元看來，自然的"天"，也就是生植與災荒，同社會的"人"事上的法制與悖亂，是兩件不相干的事。但是它們都有一個"凶豐理亂"的問題。所以說，柳宗元認爲天人相分又相關。柳氏說的天人相關，也僅是"凶豐理亂"的變化，他不同意說"天"可以行賞罰，這也是他和韓愈思想上的分歧點。韓愈認爲，人們經常哀號于上天，自然變化給人類帶來各種災禍，是一種賞罰報應。柳宗元批評這樣的意見，說：

> 彼上而玄者，世謂之天；下而黃者，世謂之地；渾然而中處者，世謂之元氣；寒而暑者，世謂之陰陽。是雖大，無異果蓏、癰痔、草木也。假而有能去其攻穴者，是物也，其能有報乎？蓄而息之者，其能有怒乎？天地，大果蓏也；元氣，大癰痔也；陰陽，大草木也，其烏能賞功罰禍乎？功者自功，禍者自禍，欲望其賞罰者，大謬；呼而怨，欲望其哀且仁者，愈大謬矣。(《全集》卷十六《天說》)

柳宗元認爲天地形成以前，只有元氣。天地萬物起源於"元氣"說，構成他的宇宙觀、歷史觀的理論基礎。他說："本始之茫，誕者傳焉。"究其根本由來，"惟元氣存"。(《全集》卷十四，《天對》)

社會上人的各種差別，是"氣"的差別，柳宗元說："夫天之貴斯人也，則付剛健、純粹於其躬，倬爲至靈，大者聖神，其次賢能，所謂貴也。剛健之氣，鍾於人也，爲志得之者，運行而可大，悠久而不息，拳拳於得善，孜孜於嗜學，則志者其一端耳。純粹之氣，注於人也爲明，得之者爽達而先覺，鑒照而無隱，盹盹於獨見，淵淵於默識，則明者又其一端耳。"(《全集》卷三，《天爵論》)"氣"的差別是聖賢及一般人的差別的根據，後來宋儒以"氣"之清濁，說明聖賢的區別，可以看成是這一理論的發展和變化。

柳宗元認爲歷史的發展受勢的支配，他在《封建論》中說：行封建或是廢封建，不是某一個聖人的意志，它是爲歷史的勢所決定的，"彼封建者，更古聖王堯、舜、禹、湯、文、武而莫能去之。蓋非不欲去之，勢不可也。勢之來，其生人之初乎？不初，無以有封建。封建，非聖人意也"。(《全集》卷三)總之，柳宗元的歷史觀，是一種獨特的氣勢說。

　　中國古代很多思想家、史學家對遠古時代的認識含有一種歷史的進化的思想，如《易·系辭》、《韓非子》等。他們認爲初民社會是一個和野獸相處的洪荒的時代，以後才慢慢地進步，進入到文明的社會。柳宗元繼承這一思想，又有新的發展。他反對董仲舒的受命於天的說法，認爲大唐是“受命于生人”。這一看法是建立在他的古史觀上。他在《貞符》篇中描述生民之初的社會，說：

> 惟人之初，總總而生，林林而群。雪霜風雨雷電暴其外，於乃知架巢空穴，挽草木，取皮革；饑渴牝牡之欲驅其內，於是乃知嗜禽獸，咀果穀，合偶而居，交焉而爭，睽焉而鬥。力大者搏，齒利者齧，爪剛者決，群衆者軋，兵良者殺。披披藉藉，草野塗血。然後強有力者出而治之，往往爲曹於險阻，用號令起，而君臣什伍之法立。……（《全集》卷一）

與前人的論述相比，《貞符》篇的思想發展的地方，一是，初民是在同自然的鬥爭中發展起來的。這裏沒有說是聖人出現，才把初民引出洪荒世界。二是，君臣什伍之法，是人類在初民的爭鬥中產生的。這裏也沒有牧歌式的黃金世界的場景。三是，在初民的爭鬥中，才有君臣什伍之法，以後才有黃帝、堯、舜、禹這些聖人出現。後世帝王非受命於天，而是受命於生人。在史學思想史上，這是歷史觀上一次重大的進步。

　　《封建論》對遠古人的生存發展作了更爲詳細的論述，說：

> 彼其初與萬物皆生，草木榛榛，鹿豕狉狉，人不能搏噬，而且無羽毛，莫克自奉自衛。荀卿有言：必將假物以爲用者也。夫假物者必爭，爭而不已，必就其能斷曲直者而聽命焉。其智而明者，所伏必衆；告之以直而不改，必痛之而後畏；由是君長刑政生焉，故近者聚而爲群。群之分，其爭必大，大而後有兵有德。又有大者，衆群之長又就而聽命焉，以安其屬，於是有諸侯之列，則其爭又有大者焉。德又有大者，諸侯之列又就而聽命焉，以安其封，於是有方伯、連帥之類。則其爭又有大者焉，德又大者，方伯、連帥之類又就而聽命

> 焉，以安其人，然後天下會於一。是故有里胥而後有縣大夫，
> 有縣大夫而後有諸侯，有諸侯而後有方伯、連帥，有方伯、
> 連帥而後有天子。自天子至於裏胥，其德在人者，死，必求
> 其嗣而奉之。故封建非聖人意也，勢也。

這就從社會內部的矛盾中闡明禮樂刑政及封邦建國的來歷，這些都是歷史發展的必然。

對於秦始皇廢封建行郡縣，歷來史家多持批評的態度，而柳宗元是另一種看法。他認為，歷史上的繼承是“不得已”，而變革也是一種必然，“夫殷周之不革者，是不得已也。蓋以諸侯歸殷者三千焉，資以黜夏，湯不得而廢；歸周者八百焉，資以勝殷，武王不得而易。徇之以為安，仍之以為俗，湯、武之所不得已也。夫不得已者，非公之大者也，私其必於己也，私其衛於子孫也。秦之所以革之者，其為制，公之大者也；其情，私也，私其一己之威也，私其盡臣畜於我也。然而公天下之端自秦始”。從歷史的變化的必然上看，秦廢封建行郡縣，在制度上是“公”，不是私，柳宗元說“然而公天下之端自秦始”，給歷史以別樣的評價。

柳宗元反對災祥說，《國語》以災祥解釋社會人事的變動，他說：“以配君罪天禍，皆所謂遷就而附益之者也。”反對占卜迷信，說：“卜史之害於道也多，而益於道也少，雖勿用之可也。”（《全集》卷四十四，《非國語上》）在《貞符》篇中他也指出了天命論之錯謬，史書的所謂的符瑞，是“詭譎闊誕，其可羞也”。但我們也要指出，柳宗元對佛教態度有曖昧的地方，也相信人死後有靈魂，這些又是他的不足處。

總之，柳宗元是從哲理的高度上提出了對歷史的總體的看法，是中國史學思想上的一個重大的發展，預示著中國史學思想史將向一個新的高度發展。

第八章　理學和史學

第一節　理學和史學的相互影響

　　從根本上說，一個時代的史學思想的發展，反映了當時社會的矛盾。社會現實對史學思想的影響，有兩個重要的方面。一是現實的矛盾，成爲驅動史學家研究歷史的動力，形成歷史研究的課題，構成史學思想的具體內容，也決定這一時期的史學思想的性質。由於時代的變化，即使是同樣的命題，不同時期的史學思想的內涵不盡一致。同樣是講歷史的盛衰，兩宋以前和兩宋以後，歷史的盛衰論有著不同的特點。現實對史學的影響的另一個方面，是這個時代的哲學思潮對史學的影響，特別是對史學思想的影響。這個問題不難理解，史學思想中的歷史觀點，本身就是哲學的一個組成部分。哲學的基本觀點及思維方式，影響到人們對歷史過程的認識，對歷史的解喻。哲學觀點也會影響及史學的編纂思想，並作用于人們對史學社會價值的認識。一個時代的哲學對史學的影響，歸根結底，是社會現實對史學作用的反映。因此，毫不奇怪，有的時代，經濟也在發展，社會充滿矛盾，但由於哲學貧困，這個時代的史學思想蒼白，史學缺乏活力。研究史學思想，很重要的一個方面，是從時代的哲學的思潮上，把握這個時代的史學思想，討論這個時代的史學。

　　這裏不是說史學思想只是消極地反映現實，被動地接受哲學的影響。史學思想同樣對社會、對哲學有重要的反作用。歷史著作的刊刻、流傳，傳播了一定的思想，影響人們對社會現實的看法、對解決社會危機的思考，也影響到人們對歷史前途的認識。在封建社會裏，人主臣僚總是按照對歷史的一定的理解，處理軍國事宜，進行改革的活動。有的史學家也是努力通過自己的歷史著作，宣傳一種觀點、一種主張，"格君心之非"，從而使歷史作品對社會産生一定的影響。有的史學家明確地宣稱自己寫史書，是爲"聖覽"，是給皇帝讀的。一定的史學思想、歷史觀，不同程度地影響社會變革的進程及其成效。封建統治者看到史學、哲學能夠說明自己的統治的合理，合於天理，能夠爲自己的治理、更化，提供一定的經驗教訓，就會倡導這樣的學術。但這往往需要一個過程。

　　史學對哲學的影響，具體到宋明時期，是史學對理學的影響，這是很明顯的。史學思想中的歷史觀是哲學的組成部分，這在上面已經說過，它影響到理學體系的形成。二程奠定理學的根基，卻不是理學的集大成者，一個十分重要的原因，是他們論歷史興衰之"理"，卻對史學的價值認識不足，至少是在史學的領域內沒有作什麼工作，這影響到二程對理學的構建。朱熹成爲理學的集大成者，不但因爲他能集理學諸家之說，鎔鑄成朱學的基本的內容，而且還在於他十分重視史學，努力把包括史學在內的各個門類的學術，納入到他的理學的體系中去。他在史學方面所作的工作，一個很重要的方面是使史學"會歸理之純粹"。

　　宋明理學對史學的影響，可以從以下幾個方面闡明。

　　首先，是在歷史認識上的影響。理學家認爲，自然界和社會的運動是天理流行，是陰陽消長的氣化的運行。二程認爲："往來屈伸只是理。""有盛則必有衰，有終則必有始，有晝則必有夜。""時所以有古今風氣人物之異，何也？氣有淳漓，自然之理……氣亦盛衰故也。"（《程氏遺書》卷十五）朱熹進一步發展了二程的觀點。理學家討論天人問題，以"理"對宇宙自然和歷史社會作深層次的概括，把人類社會作爲宇宙總過程的一個組成部分。"求理"思維的特徵之一，是通天通地，貫古貫今。周敦頤的《太極圖》從根本上說，是"究天人合一之原"。（王夫之語，見《張子正蒙注》卷九）張載以氣說明人與自然相統一，世界萬事萬物和人都是氣的體現。氣有清濁昏明，人與物才有分別。《西銘》說：“民吾同胞，物吾與也。”
這種氣化史觀是打通天人的理論。邵雍寫的《皇極經世書》把自然
發展和人類的歷史行程作爲一個統一的過程，編排出從“開物”到
“閉物”的運動的周期。

　　這些是中唐以後的史學思想的發展。史學的通識明顯地表現這
一點。胡宏的《皇王大紀》、蘇轍的《古史》等作品，論及宇宙的
運動、生命的起源、社會的出現、發展，他們貫通天人思考這些問
題，以證明天理的先驗性、永恒性。司馬光的《稽古錄》、劉恕的
《通鑑外紀》、黃震的《古今紀要》、金履祥的《資治通鑑前編》等，
都是這樣的作品，“廣摭史傳，以經義貫通之”。（朱彝尊：《曝書亭集》
卷四十五，《皇王大紀跋》）《通志》首列《三皇本紀》，用當時可能收
集到的材料，寫初民社會的狀況。儘管以上各種作品受到時代的限
制，很多是一種推測，但其中不乏精彩的描敘、說明，這些是古史
觀念的發展。

　　理學家用“理氣”說，貫通天人古今，以天理流行的情況作爲
劃分歷史的依據。在理學家、史學家中，較爲普遍的看法是，中國
歷史可以劃分成兩個階段，分成先王、後王，或者說分成三代以前
和三代以後兩個明顯不同的階段。用二程的話說是，先王之世，是
以道治天下，後世以法把持天下。邵雍以皇、帝、王、霸四段概括
中國歷史的變化。朱熹提出的歷史過程論，完全滲透理學思想，把
中國歷史打成兩截：三代和三代以後。他說這兩個階段不同：三代
天理流行，漢唐人欲橫流。史學家同樣表現出對三代的推崇，司馬
光是這樣，馬端臨同樣有這樣的傾向。他一方面指出，制度要因時
變化，“返古實難”。另一方面，他認爲三代以前是公天下，夏以後
是家天下，秦始皇滅六國後，“尺土一民，皆視爲已有”。

　　理學家認爲對歷史興衰起作用的是天理，“理”是封建綱常名
分。理學家、史學家多從這樣的角度談歷史的興衰，以“理”總結
興亡得失。司馬光認爲維持綱常名分的等級制度，是使“上下相保
而國家治安”的根本的辦法。史臣論贊、史評、史論作品，大多數

是執著天理標準評價歷史事件，議論歷史人物的功過，討論歷史的興衰。

　　兩宋以後，讖緯神學、災祥說的天人感應理論受到進一步的批判。理學家從理的高度分析歷史的問題，不滿意讖緯神學對歷史變化所作的粗鄙的解說。一般地說，他們沒有否定天命論，但分析歷史的興亡，很少談天命，不贊成以災異說去牽強附會地解釋歷史的變動，認為言災異須達理。這是大多數史家解說歷史的理論。相比較，史學家在肯定天理對歷史支配的同時，對天命論持保留的同時，又強調人事的作用。用歐陽修的話說，是："盛衰之理，雖曰天命，豈非人事哉。"（《新五代史》卷三十七）

　　理學對史學產生的影響，另一個表現是理學觀點反映到史書編纂的思想上。這種效應體現在兩個方面上。一是史法、史例，二是史書編纂體裁。

　　這裏要提到兩宋的《春秋》學。理學家對《春秋》的解釋和研究，形成《春秋》學。它在史學上的影響從三個方面來說。一是所謂的《春秋》的褒貶筆法。這一點也不完全是宋人的發明，他們大多數人不過更加突出這一點，從而形成一種思潮。他們認為孔子作《春秋》寓褒貶，甚至認為《春秋》中字字有褒貶，句句有聖人的用心。二是所謂的正統論，寫史書要嚴統閏，別夷夏。與前二者相關係的是所謂的《春秋》義例。史家很重視史例。呂夏卿作《唐書直筆》，系統解釋《新唐書》的史例。徐無黨注歐陽修的《新五代史》，著重發明《新五代史》的史例。朱熹作《資治通鑒綱目》，尹起莘等發明朱子的一套史例。當然，這些史例不一定合乎史書的本意，他們以天理說立凡例，是力圖把理學滲透到史學中去。

　　史書的體裁發生的變化，同樣也可以看出理學對史學的侵蝕。學術史著作得到較大的發展，一個重要原因是理學家寫學術史作品，如朱熹的《伊洛淵源錄》、李心傳的《道命錄》等的編寫，是為宣傳理學的觀點，以適應道統建立的需要。朱熹和他的學生改作《資治通鑒》為《資治通鑒綱目》，其動機，是要使史書更好地宣傳天理之正。

　　理學與史學的發展幾乎是平行的，這同樣反映出理學對史學的影響。宋代重要的史學家，幾乎每一個人都在理學史上佔有重要的地位。但是，理學與史學在相互聯結的發展過程中，是相互聯繫，又是相互矛盾的。理學家要使史學成為理學的附庸，提出所謂的經細史粗說。史學家在用理學觀點解釋歷史時，並沒有忽視從歷史的實際出發，總結歷史興衰的經驗教訓，而不是停留在空洞的天理說教上。因此，有的史學家被理學家看作是“格物不精”。還有的史學家直接提出與理學相對立的觀點。中國中世紀的史學沒有完全理學化，沒有成為理學的婢女，這不能不是一個十分重要的原因。

　　宋明的史學思想大致可以分成兩個時期。兩宋和遼、金是一個時期，元和明前期是一個時期。前一個時期，是理學的體系建立和發展的時期，也是史學思想變化發展最為生動的時期。後一個時期，是承前一時期史學的餘緒，隨著理學成為欽定的學說，統治整個封建社會的學術思想，史學思想發展失卻了前一時期的活力。明中期後，心學發達是一變，實學、經世的史學思想和歷史批判的意識及史學批評的思想異軍突起，又是一變。

　　就兩宋的史學思想說，可以分成四個階段，從史學的變化上說，歐陽修的廬陵史學開其先，然後進入到一個新的階段，出現眾帆競發、百舸爭流的局面。朱熹的考亭史學後，史學思想上進入到相對緩慢發展的階段，史學思想的天地裏出現了沉悶的局面，依然是在爭正統、論史例等上面作文章。而這恰恰是與理學的發展相平行的。

　　也應當說明史學對理學發展的影響。第一，理學的發展不能不包括史學思想。理學的求“理”，離開“考古今”、“多識前言往行”，是無法實現的。天理的論證，很重要的一點，是要說明封建社會等級制度的永恆，綱常名分道德為天理的體現。這一方面，少不了歷史的說明，萬物一理，理一分殊，離開歷史的闡釋，理氣說只能是半截子的理論；少了“歷史”的說明這個“半壁江山”，理學就不成其為體系。所以，理學家儘管在形式上輕視史學，提出經先史後、經細史粗等觀點，但在實際上，他們不能不借助歷史的說明，建構理學體系的大廈。而且理學的終極目標是以理來治天下，"修身齊家治國平天下"，維持封建的統治。缺少歷史的驗證，理學的說教沒有落腳點，也很難為封建人主所接受，理學的價值難以為封建人君所認可。所以，史學的理學化是理學發展的需要。

第二，前面已經提到，理學與史學是在相互聯繫、相互吸收又相互矛盾、相互鬥爭中發展的。朱熹改作司馬光的《資治通鑒》為《資治通鑒綱目》，固然是不滿意司馬光在理學思想上存在缺陷，但從另一方面說，他還是承認《通鑒》的作用，還是吸收了司馬光的史學成果。朱熹的思想在主要方面，與鄭樵的史學思想對立，但是對鄭樵在史學批評上的很多觀點，卻是加以認可，並且有所吸收，作為他的理學的因素。

在宋代的史學思想上，一方面是史學表現出理學化的傾向。從理學在古史、史評有關著作中浸潤，到朱熹的考亭史學，明顯地表現這一點。另一方面，從司馬光涑水史學到李心傳、李燾的二李為代表的蜀中史學，以及浙中史學的經世的思想，則是另一種情形。史學思想上，宋代的史學既有理學化的一面，又有重考訂、求致用的一面，存在著非理學化的一面。以天理評論、解說、編排歷史；又講史學致用，講修心、齊家、治國、平天下各個層次上的致用，以事實講盛衰，兩者並存于史學中。我們不能簡單地把宋代的史學看成是理學化或者是非理學化的發展，但是確實是存在兩種傾向。從主導方面上看，鄭樵史學是和理學化的史學相對立的異軍。理學也是在這種矛盾鬥爭中得到發展的。

所以，研究宋代的理學應當研究當時的史學思想。這一點，在近代的一些理學史的著作中開始被注意到，但在總體上，似乎還要作更深入一步探討。

第二節　天理論和歷史盛衰論

　　兩宋以及遼金時期的史學思想，具體地又可以劃分爲四個階段。北宋以宋仁宗慶曆元年作爲第一和第二階段的分界線。

　　我們應當從五代時期的史學觀點說起。五代各個小朝廷，在戰亂的情形下，也還有一些人要求從史書中尋找值得鑒戒的東西，後梁的史館上書，要求寫史，表彰他們的"忠臣名士"。（《舊五代史》卷十）後周世宗時，監修國史李昉等上書，認爲要直書記"國家安危之道"。從後唐文宗以後，修《日曆》一事，一直爲人君所重視。（《舊五代史》卷一百一十四李穀等上言）周太祖鼓勵史臣修史，以"究爲君治國之源，審修己禦人之要"。（《舊五代史》卷一百一十二）五代時期的人君重視日曆、實錄的編修。在變動不定的環境下，出現一批較爲有名氣的史臣。如趙瑩、賈緯、劉昫、張昭遠等。趙瑩曾在《詩》中稱賈緯是"史才不易得"的人物。賈氏長於紀傳，且議論剛強，有人說他是"賈鐵嘴"。這一時期的史事記錄、前朝史書唐史的編修，都反映他們重視借鑒歷史的經驗；同時又以史說明各個小朝廷政權出現合乎天意，說明"禪讓"爲"知其數而順乎人"的行爲。所以，兩宋的史學思想沿著這條路徑發展，隨著理學的興起，兩宋的歷史興衰論得到了升華。

　　從 960 年（太祖建隆元年）到 1040 年（仁宗康定元年）北宋統治者消滅十國，並且採取措施加強中央集權統治。史學思想上反映時代的特點，是突出《春秋》大一統及尊王攘夷的觀念。宋朝官修的四大部書，即《太平御覽》、《太平廣記》、《文苑英華》和《冊府元龜》，以及官修的《舊五代史》等，中心的觀念是尊王與求鑒。從總的方面看，學術思想沒有創新，皮錫瑞說："經學自唐至宋初，已凌夷衰微矣。然篤守古義，無取新奇，各承師傳，不憑胸臆。"（《經學歷史·八·經學變古時代》）這裏說的是經學在北宋前期的特點，但史學思想同樣是陳陳相因，清人評論薛居正的《舊五代史》時說：
這本史書"成自宋初，以一百五十卷之書，括八姓十三主之事，具
有本末，可爲鑒觀。雖值一時風會之衰，體格尚沿於冗弱；而垂千
古廢興之迹，異同足備夫參稽。"（《進〈舊五代史表〉》）館臣說的"一
時風會之衰，體格尚沿於冗弱"，交代了當時史學思想上的蒼白的
狀況。

　　但這一階段，史學承唐中期以後的史學思想的變化，孕育新的
因素。一些學者要求有新的一家之說，發明經義，要求"通釋老之
書，以經史傳致精意，爲一家之說"。反對"治一經或至皓首"。（上
引見《東都事略》卷四十六）有的學者認爲治學不能只是墨守章句，孫
復說："專守王弼、韓康伯之說而求于《易》，吾未見其能盡于《大
易》也；專守《左氏》、《公羊》、《谷梁》、杜、何、范氏之說而求
於《春秋》，吾未見其能盡於《春秋》也；專守毛萇、鄭康成之說
而求於《詩》，吾未見其能盡於《詩》也。專守孔氏之說而求於《書》，
吾未見其能盡於《書》也。"（《睢陽子集·與范天章書》）發明經旨與
疑古思潮的結合便是傳統儒學的變化，理學由此而發生、發展。

　　契丹族建立遼朝（一個時期稱大遼、大契丹）。遼注重歷史，
出現史家如室昉、蕭韓家奴等。唐史書及《貞觀政要》，成爲遼朝
君臣的重要讀物。這和同時的宋代史學相輝映，只是征戰流動，以
鞍馬爲家，又缺少儒臣，理學不能在遼朝興起，它也影響遼朝史學
思想的深化。金代史學相當發達，金世宗和遼聖宗一樣重視以史爲
鑒。

　　從慶曆以後，即從 1041 年（仁宗慶曆元年）至 1127 年（欽宗
靖康二年），北宋滅亡，是宋代史學思想發展的第二階段。這一階
段，從社會上說，矛盾尖銳複雜，爲求擺脫危機，社會改革達到一
個高潮，慶曆新政、王安石變法都是發生在這一時期。理學產生後，
得到進一步的發展，所謂北宋五子即周敦頤、張載、邵雍、二程的
學術，反映這一時期理學發展的程度。

　　與之相適應，史學思想上出現了各種歷史盛衰論。歐陽修是開

一代學術新風氣的學人。清人全祖望說：

> 有宋真、仁二宗之際，儒林之草昧也。當時濂洛之徒方萌芽
> 而未出，而睢陽戚氏在宋，泰山孫氏在齊，安定胡氏在吳，
> 相與講明正學，自拔於塵俗之中。亦會值賢者在朝，安陽韓
> 忠獻公、高平范文正公、樂安歐陽文忠公皆卓然有見於道之
> 大概，左提右挈，於是學校遍于四方，師儒之道以立。而李
> 挺之、邵古叟輩共以經術和之。說者以為濂、洛之前茅也。
> （《宋元學案》卷三）

歐陽修被視作"濂洛之前茅"的學人之一，這是正確的。他在文學、
史學、金石文獻學、文字、書法等各個領域內都有突出的貢獻；他
提倡學術的革新，為學界帶來一股新風。他寫的《新五代史》以及
主修的《新唐書》，在中國史學史上都佔有十分重要的地位。歐陽
修對歷史盛衰的見解，反映一代史學家對社會現實的關心，標誌史
學思想所能達到的高度，體現出史家的時代感。

歐陽修以"道"與"理"，來談歷史的盛衰。他認為"道"高
於萬事萬物，通過"理"支配世界上的萬物，說："道無常名，所
以尊於萬物；君有常道，所以尊于四海。然則無常以應物為功，有
常以執道為本，達有無之至理，適用舍之深機，詰之難以言窮，推
之不以迹見"。（《筆說·道無常名》）又說："儒者學乎聖人，聖人之道，
直以簡；然至其曲而暢之，以通天下之理，以究陰陽天地人鬼事物
之變化。"（《居士集》卷四十二，《韻總序》）"道"支配自然，也支配
社會人事的變化，它是通過"理"來實現這種支配，"理"是"詰
之難以言窮，推之不以迹見。"而且"天人之理，在於《周易》否
泰消長之卦"。（《居士集》卷四十二，《送張唐民歸青州序》）他又說：

> 所謂窮則變，變則通，通則久也。久於其道者，知變之謂也。
> 天地升降而不消，故曰天地之道久而不已也。日月往來，與
> 天偕行而不息，故曰日月得天而能久照。四時代謝循環而不
> 息，故曰四時變化而能久成。聖人者，尚消息盈虛而知進退
> 存亡者也。故曰聖人久于其道而化成。（《易童子問》卷一）

因爲有變化，世界上的事物才得以存在，各種事物包括自然的、社會的，變化的形態不盡相同，但變化是絕對的，聖人深知這一點，"尙消息盈虛而知進退存亡"，"故曰聖人久于其道而化成"。但，變化是不是進化的呢？歐陽修沒有回答。

　　也應該指出，歐陽修沒有能建構起理學的體系，他對理的論述缺少系統。對於其他範疇，如"氣"、"性"、"命"等，也沒有作進一步的討論。歐陽修曾談到"氣"，說："人稟天地氣，乃物中最靈，性雖有五常，不學無由明。"(《居士外集》卷三，《贈學者》) 至於理與氣、性之間的關係，也沒有說明。凡此，都表現出歐陽修的理學思想的不成熟性，因此他也只能是"濂洛前茅"之一。

　　歐陽修認爲支配社會興衰治亂的是"人理"，所謂的"人理"是封建的綱常倫理。五代是一個亂世，用歐陽修的話說，是陷入"賊亂之世"，這個時代，"禮樂崩壞，三綱五常之道絕，而先王之制度文章掃地而盡於是矣，……是豈可以人理責哉"。(《新五代史》卷十七，《晉家人傳》) 綱常倫理道德淪喪，國家也就要衰亡。他說：

> 禮義，治人之大法；廉恥，立人之大節。蓋不廉，則無所不取；不恥，則無所不爲。人而如此，則禍亂敗亡，亦無所不至。(《新五代史》卷五十四，《雜傳》)

認爲維持綱常倫理道德，爲一個社會興盛的關鍵，這不是什麼新見解，歐陽修的貢獻在於他以"理"的概念來概括綱常倫理，認爲社會的興衰治亂爲"理"所支配。一個社會的綱常倫理的變化，造成歷史變化的大勢。他說：

> 道德仁義，所以爲治，而法制綱紀，亦所以維持之也。自古亂亡之國，必先壞其法制，而後亂從之。亂與壞相乘，至蕩然無複綱紀，則必極於大亂而後返，此勢之然也，五代之際是已。(《新五代史》卷四十六，《雜傳》)

歷史的盛衰之理的內涵是綱常道德，影響歷史興衰之理的變化又是什麼呢？歐陽修的看法具有兩面性的特點，一面是，也是他的歷史思想的側重點，是認爲人事在歷史興衰之理的變化中起作用。他說："盛衰之理，雖曰天命，豈非人事哉。"後唐的大理寺少卿康澄提出關於為國應有"五不足懼"、"六深可畏"的觀點。歐陽修很贊成他的意見。所謂"五不足懼"，也就是，三辰失行不足懼，天象變見不足懼，小人訛言不足懼，山崩川竭不足懼，水旱蟲蝗不足懼。"六深可畏"是：賢士藏匿深可畏，四民遷業深可畏，上下相徇深可畏，廉恥道消深可畏，毀譽亂真深可畏，直言不聞深可畏。這是把"盛衰之理"的重人事思想具體化了。概括地說，為國者對天象災變不足懼，深可懼者是人事上的失誤。歐陽修說："然（康）澄之言，豈止一時之病，凡為國者，可不戒哉。"（《新五代史》卷六，《唐本紀》）

《新唐書》的《五行志一》，對天人感應說的"災異之學"進行批判，說："至為災異之學者不然，莫不指事以為應，及其難合，則旁引曲取而遷就其說。蓋自漢儒董仲舒、劉向與其子（劉）歆之徒，皆以《春秋》、《洪範》為學，而失聖人之本意。至其不通也，父子之言自相戾，可勝歎哉。"《春秋》記災異為的是譴告人君，災異說並無根據，其應驗有合有不合，所以真正的學者對此無所用心，而後世說災異的人"為曲說以妄天意"。歐陽修在這裏否定天意支配社會治亂的觀點。但又一面，歐陽修給天命觀保留地盤，前面已提到過，這就是"兩存說"：不絕天於人，也不以天參人，兩者可常存而不究。（《新五代史》卷五十九，《司天考第二》）

重視德政，是歐陽修重人事史學思想的一個十分重要的部分。他說："自古受命之君，非有德不王。"（《新唐書》卷一，《高祖本紀》）隋唐的興亡史能夠說明這一點。他說："考隋、唐地理之廣狹、戶口盈耗與州縣廢置，其盛衰治亂興亡可以見矣。蓋自古為天下者，務廣德而不務廣地，德不足矣，地雖廣莫能守也。嗚呼，盛極必衰，雖曰勢使之然，而殆忽驕滿，常因盛大，可不戒哉。"（《新唐書》卷三十一，《地理志》）德政的主要內容，是重民、愛民。《新唐書》的《五行志一》在否定天意能感應、支配社會的觀點的同時，指出："蓋王者之有天下也，順天地以治人，而取材於萬物以足用。若政得其道，而取不過度，則天地順成，萬物茂盛，而民以安樂，謂之至治。"同"至治"相對照的是"亂政"，"民被其害而愁苦"。民安樂則天下治，民被害則天下亂。歐陽修說："古之善治其國而愛養斯民者，必立經常簡易之法，使上愛物以養其下，下勉力以事其上，上足而下不困。"（《新唐書》卷五十一，《食貨志》）社會安定，關鍵在此。

歐陽修進而提出"損君益民"的思想，說："損民而益君，損矣；損君而益民，益矣。"要做到這一點，人君應當"節以制度，不傷財，不害民者是也"。（《易童子問》）愛民重民的觀點，集中表現為減輕百姓的負擔，"損君而益民"的損就是指這一點。《新五代史》揭露五代的統治者對人民的各種殘酷剝削手段，可以說具有實錄的精神。

歐陽修興衰論中有兩點很引入注目。一是強調"兵"的作用。他說："古之有天下國家者，其興亡治亂，未始不以德，而自戰國、秦漢以來，鮮不以兵。夫兵豈非重事哉。"（《新唐書》卷五十）總結唐五代的歷史經驗，軍權集中於中央是非常重要的，地方割據、藩鎮擁兵，貽害匪淺。歐陽修說："方鎮之患，始也各專其地以自世，既則迫於利害之謀，故其喜則連衡而叛上，怒則以力而相并，又其甚則起而弱王室。唐自中世以後，收功弭亂，雖常倚鎮兵，而其亡也終以此，可不戒哉。"（《新唐書》卷六十四，《方鎮表序》）從五代以後，侍衛親軍制對北宋的影響特別大。到了北宋，方鎮是消滅了，侍衛親軍的問題更加突出。"今方鎮名存而實亡，六軍諸衛又益以廢，朝廷無大將之職，而舉天下內外之兵又皆侍衛司矣。則為都指揮使者，其權豈不益重哉"。（《新五代史》卷二十七，《唐臣傳》）

另一點是關於朋黨論。仁宗時期慶歷年間進行的改革，引起守舊派群起而攻之，慶歷新政進行不下去，守舊派說范仲淹、歐陽修等革新派是在結"朋黨"進行活動。歐陽修在史論中對此作了辯駁。他認為，所謂的朋黨，應當作分析，有君子的真朋，也有小人的偽朋。他說："夫欲空人之國而去其君子者，必進朋黨之說；欲奪人主之勢而蔽其耳目者，必進朋黨之說；欲奪國而與人者，必進朋黨之說。"（《新五代史》卷三十五，《唐六臣傳》）從這裏可以看出，歐陽修沒有脫離現實治史，他沒有離開現實空談"人理"，他關心社會的出路。

歐陽修的理學思想雖沒有形成體系，但是理學對史學的影響在歐陽修的思想上已經看出端倪。

歐陽修字永叔，吉州永豐（今屬江西）人，生於宋真宗景德四年（1007 年），卒于宋神宗熙寧五年（1072 年），享年 66 歲。24歲中進士，任過館閣校勘等職。因爲參加范仲淹的慶曆新政，受到打擊，被貶，先後任滁州、揚州、潁州、南京（今河南商丘）等地方官。仁宗至和元年，奉調回京，拜翰林學士、刊修《新唐書》，書成，遷禮部侍郎，後任樞密副使、參知政事。神宗即位，歐陽修受誣告被貶，先後任亳州、青州、蔡州等知州。熙寧四年（1071年），以觀文殿學士、太子少師致仕，退居潁州，次年卒。他一生遭遇坎坷，但不曾挫傷他的志向。他的政治活動與治史、提倡古文革新運動結合在一起。他中進士後不久，即著手修《五代史》，貶官夷陵期間，條件相當的困難，他也沒有中止修史的事業。《新五代史》從開始收集材料到成書，前後歷 25 年。《新唐書》編修期間，也是他政治上最活躍時期，任刊修官，"先生在翰林八年，知無不言"。

歐陽修的史著，既不是得意之作，也不是受挫折時寄託失意的憤懣情緒的作品。在一定的意義上說，他的修史是他的政治活動的一個內容，通過總結歷史，思考解決社會危機的方案，表達對現實的看法。有一段話，很可以說明他寫五代史的動機。他說：

> 今宋之爲宋，八十年矣。外平僭亂，無抗敵之國；內削方鎮，無強叛之臣，天下爲一，海內晏然，爲國不爲不久，天下不爲不廣。……然而財不足用於上而下已弊，兵不足威於外而將驕於內，制度不可爲萬世法而日益叢雜，一切苟且，不異五代之時。（《居士外集》卷九，《本論》）

"一切苟且，不異五代之時"，北宋 80 年盛世之下，埋藏著巨大的危機，歐陽修對唐史、五代史的興趣，正表現一個史家的時代感和歷史感。他聯結一批士人，構成一個學術的群體，其中多數又是他的政治活動中的積極支持者。歐陽修的文章、學問、人品爲世人景仰，成爲一代宗師，在他的周圍，有梅堯臣、尹洙這樣一批學人，叠相師友，交遊唱和，政治上主張革新，文學、史學上開一代新風。

在兩宋的史學史上，論歷史興衰的重要史著是司馬光的《資治通鑒》。司馬光字君實，陝州夏縣涑水鄉（今屬山西）人。生於宋真宗天禧三年（1019 年），卒於宋哲宗元祐元年（1086 年），年 68 歲。

司馬光於仁宗寶元初，中進士。父母相繼去世後，司馬光服喪五年，這期間，閉戶讀書，著《十哲論》、《四豪論》、《賈生論》、《機權論》、《才德論》、《廉頗論》、《冀君實論》、《河間獻王贊》等及史評 18 篇，其中許多內容成爲後來《資治通鑒》"臣光曰"的內容。所以在事實上，司馬光的修史工作已經開始。英宗治平元年至四年（1064 年－1067 年）期間，司馬光始作《歷年圖》五卷，是書爲上起戰國、下迄五代的大事年表，治平元年進。又作《通志》8 卷，起周威烈王，迄秦二世三年，其內容成爲以後《通鑒》的前 8 卷的內容。治平三年，司馬光由諫官改龍圖閣直學士、兼侍講。夏四月，英宗命司馬光設局於崇文院，自行選擇協修人員，編輯《歷代君臣事迹》。治平四年，神宗即位，三月，司馬光除翰林學士。十月，《歷代君臣事迹》書成，因其書"鑒於往事，有資於治道"，賜名《資治通鑒》，神宗親制《序》。司馬光反對王安石變法，與王安石不合，居西京洛陽，"自是絕口不論事"，專修《通鑒》。神宗元豐七年（1086 年）書成，加資政殿學士。次年，哲宗即位，司馬光爲尚書左僕射兼門下侍郎，廢新法。爲相八個月，去世。這短短幾個月的政治生涯，他全力以赴的是廢新法，實在不光彩；但畢竟他在助手的協助下，完成了《資治通鑒》這部偉大的史學巨制，在中國史學史上留下了他的光輝。

　　《資治通鑒》294 卷，記敍了上自周威烈王二十三年，到後周世宗顯德六年的 1362 年的歷史。這部書突出的是歷史盛衰總結的意識。司馬光說他修《通鑒》，其動機是"每患（司馬）遷、（班）固以來，文字繁多，自布衣之士，讀之不遍；況於人主，日有萬機，何暇周覽。臣常不自揆，欲刪削冗長，舉撮機要，專取關國家興衰，系生民休戚，善可爲法，惡可爲戒者，爲編年一書。"（《進〈資治通鑒〉表》）《通鑒》的指導思想是"資治"二字。（白壽彝：《說六通》，載《史學史研究》1983 年第 4 期）

　　司馬光強調封建統治者人君在歷史興衰中的作用。他認爲，人君的素質、才能、品質，直接影響歷史的興衰。所以人君特別要修心。修心的內容是三：一曰仁，二曰明，三曰武。"三者兼備，則國治強；闕一焉，則衰；闕二焉，則危；三者無一焉，則亡。自生民以來，未之或改也。治國之要亦有三，一曰官人，二曰信賞，三曰必罰。"（《溫國文正司馬公文集》卷三十六，《初除中丞上殿劄子》；又見卷四十六，《進修心治國之要劄子》及《稽古錄》卷十六，《臣光曰》）這個三字經式的盛衰論，司馬光說這是他一生治史的最大的心得，"平生力學所得至精至要，盡在於是。"（《初除中丞上殿劄子》）

　　仁、明、武和官人、信賞、必罰，是內和外的關係。前三者，是人君的內在素質。後三者，是人君行使權力，施之於外。司馬光說："夫治亂安危存亡之本源，皆在人君之心，仁、明、武，所出於內者也。用人、賞功、罰罪，所施於外者也。"（《進修心治國之要劄子》）歸根結底，司馬光的歷史觀是"君心"決定歷史盛衰論。

　　"禮"是人君仁、明、武的體現，又是用人、賞功、罰罪的依據。內在和外在的統一在封建等級的禮制上。因此"禮教"的保存或破壞，就成爲衡量一個社會盛衰的標尺。《資治通鑒》開篇說：

> 臣光曰：臣聞天子之職莫大於禮，禮莫大於分，分莫大於名。
> 何謂禮？紀綱是也。何謂分？君、臣是也；何謂名？公、侯、卿、大夫是也。

在這裏，禮的根本在分與名。那麼禮與分、名是一個什麼關係呢？

司馬光說：

> 夫禮，辨貴賤，序親疏，裁群物，制庶事，非名不著，非器
> 不形；名以命之，器以別之，然後上下燦然有倫，此禮之大
> 經也。名器既亡，則禮安得獨在哉？

在這裏，所謂"名"，是概念；"器"爲具體的事物，以具體的事物，
如君與各級官員的物質待遇俸祿、爵位名號相應的服飾車馬、儀仗
樂舞等，以這種種差別顯示出等級來，這就是"分"，所以司馬光
說："非器不顯"。他以爲用了這種辦法，"然後上下燦然有倫，此
禮之大經"。這是說"禮"是根本。但下面又說："名器既亡，則禮
安得獨在哉。"事實是，名器是由於等級禮制的破壞，才會錯亂、
亡失。司馬光在哲理上，不只是顛倒"名"與"實"的關係，而且
表現出思維相當的混亂。歷來史學家只注意其基本用心，即維持封
建等級制度的"禮"，社會才能安定、興盛。

這裏又陷入新的混亂，在封建專制統治下，維持了等級制度，
社會興盛；社會動蕩，等級制度也就不能維持；而要國家興盛，就
要維持等級制度。這樣議論是同義語反覆，司馬光等於什麼也沒有
說。他的歷史盛衰論除了其中的重人事的思想外，是相當的貧乏
的。司馬光在《通鑒》中發了 200 多條"臣光曰"，如果把他們集
中起來，實在看不出有什麼新意，多數是前人已談過的"老調"。《通
鑒》的主要價值在"史"，以史事留給人的思考，而不在"論"。

這樣說，不是簡單地否定，上面說過，司馬光歷史盛衰論中值
得重視的是他的重人事的思想。前面說的"君心"決定興衰，其中
同樣包含有重人事的思想成分。他由此把人君分成五類。他在《稽
古錄》卷十六中說：人君之道一，是用人。人君之德有三，即仁、
明、武。人君之才有五，也就是在歷史上有五類的人君：第一種是
創業之君，爲智勇冠一時者。第二種是守成之君，爲中才能自修者，
兢兢業業，奉祖考之法度。第三種是淩夷之君，是中才不能自修者，
習于宴安，樂於怠惰，不辨忠邪，不察得失，不思永遠之患。第四
種是中興之君，這種人君是才過人而善自強者，知下民艱難，悉下

屑情僞，勤身克意，尊賢求道，見善則遷，有過則改。第五等爲亂亡之君，是下愚不可移者。這種君王，捨道趨惡，棄禮縱欲，用讒陷之小人，誅殺正直人士，荒淫無厭，刑殺無度，內外怨叛而不顧。司馬光說："夫道有得失，故政有治亂；德有高下，故功有小大；才有美惡，故世有盛衰。上自生民之初，下逮天地之末，有國家者，雖變化萬端，不外是矣。"

　　司馬光特別強調"用人"對於治理社會的意義。人君的官人、信賞、必罰，其落腳點是"用人"。他說："爲治之要，莫先於用人，而知人之道，聖賢所難也。"（《資治通鑒》卷七十三）關於用人之道，司馬光總結出一些有價值的意見。

　　1．選人、用人、察人，據不同的職事的要求，考察實績。司馬光說：

> 欲知治經之士，則視其記覽博洽，講論精通，斯爲善治經矣；
> 欲知治獄之士，則視其曲盡情僞，無所冤抑，斯爲善治獄矣；
> 欲知治財之士，則視其倉庫盈實，百姓富給，斯爲善治財矣；
> 欲知治兵之士，則視其戰勝攻取，敵人畏服，斯爲善治兵矣。
> 至於百官，莫不皆然。雖詢謀於人而決之在己；雖考求於迹
> 而察之在心，研覈其實而斟酌其宜。（《資治通鑒》卷七十三，"明
> 帝景初元年"）

　　2．用人不講門第、閥閱。司馬光說："選舉之法，先門第而後賢才，此魏晉之深弊，而歷代相因，莫之能改也。"他以爲，君子與小人之分，不在於祿位，也不在於是在朝，還是在野，而在德與才。宋代地主階層中占支配地位的是品官地主。品官地主的特點是一般沒有世襲的特權，門第閥閱的觀念相對地說是淡化了。這是一種現實。另一種情況，是司馬光由於反對王安石的革新，長期居洛陽，以"在野宰相"的身份冷眼旁觀，等待收拾新政行不下去後的殘局，他們把一批革新的人士視爲"小人"。因此，他絕不會主張用銳意改革之士。所以一種史學思想中有合理的因素，但其中又有其一定的背景，這是我們研究史學思想時應當注意的。

3．用人不論親疏。在用人上應當"無親疏、新故之殊，惟賢、不肖爲察。"區別賢與不肖，做到不論親疏用人，一個重要的思想是有"公"心。司馬光說：

> 古之爲相者則不然，舉之以衆，取之以公。衆曰賢矣，己雖不知其詳，姑用之，待其無功，然後退之，有功則進之；所舉得其人，則賞之；非其人，則罰之。進退賞罰，皆衆人所共然也，己不置毫髮之私於其間。"（《資治通鑑》卷二百二十五，"代宗大曆十四年"）

這又是談何容易。一切都以"衆"的意見爲准，"己不置毫髮之私於其間"。在封建社會裏，一切政治集團，都是一定政治傾向的"衆"，即使"己不置毫髮之私於其間"，所謂的"公"，也只是一定政治範圍內的"公"。司馬光臨終前爲相八個月，何嘗不論親疏去用人？

4．用人當容其短。《資治通鑑》論到敵國材臣可用，舉到歷史上的人物有秦用由余而霸西戎，吳得伍員而克強楚，漢得陳平而誅項羽，曹魏得許攸而破袁紹。這些例子，表明"彼敵國之材臣，來爲己用，進取之良資也"。（《資治通鑑》卷一百二，"海西公太和五年"）

5．用人不疑。既要用人，"任以大柄，又從而猜之，鮮有不召亂者也"。（《資治通鑑》卷一百，"穆帝永和十一年"）

總之，《資治通鑑》突出了"用人"在歷史治亂興衰中，具有關鍵作用。司馬光認爲，這是爲君之"道"，"爲君之要，莫先於用人"。他在《功名論》中說："人臣雖有才智而不得其施，雖有忠信而不敢效，人主徒憂勞於上，欲治而愈亂，欲安而愈危，欲榮而愈辱矣。"這些在司馬光的歷史盛衰論中是有價值的部分。

司馬光反對災異的神秘主義的觀點，也是他重人事的思想的組成部分。唐玄宗開元二年，發生兩件事，一件是太史預報庚寅日將有日蝕發生，結果沒有出現日蝕。宰相姚崇上表祝賀，請求把這件事記到史冊上。玄宗同意姚崇意見。第二件是太子賓客薛謙光把武則天製作的一口鼎獻給玄宗。鼎上有銘文，這篇銘文的結尾是"上玄降鑒，方建隆基"。姚崇上賀表，說是玄宗（李隆基）的受命之符，並請宣示史官，頒告中外。司馬光批評這些做法，說："日食不驗，太史之過也；而君臣相賀，是誣天也。采偶然之文以爲符命，小臣之諂也；而宰相因而實之，是侮其君也。上誣於天，下侮其君，以明皇之明，姚崇之賢，猶不免於是，豈不惜哉！"（《資治通鑒》卷二百一十一，"玄宗開元二年"）

司馬光史學思想有積極的內容，但是他的折中主義的哲學觀點，使得他的思想顯現出矛盾與駁雜；他的政治態度，給他的史論打上烙印。

司馬光批評了天人相關的災異論，但又肯定"天"是支配社會的有意志的力量。他說：

> 天者，萬物之父也。父之命，子不敢逆；君之言，臣不敢違。……違天之命者，天得而刑之；順天之命者，天得而賞之。……君明、臣忠、父慈、子孝，人之分也。僭天之分，必有天災；失人之分，必有人殃。（《迂書·士則》）

司馬光的名分禮教觀，最終還是由天命論來支持。司馬光思想上缺少哲理，比較膚淺，這是一些理學家如程頤所不滿的地方。司馬光著重從現實、從用人上論歷史的興衰，同樣爲理學家看不起。司馬光在評論歷史人物和從實際出發編纂史書，和天理的教條不一致，凡此都說明司馬光和理學有相通的一面，又有矛盾的一面。程頤對《資治通鑒》有微辭，司馬光修《通鑒》的助手范祖禹，另寫《唐鑒》，在觀點上和司馬光有相當大的分歧。理學家包括後來的朱熹等都批評司馬光。朱熹把司馬光列入宋代理學家"六先生"中，但"于涑水（司馬光），微嫌其格物之未精"。（《宋元學案》卷七）其原因可以從中得到一定的解釋。

南宋時期理學家朱熹認爲歷史的盛衰完全爲"理"所支配，整個中國歷史依據天理流行情況，分成兩個階段，用他的話來說，三代天理流行，漢唐人欲橫流。這是一種歷史倒退論，也是爲把史學納入理學的範疇中去，"會歸理之純粹"。

和朱熹同時代的呂祖謙（1137－1181）認爲天理支配歷史運動。但他和朱熹不同的是更強調從歷史運動自身談盛衰。朱熹對他不滿意的地方，也是在呂氏過多言史；呂祖謙重史亦重經，而沒有把經放在最高位置上，導致對理學地位的重要性認識不足。朱熹批評呂祖謙宗太史公之學，"撞得這司馬遷不知大小，恰比孔子相似"。（《朱子語類》卷一百二十二）但這正是呂祖謙的優點，能繼承司馬遷的史學傳統，所以呂氏的歷史盛衰論在兩宋的史學史上顯現出自己的獨有的特色來，把宋代理學家關於歷史盛衰的認識向前推進一步。

首先，呂祖謙提出讀史要看"統體"。他說：

> 讀史先看統體，合一代綱紀風俗消長治亂觀之，如秦之暴虐，漢之寬大，皆其統體也。（其偏勝及流弊處皆當深考）。複須識一君之統體，如文帝之寬，宣帝之嚴之類。

> 統體，蓋謂大綱，如一代統體在寬，雖有一二君稍嚴，不害其爲寬。一君統體在嚴，雖有一兩事稍寬，不害其爲嚴。讀史自以意會之可也。（《東萊文集·別集》卷十四，《讀書雜記三》）

呂祖謙強調要從主導的方面去評定一代或一個人君統治時期的盛還是衰。但僅僅認識歷史的統體還不夠，還要從盛衰的現象中作出分析，找到原因，這稱之爲"機括"。他說：

> 既識統體，須看機括。國之所以興，所以衰；事之所以成，所以敗；人之所以邪，所以正，於幾微萌芽時，察其所以然，是謂機括。（《大事記解題》卷五）

說到具體的歷史興衰的機括，他又稱這種機括爲"樞機關紐"，論到戰國時楚國滅亡時，他說："大抵觀一國之興亡，有樞機關紐處。楚之所以亡，執政者衆而乖，莫適任患，其樞機關紐在此，雖地以六千里，無一個擔當國事人，安得不亡。然又須看其所以亡。……楚國人臣雖衆，都無人把國事爲己事，最爲國之巨患，人主所當深憂。"（《左氏傳說》卷十七，"吳子問伍員"）這就是要求從深層次上找出興亡的原因，也就是他說的："看《左傳》，須看一代之所以升降，一國之所以盛衰，一君之所以治亂，一人之所以變遷。能如此看，則所謂先立乎其大者，然後看一書之所以得失。"（《左氏傳說·看左氏規模》）在《左氏傳說》中，呂祖謙又從歷史盛衰互爲聯結上，具體分析戰國時期的諸侯國的歷史變化，分析中原諸侯國的盛衰與周邊少數民族建立的政權之間的關聯。這些都是呂祖謙史學思想中的深刻處。

歷史興衰的變動使歷史的過程顯現出階段來。呂氏把這稱作爲"節"。他說，看《左傳》"須分三節看，五霸未興以前是一節，五霸叠興之際是一節，五霸既衰之後是一節"。（《左氏傳說》卷二，"齊小白入於齊"）

在論及天人關係時，呂祖謙一方面強調天與理對歷史興衰的支配，說"至理所存，可以心遇而不可以力求"。（《東萊博議·賦詩》）；又一方面指出人事的重要作用。第一，統治的興盛，靠人君的自強，這稱作爲"依己"。他說："爲國者，當使人依己，不當使己依人。己不能自立，而依人以爲自重，未有不窮者也。所依者不能常盛，有時而衰，不能常存，有時而亡。一旦驟失所依，將何所恃乎。"（《東萊博議·鄭忽辭婚》）第二，人君當識治亂大體，使謀臣人才得其所用。第三，要培養百年好風氣。周朝文武成康涵養百年風氣，才有一代忠臣義士，周代的盛世也由此而出現。第四，"物之祥不如人祥"，"物之異不如人之異"。呂祖謙雖沒有否定災祥說，但著重強調人事的作用。

兩宋時期的史學思想中的歷史盛衰論，在呂祖謙那裏已經達到一個新的高度，但"呂學"的博雜，在他的史學思想上也反映出來。這表現在他的"心學"的思想成分，也表現在給"災異說"相當多的保留。

元人金履祥不滿意司馬光的《資治通鑒》和劉恕的《通鑒外紀》，認爲這些史書言盛衰，但記事不本於經，而信百家之說，"是非謬于聖人，不足以傳信"。於是，他"用邵氏《皇極經世曆》、胡氏《皇王大紀》之例，損益折衷，一以《尚書》爲主，下及《詩》、

《禮》、《春秋》，旁采舊史諸子，表年系事，斷自唐堯以下，接於《通鑑》之前，勒爲一書，二十卷，名曰《通鑑前編》。凡所引書，輒加訓釋，以裁正其義，多先儒所未發"。書成後，以授門人，說："二帝三王之盛，其微言懿行，宜後王所當法，戰國申、商之術，其苛法亂政，亦後王所當戒。則是編不可以不著也。"（上引見《元史》卷一百八十九）表面上看，金氏要使理學觀點滲透到史書中去，以認識歷史興衰的變動，但他的折衷，使他的歷史盛衰論更顯得"雜"。

兩宋以後，歷史盛衰論到了王夫之那裏，才進入一個新的境界。

第三節 正統論和史書的編纂

中世紀的史學思想中的正統論，是一種先驗的歷史聯繫觀點，它直接影響史書的編纂和對歷史材料的處理。它和各種史書編纂體例、體裁主張合在一起，構成史書編纂思想。正統論肇始於三統五運說，歷三國魏晉南北朝的爭議而有所發展，而構成系統是在兩宋。

歐陽修對正統的解釋是"臣愚因以謂正統，王者所以一民而臨天下"。（《居士集》卷十六，《正統論·序論》）這是以尊王大一統的觀點，作爲正統論的內涵，同以夷夏之別來定正統不一樣。以這樣的觀點來看中國歷史，他以爲稱得上是正統的王朝，有三類。第一類，是"居天下之正，合天下於一"。例如堯、舜、夏、商、周、秦、漢、唐各個王朝。第二類，"雖不得其正，卒能合天下於一"。如晉、隋。第三類是，"居其正，而不能合天下於一"。如"周平王之有吳、徐是也"。東周時期，一統的局面不存在，但周天子仍能號令天下，所以是正統所在。有爭議的是三段時期：周秦之際，東晉、後魏之際，五代之際。在這樣歷史紛爭時節，怎樣確定歷史的統閏，各種意見大相徑庭。歐陽修以爲其間原因有兩點。一是學者"挾自私之心而溺於非聖之學"。如寫南北朝史的人，有的人"私東晉者，曰隋得陳，然後天下爲一，則推其統曰：晉、宋、齊、梁、陳、隋。私後魏者，曰：統必有所受，則推其統曰：唐受之隋，隋受之後周，後周受之後魏。"這是爲一己之政權作辯解，先立本朝爲正統所在，然後上推統系相承的聯繫。有的更是相互詆罵。寫南方的史書的人以本朝爲正統，稱北方的政權不合法，是"虜"。爲北方政權寫史書的，則稱南方的政權是"夷"。二是依五行運轉說，強行編排。這種學說，"謂帝王之興，必乘五運者"，"故自秦推五勝，以水德自名。由漢以來有國者，未始不由於此說，此所謂溺於非聖之學也"。(《居士集》卷十六，《正統論上》) 其實，造成這種種曲說，都是"私己"之心，都是爲自己爭正統。這實際是史學的另一種屬性，以歷史說明其統治是合理的合乎天意的。歐陽修指出前代正統論的要害，一種是以天人相關理論，如五行說，編排統系；一種是以民族偏見確立統閏，或先立本朝爲正統，再逆求統系淵源。

歐陽修認爲中國歷史上，正統是"三絕三續"。他說：

> 故正統之序，上自堯、舜，歷夏、商、周、秦、漢而絕。晉得之而又絕。隋、唐得之而又絕。自堯舜以來，三絕而復續。
>
> 惟有絕而有續，然後是非公，予奪當，而正統明。(《正統論下》)

這種正統"三絕三續"說，既可以貫穿尊王思想，又可以避免對歷史作過多的曲解。歐陽修尊王思想的正統論，最終還是爲趙宋王朝添上一個光環，論說"大宋之興，統一天下，與堯舜三代無異"。(《正統論·序論》)

歐陽修寫五代史，首先碰到一個問題是怎樣看待唐宋之間的五代的歷史，給這個時期的歷史以怎樣的歷史地位。宋人有人寫五代史，認爲後梁不得爲正統，稱"梁"爲"僞"。這樣的書法，遇到一個麻煩，趙匡胤承後周，後梁爲僞，則後唐、後晉、後漢、後周都是"僞"，這豈不是罵到了宋朝皇帝老子的頭上了。歐陽修發明正統"三絕三續"說，派上了用場，也就是說，五代時正統已絕，但不能把這一階段的所有政權稱爲"僞"。對於梁，他說："於正統宜絕，於其國則不宜爲'僞'。"(《正統論下》)

　　歐陽修寫《新五代史》，"不僞梁"的史法受到時人的譏刺，說這樣的史法是在鼓勵篡弑之君，有失《春秋》之旨。他對這樣的批評，不以爲然，歐陽修說，《春秋》的史法獎善懲惡，但《春秋》書法謹嚴，在傳信求實。對於後儒從《春秋》中總結出一套書法義例，歐陽修批評這種作法，說：

> 凡今治經者，莫不患聖人之意不明，而為諸儒以自出之說汩之也。今於經外又自為說，則是患沙渾水而投土益之也，不若沙土盡去，則水清而明矣。魯隱公南面而治其國，臣其吏民者十餘年，死而入廟，立諡稱公，則當時魯人孰謂息姑不為君也。孔子修《春秋》，凡與諸侯盟會行師命將，一以公書之。於其卒也，書曰："公薨"。則聖人何嘗異隱於他公也。……故某常告學者：慎於述作，誠以是也。（《居士外集》卷十八，《答徐無黨第一書》）

應該說明，歐陽修的學生徐無黨在注《新五代史》中，大談歐陽修作《新五代史》的書法，說何事"書"，何事不"書"，用什麼字以示褒貶。對於這種作法，歐陽修是有看法的。他給徐無黨的信中，說到以前的儒生總結《春秋》書法，是"患沙渾水，而投土益之"。並且告誡學者，要"慎於述作"。這裏面，歐陽修的態度是很明朗的。《新五代史》"動輒嗚呼"，直接抒發自己的思想、情感。包括他的學生徐無黨在內的一些學者發明歐陽修的史法，大多不合歐陽修的本意。學生歪解老師的學術精神，而且產生較大的影響，徐無黨也是一個代表。《新五代史》值得爲世人重視的地方，是那種強烈的歷史感和時代感以及質樸的文風。

　　有關以前正統論的各種見解，在歐陽修之後，司馬光作了歷史的回顧。秦朝焚書坑儒；漢興，始推五行相生、相勝，以爲秦在木火之間，霸而不王，不在五德相生之正運，是爲閏位。漢爲火德，上繼堯，正閏之論由此而起。南北各朝所纂國史，互爲排黜，南謂北爲"索虜"，北謂南爲"島夷"。五代時期，後唐莊宗又以自己爲繼唐爲正，而梁則應爲"篡"。司馬光說："此皆私己之辭，非大公之通論。"他對正統的看法是：

> 臣愚誠不足以識前代之正閏，竊以為苟不能使九州合為一
> 統，皆有天子之名而無其實者也。雖華夏仁暴、大小、強弱，
> 或時不同，要皆與古之列國無異，豈得獨尊獎一國謂之正
> 統，而餘皆為僭偽哉！若以自上相授受者為正邪，則陳氏何
> 所受？拓跋氏何所受？若以居中夏為正邪，則劉、石、慕容、
> 苻、姚、赫連所得之土，皆五帝、三王之舊都也。若以有道
> 德者為正邪，則蕞爾之國，必有令主，三代之季，豈無僻王！
> 是以正閏之論，自古及今，未有能通其義，確然使人不可移
> 奪者也。(《資治通鑑》卷六十九，"文帝黃初二年")

司馬光以歷史事實證明正統論之錯謬，是一種求實的史學思想，又
是一種開闊的民族思想。因此，他寫史書重在論興衰，而不在爭正
統，他說："臣今所述，止欲敘國家之興衰，著生民之休戚，使觀
者自擇其善惡得失，以為勸戒，非若《春秋》立褒貶之法，撥亂世
反諸正也。正閏之際，非所敢知，但據其功業之實而言之。"周秦
漢晉隋唐是大一統王朝，到了末期，王室子孫微弱，四方爭鬥也還
是故臣，寫這一段歷史不應有所抑揚。南北朝、五代的時期，是"天
下離析之際"，寫這一階段歷史，不當分統閏，其記歲時年代，當
從事實出發。"據漢傳于魏而晉受之，晉傳于宋，以至於陳而隋取
之。唐傳于梁以至於周而大宋承之。故不得不取魏、宋、齊、梁、
陳；後梁、後唐、後晉、後漢、後周年號，以紀諸國之事，非尊此
而卑彼、有正閏之辨也"。(以上引見《資治通鑑》卷六十九，"文帝黃
初二年")

　　司馬光這種求實的史書編纂思想，據"功業之實而言之"，雖
然合于"尊宋"的要求，但沒有以天理之正、沒有以《春秋》大義
來評品歷史，區分華夷，褒貶人物，在理學家看來，這是理之不純
的表現。范祖禹是司馬光修史的助手，但是范祖禹寫《唐鑑》，和
司馬光的思想有明顯的分歧。《唐鑑》這部書和《資治通鑑》不同
的地方，很重要的一點，是范氏的史法，他不承認武則天統治的合

法性。唐中宗已經被廢，中宗被遷至房州，范祖禹寫這一段歷史，以"帝在房州"爲年號，來記時書事；視武則天的統治是"母后禍亂"。中宗被召回後，記年辦法，書"帝在東宮"。范祖禹認爲這樣作史，才合於《春秋》之義。而《資治通鑑》把武則天統治的二十一年系于"則天皇后"紀年之中。司馬光與范祖禹這種思想上的差異，過去在史學史的書中，不大說這一件事。這大約也是掩蓋二者思想上的差異吧。

范祖禹主張史法要合于理學的標準，受到理學家的稱道，程頤稱是"垂世"之作。他的門人看出"《唐鑑》議論，多與伊川同"。（《程氏外書》卷十二，呂堅中所記《尹和靖語》）程頤在對唐太宗、魏徵等歷史人物的評價上，同司馬光不盡一致。這些也是要注意的方面。

朱熹不滿意《資治通鑑》，很重要的方面是司馬光寫史依據自己對正統的理解，不以天理之正的思想編纂史書，由此，又引發出他對史法、史例等問題的議論。他評《通鑑》，說：

> 臣日讀《資治通鑒》，竊見其間周末諸侯僭稱王，而不正其名；漢丞相（諸葛）亮出師討賊，反書"入寇"。此類非一，殊不可曉。又凡事之首尾詳略，一用平文書寫，雖有目錄，亦難尋檢。（《朱文公文集》卷二十二，《貼黃》）

在朱熹看來，《資治通鑒》有兩大缺陷，一是不合于綱常、名分的史法，二是編排上眉目不清，難以檢尋。他在《答劉子澄》的書信中進一步闡明。說：

> 近看溫公論《史》、《漢》名節處，覺得有未盡處，但知黨錮諸賢趨死不避，為光武、明、章之烈，而不知建安以後中州士大夫只知有曹氏，不知有漢室，卻是黨錮殺戮之禍有以驅之也。……邪說橫流所以甚於洪水猛獸之害，孟子豈欺予哉。（《文集》卷三十五）

朱熹認爲離開"義理"評價歷史事件、歷史人物，是一種"邪說"。他批評《資治通鑑》出發點在此，驅使他改作《通鑑》的動機也在此。李方子作了概括，說：

至於帝曹魏而寇蜀漢，帝朱梁而寇河東，繫武后之年，黜中宗之號，與夫屈原、四皓之見削，揚雄、荀彧之見取，若此類，其於《春秋》懲勸之法，又若有未盡同者，此子朱子《綱目》之所爲作也。(《資治通鑑綱目·李方子後序》並參見《朱子語類》卷一百五《通鑑綱目》、一百三十四《歷代一》)

《通鑑》不合義理的地方，一是涉及正統觀，司馬光寫史，"帝曹魏而寇蜀漢，帝朱梁而寇河東，"這不合朱熹的正統觀。二是，《通鑑》的書法不合《春秋》的懲勸之法。再一個是史書的編排上的問題。

《資治通鑑綱目》是朱熹及門人共同完成的。《綱目》的《凡例》，是否出自朱熹之手，有爭議。但結合《文集》、《語類》等，可以肯定《通鑑綱目》及《通鑑綱目凡例》反映了朱熹的觀點。門人趙師淵參加撰寫，是主要的執筆者。

《通鑑綱目》、《綱目凡例》中的主導思想是明正統。《語類》中有一段記載：

問：《綱目》主意？

曰：主在正統。

問：何以主在正統？

曰：三國當以蜀漢爲正，而溫公乃雲："某年某月'諸葛亮入寇'"，是冠履倒置，何以示訓？緣此遂欲起意成書，推此意，修正處極多。若成書，當亦不下《通鑑》許多文字。(《綱目》卷一百五，《通鑑綱目》)

在《語類》等文獻中，朱熹的正統觀很明顯。他以爲中國歷史的進程有兩種情形。第一，天下爲一，諸侯朝覲，獄訟皆歸，便是得正統。另外有兩種情形，其一爲"始不得正統，而後方得者，是正統之始"。如秦朝開初不是正統，秦始皇並天下後，方得正統。其他，西晉自泰康後才得爲正統。隋朝在滅陳後，得正統。宋自太宗滅漢後，始爲正統。二是，"始得正統，而後不得者，是正統之餘"。如蜀漢、東晉。因此，司馬光稱蜀漢對北方用兵，是"寇"，朱熹以為是明顯不妥當，不合義理的書法。

第二是無統。"如三國南北五代，皆天下分裂、不能相君臣，皆不得為正統"。司馬光寫分裂時期的歷史，以一方為主，書"帝"，帝死書"崩"。其餘各方，書為"主"，主死書"殂"。朱熹認為不能這樣寫史，"此等處，合只書甲子，而附注年號於其下"。(《語類》卷一百五)

朱熹說到他寫《綱目》的緣起，說："歲周于上而天道明矣，統正於下而人道定矣，大綱概舉而監戒昭矣，眾目畢張而幾微著矣，是則凡為致知格物之學者亦將慨然有感於斯矣。"(《資治通鑑綱目序例》)這裏說的"統正於下"，可以說是全書編纂的基本思想。至於《凡例》中列出七種統系的幾十種書法，越演越繁。這種凡例是其門人所作，不完全符合朱熹的思想。揭傒斯說："然言愈煩而義愈密，非深得朱子之意。"(《資治通鑑綱目·揭傒斯書法序》)

《資治通鑑綱目》行褒貶，但是朱熹反對字字寓褒貶的所謂的《春秋》書法。所以，《綱目凡例》繁瑣的書法，同樣不完全合朱熹的本意。關於《資治通鑑綱目》的特點，朱熹說："蓋表歲以首年，而因年以著統，大書以提要，而分注以備言，使夫歲年之久近、國統之離合、事辭之詳略、議論之同異，通貫曉析如指諸掌。"(《資治通鑑綱目·序例》)從形式上看，《綱目》的特點是：

1. 表歲以首年，其解釋是：在大事發生的年歲之行外書寫某甲子，遇甲字、子字，則朱書以別之。雖無事，依舉要亦備歲年。

2. 因年以著統。意思是：凡正統之年，歲下大書《甲子下書年號》，非正統者兩行分注。

3. 大書以提要。即以醒目大字把這一年的史事以提要形式寫出來。

4. 分注以備言。簡要地說，詳注史事，輯錄史論、史評。這樣的編纂方法意圖是："有追原其始者，有遂言其終者，有詳陳其事者，有備載其言者，有因始終而見者，有因拜罷而見者，有因事類而見者，有因家世而見者，有溫公所立之言，所取之論；有胡氏之說，所著之評，而兩公所遺與夫近世大儒折衷之語，今亦頗采以附於其間。”

　　朱熹嘔心瀝血，吸收當世著述編纂的長處，會之于心，融合創作。創造這種編纂的形式，他的正統觀轉化爲編纂思想，使史書更好地體現理學觀點。可以說一種編纂形式，在一定程度上說，它總是反映一種學術觀點，有時也是一種政治觀點的折光。綱目體繼紀事本末體後，成爲史書又一種重要的編纂體裁，很能說明這一點。在兩宋以後，這種體載的史書爲史籍中一大宗。

　　正統論爭議，直接影響元人修《宋史》、《遼史》、《金史》。元初世祖史臣如袁桷請購遼、金、宋三史遺書。虞集受命修史，由於在正統問題上見解的分歧，三史的編修工作受到影響，或主張以宋爲本紀，遼、金爲載記；或主張遼立國在宋之先，當以遼、金爲《北史》，宋太祖至欽宗靖康爲《宋史》，高宗建炎以後爲《南宋史》。各種意見相持不下。元順帝至正三年（1343 年），詔修三史，遼、金、宋各爲一史。命脫脫爲都總裁官。（《元史》卷一百三十八）爭議乃告一段落，在衆多總裁官中，張起巖、歐陽玄與揭傒斯起了重要的作用。《元史》卷一百八十二載：“詔修遼、金、宋三史，召（歐陽玄）爲總裁官，發凡舉例，俾論撰有所據依；史官中有悻悻露才、論議不公者，（歐陽）玄不以口舌爭，俟其呈藁，援筆竄定之，統系自正。至於論、贊、表、奏，皆玄屬筆。”張起巖“熟于金源典故，宋儒道學源委，尤多究心，史官有露才自是者，每立言未當，起岩據理竄定，深厚醇雅，理致自足。”如果沒有歐陽玄及張起巖果斷見識，三史還不知何時可以殺青。而揭傒斯爲修三史竭盡精力，最後死于史任上。這裏摘引《元史》一百八十一中的一段材料：

　　　　詔修遼、金、宋三史，傒斯與爲總裁官。丞相脫脫問：“修史以何爲本？”曰：“用人爲本，有學問文章而不知史事者，不可與；有學問、文章知史事而心術不正者，不可與。用人之道，又當以心術爲本也。”且與僚屬言：“欲求作史之法，須求作史之意。古人作史，雖小善必錄，小惡必記。不然何以示懲勸？”由是毅然以筆削自任，凡政事得失，人材賢否，

> 一律以是非之公；至於物論之不齊，必反覆辨論，以求歸於
> 至當而後止。
> 四年，《遼史》成，有旨獎諭，仍督早成《金》、《宋》二史。
> 儵斯留宿史館，朝夕不敢休。因得寒疾，七日卒。

其他如中書平章政事鐵木兒塔識爲首要總裁官也是一個“學術正
大，于伊洛諸儒之書，深所研究”。太平（賀惟一）“平生好訪問人
材，不問南北，必記錄於冊，至是多進用之”。（《元史》卷一百四十）

　　總之，元代史臣中不乏有精審見識者，這對於三史的修成，起
了相當的重要的作用。特別是在正統論的見解上，三史各爲一史的
編纂，在實際上是對傳統的正統論的一個大的突破。“各與正統”，
在實際上是否定陳舊的“正統論”，雖然，這種辦法仍然沒有脫離
正統爭論的框架。

第四節　歷史的“因”、“革”論

　　兩宋社會矛盾相當複雜和尖銳，圍繞著如何解決社會危機的問
題，史學家也包括思想家，提出各種歷史變革的主張。這些主張反
映出他們的歷史觀點，也表現出史學思想對社會的重要作用；史學
的社會價值很重要的一個方面，就表現在這裏。下面從兩個方面歸
納，一個方面是史學家、政治家對更革的理解，一個方面是理學家
的有關言論。

　　可以說這一時期的史家、思想家，大多數對社會擺脫危機的出
路，都有自己的思考，或是直接表述不同傾向的變革主張，參預變
革的活動；或是通過史論、史評表達自己的改革社會的觀點。歐陽
修、司馬光、王安石以及邵雍、二程，他們的變革觀具有代表性。
南宋朱熹、呂祖謙是一種看法，到了南宋末年至元初，馬端臨變革
觀點，體現在對兩宋歷史的總結中。

　　歐陽修是慶曆新政的主將之一，他的歷史變革思想較爲突出地

表現出通變的思想。

歐陽修看出變通是天地日月自然運動的法則，也是社會人事上的進退存亡的法則。他又把變化、變通稱作"理"，說"凡物極而不變，則弊。變則通，故曰'吉'也，物無不變，變無不通，此天理之自然也"。(《居士集》卷十八，《明用》)他又說："困極而後亨，物之常理也。所謂易窮則變，變則通也。"(《易童子問》卷二)"夫物極則反，數極則變，此理之常也。"(《居士集》卷十八，《本論下》)

依據變通之理的思想，他提出一系列變革政治的主張，他在《新五代史》中，表述出重民、重德政的思想以及關於朋黨的議論等，都是他的變革思想的組成部分。

歐陽修疑《周禮》，不能僅僅看作是他的文獻學方面的思想。他疑《周禮》，更有一層深意，是反對按《周禮》一套處理社會問題。他有一段較長的議論，說：

> ……夫內設公卿大夫士，下至府吏胥徒，以相副貳，外分九服，建五等，差尊卑，以相統理；此《周禮》之大略也。而六官之屬，略見於《經》者，五萬餘人，而裏閭縣都之長、軍師卒伍之徒不與焉。王畿千里之地，為田幾井？容民幾家？……夫為治者，故若是之煩乎？此其一可疑也者。
>
> 秦既誹古，盡去古制，自漢以後，帝王稱號、官府制度，皆襲秦故，以至於今，雖有因有革，然大抵皆秦制也，未嘗有意于《周禮》者，豈其體大而難行乎？其果不可行乎？
>
> 夫立法垂制，將以遺後也，使難行而萬世莫能行，與不可行等爾。然則，反秦制之不若也，脫有行者，亦莫能興，或因以取亂，王莽、後周是也，則其不可用決矣。(《居士集》卷四十八，《問進士策三首》)

前兩條是從事理出發疑《周禮》，其一，它煩瑣，不可能行得通。其二，秦漢以來，儘管有因有革，但大體是行秦制。其三，說明後世按《周禮》行事，沒有一個不以失敗而告終。王莽、宇文周都是企圖按《周禮》變革，結果是"莫能興"、"以取亂"。

　　不幸的是歐陽修言而有中，王安石重演《周禮》的一幕。熙寧新政的流產，原因是多方面的，如果從王安石的歷史觀找根源的話，可以清楚看到，一定的史學思想對社會變革的影響。王安石一方面，提出了"天變不足畏，祖宗不足法，人言不足恤"的觀點，他敢於打破舊傳統的束縛，進行變革；但是他又確實是企圖從《周禮》中尋找革新的方案。他說："百王之道雖殊，其要不過於稽古。"（《臨川先生文集》卷五十六，《詔進所著文字謝表》）新政的藍圖是從《周禮》中稽古所得。

　　王安石作《三經新義》，是他們變革的思想依據。邱漢生先生說："王安石著《三經新義》為他推行新法服務，具有鮮明的政治的目的性。"（《詩義鈎沈·序》）《三經新義》是《詩義》、《書義》、《周官義》。《三經新義》是王安石和他的學人所共同完成的，如陸佃、沈季長以及他的兒子王秀等。這部書始修于熙甯初年，成書于熙寧八年。其中《周禮義》是王安石親自執筆寫就的。"從跟新法的關係說，《周禮義》最重要。《周禮義》是新法的理論根據，由王安石親自訓解"。（侯外廬：《中國思想通史》第 4 卷《上》，第 442 頁）關於《周禮義》與新法的關係，晁公武在《郡齋讀書志》中也作了說明：

　　……熙寧中，設經義局，介甫自為《周官義》十余萬言，不解《考工記》。按，秦火之後，《周禮》比他經最後出，論者不一。獨劉歆稱為周公致太平之迹。……王莽嘗取而行之，斂財聚貨，瀆祀煩民，冗碎詭異，離去人情遠甚。施于文則可觀，措於事則難行。凡莽之馴致大亂者，皆其所致。厥後唯蘇綽、王通善之；諸儒未嘗有言者。

　　至於介甫以其書理財者居半，愛之，如青苗之類，皆稽焉。所以自釋其義者，以其所創新法，盡傳著新義，務塞異者之口。

　　後，其党蔡卞蔡京紹述介甫，期盡行《周禮》焉。圍土方田皆是也。……何其甚也。久之，禍禮並起，與（王）莽曾無少異。（《郡齋讀書志》卷一上，《新經周禮義》）

《三經新義》成書是在熙寧的末期，但王安石以《周官義》行新法，青苗法、保甲法、募役法、方田均稅法、市易法等都能在《周禮》中找出它的原型。這一方面是從中找依據，又一方面也是不得已，在當時行新法，沒有一種《經》作旗幟，很難推開。至於蔡京這一夥人搞所謂紹述，假《周禮》之名，行搜括之實，最終導致北宋的滅亡。

　　《周禮義》一書現在有清人的輯本。無論如何，《周禮義》一書的歷史觀點是一種歷史倒退論。《周禮義》的《序》說：

> 自周之衰，以至於今，歷歲千數百年矣，太平之遺迹，掃蕩幾盡。學者所見，無復全經。於是時也，乃欲訓而發之，臣誠不自揆，然知其難也。以訓而發之之為難，則又以知夫立政造事，追而復之之為難也。……以所觀乎今，考所學乎古，所謂見而知之者，臣誠不自揆，妄以為庶幾焉。

侯外廬先生的《中國思想通史》第 4 卷的上編，對這一段《序》言作了分析，說：王安石的話是表述了"古之《周官》，為今日新法所從出；今日之新法，更足證古之《周官》的實際。這樣，就大膽地進行訓釋了。說明了這一關係，就揭露了王安石全部新法的根據。"（同上，第 443 頁）王安石說從周代到當今，周代的太平之世的遺迹已經看不見了。所謂變革，不過恢復周代的太平盛世而已。其實，《周禮》不說它是全部偽造，至少後人加進不少的理想成分。借著舊日的衣冠，說出的是陳舊的思想，卻又發動一場革新運動，希望以此改造現實成為一個嶄新世界；思想體系上矛盾的反映是找不到歷史出路的困惑，因而也找不到有效的改革措施。所以，一場革新運動，應當有一新的歷史觀作為指導，這種歷史觀在整個改革的進行過程中，都顯現出它的巨大的力量，變革的歷史嚴正地向後世人展示了這一道理。

　　這裏要說明的是，一代大政治家的歷史觀點也應當作為一代史學思想來進行研究。歷史學對社會的作用，途徑是多方面的，通過歷史教育，包含在各種文藝、文學作品中歷史知識歷史觀點的影響，轉化成一種觀念、思想，影響人們的行動、行爲。這些都能體現出史學的作用。而史家依據自己對歷史的理解，參預現實的活動，以及政治家依據一定的歷史觀點，進行的政治治理、改革，都明顯地看出史學的意義，看出史學思想反映一定的社會現實，又從思想上給社會以巨大的反彈力。

從形式上看，王安石是輕視史學的。但他在進行歷史變革時，同樣要考古今，熙甯新政的成敗從某一方面上說，和“史”都有聯繫。

南宋末、元初，史學家馬端臨作《文獻通考》。作爲大宋的遺民，他總結王安石變法，他一方面稱讚王安石進行變法的“勇於任怨，而不爲毀譽所動”的勇敢精神，（《文獻通考》卷十二，《職役考》）肯定“荊公新法，主于理財”的一面，同時，馬端臨揭露新法諸多弊端，其中從思想上說，一個突出的問題是“不知時適變”。如王安石的保甲法是借鑒古代的籍民爲兵的方法，這在古代行得通，但是後世的條件發生了變化，按老套子辦事“則無益而有害。言其無益者，則曰田畝之民不習戰鬥，不可以代募兵；言其有害者，則曰貪污之吏並緣漁獵，足以困百姓”。說到助役法，馬端臨又說：“蓋介甫所行，刻核亟疾之意多，慘怛忠利之意少。故助役雖良法，保甲雖古法，而皆足以病民。”（《文獻通考》卷一百五十三，《兵考五》）

王安石看重實際，勇於革新，思想中有唯物主義的因素；但無可否認，王氏的變革歷史觀卻固化在一定的、陳舊的思維範式裏面，正缺少一種通變的思想。馬端臨對王安石的評論還是抓到問題的關鍵。

馬端臨，字貴與，饒州樂平（今屬江西）人，生於理宗寶祐二年（1254 年），卒年不詳。元英宗至治二年（1322 年）饒州路以《文獻通考》付刊時，年 69。除《文獻通考》348 卷外，他還著有《多識錄》153 卷、《義根墨守》3 卷及《大學集傳》等，俱失傳。其父馬廷鸞官至參知政事兼同知樞密院事，進右丞相兼樞密使。馬廷鸞的著作中，史學作品最重要的是《讀史旬編》。他對馬端臨的史學產生直接的影響。當然父子在封建一些問題上也不盡一致。《文獻通考》共 24 考：田賦考、錢幣考、戶口考、職役考、征榷考、市糴考、土貢考及國用考，這幾考是關於封建國家經濟制度的；選舉考、學校考、職官考是關於封建專制主義政治制度的；與禮制有關的是郊社考、宗廟考、王禮考、樂考；關於國家專制統治的有兵考、刑考；關於文化典籍的有經籍考；關於國家、皇族統系的有帝系考、封建考；有關天象和地理的有象緯考、物異考、輿地考；關於周邊的問題有四裔考。各“考”合起來對整個封建社會各個時期的各個方面作了全面的總結。白壽彝先生說它是“封建社會的素描的圖景”。(《中國思想通史》第 4 卷下冊,《馬端臨的史學思想》) 這部書對中國歷史，特別是對兩宋的變革的歷史變動作了系統的總結。我們要重視的是他在歷史的總結中，表現出的一種通變的歷史眼光。如宋人企圖以封建、井田的辦法來解決社會危機的主張，他批評說：

> 夫封建者，古帝王所以建萬世之長策。今公心良法一不復存，而顧強希其美名以行之，上則不利於君，中則不利於臣，下則不利於民。而方追咎其不能力行，此書生之論，所以不能通古今之變也。(《文獻通考》卷二百七十五,《封建考十六》)

以通變的眼光來思考歷史、總結歷史變革，是兩宋的歷史因革論的一個特點。

理學家如邵雍、二程、朱熹對歷史的“因”與“革”都有自己的看法，其中心是以天理作為變革社會的準則。因此，他們高談天理對正人心、風俗以及複三代的至治中的重大作用，但是他們拿不出切實有效的振興社會的辦法。極有諷刺意味的是，當真德秀等一批理學大儒，在理宗上臺時，政治上也最為風光之日，卻是南宋急速走下坡路之時。這樣說，並不是說他們中一些人不能提出一些值得重視的觀點，也不是說他們歷史的因革思想沒有任何價值。下面列出幾點。

—— 隨時變易以從道。這是理學家程頤歷史因革論的集中表述。程頤在《上仁宗皇帝書》中，說到北宋到非變革不可的地步。

他指出：

> 臣請議天下之事。不識陛下以今天下爲安乎？危乎？治乎？
> 亂乎？烏可知危亂而不思救之之道！如曰安且治矣，則臣請
> 明其未然。方今之勢，誠何異於抱火厝之積薪之下而寢其
> 上，火未及然，因謂之安者乎？

他說一想到社會的動蕩，“每思之，神魂飛越”。(《程氏文集》卷五)
程頤認爲變革要把“稽古”和“不泥于常”兩者結合起來，認爲這
兩者不能分開。在《又上太皇太后書》中說：

> 進德在於求道，圖治莫如稽古，道必詢於有道之士，古必訪
> 諸稽古之人。若夫世俗淺士，以守道爲迂，以稽古爲泥，適
> 足以惑人主之聽。(《程氏文集》卷六)

稽古是復三代之治，但是稽古又能變常，才能得聖人之意。宋代很
多人主張以行封建、井田的辦法，來緩和土地危機，如張載、李覯
等，都是這樣主張的。王安石也是仿古之封建井田，定方田均稅的
方案。程頤是另一種看法，他說：

> 必井田、必封建、必肉刑，非聖人之道也。善治者，放井田
> 而行之而民不病，放封建而使之而民不病，放肉刑而用之而
> 民不病。故善學者，得聖人之意而不取其迹。迹也者，聖人
> 因一時之利而制之也。(《程氏遺書》卷二十二上；《粹言》卷一《論
> 政篇》)

他同意柳宗元的關於古之行封建是“勢也”的說法，程氏沒有說
“勢”，而稱之是“不得已”。應當看到，程頤的觀點與王安石的差
異，應在經濟中去找。方田均稅在一定程度上，觸動大地主、大商
人的利益。所以，王安石的“荊公新學”與理學發生衝突，不少的
人說王安石的新學是“壞人心術”，其實這不過是觸動經濟利益而
引出的一種仇恨心緒，因爲即使在學術上有差異，也不至於達到不
顧學者應有的氣度、非要這樣詆罵的地步。損害了一個銅子的經濟
利益，往往招致一場辱罵，更何況要變動那些大族世家品官們的田
產呢！王安石的遭遇結局可以逆料。

── 慎慮而動。這也是程頤提出來的。程頤說：“變革，事之大也，必有其時，有其位，有其才，審慮而慎動，而後可以無悔。”（《周易程氏易傳》卷四，“革·九二”）在另一地方，程頤提出變要“漸”、“隨時”，特別是牽連到近戚、貴家時，更要慎重。他的話是這樣說的：“若夫禁奢侈則害于近戚，限田產則妨於貴家，如此之類，既不能斷以大公而必行，則是牽於朋比也，治泰不能朋亡，則為之難矣。”（《周易程氏易傳》卷一，“革·九二”）從這個地方，可以看出程氏的歷史因革論，是一種保護近戚、貴家的變革論。一切都是以天理為准，說王安石是言利，壞人心術，實際不過是壞了近戚、貴家之利。所謂“治泰不能朋亡”，這裏提出一個問題，即行新法不能得罪、損害權貴，否則後果是“朋亡”。這清楚表明了程氏因革論的實質。

── 通變使簡易。朱熹繼二程發展理學，成為理學的集大成者。關於歷史的變革，朱熹和二程基本的觀點一致，是順理而治。但是朱熹具有更多的通變的思想。他說：“使孔子繼周，必通變使簡易。” 又說：“居今之世，若欲盡除今法，行古之政，則未見其利，而徒有煩擾之弊。又事體重大，阻格處多，決然難行。”（《朱子語類》卷一百八，《論治道》）以井田封建的辦法，來解決宋代的社會問題，也是行不通的。他說：

> 封建實是不可行。若論三代之世，則封建好處，便是君民之情相親，可以久安而無患；不似後世郡縣，一二年輒易，雖有賢者，善政亦做不成。（同上）

他同意柳宗元對封建的看法，但又以為柳子厚把封建說得全不好，也不對。其實，柳宗元對封建是一種歷史的思考。朱熹提出行古制，當重在通其精神，其精神是在減輕百姓的負擔。他說：

> 今欲行古制，欲法三代，煞隔霄壤。今說為民減放，幾時放得到他們元肌膚處。且如轉運使每年發十萬貫，若大段減輕，減至五萬貫，可謂大恩。若未減放那五萬貫，尚是無名額外錢。須一切從民正賦，凡所增名色，一齊除盡，民方始

> 得脫淨，這裏方可以議行古制。(《朱子語類》卷一百一十一，《論
> 民》)

朱熹(1130－1200)仕宦生涯不過九載，主張輕民賦，知漳州任上，
試行"正經界"，對百姓有利。為此他受到豪宗大姓的攻擊，朝中
一些官僚以此為口實，排詆朱熹。在這些地方，他的歷史因革觀與
程頤又不完全一樣。

—— 言因革，當通其變。邵雍的代表作《皇極經世書》提出一
種通變的歷史的"因""革"觀。他說：

> 為治之治道，必通其變，不可以膠柱，猶春之時不可行冬之
> 令。(《皇極經世書》卷十一上，《觀物外篇上》)

這裏實際上提出了歷史的變革是一種必然，應有一種變的意識。

邵雍說歷史上的更革有四種類型：正命、受命、改命、攝命。
對此他作了解釋，說：

> 正命者，因而因者也。受命者，因而革者也。改命者，革而
> 因者也。攝命者，革而革者也。……革而革者，一世之事業
> 也。革而因者，十世之事業也。因而革者，百世之事業也。
> 因而因者，千世之事業也。可以因則因，可以革則革，萬世
> 之事業也。一世之事業者，非五伯之道而何？十世之事業
> 者，非三王之道而何？百世之事業者，非五帝之道而何？千
> 世之事業者，非三皇之道而何？萬世之事業者，非仲尼之道
> 而何？是知皇帝王伯者，命世之謂也。仲尼者，不世之謂也。
> (《皇極經世書》卷十一上，《觀物篇之四十五》)

可以將上面的內容歸結為以下要點：

> 三皇之道：因而因者，千世之事業，正命。
> 五帝之道：因而革者，百世之事業，受命。
> 三王之道：革而因者，十世之事業，改命。
> 五伯之道：革而革者，一世之事業，攝命。

仲尼之道，又遠在此之上。是以可因則因，可以革則革，是萬世之
事業。從中可以看出邵氏特別重視"因"，這是他的歷史因革觀的

保守的一面。但他強調"可以因則因，可以革則革"，順歷史的形勢進行因與革，認爲這樣則可以達萬世太平。這裏是以道家的思想對孔子的"損益觀"作了改造。

　　"可以因則因，可以革則革"，怎樣才能做到這一點呢？邵雍在同一篇文字中提出所謂的"善"的準則，即善化、善教、善勸、善率。這裏的化、教、勸、率，是一種方式、手段，是"用"；而"道、德、功、力"，是"體"。所以邵雍的歷史變革觀，一方面有通達的地方，特別重視"可因則因，可革則革"。另一方面，又是保守的、貧乏、空洞的，最終還是天理、天道爲萬世不變的結論。

第五節　事功之學與經世之學

　　兩宋一次次的變法、革新、更化，都解決不了社會危機的問題。理學家高談天人性命，同樣是無濟於事。另外，有許多思想家和史學家言義理而不空談性命，言義理又重事功。一些史學家力圖把歷史和各種社會的現實結合起來，思考解決一些具體的社會問題。南宋的浙東事功之學，以及呂祖謙的呂學都帶有這樣的特點。

　　全祖望說："水心較止齋又稍晚出，其學始同而終異。永嘉功之說，至水心始一洗之。……乾、淳諸老既歿，學術之會，總爲朱、陸二派，而水心斷斷其間，遂稱鼎足。"（《宋元學案》卷五十四）朱陸二派對立，至於另一大宗是什麼學派，說法不盡一致，角度也不一樣。或說呂學，或謂湖湘之學。這裏不作辯論。從薛季宣（艮齋）、陳傅良（止齋）到葉適（水心）的永嘉學派和陳亮（龍川）的永康學派以及呂祖謙（東萊）的呂學在思想上相通，同朱熹的朱學有重大的分歧。所以，有的將它們統稱爲"浙學"，儘管它們之間有差異。朱熹把浙學當作是學術上的大敵。說：

　　　　江西之學只是禪，浙學卻專是功利。禪學後來學者摸索一
　　　　上，無可摸索，自會轉去。若功利，則學者習之，便可見效，

　　　　此意甚可憂。

在朱熹看來，功利之學比禪學還要可怕。他又說：

　　　　陳同父（亮）學已行到江西，浙人信向已多。家家談王伯，
　　　　不說蕭何、張良，只說王猛；不說孔、孟，只說文子，可畏，
　　　　可畏！（《朱子語類》卷一百二十三）

全祖望則稱之爲"婺學"，他並且把呂祖謙作爲婺學的代表。他說：

　　　　乾、淳之際，婺學最盛，東萊兄弟以性命之學起，同甫以事
　　　　功之學起，而說齋（唐仲友）則爲經制之學。考當時之爲經
　　　　制者，無若永嘉諸子，其於東萊、同甫，皆相互討論，臭味
　　　　契合。東萊尤能並包一切，而說齋獨不與諸子接，孤行其教。
　　　　試以艮齋、止齋、水心諸集考之，皆無往復文字。水心僅一
　　　　及其姓名耳。至於東萊，既同里，又皆講學于東陽，絕口不
　　　　及之，可怪也。（《宋元學案》卷六十，《說齋學案》）

可見，浙學，也就是全祖望稱的婺學，他們之間沒有往來，但有共
同的學風特徵。之所以還不能稱爲學派，一是它們之間存在差異，
二是即如永嘉諸子，他們學術相互切磋的記錄在《集》中也沒有發
現，全祖望對此感到不可以理解。當然全氏的說法不是很全面。但
至少，要形成一個學派，必要的學術上的往復還是必要的。我一向
認爲，可以稱之爲浙學、婺學或者浙東學術，但把它們作爲一個學
派，則是明顯不妥。

　　全氏說"東萊尤能並包一切"，說明呂學在浙學中的折中地位。
浙學的第一個特點，是重經亦重史，講畜德致用。陳亮、葉適論史、
議史並且把史和現實聯繫起來，是非常突出的。葉適在《習學記言
序目》中說：

　　　　明於道者，有是非而無今古；至學之則不然，不深于古，無
　　　　以見後，不監於後，無以明前。古今並策，道可復興，聖人
　　　　之志也。

水心又謂：

　　　　古人多識前言往行，以畜其德。近世以心通性達爲學，而見

聞幾廢，狹而不充，為德之病。(《水心文集‧題周子實所錄》)
陳亮同樣言事功，所不同之處，龍川以同理學相對立的形式出現。
全祖望說：“永嘉以經制言事功，皆推原以爲得統于程氏。永康則
專言事功而無所承。”(《宋元學案》卷五十六) 黃百家說是 “然其爲
學，俱以讀書經濟爲事”。陳亮是 “推倒一世之智勇，開拓萬古之
心胸” 的一世大學者，其論史言功利是其思想中一大特點。同時代
的呂祖謙倡讀史變風氣，講畜德致用。他說：

> 多識前言往行，考迹以觀其用，察言以求其心，而後德可畜。
> 不善畜，蓋有玩物喪志者。(《麗澤講義》)

朱熹對呂祖謙不滿的地方，如前所說，是 “于史分外仔細”。

浙學重史亦重經，朱熹以經爲先，史爲後，認爲經細而史粗，
把史學放在從屬的地位，朱熹是使史學會歸於理學之純粹；浙學與
朱學不同，言經言史，重經也重史。在呂氏那裏，更體現爲 “言性
命者，必究于史。” 呂祖謙的作品中，史學著作是主要的。重要的
有：《大事記》、《大事記解題》、《大事記通釋》、《左氏傳說》、《左
氏傳續說》以及《東萊博議》。前三本書相互聯繫，構成一個系統。
《大事記》十二卷，起自周敬王三十九年，止於漢武帝征和三年，
是一本編年大事。《通釋》三卷，引諸儒文字評論歷史。其中引《易
大傳》、《書序》、《詩序》、《論語》、《孟子》、劉向的《戰國策序》、
《太史公自序》、《史記》，一直到《程氏遺書》。關於《大事記解題》
十二卷的寫作意圖以及它和《大事記》、《通釋》的關係，呂祖謙說：

> 《大事記》者，列其事之目而已，無所褒貶抑揚也。熟復乎
> 《通釋》之所載也，列其統紀可考矣。
> 《解題》蓋為始學者設，所載皆職分之所當知，非事雜博求
> 新奇，出於人之所不知也。至於畜德致用淺深大小，則存乎
> 其人焉。次輯之際，有所感發或並錄之，此特一時意之所及
> 者，覽者不可以是為斷也。

這三本書組成一個整體，一是 “畜德致用” 的修史指導思想。也貫
穿他的理學觀點。二是編年載事爲主要內容。三是把史考、史論綜

合爲一體。當然這樣"史"、"論"分開來寫，又給人以割裂的感覺。

由第一個特點，導出浙學的第二個特點，是倡經世致用之學，這裏不僅是通過畜德講致用。黃宗羲說："永嘉之學，教人就事上理會，步步著實，言之必使可行，足以開物成務。"(《宋元學案》卷五十二)呂祖謙在《與朱侍講書》說薛士龍（季宜），"於田賦兵制地形水利甚下功夫，眼前殊少見比。"葉適說："讀書不知接統緒，雖多無益也。爲文不能關教事，雖工無益也。"(《水心文集·贈薛子長》)浙學言理財、言用兵、言民生日用，甚得要領。

作爲浙學的代表人物，呂祖謙在經世致用之學上，更爲突出。他提倡"學者當須爲有用之學。"(《左氏傳說》卷五)他寫的《歷代制度詳說》從12個制度方面談致用。這本書和《大事記》、《左氏傳說》、《左氏傳續說》以及《文集》，言致用是主要內容。這些內容包括以下各個方面：選舉、學校、官制、賦稅（有的地方又單列財賦）、漕運、鹽法、酒禁、錢幣、荒政、治河、田制、屯田、兵制、馬政、刑法、政事。（這裏涉及到官制以外的內容，後來的王應麟、黃震在史學上也具有這樣的特色）經世致用的史學在南宋以後，發展很快，成爲史學中的主要思潮之一。

第三，浙學的學術興趣廣泛。黃百家說，薛季宣在治學上"凡夫禮樂兵農莫不該通委曲，真可施之實用。"(《宋元學案》卷五十二)陳傳良（止齋）繼承這一傳統。從另一面說，這種廣博，在一些學者那裏，又有"雜"的一面。葉適是較爲純粹的。而呂祖謙的學術是博又雜。朱學、陸學、湖湘之學、經制之學，乃至佛釋思想在他的思想上都有反映。這影響他的史學的致用，也使他的史學不能形成一家之言，呂祖謙的史學成就受到限制。所以，一些人談宋代的史學，對他的史學沒有給予足夠的重視。這和呂氏思想上的博雜有一定的關係。他的史學著作中理學色彩相當的重。《東萊博議》雖說是"少年場屋所作"，但無可爭辯的是這本書中的史論、史評精見不少，議論文字亦規範，但反映出來的觀點卻是斑駁的色彩。

事功學者所論不合朱熹理學家的求于天理之正的要求。朱熹和陳亮的王霸義利之辨很可以說明他們之間的分歧。陳亮不同意朱熹的天理論，朱熹以三代爲天理流行的至治之世，後世爲人欲橫流的時代。學者當論天理之正，不當言功利。陳亮在《又甲辰秋書》中系統闡明自己的觀點，他說：

> 自孟、荀論義利王霸，漢唐諸儒未能深明其說。本朝伊雒諸公，辨析天理人欲，而王霸義利之說於是大明。然謂三代以道治天下，漢唐以智力把持天下，其說固已不能使人心服；而近世諸儒，遂謂三代專以天理流行，漢唐專以人欲行，其間有與天理暗合者，是以亦能久長。信斯言也，千五百年之間，天地亦是架漏過時，而人心亦是牽補度日，萬物何以阜蕃，而道何以常存乎？
>
> 故亮以爲，漢唐之君本領非不洪大開廓，故能以其國與天地並立，而人物賴以生息。惟其時有轉移，故其間不無滲漏。曹孟德本領一有蹺欹，便把捉天地不定，成敗相尋，更無著手處。此卻是專以人欲行，而其間或能有成者，有分毫天理行乎其間出。諸儒之論，爲曹孟德以下諸人設可也，以斷漢、唐，豈不冤哉！

陳亮認爲不能把漢唐以下歷史，都看成是人欲橫流的時代，看成是歷史的倒退。漢唐時代是一種“與天理暗合”的時代，漢唐人君的本領同樣宏大開廓。陳亮駁斥了朱熹的歷史退化的議論。但也要指出，陳亮的思想又有不徹底的一面。他肯定漢唐人君的同時，又認爲曹孟德一類人是應該否定的，果真如此，這千五百年，只有一、二人君有與天理暗合之心，那歷史仍是“架漏過時”。這就給朱熹攻擊留下缺口。

在《又乙巳春書之一》中，陳亮回答朱熹的非議，進一步闡發道不離器、道不離人的觀點，這也爲事功的思想提供了理論的說明。從這些方面，可以看出朱熹與浙學在思想上的分野。

經世的史學思想從南宋以後，得到長足的發展。

第六節　史學批評與《通志》

　　兩宋的史評作品相當多，如胡宏的《皇王大紀》、范祖禹的《唐鑑》和呂祖謙的《東萊博議》以及兩宋文集中的史論等。史評包括歷史評論和史學評論。論古史的起始，論封建，論井田，論歷史人物與事件，議天理綱常與歷史盛衰得失，構成歷史評論的方方面面。在史學評論中，最有生氣的是鄭樵（1104－1162）在《通志》二百卷中的史學批評。

　　清代的梁啓超從史學批評的角度把鄭樵和劉知幾、章學誠三位史家聯繫起來，說：

　　　批評史學者，質言之，則所批評即為歷史研究法之一部分，而史學所賴以建設也。自有史學以來二千年間，得三人焉：在唐劉知幾，其學說在《史通》；在宋則鄭樵，其學說在《通志·總序》及《藝文略》、《校讎略》、《圖譜略》；在清則章學誠，其學說在《文史通義》。（《中國歷史研究法》第二章）

　　梁啓超將劉、鄭、章三人並列，並不貼切，三個人各有不同的特點。章學誠說，劉言史法，吾言史意，也是這個意思。鄭樵是史評。鄭樵的史學批評在那個時代具有他自己的特點。

　　第一，鄭樵的史學批評具有廣泛的特點。他對前代的大史家和學者，幾乎都有評論。他推崇孔子，但對《論語》卻有微辭，認為這是一本"空言著書"一類的著作。司馬談、司馬遷是孔子五百年以後的大著述家，《史記》是《六經》以後的最重要的著作，但這部書也有兩點未可人意的地方。一是限於客觀條件，司馬遷見到的書不多，因此《史記》有"博不足"之恨。二是，司馬遷寫史的語言風格不統一，又"間有俚語"，因而又有"雅不足"之恨。鄭樵對班固的《漢書》批評最多，歸結起來：一、《漢書》斷漢為代，割斷了歷史的聯繫，"是致周秦不相因，古今成間隔。"人們從這種史書中，無法瞭解古今制度的"損益"情況。二、班固宣傳"漢紹堯運"一套的無稽之談。三、《漢書》的《古今人表》，強行把古今人物分爲九等，失去司馬遷作《表》的用心。四、班固"無獨斷之學，惟依緣他人以成門戶"。這表現在《漢書》中武帝以前的材料，取自《史記》；自昭帝至平帝記載，"資于賈逵、劉歆"，並且是班昭使《漢書》得以完篇。其次，《漢書》的《藝文志》寫得好，但《漢書》的《藝文志》出自劉向、劉歆的《七略》："若班氏步步趨趨不離於《七略》，未見其失也；間有《七略》所無，而班氏雜出者，則躓矣。"還有班固對一代典制也缺乏瞭解。應該說，鄭樵的批評的主要部分還是不錯的。

對於其他的學者，鄭樵從不同的角度進行批評：董仲舒、劉向、劉歆宣傳災祥理論，影響很壞。劉向、劉歆不重視圖譜，使圖譜之學失傳。范曄、陳壽沿襲班固的路數，沒有創新的精神。魏晉南北朝和唐初的史臣，沒有糾正斷代史的缺點。這一時期的史書任意褒貶美刺，互相指責，南謂北爲"索虜"，北謂南爲"島夷"，這都是錯誤的。劉知幾不應該尊班而抑馬。劉知幾和司馬遷都"不通姓氏之學"，他們寫的作品，涉及到這一方面，出現不少錯誤。歐陽修的《新唐書》的《表》依據譜牒，譜牒爲"私家冒榮之書"，其記載不足信。司馬光寫《通鑑》紀年繁瑣，用歲陽歲陰之名。此外，對杜預、顏師古都有批評。（以上引文見《通志·總序》）

鄭樵的史學批評反映他的歷史見解和史學的觀點，在當時來說，在理論上相當深刻。這是他史學批評的第二個特點。

首先，鄭樵認爲五行爲世界的本原，而五行的變化是無窮的，由此他對理學作了原則性的批評。他說：義理之學是"空縠尋聲"。（《圖譜略·原學》）他批評"災祥說"，指出：

> 說《洪範》者，皆謂箕子本《河圖》、《洛書》，以明五行之旨。劉向創釋其傳于前，諸史因之而爲《志》於後，析天下災祥之變，而推之于金、木、水、火、土之域，乃以時事之吉凶而曲爲之配，此之謂爲欺天之學。

鄭樵稱"災祥說"爲"欺天之學"，並且揭露歷代史《志》，如天文志、五行志、祥瑞志等的理論依據上的荒謬。他又說：

> 且萬物之理不離五行，而五行之理其變無方。"離"固爲火矣，而"離"中有水；"坎"固爲水矣，而"坎"中有火。安得直以秋爲大水，爲水行之應，成周宣榭火，爲火行之應乎？況周得木德，而有赤烏之祥；漢得火德，而有黃龍之瑞。此理又如何邪？（《災祥略·災祥序》）

值得注意的是，一、"萬物之理不離五行，五行之理其變無方"的提法，肯定"理"是不離五行的，而五行的變化並不是機械地運動。二、以對立統一的觀點解說《周易》的卦義，擊破了災祥說的依據。"離"卦是"火"，但離中有"水"。"坎"卦是代表"水"，但是"坎"卦中有"火"。矛盾的事物是相互包含。固定以一種卦，代表一種徵兆也是沒有道理的。

　　這裏捎帶多說幾句，鄭樵對"離"、"坎"卦的解說，是取虞氏的卦變說，《離》與《坎》旁通。《坎》卦，虞氏注："《乾》二五之《坤》，與《離》旁通。"同樣，《離》卦，虞注："《坤》二五之《乾》，與《坎》旁通。"明末王夫之又作了進一步的發揮，他說："故《頤》有《離》象而失位，二陽旋得乎中，則爲《坎》。《大過》有坎象而失位，二陰旋得乎中，則爲《離》。《頤》、《大過》、《坎》、《離》定位於中，而陰陽消長乃不失其權衡。"（《周易外傳》卷七，《序卦傳》）清人錢大昕說：《坎》、《離》等八個卦，"皆以旁通爲對者也"。（《十駕齋養新錄》卷一）但是相比之下，鄭樵說"《離》固爲火矣，而《離》中有水；《坎》固爲水，而《坎》中有火"，更爲簡潔、更富有辯證的特色。

　　其次，鄭樵從歷史貫通的思想，提出他的古史觀點。

　　1．人類的起源。鄭樵在《通志》中談到原始人的情形，說：

> 人與蟲魚禽獸同物，同物者，同爲動物也。天地之間，一經一緯，一從《縱》一衡《橫》，從而不動者，成經；衡而往來者，成緯。草木成經，爲植物；人與蟲魚禽獸成緯，爲動

物。

> 然人為萬物之靈，所以異於蟲魚禽獸者，蟲魚禽獸動而俯，人動而仰；獸有四肢而衡行，人有四肢而從行。植物，理從；動物，理衡。從，理向上；衡，理向下。人，動物也，從而向上，是以動物而得植物之體。向上者，得天；向下者，得地。人生乎地而得天之道，本乎動物而得植物之理，此人之所以靈於萬物者，以其兼之也。(《通志》卷三十五,《六書略第五》)

這裏指出了人與動物同源，又具有動物、植物兩重優點，所以人為萬物之靈。他的解說，特別強調人的直立行走的意義。兩宋的邵雍以及程頤與後來的朱熹都有關於人的起源的論述，但是相比之下，鄭樵不只是沒有天理的說教，而且相對地說，也含有一定的真理因素。

2．關於初民社會的描述。鄭樵綜合先秦思想家的論述，描述了人類最初的社會的情形。他說：

> 臣謹按，三皇伏羲但稱氏，神農始稱帝，堯、舜始稱國。自上古至夏、商，皆稱名，至周始稱諡。而稱氏者，三皇以來未嘗廢也。年代則稱紀。

> 厥初生民，穴居野處，聖人教之，結巢，以避蟲豸之害，而食草木之實，故號曰有巢氏，亦曰大巢氏，亦謂之始君，言君臣之道於是乎始也；有天下百餘代。民知巢居未知熟食，燧人氏出焉，觀星辰而察五木，知空有火麗木則明，故鑽木取火，教民以烹飪之利，號燧人氏。以夫燧者，火之所生也。時無文字，未有甲曆紀年，始作結繩之政而立傳教之台；始為日中之市而興交易之道，亦謂之遂皇。或言遂皇持斗機運轉之法，以施政教，此亦欽若昊天以授民時之義也。(《通志》卷一,《三皇紀》)

這段文字和《周易》的《繫辭》內容大致相同，而少了神道設教的說明。司馬光的《稽古錄》卷首，也寫伏羲氏，但著重是寫伏羲"以木德繼天而王"，說明皇權天授的由來。如果再和《韓非子·五蠹》

篇、柳宗元的《貞符》篇相比較,《通志》增加了有關文字、文明產生的內容。鄭樵的描寫,是把人類的古史理解為一個不斷進化的過程。

在另一個地方,鄭樵寫到古代的君臣之道,有更加詳細的說明:

> 上古之時,民淳俗熙,為君者惟以奉天事神為務,故其治略於人而詳於天,……唐虞之後,以民事為急,故其治詳於人而略於天。(《通志》卷二,《五帝紀》)

這裏實際上已經涉及到有關國家職能的問題,雖然他不可能對這個問題有科學的理解,但他揣測到原始社會治理是"詳於天而略於人";到了唐虞,管理職能發生變化,"詳於人而略於天"。這已經是性質上的變化。

此外,鄭樵對歷史發展的階段、對封建社會的興衰等問題都有獨到的論述,並以這些認識去評品歷史著作。

第三,鄭樵提出"會通"的思想。用"會通"思想評價史學作品,這裏面體現他對歷史一定的理解,也是他對史書編纂的要求。"會通"思想是一個體系。《通志》的《總序》開篇說:

> 百川異趨,必會於海,然後九州無浸淫之患;萬國殊途,必通諸夏,然後八荒無壅滯之憂。會通之義大矣哉。

歷史前後互相聯結、相互因依,因此寫史應當反映這樣一個歷程。按照這樣的標準去衡量史學作品,他特別推崇通史著作,批評那種割斷歷史聯繫的斷代史。他強調歷史的前後聯繫,這是不錯的,但具有"通識"的史家寫斷代史,同樣可以成一家之言。突出一代盛衰變動,斷代史又有自身的優點。這裏,我們不爭論通史、斷代史的長短,也不去評論班、馬的優劣,重要的是從中看出鄭樵的歷史的眼光。

第四,鄭樵批評前代史書以天人感應說、災祥說解釋歷史,反對以所謂的《春秋》筆法,在史書搞"任情褒貶"。前面我們已經談到這一問題。鄭樵認為,在史書中以災祥說解說歷史興衰的變動,是一種"欺天之學"。他稱在史書中以所謂的《春秋》史法,搞字字褒貶，是"欺人之學"。他說：

> 凡說《春秋》者，皆謂孔子寓褒貶於一字之間，以陰中時人，
> 使人不可曉解，《三傳》唱之于前，諸儒從之於後，盡推己
> 意而誣以聖人之意，此之謂欺人之學。（《通志》卷七十四，《災
> 祥序》）

鄭樵主張史家的職責在如實記載史實，而不在褒貶。他說："史冊
以詳文該事，善惡已彰，無待美刺。讀蕭（何）、曹（參）之行事，
豈不知其忠良！見（王）莽、（董）卓之所爲，豈不知其凶逆！"
因此，他認爲史家沒有必要在書中寫論贊，他說："且紀傳之中既
載善惡，足爲鑒戒，何必於紀傳之後，更加褒貶；此乃諸生決科之
文，安可施於著述！"在記載史事時，寫史書要平心直道，"著書
之家，不得有偏徇而私生好惡，所當平心直道，於我何厚，於人何
薄哉"。（《通志·總序》）

　　在中世紀，所謂的純客觀的史學是不會存在的。但鄭樵揭露封
建史學"欺人"、"欺天"的實質，要求史家如實地反映歷史的真實，
有進步的意義。

　　另外，鄭樵在批評前代的文獻學時，提出了治學要用類例的方
法。他說：

> 善爲學者，如持軍治獄，若無部伍之法，何以得書之紀；若
> 無覈實之法，何以得書之情。（《通志》卷七十二，《圖譜略·明用》）

這裏說的"部伍之法"，鄭樵解釋是："古人編書，必究本末，上有
源流，下有沿襲。"（《通志》卷七十一，《校讎略·編次必記亡書論》）"類
例，猶持軍也。若有條理，雖多而治，若無條例，雖寡而紛。類例
不患其多也，患處多之無術爾。"（同上，《編次必謹類論》）"類例"
主張強調治學、整理文獻，要分類研究；分類要在探究文獻本末源
流的基礎上進行。這在文獻學史上有重要的意義，清人章學誠說：

> 自劉、班而後，文藝著錄，僅知甲乙部次，用備稽檢而已，
> 鄭樵氏興，始爲辨章學術，考竟源流。（《校讎通義》卷二）

鄭樵的嚴格學術批評，招來不少非議。南宋陳振孫說鄭樵"譏詆前

人，高自稱許"。"雖自成一家，而其師心自是"。(《直齋書錄解題》卷二) 清人如錢大昕、王鳴盛、戴震、周中孚等，對鄭樵的學術批評很反感，說他"大言欺人"。(《鄭堂讀書記》卷十八) "賊經害道"，(《戴震文集》卷九，《與任孝廉幼植書》) 鄭樵的史學批評受到這樣的指責，是不公平的，章學誠有中肯的分析。說：

> 鄭樵生千載而後，慨然有見於古人著述之源，而知作者之旨，不徒以詞采為文、考據為學也。於是遂欲匡正史遷，益以博雅，貶損班固，譏其因襲，而獨取三千年來遺文故冊，運以別識心裁，蓋承通史家風，而自為經緯，成一家言者也。學者少見多怪，不究其發凡起例，絕識曠論，所以斟酌群言，為史學要刪，而徒摘其援據之疏略，裁剪之未定者，紛紛攻擊，勢若不共戴天。古人復起，奚足當吹劍之一吷乎。(《文史通義》卷五，《申鄭》)

鄭樵的史學批評給當時的學術界帶來一股新鮮空氣。鄭樵也說他的批評，其用意是要打破那種"經既苟且，史又荒唐"(《通志·總序》) 的局面。他又說，他非好攻古人，其批評用意在"正欲憑此，開學者見識之門戶，使是非不雜揉其間"。(《通志》卷四十九，《樂略一》)

　　總之，無論從哪一個方面來說，兩宋的史學思想都是中世紀史學思想的一個大的發展，在理學浸潤的學術氛圍中，鄭樵的史學是獨樹一幟，堅持實學的主張，具有反理學的意義。

附　錄

史書體裁的發展

　　按：史學思想的發展，也表現在歷史編纂學思想上，它影響史書體裁的變化。兩宋是中國史書體裁大變化的時期。

一、編年體史書的發展

《左傳》以後，編年體史書，沒有發展。魏晉南北朝時期，在紀傳體史書發展的同時，也有很多編年體史書，但是其質量不高，流傳到後世不多。隨著宋代的大一統思想的發展、《春秋》學的興盛以及資鑑思想的發展，編年體史書再度展現輝煌；與以前編年體史書相比，有了自己的時代特點。一是，規模恢宏，出現貫通古今的編年體史書巨制，這就是司馬光和他的助手編修的 294 卷的《資治通鑑》。二是，突出對社會現實的關注，這就是資鑑的思想，專門取關係到國家興衰與生民休戚的材料修史。三是，在一些編年體史書中貫穿天理的說教。如范祖禹的《唐鑑》、呂祖謙的《大事記》等。四是，歷史文學在這些史書中也有很大發展。

兩宋重要的編年體史書，在《資治通鑑》影響下，出現不少有重大影響的著作。其中主要的有：

李燾的《續資治通鑑長編》520 卷；

李心傳的《建炎以來系年要錄》200 卷，等。

二、紀事本末體史書的出現與發展

為了更好地體現資鑑思想，適應時代的需要，南宋袁樞把《資治通鑑》改編成《通鑑紀事本末》42 卷。

楊萬里在《通鑑紀事本末敘》中說：

>……予每讀《通鑑》之書，見事之肇於斯，則惜其事之不竟於斯。蓋事以年隔，年以事折，遭其初莫繹其終，攬其初莫志其終，如山之峨，如海之茫，蓋編年繫日，其體然也。今讀子袁子此書，如生乎其時，親見乎其事，使人喜，使人悲，使人鼓舞未既而繼之以歎且泣也。……有國者不可無此書，前有好而不察，後有邪而不悟。學者不可以無此書，進有行而無徵，退有蓄而無宗。此書也，其入《通鑑》之戶歟？

楊萬里的話，說出《資治通鑑》作為求鑑的歷史作品，有它的不足的地方。本末體的史書正好糾正這樣的缺失。所以，袁樞獻上《通鑑紀事本末》，宋孝宗"讀而嘉歎，以賜東宮及分賜江上諸帥，且令熟讀，曰：'治道盡在是矣。'"（《宋史》卷一百四十八，《袁樞傳》）

史書體裁是形式，一定的內容，要有一定相適合的形式，才能成為一種完美的作品，這是歷史編纂學史給我們的啟示。

此後的本末體史書，重要的有：

明人馮琦撰，陳邦瞻增訂：《宋史紀事本末》109 卷；

　　　　陳邦瞻撰，張溥論正：《元史紀事本末》27 卷；

　　清人谷應泰：《明史紀事本末》80 卷；

　　　　高士奇：《左傳紀事本末》53 卷；

　　　　張　鑒：《西夏紀事本末》36 卷，卷首 2 卷；

　　　　李有棠：《遼史紀事本末》40 卷；

　　　　　　　　《金史紀事本末》52 卷；

　　　　楊陸榮：《三藩紀事本末》22 卷等。

　　又，宋人徐夢莘撰《三朝北盟會編》250 卷，《四庫全書總目》收錄在 "紀事本末類" 中，柴德賡先生《史籍舉要》入 "編年體類"。

三、綱目體史書

　　朱熹爲使史學納入理學的體系中去，"會歸理之純粹"，與其門人作《資治通鑑綱目》59 卷，其特點是 "歲周于上而天道明矣，統正於下而人道定矣，大綱概舉而監戒昭矣，眾目畢張而幾微著矣，是則凡爲致知格物之學者亦將慨然有感於斯矣"。這在前面有專門論述。

四、學術史的新體裁

　　適應理學學派的建立，學術史的作品出現了，其中有：

　　　　李心傳：《道命錄》10 卷；

　　　　朱　熹：《伊洛淵源錄》14 卷；

　　明代以後重要的作品有：

　　　　黃宗羲：《明儒學案》62 卷；

　　　　黃宗羲、全祖望等：《宋元學案》100 卷等。

　　史書體裁與一定的政治學術思潮、與史學思想有一定的聯繫。史學家寫史，能有意識地在接受前人編纂學的成果基礎上，進行創新，對於保證史書從內容到形式成爲完美的作品，是十分重要的。

第 四 編

歷史的批判和史學求學

第九章　明末清初的史學思想

第一節　實學和經世的史學思想

實學思想在中國史學上有優良的傳統，而明清之際的實學思想在新的歷史條件下又有新的發展。

明末清初是中國封建社會從發展走向衰老時期的一個大轉折階段。侯外廬先生說："中國思想史有一個優良傳統。每到社會發展的一定階段，隨著社會歷史的變化和發展，思潮也就有了轉向和進步，這個階段的中國哲人便做出他們自己時代所能做出的總結。"又說："中國思想史上的每一次總結，不但批判了過去的傳統思想，而且發揚著另一時代的新的端緒。"（《論明清之際的社會階級關係與啓蒙思潮的特點》，見《侯外廬史學論文選集》（下）第 65 頁）明末清初，一方面，資本主義的萌芽在前一階段發展的基礎上，又在緩慢地向前行進；又一方面，封建社會進入到衰老時期，衰老的關係嚴重地阻礙社會前進。在這"天崩地解"的時代，"死的"拖住了"活的"。因此，毫不奇怪，明清之際的實學思想帶上自己的特點。歷史的批判卻又帶著復古的色彩；變革現實的要求仍然在"舊學"中尋求答案；哲理的思辨達到古代的高峰，但卻是沒有實驗科學的基礎，這就不能不限制它的成就。

這個時期的實學思想在以下幾個方面顯示其自身的特色和價值。一、它批評當時社會上的空疏學風。籠統地說明代學風是空疏，並不確切。但不可否認，明代的學術中一個衰敗的徵兆即所謂的"束書不觀，遊談無根"。"自明中葉以後，講學之風已爲極敝，高談性命，束書不觀，其稍平者則爲學究，皆無根之徒耳。"（全祖望：《甬上證人書院記》)造成這種學術狀況,顧炎武把它歸結爲三個原因。一是科舉利祿之途的誘導。他說:"今之經義、論策,其名雖正,而最便於空疏不學之人。"(《日知錄》卷十六,《經義論策》)科場之興,"學問由此而衰,心術由此而壞"。(同上,《三場》)顧炎武甚至於認爲,科舉制度對學術的危害超過秦始皇的坑儒。他說:

> 故愚以爲八股之害,等於焚書;而敗壞人材,有甚於咸陽之郊所坑者但四百六十餘人也。(同上,《擬題》)

造成空疏學風的第二個原因是"清談",顧氏以歷史的事實對照明代的學術狀況,說:

> 劉、石亂華,本於清談之流禍,人人知之,孰知今日之清談有甚於前代者。昔之清談,談老莊;今日之清談,談孔孟,未得其精,而已遺其粗;未究其本,而先辭其末。不習六藝之文,不考百王之典,不綜當代之務,舉夫子論學論政之大端一切不問,而曰一貫,曰無言;以明心見性之空言,代修己治人之實學。股肱惰而萬事荒,爪牙亡而四國亂。神州蕩覆,宗社丘墟。昔王衍妙善玄言,自比子貢,及爲石勒所殺,將死,顧而言曰:嗚呼,吾曹雖不如古人,向若不祖尚浮虛,努力以匡天下,猶可不至今日。今之君子得不有愧乎其言?
> (《日知錄》卷七,《夫子之言性與天道》)

實學的內容就不能僅僅看成是學術上的事,它具有更深層次的涵義,著重是要學以致用,要挽救天下、宗社的危亡。歷史的鑒戒、現實的批判結合在一起。學風在一定意義上說,它是社會風氣的一面鏡子,空疏學風正是當時社會衰敗的象徵。顧炎武說:"制義初行,一時人士盡棄宋元以來所傳之實學,上下相蒙,以饕祿利而莫之問也。嗚呼,經學之廢實自此始,後之君子欲掃而更之,亦難乎其爲力矣。"(《日知錄》卷十八,《四書五經大全》)

　　第三個原因是"溺於禪"。顧炎武從學術發展史上作了一個簡單的回顧。他說:古代的聖人教人的道理,其行在孝悌忠信,其職在灑掃進退,其文在《詩》、《書》、《禮》、《易》、《春秋》,這些用之於身，在出處去就交際；施之於天下，就是政令教化與刑罰，雖然有"體"與"用"的分別，但是並沒有離開實際的用心於內的主張。可是脫離實際的學術主張，在中國的思想史上，可以上溯到老、莊，其後發生一些變化，但都是不重視《詩》《書》的研究。自從佛學傳入中國，六朝以後，學人陷於佛學之中。（見《日知錄》卷十八，《內典》）到了明代，一些人"終日言性與天道，而不自知其墜於禪學也"。（《日知錄》卷七《夫子之言性與天道》）應當說明，顧氏在這裏，似乎是排陸王心學，但仔細辨析，亭林在學術的辯論中的用心，在提倡重實踐的實學。

　　反對虛無之學，提倡實學，是明末清初有識的學人共同的見解，王夫之、黃宗羲等都在力矯學風之偏。顧炎武的實學主張，最具有典型的意義。顧炎武（1613－1682年），字甯人，原名絳。江蘇昆山人。他的著述很多，其中《日知錄》是他的史學代表作，其實學思想較爲集中地在這本書中表述出來，這本書又是實學思想實踐的結晶。他說："君子之爲學，以明道也，以救世也。徒以詩文而已，所謂雕蟲篆刻，亦何益哉。某自五十以後，篤志經史，其於音學深有所得，今爲《（音學）五書》，以續三百篇以來久絕之傳，而別著《日知錄》，上篇經術，中篇治道，下篇博聞，共三十餘卷。有王者起，將以見諸行事，以躋斯世于治古之隆而未敢爲今人道也。"（《又與人書二十五》）關於顧炎武的實學的特色，可以潘耒在《日知錄·原序》中的一段話來說明：

　　　　昆山顧甯人先生，生長世族，少負絕異之資，潛心古學，九
　　　經諸史，略能背誦，尤留心當世之故。實錄、奏報，手自抄
　　　節；經世要務，一一講求，當明末年，奮欲有所自樹，而迄
　　　不得試，窮約以老。然憂天憫人之志，未嘗少衰，事關民生
　　　國命者，必究源溯本，討論其所以然。足迹半天下，所至交
　　　其賢豪長者，考其山川風俗、疾苦利病，如指諸掌，精力絕
　　　人，無他嗜好，自少至老，未嘗一日廢書。出必載書數簏自
　　　隨，旅店少休，披尋搜討，曾無倦色；有一疑義，反復參考，

必歸於至當；有一獨見，援古證今，必暢其說而後止。

全面理解這一段話，對顧炎武的實學會有更深的認識。

一、顧氏的實學的主旨、學問的興趣在於："留心當世之故"、"事關民生國命者"的大事。實學的內容既有"九經諸史"這些古學的內容，也有當世世務的知識，如一代的歷史的記載：實錄、奏報之類，以及掌故、實地考察得來的材料。顧寧人倡實學的研究方法是：援古證今，窮源溯本，討論其所以然。在學風上，提倡認真讀書，實地考察。顧炎武以"采銅於山"作爲比喻，說："某自別來一載，早夜誦讀，反復尋究，僅得十餘條，然庶幾采山之銅也。"（《又與人書十》）關於"采銅于山"，顧氏有一個解釋，他說："嘗謂今人纂輯之書，正如今人之鑄錢。古人采銅于山，今人則買舊錢，名之曰'廢銅'，以充鑄而已。所鑄之錢，既已粗惡，而將古人傳世之寶舂銼碎散不存於後，豈不兩失之乎？"（《又與人書十》）這就是要求治學應當力求掌握第一手的資料，而不憑信以訛傳訛的材料，或是根據那些第二、三手得來的資料研究問題。這是實學的方法論的基礎。我們應當從整個實學的思想的體系上認識顧炎武的"采銅於山"的主張，不能把它僅僅看作是學術上的一種主張。顧氏一生治學實踐了自己的主張。"先生……足迹半天下，所至交其賢豪長者，考其山川風俗疾苦利病，如指諸掌"（《日知錄·潘耒序》）"先生……所至厄塞，即呼老兵逃卒，詢其曲折，或與平日所聞不合，即在坊肆中發書對而勘之。"（全祖望：《亭林先生神道表》）

二、實學思想反映在學術研究內容方面是，重經又重史。對經史關係的問題，各個學者都有自己的看法。在當時，學術變化中有一個趨向是重視史學的作用，顧炎武說：提倡史學，"可得通達政體之士，未必無益於國家也"。（《日知錄》卷十六，《史學》）顧氏崇朱學，但他並不像朱熹那樣把史學放在一個次要的地位上。他自十歲讀《左傳》、《國語》、《戰國策》；十一歲開始讀《資治通鑑》，十三四歲讀完這部書。自崇禎已卯後，爲寫《天下郡國利病書》、《肇域志》，讀二十一史和郡縣誌書、文集等一千餘部。顧氏重視史，在

於："夫史書之作，鑒往所以訓今。"（《文集》卷六，《答徐甥公肅書》）
這樣的經史關係認識在乾嘉時期得到充實，發展到章學誠那裏，便
是"六經皆史"說。從"多識前言往行以畜其德"，到實學思潮中
的重史學的觀點，再到經世思想中的"六經皆史"說，可以看到人
們對歷史知識的作用的認識逐漸深化，對史學的社會功能的理解在
不斷發展。

　　三、明末清初的實學思想的十分重要的方面，是把解決當世之
務，作爲學術研究的著眼點。黃汝誠爲《日知錄集釋》寫《敘》，
說：

> 其言經史之微文大義、良法善政，務推禮樂德刑之本，以達
> 質文否泰之遞嬗，錯綜其理，會通其旨。至於賦稅、田畝、
> 職官、選舉、錢幣、權量、水利、河渠、漕運、鹽鐵、人材、
> 軍旅，凡關家國之制，皆洞悉其所由盛衰利弊，而慨然著其
> 化裁通變之道。

顧炎武對當世之務洞悉明達，研究政治、經濟、文化等各個方面問
題，揭露有明一代的弊政，提出自己的變革主張。這是他的實學思
想的十分有特色的地方。

　　比起傳統的儒家的知識論，明末的思想家的實學思想有了一個
較大的發展。孔子要求學生多識鳥獸蟲魚草木之名，後來很多人提
倡實學也多限於此。也有不少學者提倡關注現實研究歷史，但並沒
有提到實學的高度上來認識這個問題。顧炎武認爲研究學問重要的
是解決"當務之急"。他認爲"以格物爲多識於鳥獸草木之名則末
矣"。（《日知錄》卷六，《致知》）爲學學問在於明道，而明道卻不是全
部學問的終極爲學目的，他說："君子之爲學，以明道也，以救世
也。"（《又與人書二十五》）明道與救世，是爲學的目的。個人踐履與
治國平天下，並不矛盾。顧炎武說："文之不可絕於天地間者，曰
明道也，紀政事也，察民隱也，樂道人之善也。"（《日知錄》卷十九，
《文須有益於天下》）各個方面的修養，如孝悌忠信之行，灑掃應對之
職，《詩》《書》《禮》《易》《春秋》之文，都是爲用之于身，施之

於天下。這是實學的主張，要求把"修身齊家治國平天下"的論述具體化。由於時代的翻天覆地的變化，民族危機的加深，因此這個時期的實學又演變、構成經世思想的基礎，經世思想成爲實學的思想核心。

顧炎武寫《天下郡國利病書》，以歷史地理的研究爲中心，把歷史和現實問題緊密結合起來。它記載各地有關漕運、糧額、馬政、草場、鹽政、屯田、水利、賦稅、徭役、戶口等；研究各地的土地佔有、兼併狀況；記載各地賦稅徵收的情形，對各地的水利設施作歷史的考察，並且和現實的調查結合起來，抨擊弊政，進而反映他的更革的觀點。這部書通過編選材料，反映他的經世的用心。他在這本書的序言中說：

> 崇禎己卯，秋闈被擯，退而讀書。感四國之多虞，恥經生之寡術，於是歷覽二十一史以及天下郡縣誌書、一代名公文集及章奏、文冊之類，有得即錄，共四十餘帙。一為輿地之記，一為《利病》之書。

這裏說的《利病》之書，也就是《天下郡國利病書》；輿地之書，是他寫的《肇域志》。這兩本書之間有什麼關係，還要進一步考訂，但有一點是明確的，即兩本書都是經世、救世之作。

在顧炎武稍後一點時間有顧祖禹的《讀史方輿紀要》，這同樣是一本充滿強烈經世思想的著作，後人說這本書，"詳建設則志邑裏之新舊，辨星土則列山川之源流，至於明形勢以示控制之機宜，紀盛衰以表政事之得失，其詞簡，其事賅，其文著，其旨長，藏之約而用之博，鑒遠洞微，憂深慮廣，誠古今之龜鑒，治平之藥石也，有志於用世者，皆不可以無此篇。"（《讀史方輿紀要·吳興祚序》）可見，經世思想鑄成這一時期實學思想的的精髓。

第二節　歷史盛衰總結的思潮

在中國每到一個大的歷史轉折時期，都有大思想家、大史學家對歷史進行總結，從歷史的興亡盛衰的變化中找出經驗教訓。明末清初的大思想家的歷史總結的重要特點，是把這種總結提高到歷史哲學的高度，可以說它是中國古代的歷史哲學的發展，又是中國古代歷史哲學的終結。王夫之是這方面的傑出代表。王夫之從“理”與“勢”上論說歷史的盛衰變化是一個必然，是“理”。他說：“治有治之理，亂有亂之理，存有存之理，亡有亡之理。……夫國家之治亂存亡，亦如此而已矣。”（《讀通鑑論》卷二十四，《德宗》）在說到郡縣延續二千年時，他說：“郡縣之制，垂二千年而弗能改矣，合古今上下皆安之，勢之所趨，豈非理而能然哉。”（《讀通鑑論》卷一，《秦始皇》）“理”貫徹、支配一切事物的運動變化。歷史運動的必然又表現為一種“勢”。“迨已得理，則自然成勢，又只在勢之必然處見理。”（《讀四書大全說》）有時王夫之又把“理”稱之為“道”。他說：“天下之生，一治一亂，帝王之興，以治相繼，奚必手相授受哉，道相承也。”（《讀通鑑論》卷二十二，《玄宗》）同樣，顧炎武的論述中也是把歷史盛衰變化當作是一種必然。他說：“天地之化，過中則變，日中則昃，月盈則食”。（《日知錄》卷一，《已日》）一切事物都是這樣變化的。

應當說明，王夫之的歷史盛衰論中包含歷史進化的思想。《讀通鑑論》卷二十中有一段很長的文字描繪中國歷史的進程。唐虞以前，沒有文字可以詳考，但那時“衣裳未正，五品未清，婚姻未別，喪祭未修”，“人之異乎禽獸無幾也”。人類就是這樣從蠻荒世界中走出來的，人的歷史是從“植立之獸”（《思問錄·外篇》）開始進化來的過程。他批評邵雍的“皇帝王霸”說，指出邵雍的歷史迴圈觀點是“泥古過高而菲薄方今，以蔑生人之性”。（《讀通鑑論》卷二十，《太宗八》）另外，王夫之以“理”解說歷史的變化，指出歷史的必然，同時也重視在歷史盛衰變動中人事作用的意義。他說：“《易》曰：湯武革命，順乎天而應乎人。聖人知天而盡人之理，……應人以其時則志定，時者，聖人之所不能違也。”“善言天者驗于人，未聞善言人者之驗於天也。”（《讀通鑑論》卷七）興亡變動的根源在

內而不在外，"潰於內者，必決於外"。(《讀通鑑論》卷十五，《成帝》)
王夫之的歷史興亡論，把曆史的必然思想和重人事的思想結合在一
起。

　　王夫之的歷史興亡論又和變革現實的主張聯繫在一起。由於王
氏以他的歷史哲學作爲興亡論的基礎，所以他的變革思想表現爲一
種富有哲理的變通思想，以變通的眼光把古與今聯繫起來，闡發變
革的主張。他抓住《周易》的變通的觀點，說明變與通的關聯。《周
易大象解·序》說：

> 天下無窮之變，陰陽雜用之幾，察乎至小至險至逆，而皆天
> 道之所必察。苟精其義，窮其理，但爲一陰一陽所繼而成象
> 者，君子無不可用之以爲靜存、動察、修己、治人撥亂反正
> 之道。……天無不可學，物無不可用，事無不可爲。循是以
> 上達，則聖人耳順心德也。

人們從易象中體察世界萬事萬物在變之中，變中又有常，革中又有
因，談變革，又要注意"時"、條件。如果簡單地以復古、複三代
的辦法行變革，還要說這是古先聖之大法，這實在是"自欺以誣天
下"。(《讀通鑑論》卷二，《文帝》)他又說："以古之制，治古之天下，
而未可槪之今日者，君子不以立事；以今之宜，治今之天下，而非
可必之後日者，君子不以垂法。"(《讀通鑑論·敘論四》)治理國家，
最重要的是要有一種通識，他說："經國之遠圖，存乎通識。通識
者，通乎事之所由始，弊之所由生，害之所由去，利之所由成。"
王船山豐富了中國古代通識的內容。(《讀通鑑論》卷二十二，《玄宗》)
治國、變法無疑地可以從歷史的興亡成敗中找到經驗教訓，諸如退
小人、用賢才；不可盲目聚財，要保民等，這些王夫之也都提到了，
但王夫之又指出，用通變的思想處理事務是更爲重要。他說："一
彼一此者，死生之命；一進一退者，反復之機也；一屈一伸者，相
乘之氣也。運以心，警以目，度以勢，乘以時。"(《讀通鑑論》卷二
十四，《德宗》)、對歷史的治世、聖世的經驗也有一個善於不善於學
習的問題。王夫之說："故善法三代者，法所有者，問其所以有，

而或可革也；法所無者，問其何以無，而或可興也。踟躕而效之，黠民乃驕，樸民乃困，治之者適以亂之。"（《讀通鑑論》卷二十八，《五代上》）盲目提倡效法三代，以三代的模式變革現實，其效果只能是適得其反，欲治反亂。歷代一些史學家、思想家企圖以恢復古代的井田制，反對土地的高度集中；以分封制，反對皇權專制。包括王安石在內的許多政治家、思想家希望從古代典制中找到變革現實、挽救社會危機的辦法，都碰了壁。不能說他們的思想動機不好，但是，他們以凝固的眼光看待歷史上的經驗，結果是要走進這間屋子，卻走進另一間屋子裏去，讓歷史開了一個玩笑。司馬光寫《資治通鑑》，以鑒歷史的興衰作為著史的宗旨，企圖以維持等級名分的禮制，使社會安定，達到"躋堯舜之治"的目的。司馬光的失誤從思想方法上說，就是離開通變的要求，談歷史的興亡教訓。王夫之批評司馬光，說："夫古今異時，強弱異勢，戰守異宜，利害異趣，據一時之可否，定千秋之是非，此立言之大病，而溫公以之矣。"（《讀通鑑論》卷二十六，《文宗》）所以，司馬光打著"資治"旗號，卻達不到"資治"目的，王夫之在卷末說，這樣寫史，也是"玩物喪志"。王夫之和司馬光的興亡論不同，除個別的方面外，是王夫之以通變的思想總結歷史的經驗教訓，司馬光卻是缺乏這樣的眼光。

王夫之同樣認為史學的重要意義是總結歷史盛衰的經驗教訓。他說："所貴乎史者，述往以為來者師也。為史者，記載徒繁而經世之大略不著，後人欲得其得失之樞機以效法之無由也，則惡用史為？"（《讀通鑑論》卷六，《光武帝》）王夫之認為，古人成功的地方可以借鑒，古人失敗的地方也可以借鑒，"得可資，失亦可資，同可資，異亦可資也。故治之所資，惟在一心，而史特其鑒也"。"然則治之所資者，一心而已矣，以心馭政，則凡政皆可以宜民，莫匪治之資；而善取資者，變通以成乎可久"。（《讀通鑑論·敘論四》）據此，王夫之又提出"天下有定理無定法"，他說："天下有定理而無定法。定理者，知人而已矣，安民而已矣，進賢遠奸而已矣；無定法者，一興一廢一繁一簡之間，因乎時而不可執也。"(《讀通鑒論》卷六,《光武帝》)要因時立法，才是善師古者。總之，借鑒歷史的經驗教訓，不能脫離現實的條件，這也就是王夫之強調"時"的意義，要趨時立本。從《尚書》的殷鑒思想，到司馬遷的"見盛觀衰"的思想，再到司馬光的鑒盛衰的編纂史書的主張，到了明末清初王夫之的通變歷史興亡論，中國論歷史興衰的史學思想也發展到了自己的高峰。

王夫之（1619年－1692年），字而農，號薑齋。湖南衡陽人，晚年隱居在湘西的石船山麓，人稱之爲船山先生。崇禎六年（1632年）、九年（1635年）兩次參加鄉試，未中舉。崇禎十一年，王夫之讀書于岳麓時曾組織"行社"，次年又結"匡社"。崇禎十五年（1642年）他在湖廣鄉試中第五名舉人。次年，張獻忠佔領衡陽，王夫之走匿深山，拒絕與農民軍合作。李白成入北京，王夫之爲明朝的滅亡悲痛，作《悲憤詩》一百韻。崇禎十七年，清兵入關，王夫之避居"續夢庵"。他曾上書湖北巡撫，並沒有受到重視。1648年，王夫之與匡社成員在衡山組織義兵抗清。後又投奔桂王永曆帝，而永曆朝政依然腐敗不堪。王夫之又奔瞿式耜。順治九年，王夫之到湘西耶薑山側"屏迹隱居"，十四年，返回"續夢庵"。十六年，永曆帝被執，十八年，南明王朝覆滅。康熙十四年（1675）王夫之遷居石船山下，潛心著述，《讀通鑒論》、《宋論》、《張子正蒙注》等一大批著作，是在這個時期完成的。康熙三十一年，也就是1692年，王夫之在久病之後，于石船山下的湘西草堂辭世。

《清史稿·王夫之傳》將他和時儒作了比較，說："夫之論學，以漢儒爲門戶，以宋五子爲堂奧，辟致良知之學，以羽翼朱子。于張子《正蒙》一書尤有神契。"這裏說到王夫之重漢學又重宋學，這只是一個特點。在宋學中，王夫之崇朱學，又重張橫渠的學說，仔細地考察一下，便可以看出，王夫之更推崇橫渠之學，他以張載的"氣"說改造了朱熹的理氣說，形成他自己的獨特的理氣觀。王夫之推崇張載的學術，說："張子之學，上承孔孟之志，下救來茲之失，如皎日麗天，無幽不燭。聖人複起，未有能易者也。"(《張子正蒙注·序》)《正蒙》是張氏的代表作，張載認爲宇宙本體是"氣"，氣的聚散形成不同形態的物，主要有三大類，也就是天地人。三者合一，爲天性，也就是天理。理是不離氣的。"易，一物而合三才：陰陽氣也，而謂之天；剛柔質也，而謂之地；仁義德也，而謂之人。""六爻各盡利而動，所以順陰陽、剛柔、仁義，性命之理也"。(《正蒙·大易篇》)研究人類的歷史也是要窮理，王夫之繼承、發揚了張載的思想，不離氣言理，"循物窮理"。他認爲物質是"氣"，氣的聚散顯示物質的客觀運動。事物在發展中越來越豐富，事物在發展過程中得到更新。

　　王夫之痛斥佛、老，卻注意吸收二氏的方法，並不盲目地排斥，"可禪、可革，而不可異類視之"。(《黃書·原敍》)對老、莊，也是有批判，有吸收，做到這一層，應當深入到學術的內核中探究一番，"蓋入其壘，襲其輜，暴其恃，而見其瑕"。(《老子衍·序》)又說："凡莊子之說，皆可因以通君子之道。"(《莊子通·序》)對王學，他也僅僅是反明代的王學中的狂禪之學。所以，王夫之不是在作黨同伐異，他反對的僅僅是"知有門戶而不知有天子"。他能融合衆家之學形成他自己的理氣觀，進而構成其歷史哲學的基礎。

第三節　歷史和學術的批判、總結

　　明末清初對歷史、學術的批判總結形成有影響的一股思潮。李贄對歷史的批判是相當猛烈的，顧炎武、王夫之及黃宗羲的批判總結具有明顯的時代的特點。顧炎武以經世的眼光去反思過去的歷史，王夫之以通變的觀點抓住歷史盛衰的問題總結歷史，而黃宗羲的批判總結具有啓蒙思想的性質和意義。

　　歷史的批判與總結，首先有一個標準的問題，即以一個什麼樣的觀點去認識過去的歷史。這一點和盛衰經驗總結又有所不同。盛衰經驗總結著重從過去的歷史的實際出發，從中概括出經驗教訓。而歷史的批判總結，則是以時代的眼光、時代的思想高度，去分析過去的歷史，過去的思潮，暴露其中的腐朽、殘忍。有的更進而在這種總結中展示對歷史前途的思考。

　　黃宗羲的批判總結的重要特點，首先在於他的批判的視角，他的標準。他承認"私""利"的合理性，批判過去的封建君主專制。他說："有生之初，人各自私也，人各自利也。天下有公利，而莫或興之；有公害而莫或除之。有人者出，不以一己之利爲利，而使天下受其利，不以一己之害爲害，而使天下釋其害。此其人之勤勞，必千萬天下之人。"（《明夷待訪錄·原君》）人人都有"私"，都有求"利"的欲望，這個追求是合理的。但是封建君王剝奪百姓的"私"和"利"，以一人之私、利去奪千萬人之私、奪千萬人之利。古代的君如堯、舜、禹、以及許由、務光都不是主動奪百姓之利的人。三代以後就發生了變化，他說：

> 後之爲人君者不然，以爲天下利害之權皆出於我，我以天下之利盡歸於己，以天下之害盡歸於人，亦無不可。使天下之人不敢自私，不敢自利，以我之大私爲天下之公。始而慚焉，久而安焉；視天下爲莫大之產業，傳之子孫，受享無窮。漢高帝所謂"某業所就，孰與仲多"者。其逐利之情，不覺溢之於辭矣。此無他，古者以天下爲主，君爲客，凡君之所畢世而經營者，爲天下也。今也，以君爲主，天下爲客，凡天下之無地而得安寧者，爲君也。是以其未得之也，屠毒天下之肝腦，離散天下之子女，以博我一人之產業，曾不慘然，曰"我固爲子孫創業也。"其既得之也，敲剝天下之骨髓，離散天下之子女，以奉我一人之淫樂，視爲當然，曰"此我產業之花息也。"然則爲天下之大害者，君而已矣。向使無君，人各得其私也，人各得其利也。嗚呼，豈設君之道，固如是乎？古者天下之人，愛戴其君，比之如父，擬之如天，誠不爲過也。今也，天下之人，怨惡其君，視之如寇讎，名

> 之為獨夫，固其所也。……豈天地之大，于兆人萬姓之中，
> 獨私其一人一姓乎？

黃宗羲的批判比起過去的"無君論"更深刻，也帶有那個時代的特徵。由此，黃宗羲在《原臣》篇中又說："蓋天下之治亂，不在一姓之興亡，而在萬民之憂樂。"他以為天下要為萬民，天下可分治。黃氏的話是這樣說的："天下之大，非一人所能治，而分治之以群工。故我之出而仕也，為天下也非為君也，為萬民也非為一姓也。"（《原臣》）顯然，黃宗羲的義利觀以及建立在此基礎上的歷史觀點已經有新的因素，也就是具有啓蒙的性質。王夫之也說過："隨處見人欲，即隨處見天理。"（《讀四書大全說》卷四）"私欲之中，天理所寓。"（《四書訓義》卷二）從李贄的"穿衣吃飯，即是人倫物理"的命題（《焚書》卷二，《答鄧石陽》）到王夫之、黃宗羲的義利觀，都反映歷史處在一個轉折的關頭。封建社會固有的意識形態教條受到嚴重的挑戰。

黃宗羲學術總結的基本思想是：

一、**"學要有宗旨，但不可有門戶"**，反對學術定於一尊，反對學術"必欲出於一途"。他說：

> 盈天地間皆心也，人與天地萬物為一體，故窮天地萬物之理，即在吾心之中。後之學者，錯會前賢之意，以為此理懸空於天地萬物之間，吾從而窮之，不幾於義外乎？此處一差，則萬殊不能歸一。夫苟功夫著到，不離此心，則萬殊總為一致。學術之不同，正以見道體之無盡也。奈何今之君子，必欲出於一途，劃其成說，以衡量古今，稍有異同，即詆之為離經叛道，時風眾勢，不免為黃芽白葦之歸耳。夫道猶海也，江、淮、河、漢，以至涇渭蹄涔，莫不晝夜曲折以趨之，其各自為水者，至於海而為一水矣。

《明儒學案·序》這一段強調各種學術、學派的存在都是合理的，明確地反對學術上以一種學術、學派去壓制其他的學術、學派；以一種觀點衡量古今所有的學術，容不得和自己稍有不同的觀點，把

不同的學派、學術說成是“離經叛道”，這些從根本上說，違背了學術發展的要求。學術發展的規律是“萬殊總爲一致”。雖然，黃宗羲學術的歸屬是王學，但是他並沒有以自己的學術，作爲一種絕對正確的“道”，去罷黜“百家”，這實際上是一種學術平等的主張。他認爲既是“道”，就不能是一家之私言。說：“蓋道非一家之私，聖賢之血路散殊於百家，求之愈艱則得之愈真，其得之有至，有不至，要不可謂無與道者也。”（《南雷文定》三集卷二，《錢清溪墓誌銘》）

　　學術不宜有門戶，但不能無是無非，可以混雜在一起。作爲一個學人，又必須有自己的宗旨。所謂“宗旨”，他解釋說：“大凡學有宗旨，是其人之得力處，亦是學者之入門處。天下之義理無窮，苟非定以一二字，如何約之，使其在我。故講學而無宗旨，即有嘉言，是無頭緒之亂絲也。學者而不能得其人之宗旨，即讀其書，亦猶張騫初至大夏，不能得月氏要領也。”（《明儒學案發凡》）學術宗旨又是一種學術上的獨到的見解，因此它又是和自得之學相合。黃宗羲說：“學問之道，以各人自用得著者爲真。凡倚門傍戶，依樣葫蘆者，非流俗之士，則經生之業也。”（《明儒學案發凡》）它提倡獨立思考，要求突破“門戶”傳統的束縛。這和學術上不可有門戶，是一個問題的兩個方面。作爲學者個人來說，要有宗旨，反對“倚門傍戶，依樣葫蘆”，也不能有門戶之見，不能排斥其他學術。這是黃宗羲的卓識。

　　學術史性質的著作自宋元以降，發展很快，成爲史學的一支大宗。這些著作和理學的興起聯系密切，宣揚道學、講道統統系是這類作品的基調。宋代的李心傳的《道命錄》和朱熹的《伊洛淵源錄》爲開啓之作，在前面已經作過說明。明代學術史方面的作品數量不少。《明史·藝文志三》中關於學術史的著作有謝鐸的《伊洛淵源續錄》、薛應旂的《考亭淵源錄》、朱衡的《道南源委錄》等。此外有熊賜履的《學統》、張伯行的《道統錄》。以上多是崇朱的作品。尊陸、王之學的有金賁亨等人的作品。對理學作總結的有周汝登（海門）的《聖學宗傳》、孫奇逢（鍾元）的《理學宗傳》。這些書存在許多不足和缺點。黃宗羲批評周、孫的兩部書，說：

> 從來理學之書，前有周海門《聖學宗傳》，近有孫鍾元《理
> 學宗傳》，諸儒之說頗備。……且各家自有宗旨，而海門主
> 張禪學，擾金銀銅鐵為一器，是海門一人之宗旨，非各家之
> 宗旨也。鍾元雜收，不復甄別，其批註所及，未必得其要領，
> 而其聞見亦猶之海門也。

《明儒學案發凡》批評了當時學術史著作中的主要缺點。相比之下，黃宗羲的《明儒學案》對學術的總結則是另一番氣象。仇兆鼇在序中說："尋源溯委，別統分支，秩乎有條而不紊，於敘傳之後，備載語錄，各記其所得力，絕不執己意為去取，蓋以俟後世之公論焉爾。"

　　《明儒學案》的編撰體現黃宗羲的思想。一，戒門戶之見。他反對在史書設立《理學傳》。說："某竊謂道學一門所當去也，一切總歸'儒林'，則學術之異同皆可無論，以待後之學者擇而取之。"（《南雷文定》前集卷四，《移史館論不宜立理學傳書》）論學脈，黃氏師劉宗周，其學術淵源為王學。但黃宗羲尊王而不貶朱，《明儒學案》首列"師說"，一以示師承，二以揭示編撰主旨，書中"間有發明，一本之先生"。雖然《學案》的發明與"師說"的意思有差異。但大綱節目是一以貫之體現師門的宗旨。他特別推崇王陽明，說："向無姚江，則學脈中絕；向無蕺山，則流弊充塞，凡海內之知學者，要皆東浙之衣被也。"（《南雷文定》前集卷四，《移史館論不宜立理學傳書》）甚至把北宋五子和王陽明、劉宗周聯結起來，看作是天意的學統。

　　《明儒學案》尊王學的同時，又給朱學以重要的地位，把明代前期的朱學人物吳與弼看作是有明一代學術的開山者，說："康齋倡道小陂，一稟宋人成說。……其相傳一派，雖一齋、壯渠稍為轉手，終不敢離此矩矱也。白沙出其門，然自敘所得，不關聘君，當為別派。於戲，椎輪為大輅之始，增冰為積水所成，微康齋，烏得有後時之盛哉？"（《明儒學案》卷一，《崇仁學案》）由康齋、白沙、折

而王陽明。《明儒學案》從學術發展的總過程中肯定吳與弼（康齋）的重要地位，首列《崇仁學案》以述吳與弼的學術。

在評價明代學人的思想上，《學案》體現出和會朱學王學的特點。如談到雙江先生聶豹和南野先生歐陽德的思想體系時，黃宗羲說："雙江與（南野）先生議論未歸一，雙江之歸寂，何嘗枯槁。先生之格物，不墜支離，發明陽明宗旨，始無遺憾，兩不相妨也。"（《明儒學案》卷十七，《江右王門學案》）黃宗羲沒有把"格物"與"致良知"看成是水火不相容的。這在明人"宗格物者極詆良知，護良知者復譏格物"的學術氛圍中，確是另一種品格。黃宗羲宗陽明而不回護，論考亭之學有求是之意。"和會"朱學與陸王之學，不是折衷，不是無所甄別。

二、明學術宗旨，求學術精神。學術宗旨是兩個方面的意思，一是全書貫穿黃宗羲對明代學術變遷的總體認識和貫穿對心、性及氣的一以貫之的認識，體現黃宗羲的學問精神。二是在每一篇的內容中，抓住學案案主的學問精神，評說事理，敍述行事，輯錄材料。

《學案》每一篇的結構是三個部分。

1．序。序文或述學術變遷，師承衍變；或述案主的學術要點，學術地位或影響；或補充正文材料之不足。如《泰州學案》開篇說：

> 陽明先生之學，有泰州、龍溪而風行天下，亦因泰州、龍溪
> 時時不滿其師說，益啓瞿曇之秘而歸之師，蓋躋陽明而為禪
> 矣。然龍溪之後，力量無過於龍溪者，又得江右為之救正，
> 故不至十分決裂。泰州之後，其人多能以赤手搏蛇，傳至顏
> 山農、何心隱一派，遂復非名教之所能羈絡矣。

序文以點睛之筆寫出王學變動的趨勢。王學到了泰州時發生了裂變，"復非名教之所能羈絡"。序文緊接著補充正文所沒有的內容，引敍顏山農的事迹與思想。

2．傳記。序文後面是案主的經歷行事和學術要點的內容。行文中間有按斷或寓論斷於敍事，以突出傳主的學術精神。

3．傳記後是傳主的學術著述、議論方面的資料輯錄。這一部

分同樣要突出思想家的學旨。黃宗羲說："每見鈔先儒語錄者，薈撮數條，不知去取之意謂何。其人一生之精神未嘗透露，如何見其學術？是編皆從全集纂要鈎玄，未嘗襲前人之舊本也。"（《明儒學案發凡》）即便是資料輯錄也力圖從中透露出學人一生的學術精神。

　　《學案》中屬王學以及和王學有緊密聯繫的學案，占總數一半以上，無可諱言，黃氏對王學的評析，對劉宗周的評價，還有偏袒處，但總體上說，是較爲客觀地反映出有明一代學術發展變化的趨勢，寫出明室數百年的學脈。

　　三、窮源竟委，博采兼收。清人馮全垓爲《明儒學案》寫跋說明《學案》具有"窮源竟委，博采兼收"的特點。其一是說《學案》明學術的源流，其二是說它是明各家的學術的源流。明初的學術和朱學分不開。吳與弼和薛瑄師承朱學。到了陳獻章（白沙），明代的理學發生變化。這是一大關節處。由陳白沙而王陽明，王學興起後，很快形成浙中王門、江右王門及南中王門、楚中王門、北方王門、粵閩王門，和王學相聯繫緊密的是止修之學。王學盛中又有衰，六派王門中，傳王學只有江右王門。黃宗羲說：

> 姚江之學，惟江右爲得其傳，東廓、念庵、兩峰、雙江其選也。再傳而爲塘南、思默，皆能推原陽明未盡之旨。是時越中流弊錯出，挾師說以杜學者之口，而江右獨能破之，陽明之道賴以不墜。蓋陽明一生精神，俱在江右。（《明儒學案》卷十六，《江右王門學案》）

在眾多王門中，只有江右諸先生能傳王學，這本身就是不景氣的因素，更何況陽明之後，其及門子弟能得其師說精神的不多，而泰州學興起又從另一個側面破壞王學，龍溪有發明，但龍溪"竟入禪"，"懸崖撒手，非師門宗旨所可系縛"。所以黃宗羲說："陽明先生之學，有泰州、龍溪而風行天下，亦因泰州、龍溪而漸失其傳。"（《明儒學案》卷三十二，《泰州學案》）

　　在學術史的研究方法論上，《明儒學案》具有自己的特色。首先，它展示了學變化也是盛中有衰，盛極而衰。劉宗周以"慎獨"

說救王學後期之弊，實則是王學衰變的表現。黃宗羲把明代理學，特別是王學當作一個發生、興盛至衰變的過程，同時他又注意到每一個學派興起，是有條件的，而在盛中又孕育著分化、衰變的因素。另外各種學派、學術在相互聯繫中發展。明代的王學不是脫離朱學突然出現的。

其次，它表明了一個大時代的學術的變化有一個過程，一個學派的變動、一個思想家的變化都經歷了不同的階段。王陽明一生的思想變化經歷了三個階段。黃宗羲稱之為"三變"，他說：

> （陽明）先生之學，始泛濫於詞章，繼而遍讀考亭之書，循序格物，顧物理吾心終判為二，無所得入。於是出入佛、老者久之。及至居夷處困，動心忍性，因念聖人處此更有何道？忽悟格物致知之旨，聖人之道，吾心自足，不假外求。其學凡三變而始得其門。（《明儒學案》卷十，《姚江學案》）

這就是王陽明學術思想由"濫"、"雜"至"入門"的三變，此後王陽明的學術思想又有三變。黃宗羲說："自此以後，盡去枝葉，一意本原，以默坐澄心為學的。"這是一變；繼之，是第二變，"江右以後，專提'致良知'三字，默不假坐，心不待澄，不習不慮，出之自有天則"。最後，是第三變，"居越以後，所操益熟，所得益化，時時知是知非，時時無是無非，開口即得本心，更無假借湊泊，如赤日當空而萬象畢照。"（《明儒學案》卷十，《姚江學案》）陽明之學只是在此之後，才日臻於純粹的境地。

有的《學案》中，黃宗羲沒有明說變化的幾個階段，但讀之者自可理會。如顏山農師劉師泉無所得，又轉從徐波石學，乃得泰州之傳，是為一大轉折。又如浙中王門錢德洪思想轉變，黃宗羲通過羅洪先的評介，間接地寫出"緒山之學數變"。著力研究理學家思想的轉變，是《明儒學案》的特點。

另外，是辨析細微。《明儒學案》看到學術淵源傳授，又看到不同學派之間和同一學派內的差異。朱學、王學差異自然是涇渭分明，而同守朱學家法的吳與弼與薛瑄又各自有特點。吳康齋重"涵

養＂，薛文清重＂踐履＂。同爲江右王門諸先生，在守師門之旨上各
有發揮。鄒守益（東廓）的＂戒懼＂說，羅洪先（念庵）的＂主靜＂
觀點，聶豹（雙江）的＂歸寂＂說，這些學說各各不同。同是浙中
王門的錢德洪（緒山）和王畿（龍溪），其學術差異明顯，進而導
致別出機杼、枝葉。兩人都是＂親炙陽明＂，卻又有差別。＂龍溪從
見在悟其變動不居之體，（緒山）先生只于事物上實心磨練。故先
生之徹悟不如龍溪，龍溪之修持不如先生。＂（《明儒學案》卷十一，《浙
中王門學案一》）

　　辨析細微還在於從相似的現象後面看到差別。陳獻章（白沙）
一些論點似禪學，但畢竟不是禪。黃宗羲說：＂白沙論道，至精微
處極似禪，其所以異者，在＇握其樞機，端其銜綏＇而已。禪則並
此而無之也。奈何論者不察，同類並觀之乎。＂（《明儒學案》卷六，《白
沙學案下》）分析細微，是明學術宗旨的深化，這和標榜門戶不是一
回事。以王陽明和湛若水爲例，黃宗羲說：

> 王、湛兩家，各立宗旨，湛氏門人雖不及王氏之盛，然當時
> 學於湛者，或卒業于王；學于王者，或卒業於湛，亦猶朱陸
> 之門下，遞相出入也。其後源遠流長，王氏之外，名湛氏學
> 者，至今不絕，即未必仍其宗旨，而淵源不可沒也。（《明儒
> 學案》卷三十七，《甘泉學案一》）

《甘泉學案》中這段按語把王、湛關係比之朱陸，各個學派宗旨相
異而又相互聯繫，相互作用；看到淵源所自，又注意發展流變。相
異與相成，發展與分化是有機的聯結，黃宗羲分析學派的方法具有
辯證的因素。

　　最後，《學案》指出時代思想潮流有主潮，也有其他潮流，這
兩者又是相互聯結、相互作用的。黃宗羲正是從這一角度來兼綜百
家的。朱學在明代占著統治地位，而王學的興起，迅速發展，播及
各地。王學朱學及其他的學術構成明代學術潮流的全景。黃宗羲以
崇仁朱學爲明的學術的開啓者，以姚江王學爲明代學術的主潮，以
劉宗周爲後勁，寫出時代思潮的主流趨向。同時，以聯繫的眼光，

兼綜百家，以《諸儒學案》為例，黃宗羲說他立這個學案的緣由：

> 儒者之學不同釋氏之五宗，必貫串到青源、南嶽。夫子既焉
> 不學，濂溪無待而興，象山不聞所受，然其間程、朱至何、
> 王、金、許，數百年之後，猶用高、曾之規矩，非如釋氏之
> 附會源流而已。故此編以有所授受者，分為各案；其特起者，
> 後之學者，不甚著者，總列諸儒之案。（《明儒學案發凡》）

可見，《明儒學案》編撰分立學案，以授受源流為准，這裏既有為
朱學的學者立的學案，也有為王學的學者立的學案，也有為和朱學
或王學有關係，但另有明顯宗旨特色的學者立的學案。《諸儒學案》
的設立和收入的各家是不是很恰當，姑且不論，但《諸儒學案》體
現出兼綜百家的特色是沒有疑問的。

　　《諸儒學案》中的學者是這樣幾類，一、"或無所師承，得之
於遺經者"。二、"或朋友夾持之力，不令放倒，而又不可系之朋友
之下者"。三、"或當時有所興起，而後之學者無傳者"。總之，是
在師承上不明或不可強附師門的學者。《諸儒學案》編列體現黃宗
羲著述之旨，他說：

> 上卷則國初為多，宋人規範猶在；中卷則驟聞陽明之學而駭
> 之，有此辨難，愈足以發明陽明之學，所謂他山之石，可以
> 攻玉也。下卷多同時之人，半歸忠義，所以證明此學也，否
> 則為偽而已。（《明儒學案》卷四十三，《諸儒學案上一》）

《諸儒學案》具體內容不作討論，要注意的是黃宗羲的兼綜百家的
思想，平等地看待各家學術。在中國古代，不少學者提出過，百川
異趨，"殊途同歸"，但最終大多數人還是強調學術的統一，定於一
與彙於一的要求。而黃宗羲強調的是"聖賢之路，散殊於百家，其
得之有至，有不至，要不可謂無與道也"。不同的學術、學派，都
有真理的成分，區別只是獲得真理的程度上的差別，不能說"無與
道"，更不能把不同的學說視為"離經叛道"。

　　所以，黃宗羲的歷史與學術的總結、批判，有一個新的視角，
有一個平等的學術眼光，這裏體現時代的精神，是以前所沒有的。

　　黃宗羲在學術的總結中指出學術的價值、學問的目的在於經世。他從學術發展的歷史，以歷史總結的眼光談這個問題，說：

> 嘗謂學問之事，析之者愈精，而逃之者愈巧。三代以上，只有儒之名而已，司馬子長因之而傳儒林；漢之衰也，始有雕蟲壯夫不為之技，於是分文苑於外，不以亂儒。宋之為儒者，有事功經制改頭換面之異，《宋史》立《道學》一門以別之，所以坊其流也；蓋未幾而道學之中又有異同，鄧潛谷又分理學、心學為二。夫一儒也，裂而為文苑，為儒林，為理學，為心學，豈非析之欲其極精乎。奈何今之言心學者，則無事乎讀書窮理；言理學者，其所讀之書，不過經生之章句，其所窮之理，不過字義之從違，薄文苑為詞章，惜儒林於皓首，封己守殘，摘索不出一卷之內。其規為措注，與纖兒細士不見長短；天崩地解，落然無與吾事，猶且說同道異，自附於所謂道學者，豈非逃之者之愈巧乎？

上文見《南雷文定集》前集卷一，《留別海昌同學序》。這種學術總結既不是守理學門戶，也不是守心學教條，典型地反映黃宗羲的主張：不師一門與倡導學有宗旨兩者相結合；這同樣明顯地體現他的經世思想。

　　黃宗羲（1610 年－1695 年），字太沖，號梨洲，浙江余姚人。其父黃尊素，東林中名士。天啓年間，因彈劾魏忠賢，被害死於獄中。黃宗羲入京為父訟冤，手攜鐵錐，對簿公堂，刺殺仇人。清軍進軍江南，黃宗羲回到家鄉，組織義兵抗清。黃宗羲失敗後，為躲避清政府的緝捕，隱伏山林中，直到清政府的迫害有所鬆動，才回到家鄉。康熙十七年清政府詔征博學鴻儒，後又開明史館，黃宗羲屢屢被薦，不就。康熙三十四年（1695 年）卒，年 86。主要著作有：《明儒學案》62 卷，《明夷待訪錄》20 篇，《南雷文定》前集、後集、三集和《南雷詩曆》以及《宋儒學案》、《元儒學案》若干卷；另外還有《易學象數論》六卷等多種作品。

第十章　史學求變和《文史通義》

第一節　史學求變和《文史通義》

　　有些清代史學史、學術史的研究者，對清代史學狀況給予中肯的分析，特別是對乾嘉史學給予恰當的評價，沒有把這時期的史學籠統看作是逃避現實純粹的考據之學。梁啓超在他的《清代學術概論》、《中國近三百年學術史》中對清人史學的評價，有一條意見很有見地。他說："清代史學開拓于黃梨洲，萬季野，而昌明于章實齋。"（《中國近三百年學術史》十五，《清代學者整理舊學之總成績（三）》）在這裏沒有把清初史學與乾嘉時期史學分成兩截，並且以"開拓"作爲這一時期的一個重要特徵。這一章內容和前面一章聯繫起來，更能看出史學發展趨向。

　　事實上，有清一代史家，一方面是沿著傳統史學的路徑繼續行進；另一方面，是有識的史學家，力求開拓，他們不滿意史學的現狀，提出史學變革的主張。這種情況突出表現在乾嘉時期的史學。有一個問題，要在這裏說明，乾嘉時期的史學相當豐富，有考證史學，考信史學，經世史學，也有一種史學著重從理論上說明史學變革的必然與必要。把這時期的史學籠統稱之"乾嘉史學"，並且又把"乾嘉史學"視爲考證史學，是不恰當的，至少不全面。

　　清前期的史學可以概括爲以下諸端：

　　撰寫紀傳體史書：代表性的作品是《明史》。萬斯同撰《明史稿》，王鴻緒得之，張廷玉等在此基礎上，修成《明史》。康熙十八年（1679 年）開修，乾隆四年（1739 年）成書。

　　補史表、史志：二萬（斯大、斯同）兄弟、汪越、周嘉猷、錢大昕、大昭、洪飴孫、杭世駿、顧棟高等，在補史表上都是有成就的大家。洪亮吉、錢儀吉、郝懿行、錢大昕等在補史《志》上作出了重大的成績。

清代學人的成就是多方面的。二萬在史學上的意義，侯外盧先生有一段話，說："（萬）斯大的治經方法，實開後來專門漢學的方法論的先河，而斯同對史料整理的態度，則對後來章學誠的文史學有顯著的影響。"（《中國思想通史》第 5 卷，第 408 頁）對斯大的方法論，侯先生說："不盲從，重裁斷，比較歸納，以經文的實事以求是，而不以傳注的心傳來傅會，這是樸實說理的傳統。他對於傳注的不信任態度更為戴震以至阮元的訓詁註疏的前導。"治經重經文之本身，不信傳注，與清人考史特別重正史，考正史以及歸納史實論史，在思想方法上是一個路徑。

萬斯同對史料的整理，可以引錢大昕在《萬先生斯同傳》中的一段話："就故家長老求遺書，考問往事，旁及郡志邑乘雜家志傳之文，靡不網羅參伍，而要以實錄為指歸。蓋實錄者，直載其事與言，而無所增飾者也。"（《潛研堂文集》卷三十八）後來，章學誠強調方志、家乘對於修史的價值，與萬氏所論是一個路數。

古史之作：鄒平的馬驌作《繹史》，這部書"取太古以來及亡秦之事，合經史諸子，鈎括裁纂，佐以圖考，參以外錄，謂之《繹史》。"全書分五部，一為太古三皇五帝，二為三代夏商西周，三為春秋十二公時事，四為戰國春秋至秦亡，五為外錄，紀天官、地志、名物、制度等。計 160 篇。"其書最精，時人稱（馬驌）為馬三代。顧炎武讀是書，歎曰'必傳之作也。'"（《漢學師承記》卷一）李鍇作《尚史》，亦是博采眾書，以《繹史》為稿本，修成紀傳體上古史的作品。

歷史地理書：最重要的是顧祖禹的《讀史方輿紀要》。這部書是地理書的一個新發展。"（顧祖）禹為是書也，以史為主，以志證之，形勢為主，以理通之。"（《讀史方輿紀要·彭（士望）序》）顧氏說：此書對人君、人臣，"經邦國，理人民，皆將於吾書有取焉"。

（《讀史方輿紀要‧總序三》）

學術史：明人黃宗羲始修的《宋元學案》，是其子黃百家與全祖望等續纂而成的。

史考：清初的閻若璩的《古文尙書疏證》以及胡渭的《禹貢錐指》、《易圖明辨》，再有西河毛奇齡，實爲有清考据學之先聲。江藩《漢學師承記》站在漢學的立場上，在此書的卷首說到此後經學變化，漢學之興，"乃知經術一壞於東西晉之清談，再壞于南北宋之道學，元明以來，此道益晦。至本朝三惠（惠周惕、惠士奇、惠棟）之學，盛于吳中；江永、戴震諸君繼起於歙；從此漢學昌明，千載沈霾，一朝復旦"。考据學學風及方法論影響到史學，考據史學是爲當時的考据學的一個重要部分。

乾嘉時期的考史代表作是王鳴盛的《十七史商榷》、趙翼的《廿二史劄記》、錢大昕的《二十二史考異》。除此之外，三氏還有另一些考史之作。三大考史之作，在學風上不盡相同。王鳴盛重目錄、校勘，重學術上的師法，考史之中論史學、史書尤爲突出。趙氏重類輯史實，論史、評史，論治亂盛衰，風會遞變，是其考史的特色。錢大昕尤長於以小學考史，文字訓釋運用於考典章制度、地理沿革中，見其功力之深厚。在三氏之外，還有一批在考史上有成就的史家。他們的學術成就構成乾嘉考據史學的概貌。而崔述的考信之作，在乾嘉時期是一股新風。

其他，如史鈔、改作前史等都是有成績的。秦蕙田的《五禮通考》、畢沅的《續資治通鑒》、李清的《南北史合鈔》等都是有名氣的史學作品。在文獻的校勘整理上，更有一大批成果。清人開修的《四庫全書》在歷史文獻學史上是一件盛事。

清代的史學領域裏的鬥爭相當尖銳。清統治者控制修史大權，是鞏固統治的需要，張廷玉在《上明史表》中說：明史"紀統二百餘年，傳世十有六帝。創業守成之略，卓乎可觀；典章文物之規，燦然大備。迨乎繼世，法弗飭於廟堂；降及末流，權或移於閹寺。無治人以行治法，既外釁而內訌，因災氛以啓寇氛，亦文衰而武弊。

朝綱不振，天眷既有所歸，賊焰方張；明祚遂終其運。我國家丕承景命，肇建隆基，……”希望有清人主，“參觀往迹，考證得失之源，懋建鴻猷，昭示張弛之度。”一方面，史臣修《明史》希望清朝人君從明代的創業、守成中吸收經驗，從明祚終運中吸收教訓，又一方面表明清代統治是承天命，肇建隆基。這樣的史學作品理所當然地爲清統治者歡迎。對於那些意在“復明”的史學作品，於其統治不利的史書，和歷史上其他統治者一樣，清統治者或銷毀、或宣佈爲禁書，甚而鎮壓、迫害這些史書的作者。

《四庫全書》的編纂起到了雙重的作用，既整理了歷代的典籍，又在清理中剔除於其統治不利的文字。清初文字獄中有詩文觸及時諱的，也有史著觸犯禁忌的。清代被禁、毀的史書，表現其民族的意識，有學術價值，是清代史學中一個組成部分。

由上諸端，從總體上說，至少可以看出兩點。一是，清前期的史學相當興盛，把清前期的史學，特別是把乾嘉時期的史學描寫爲淒淒戚戚的景象，說當時的史學只是學者爲逃避文字之禍在書齋中進行的蟲魚事業，這不合乎事實。更不能以偏見評價乾嘉史學。全面把清前期的史學與唐代前期的史學、宋代前期的史學作一比較，清代史學的成就未必遜色於前代。但是，當時史學上沒有大的突破，基本上是沿著傳統的老路數治史，也是事實。二是在沿襲中又有別樣的見解，有的也有所開拓。除了上面說的以外，在史學思想上，可以列出幾點。

一是，經史關係的認識與重正史的思想。錢大昕爲趙翼的《廿二史劄記》作《序》說“經與史豈有二學哉”。他們不同意宋代理學家提出的“經精史粗”、“經正史雜”的觀點。在《序》中又說：“彼之言曰：經精而史粗也，經正而史雜也。予謂經以明倫，虛靈玄妙之論也，似精實非精也。經以致用，迂闊刻深之談，似正實非正也”。王鳴盛一面說“治經斷不敢駁經，而史則雖子長、孟堅，苟有所失，無妨箴而砭之”。(《十七史商榷序》)表現出其認識上的局限。另一面又認爲史書中史例、史法同樣重要，說：“讀史之難，

與治經等。"（《十七史商榷》卷五十四，《徐傳兩人官名連書互異》）這些
都可以看作是對顧炎武經史關係論的發揮。另一點，是重正史。趙
翼有一條理論，認爲正史的材料是經過篩選，因此，不贊成以正史
以外的資料來考史，這些資料不足依憑，這樣考史不是正道。他說，
對一些稗乘胜說，與正史記載有差異的地方，他是不敢拿來證史，
"蓋一代修史時，此等記載無不搜入史局，其所棄而不取者，必有
難以徵信之處，今或反據以駁正史之訛，不免貽譏有識。"（《廿二
史劄記·小引》）王鳴盛說："讀史宜專心正史，世之學者於正史尙未
究心，輒泛涉稗官雜說，徒見其愚妄。且稗史最難看，必學精識卓，
方能裁擇參訂，否則淆訛汩亂，雖多亦奚以爲。"（《十七史商榷》卷
三十八，《後漢書年表》）又說："有一等人不能看正史，旁搜宋元小說，
以掩其短，如姚寬之輩，未嘗學問而好爲議論，自有學識者觀之，
雖多亦奚以爲。"（《十七史商榷》卷四十，《田疇字》）清初王爾脅，是
"其論讀史也，以正史爲主，而旁證以外史"。（《漢學師承記》卷一）
他們重視正史，反對獵奇，這有其合理的地方。但如果一味排斥別
的記載，只能局限自己的治史、考史，表現出清代漢學考据學上的
片面性。

　　二是，對史書編纂體裁、體例的認識。清人講史法，講史例，
又主張有所變通。王鳴盛對史體問題有他的看法，說："編年雖古
法，而古不可泥。"他贊成皇甫湜的觀點，說：

> 湜以爲合聖人之經者，以心，不以迹；得良史之體者，在適，
> 不在同。編年紀傳繫於時之所宜耳，何常之有。夫是非與聖
> 人同，辨善惡得天下之中，不虛美，不隱惡，則爲紀傳，爲
> 編年，皆良史矣。（《十七史商榷》卷九十九，《正史編年二體》）

王氏以紀傳爲正，編年爲別體。但他又謂：

> ……今之作者苟能遵紀傳之體制，同《春秋》之是非，文適
> 遷、固，直如南、董，亦無上矣。倘舍源而事流，棄意而徵
> 迹，雖服仲尼之服，手絕麟之筆，等古人之章句，署王正之
> 月日，謂之好古則可矣，顧其書何如哉。湜此論甚是。（同上）

他繼承前人史學編纂的思想，主張從內容上，而不是僅從形式上看待史體問題。此前馬驌的《繹史》體爲紀傳，但又有所突破。白壽彝先生說：《繹史》"有編年體，有紀事本末體，有人物傳記，有諸子言論，有書志，有名物訓詁；有古今人表，有史論。就體裁上講，它是更爲發展的綜合體。"（《歷史教育和史學遺產》第112頁）

三是，實學思潮包括經世史學思想的發展。清代的浙東史學，倡經世史學，講畜德致用，重民族氣節，兼綜百家，發揚宋代浙東地區的呂祖謙的史學傳統。

這種實學，由多種路徑而匯合。一是以對理學批判的形式，顏元和他的弟子李塨的"顏李學派"爲代表。（關於顏李的學術歸屬，學界有不同的意見。）他們倡導實學。顏元說："救蔽之道，在實學，不在空言。""實學不明，言雖精，書雖備，于世何功，于道何補"。（《存學編》卷三）其門人李塨，提倡復古之實學，以求學問經世。一是顧炎武氏倡導的經世之學。前面已經有說明。王學有流入禪者，如浙中王門的龍溪學派"竟入禪"。也有從另一條路數發展王學並糾王學之偏的，劉宗周（蕺山）師從許孚遠，許氏出甘泉湛若水門下。許孚遠教育劉宗周"爲學不在虛知，要歸實踐"。劉宗周由此深悟學問之道，他以慎獨爲宗，又重踐履，救王學後期之弊。劉氏提出"盈天地間一氣而已"和"道不離器"的觀點；認爲讀書聞前言，見往行，但是要"多聞擇其善者而從之，多見而識之"。劉宗周認爲，爲學在治心，但治心不能離開外部世界，"本體只在日用常行之中"。凡此，都在倡學問經世，與王學偏離。章學誠說：

> 浙東之學，雖出婺源，然自三袁之流，多宗江西陸氏，而通經服古，絕不空言德性，故不悖于朱子之教。至陽明王子，揭孟子之良知，復與朱子抵牾。蕺山劉氏，本良知而發明慎獨，與朱子不合，亦不相詆也。梨洲黃氏，出蕺山劉氏之門，而開萬氏弟兄經史之學；以至全氏祖望輩尚存其意，宗陸而不悖于朱者也。惟西河毛氏，發明良知之學，頗有所得；而門戶之見，不免攻之太過，雖浙東人亦不甚以為然也。（《文

史通義‧浙東學術》）

由劉宗周，而黃宗羲，而萬斯大、斯同兄弟及全祖望，而章學誠，為浙東一系，主張學術經世，同樣浙西的顧炎武雖宗朱，但與浙東相通，重要的一個方面是講求學問經世。章學誠說：

> 世推顧亭林氏為開國儒宗，然自是浙西之學。不知同時有黃梨洲氏，出於浙東，雖與顧氏並峙，而上宗王、劉，下開二萬，較之顧氏，源遠而流長矣。顧氏宗朱，而黃氏宗陸。蓋非講學專家各恃門戶之見者，故互相推服，而不相非詆。學者不可無宗主，而必不可有門戶；故浙東、浙西，道並行而不悖也。浙東貴專家，浙西尚博雅，各因其習而習也。（同上）

所以實學的思潮是一代不同學術思想的合流，體現出時代思想發展的共同的要求。

一個時代的思潮既是各種學術思想的合流，同時，這個思潮對各門學問又產生它的影響。研究史學思想史要看到這個思潮中各種思想的差別，又要注意到共同的地方；要看到各種思想的匯合，又要注意到時代思潮對各門學術思想的影響。明中葉以後，經世史學思想的發展是在這種大背景下出現的，並且向前發展。

《文史通義》是在這樣的學術潮流中產生的。章學誠治學以矯學術風氣之弊為己任，他在與別人的書信中說：“學誠從事于文史校讎，蓋將有所發明，然辨論之間，頗乖時人好惡，故不欲多為人知。”“惟世俗風尚，必有所偏，達人顯貴之所主持，聰明才俊之所奔赴，其中流弊必不在小。載筆之士，不思救挽，無為貴著述矣。苟欲有所救挽，則必逆于時趨。”（《章氏遺書》卷二十九，《上錢辛楣宮詹書》）他稱自己著述同樣是逆時趨，“拙撰《文史通義》，中間議論開闢，實有不得已而發揮，為千古史學辟其蓁蕪”。（同上卷九，《與汪龍莊書》）

從史學方面說，《文史通義》的意義在於它是在復古學的旗幟下，力求史學創新，求史學變革之道。章學誠在《文史通義》中開篇，提出“六經皆史”說：

　　《六經》皆史也，古人不著書，古人未嘗離事而言理，《六

　　經》皆先王之政典也。(《文史通義‧易教上》，下引，僅注篇名。)

這三句話可以說是全書綱領。第一、打出復古學的旗號。復古學又
不是簡單復古，其用心在複《六經》精神。中國古代思想家在提倡
政治變革、學術革新，往往都是在復古的外衣下進行的。章學誠也
不例外。

　　這裏要指出的是，古代思想家在復古的外衣下提出政治與學術
更革的主張，但情形又各有別。一種是依據一些歷史影子，虛構出
三代盛世，作爲變革的範本；一種是依自己的需要，改編或重新解
說先前的歷史或理論，作爲更革的信條；還有一種是從過去的歷史
或學術史中概括、抽象出有益的經驗，作爲革新的理論。章學誠所
論從形式上看，也是復古學的形式，但他是實實在在的力求從古代
學術史總結中，尋求新的認識，雖然其中有些地方有點理想化。

　　第二、章氏提出他學術與史學思想的哲理認識，即事不離理，
理在事中，道不離器。在《文史通義》的《經解中》篇中又說："事
有實據，而理無定形。故夫子之述《六經》，皆取先王之典章，未
嘗離事而著理。" 由此，他指出 "道不離器"，這是他整個學術思
想、理論的原點，他的有關這一思想的論述長一些，但爲理解章氏
的史學思想，有必要摘錄下來。他說：

　　《易》曰："形而上者，謂之道；形而下者，謂之器。" 道
　　不離器，猶影不離形，後世服夫子之教者自《六經》，以謂
　　《六經》載道之書也，而不知《六經》皆器也。《易》之為
　　書，所以開物成務，掌於春官太蔔，則固有官守而列於掌故
　　矣。《書》在外史，《詩》領大師，《禮》自宗伯，《樂》有司
　　成，《春秋》各有國史。三代以前，《詩》、《書》六藝，未嘗
　　不以教人，不如後世尊奉《六經》，別為儒學一門，而專稱
　　為載道之書者。

　　蓋以學者所習，不出官司典守，國家政教；而其為用，亦不
　　出於人倫日用之常。是以但見其為不得不然之事耳，未嘗別

> 見所載之道也。……夫子自述《春秋》之所以作，則云：“我
> 欲托之空言，不如見諸行事之深切著明。”則政教典章、人
> 倫日用之用外，更無別出著述之道，亦已明矣。……夫天下
> 豈有離器言道、離形存影者哉？彼舍天下事物、人倫日用，
> 而守《六籍》以言道，固不可與言夫道矣。(《原道中》)

所以從學術源流上說，章學誠上承劉宗周而黃宗羲而全祖望，是明
代王學的學脈，但是從學術的實質上看，劉蕺山之學，已偏離王氏
之學，章氏學術與王氏的心學則是貌似而心異。

　　第三、經史非兩種截然不同的學問，學問目的在求致用。上面
章學誠的論述從哲理上闡明這一點。《六經》是古代先王之政典，
是“史”，但政典、“史”之中有理，政典、史都不是脫離民生日用
的學術，“若夫《六經》，皆先王得位行道，經緯世宙之迹，而非托
於空言。”(《易教上》)“但切入於人倫之所日用，即聖人之道也”。
(《易教下》)。“故無志于學則已，君子苟有志於學；則必求當代典
章，以切於人倫日用，必求官司掌故，而通於經術精微；則學為實
事，而文非空言，所謂有體必有用也”。“舍人倫日用而求學問精微，
皆不知府史之史通于五史之義者也”。(《史釋》)在章學誠看來，古
代的《春秋》、《史記》都是經世之作，古代只有史，並沒有《經》。
他說：

> 天人性命之學，不可以空言講也，故司馬遷本董氏天人性命
> 之說，而為經世之書。儒者欲尊德性，而空言義理以為功，
> 此宋學之所以見譏于大雅也。夫子曰：“我欲托之空言，不
> 如見諸行事之深切著明也。”此《春秋》之所以經世也。聖
> 如孔子，言為天鐸，猶且不以空言制勝，況他人乎？故善言
> 天人性命，未有不切於人事者。三代學術，知有史而不知有
> 經，人事也。後人貴經術，以其即三代之史耳。(《浙東學術》)

章學誠的“六經皆史”說，以及古代“有史無經”說，是為闡發經
世致用思想提出依據。《史記》是經世書，《春秋》是經世書；三代
的學術也是切于人事的史，後人重經述，理由也在此。因此，章氏

的"六經皆史"說，無論就命題的用意，還是就命題的哲理屬性，抑或是章學誠為史的內涵作的界定，都是與前人的"五經皆史"、"六經皆史"，說，有很大的差異。章學誠的經世思想，在當時的實學思潮中，具有自己的哲學特徵。這是我們在分析章學誠的史學思想時要十分注意的。

　　章學誠由此指出，史學的根本宗旨也應當是經世致用。他說："夫子曰：'我欲托之空言，不如見諸行事之深切著明也'，此則史氏之宗旨也。"（《言公上》）這是史學的根本精神，史學的宗旨；後世史學失卻這樣的主旨，到了非變不可的時候。變更史學，重要一條，是恢復史學的經世致用的作史宗旨。

　　當然，《六經》畢竟與後世的史不是完全相同，六經以後如何演變為史，章學誠指出，這種流變通過一定的途徑。注意，這裏說的後世的史，因為古代的"經"，也是"史"。他說：

　　　蓋《六藝》之教通於後世有三：《春秋》流為史學；官禮諸記，流為諸子；論議詩教，流為辭章辭命。其他《樂》亡而入於《詩》、《禮》；《書》亡而入於《春秋》。《易》學亦入官禮，而諸子家言，源委自可考也。（《章氏遺書補遺·上朱大司馬論文》）

後世史學淵源於《春秋》，《書》亦入於《春秋》，"敍事實出史學，其源本於《春秋》比事屬辭，左史班陳，家學淵源，甚於漢廷經師之授受。馬曰：好學深思，心知其意；班曰：緯六經，綴道綱，函雅故，通古今者。《春秋》家學，遞相祖述，雖沈約、魏收之徒，去之甚遠；而別識心裁，時有得其仿佛。"（同上）這就從淵源上論史學。所以，一方面，要看到章學誠指出古代經史合一，六經皆史；又一方面，他又說後世的史學，由《春秋》演變出來。

　　第四、章學誠以變通的思想，說明了史書編纂也到了非變革不可的地步。他有兩段文字：

　　　三代以上之為史，與三代以下之為史，其同異之故可知也。三代以上，記注有成法，而撰述無定名；三代以下，撰述有

定名，而記注無成法。夫記注無成法，則取材也難；撰述有
定名，則成書也易，成書易，則文勝質矣。取材難，則偽亂
真矣。偽亂真而文勝質，史學不亡而亡矣。良史之才，間世
一出，補偏救弊，僅且不支。非後人學識不如前人，《周官》
之法亡，而《尚書》之教絕，其勢不得不然也。(《書教上》)

章氏又說三代以後的《史記》、《漢書》還能得古代先王政典的遺意，
但是自《史》、《漢》以後，史學失去古學的精神，他說：

曆法久則必差，推步後而愈密，前人所以論司天也。而史學
亦複類此。《尚書》變而為《春秋》，則因事命篇，不為常例
者，得從比事屬辭為稍密矣。《左》、《國》變而為紀傳，則
年經事緯，不能旁通者，得從類別區分為益密矣。紀傳行之
千有餘年，學者相承，殆如夏葛冬裘，渴飲饑食，無更易矣。
然無別識心裁，可以傳世行遠之具，而斤斤如守科舉之程
式，不敢稍變，如治胥吏之簿書，繁不可刪。以云方智，則
冗複疏舛，難為典據；以云圓神，則蕪濫浩瀚，不可誦識。
蓋族史但知求全于紀表志傳之成規，而書為體例所拘，但欲
方圓求備，不知紀傳原本《春秋》，《春秋》原合《尚書》之
初意也。《易》曰："窮則變，變則通，通則久。"紀傳實為
三代以後之良法，而演習既久，先王之大經大法，轉而為末
世拘守之紀傳所蒙，曷可不思所以變通之道歟？(《書教下》)

史學發展有一個過程，《尚書》與《春秋》與以後遷固的紀傳史書，
是一個發展的前後連結關係。後世史學走向衰敗，一個重要原因
是，失去史學創新的精神，史書的編纂成了一種程式，"唐後史學
絕。而著作無專家。後人不知《春秋》之家學，而猥以集眾官修之
故事，乃與馬、班、陳、范諸書，並列正史焉。於是史文等於科舉
之程式、胥吏之文移，而不可稍有變通矣"。(《答客問上》)要從史意
上去理解史學的源流與變化，就要以變通的思想思考史學的更革，
所以章氏說，"曷可不思所以變通之道歟"。

復史學著作精神，但當得"圓而神"、"方以智"的精神。章學

誠說：

> 《易》曰："蓍之德，圓而神；卦之德，方以智。"間嘗竊
> 取其義，以概古今之載籍。撰述欲其圓而神，記注欲其方以
> 智。夫智以藏往，神以知來，記注欲往事之不忘，撰述欲來
> 者之興起，故記注藏往似智，而撰述知來似神也。藏往欲其
> 賅備無遺，故體有一定，而其德為方；知來欲其決擇去取，
> 故例不拘常，而其德為圓。(《書教下》)

這兩種精神在史學發展的過程中表現出來。同一篇又謂：

> 《尚書》、《春秋》，皆聖人之典也。《尚書》無定法，而《春
> 秋》有成例。……史氏繼《春秋》而有作，莫如馬、班，馬
> 則近於圓而神，班則近于方以智也。

> 《尚書》一變而為左氏之《春秋》；《尚書》無成法，而左氏
> 有定例，以緯經也。左氏一變而為史遷之紀傳，左氏依年月，
> 而遷書分類例以搜逸也。遷書一變而為班氏之斷代，遷書通
> 變化，而班氏守繩墨，以示包括也。就形貌而言，遷書遠異
> 左氏，而班史近同遷書。蓋左氏體直，自為編年之祖，而馬、
> 班曲備，皆為紀傳之祖也。推精微而言，則遷書之去左氏也
> 近，而班史之去遷書也遠。蓋遷書體圓用神，多得《尚書》
> 之遺；班氏體方用智，多得官禮之意也。

史書的編纂，當取方以智、圓而神的精神。《史記》、《漢書》具有
自己的特點，但即使是《漢書》"于近方以智之中，仍有圓且神者"。
(《書教下》)所以在編纂中應當要變通，師其心。"因事命篇，本無
成法，不得如後史之方圓求備，拘于一定之名義者也"。(《書教上》)
對史書編纂體裁，一個總的原則，是"夫史為記事之書，事萬變而
不齊，史文屈曲，而適如其事，則必因事命篇，不為常例所拘"。
對於紀傳體史書體裁，當"斟酌古今之史，而定文質之中，則師《尚
書》之意，而以遷史義例，通左氏之裁制焉。所以救紀傳之極弊，
非好為更張也"。章學誠進而討論紀傳體的史書的編纂發源與發
展，以及這種體裁到了後世所產生的種種流弊，他說：

紀傳雖創于史遷，然亦有所受也。觀於《太古年紀》、《夏殷春秋》、《竹書紀年》，則本紀編年之例，自文字以來，即有之矣。《尚書》為史文之別具，如用左氏之例，而合於編年，即傳也。以《尚書》之義，為《春秋》之傳，則左氏不致以文徇例，而浮文之刊落者多矣。以《尚書》之義，為遷《史》之傳，則八書、三十世家，不必分類，皆可仿左氏而統名曰傳。或考典章製作，或敘人事終始，或究一人之行，或合同類之事，或錄一時之言，或著一代之文，因事命篇，以緯本紀。則較之左氏翼經，可無局於年月後先之累；較之遷《史》之分列，可無歧出互見之煩。文省而事益加明，例簡而義益加精，豈非文質之適宜，古今之中道歟？至於人名事類，合於本末之中，難於稽檢，則別編為表，以經緯之；天象地形，輿服儀器，非可本末該之，且亦難以文字著者，別繪為圖，以表明之。蓋通《尚書》《春秋》之本原，而拯馬《史》、班《書》之流弊，其道莫過於此。(《書教下》)

這是章學誠對變革紀傳體史書開出的具體方案。這中間我們應當看到章氏的思想中心，是強調史書編纂當"因事命篇，不爲例所拘"，貫穿"圓而神"與"方以智"的精神。離開變通的觀點是無法理解章學誠的史書編纂思想。這和劉知幾以一定的史法、史例規範史書的編纂，大不一樣。章學誠說，劉知幾言史法，他是言史意，所謂的史意，在史書編纂上，就是一種"因事命篇，不爲例所拘"的變通的思想。

第五、章學誠強調"通史家風"的通識和"獨斷之學"在史學中的重要的意義。章學誠認爲，史學的史義，根本在史的見解，在史的一家之言，他說：

史之大原，本乎《春秋》，《春秋》之義，昭乎筆削。筆削之義，不僅事具始末，文成規矩已也。以夫子"義則竊取"之旨觀之，固將綱紀天人，推明大道。所以通古今之變，而成一家之言者，必有詳人之所略，異人之所同，重人之所輕，而忽人之所謹，繩墨之所不可得而拘，類例之所不可得而泥，而後微茫杪忽之際，有以獨斷于一心。及其書之成也，自然可以參天地而質鬼神，契前修而俟後聖，此家學之所以可貴也。（《答客問上》）

史學的史義，最重要的是一種"獨斷於心"的見解，它體現在見解、取材、類例各個方面，這就是在史學上體現司馬遷的"通古今之變，成一家之言者也"的精神。史學的衰微，也就是這種獨斷之學的式微，"史學絕，而著作無專家"。他又說：

子長、孟堅氏不作，而專門之史學衰。陳、范而下，或得或失，粗足名家。至唐人開局設監，整齊晉、隋故事，亦名其書為一史；而學者誤承流別，不復辨正其體，於是古人著書之旨，晦而不明。至於辭章家舒其文辭，記誦家精其考核，其于史學，似乎小有所補；而循流忘源，不知大體，用功愈勤，而識解所至，亦去古愈遠而愈無所當。（《申鄭》）

專門之學、獨斷之學、專家之學，集中表現在對史的見解上，以及這種見識在史書編纂、在史學工作各個方面的體現。文辭、考據也重要，但影響史學的發展，最重要的是這種獨斷之學。

史學的獨斷之學，在史學的通識上集中體現出來。應該說明章氏說的史學通識，重視通史只是一個方面。要有真正通識的通史，那種貌似通而其實不通的通史，不在章氏所說之列。《說文》訓通為達，自此之彼之謂也。通者，所以通天下之不通也。""載筆彙而有通史，一變而流為史抄，再變而流為策士之括類，三變而流為兔園之摘比，不知者習而安焉，知者鄙而斥焉。"（《釋通》）章學誠特別稱道鄭樵的《通志》，說：

鄭樵生千載而後，慨然有見於古人著述之源，而知作者之旨，不徒以詞采為文，考據為學也。於是遂欲匡正史遷，益以博雅，貶損班固，譏其因襲，而獨取三千年來，遺文故冊，運以別識心裁，蓋承通史家風，成一家言者也。（《申鄭》）

"承通史家風，成一家言"，是連結在一起的。離開了獨斷之學的一家言，所謂的 "通" 也只能是不通。章學誠指出："孔子作《春秋》，蓋曰：其事則齊桓、晉文，其文則史，其義則孔子自謂有取乎爾。夫事，即後世考據家之所尚也；文，即後世詞章家之所重也。然夫子所取，不在彼而在此，則史家著述之道，豈可不求義意所歸乎？自遷、固而後，史家既無別識心裁，所求者，徒在其事其文。惟鄭樵稍有志乎求義，而輟學之徒，譁然起而爭之。然則充其所論，即一切科舉之文詞，胥吏之簿籍，其明白無疵，確實有據，轉覺賢於遷、固遠矣。"（同上）章氏的思想是說，在史學中，史事，也就是後世的考據家從事的事，史文，也就是後世詞章家的事，但在三者中，史義最為重要，鄭樵史學的成就，在其獨到的史識，而不是其他。後人以為章氏主張通史，只能是皮相之言。章學誠推崇司馬遷的通史之作《史記》，同樣也稱道班固的斷漢為代的史著《漢書》，是有獨斷之學。他說自己所論，"其文上溯馬、班，下辨《通考》，皆史學要旨，不盡為《通志》發也"。（《答客問上》）在校讎學，章學誠推崇《漢書·藝文志》的辨章學術、考鏡源流的傳統，這同樣是獨斷之學與學術求通的結合。

　　章學誠由此把學問分為兩類，一是獨斷之學，一是考索之功。有獨斷之學的撰述，也有考索之功的比次之書，"高明者多獨斷之學，沈潛者尚考索之功"。但兩者，又是相互聯繫，他說：

　　　　若夫比次之書，則掌故令史之孔目，簿書記注之成格，其原雖本柱下之所藏，其用止於備稽檢而供采擇，初無他奇也。然而獨斷之學，非是不為取裁；考索之功，非是不為按據。如旨酒之不離乎糟粕，嘉禾之不離乎糞土，是以職官故事案牘圖牒之書，不可輕議也。然獨斷之學，考索之功欲其智，而比次之書欲其愚。（《答客問中》）

獨斷之學離不開考索之功，撰述離不開比次之書。比次之法，"不名家學，不立識解，以之整齊故事，而待後人之裁定"。這樣說，並不意味貶損考索之功，輕視比次之書，比次之業也不盡相同，有及時撰集，以待後人之論定者；有有志著述，先獵群書以為薪楎者；

也有陶冶專家，勒成鴻業者。但學問之道，最終不在此，"而今之學者，以謂天下之道，在乎較量名數之異同，辨別音訓之當否，如斯而已矣，是何異于觀坐井之天，測坳堂之水，而遂欲窮六合之運度，量四海之波濤。"（《答客問下》）

顧炎武提倡治學，要認真讀書，獲取原始的材料，如"采銅於山"，而不是搗碎舊錢幣以鑄新幣。章學誠區分學術，認爲有考索之功，與獨斷之學；有比次之書，與撰述之作，這是對學術工作認識的深化。章氏針對乾嘉時期不少學者，把學問局限在目錄、校勘、音韻、訓詁的文獻範圍內，提出了學問、研究有兩個層次的觀點，這既是矯當時學風之弊，是在史學的史料學上、研究方法論上的一個新發展，也是他更革史學的主張。

他對史部書有更詳細的說明，謂："世士以博稽言史，則史考也；以文筆言史，則史選也；以故實言史，則史纂也；以議論言史，則史評也；以體裁言史，則史例也。唐宋至今，積學之士，不過史纂、史考、史例；能文之士，不過史選、史評。古人所爲史學，則未之聞矣。"（《章氏遺書補遺·上朱大司馬論文》）史纂、史考、史例、史選及史評，從寬泛意義上說是史學作品，但沒有獨斷之學的精神，就不合于古代的史學要求，他是以恢復獨斷之學的史學爲己任。

第六、關於史德說。章學誠以"史德"補充劉知幾的史家三長論中的史識，他認爲劉知幾的史家"三長"說不全面，有局限性，僅僅講史識，而不談史德是不行的。章學誠說：

> 才、學、識三者，得一不易，而兼三尤難，千古多文人而少良史，職是故也。昔者劉氏子玄，蓋以是說謂足盡其理矣。雖然，史所貴者義也，而所具者事也，所憑者文也。孟子曰："其事則齊桓、晉文，其文則史，義則夫子自謂竊取之矣。"非識無以斷其義，非才無以善其文，非學無以煉其事，三者固各有所近也，其中固有似之而非者也。
>
> 記誦以爲學也，辭采以爲才也，擊斷以爲識也。非良史之才、學、識也。雖劉氏之所謂才、學、識，猶未足以盡其理也。

夫劉氏以謂有學無識，如愚賈操金，不解貿化。推此說以證
劉氏之指，不過欲於記誦之間，知所決擇，以成文理耳。故
曰：古人史取成家，退處士而進奸雄，排死節而飾主闕，亦
曰一家之道然也。此猶文士之識也，非史識也。

能具史識者，必知史德。德者何？謂著書者之心術也。夫穢
史者所以自穢，謗書者所以自謗，素行為人所羞，文辭何足
取重。魏收之矯誣，沈約之陰惡，讀其書者，先不信其人，
其患未至於甚也。所患夫心術者，謂其有君子之心，而所養
未底於粹也。夫有君子之心，而所養未粹，大賢以下，所不
能免也。此而猶患於心術，自非夫子之《春秋》，不足當也。
以此責人，不亦難乎？是亦不然也。蓋欲為良史者，當慎辨
於天人之際，盡其天而不益以人也；盡其天而不益以人，雖
未能至，苟允知之，亦足以稱著述者之心術矣。而文史之儒，
競言才、學、識，而不知辨心術以議史德，烏乎可哉？（《史德》）

章學誠認為劉知幾解說的史家三長的史識，沒有超過文士之識的範
圍。應當以"史德"去補充"史識"，所謂"能具史識者，必知史
德"。章學誠在《史德》篇中給"史德"作了一個界定：

德者何？謂著書者之心術也。

史德，不僅僅是指史家的品德，所謂"心術"，指有"君子之心，
而所養至於純粹"。其內涵是："慎辨於天人之際，盡其天而不益以
人也"。這是要求史家平心地從天人關係上認識整個世界、認識歷
史。譬如，言堯、舜與桀、紂的善與惡，崇王道而斥霸功，這是儒
者都辦得到的，但心術是發於內心，"以天與人參，其端甚微，非
是區區之明所可恃也"。能從天人之際上明此之理，這就不是一般
的言善惡所能做得到的。

　　仔細地體味章氏說的"心術"，一是從天人關係上對事物有一
個根本的體察，對事物的個別的認識，是在此基礎上"一以貫之"
得出的。二是它發於內心，是一種純粹之心，由此形成的"一念之
動"後的對事物的評價。三是平心體察。不以主觀的因素介入，"盡

其天不益以人"。所以，章氏的"史德"論是一種更高層次的"史識"論，要求史家從理性、從更爲宏觀的上面認識人事歷史，作出自己的評價，並且在評價歷史中要排除主觀的因素。

章學誠的史德論以爲史德是要求"發於內心"，明顯帶有心學的烙印。但章學誠已經修正了心學，認爲是"氣"引起"心"的變動。他說：

> 夫史所載者，事也。事必藉文而傳，故良史莫不工文，而不知文又患於爲事役也。蓋事不能無得失是非，一有得失是非，則出入予奪相奮摩矣。奮摩不已，而氣積焉。事不能無盛衰消息，一有盛衰消息，則往復憑吊生流連矣。流連不已，而情深矣。凡文不足以動人，所以動人者，氣也。凡文不足以入人，所以入人者，情也。……
>
> 史之義出於天，而史之文，不能不藉人力以成之。人有陰陽之患，而史文即忤于大道之公，其所感召者微也。夫文，非氣不立，而氣貴于平。人之氣，燕居莫不平也。因事生感，而氣失則宕，氣失則激，氣失則驕，毘于陽矣。文非情不深，而情貴於正。人之情，虛置無不正也。因事生感，而情失則流，情失則溺，情失則偏，毘于陰矣。陰陽伏沴之患，乘於血氣而入於心知，其中默運潛移，似公而實逞於私，似天而實蔽於人，發爲文辭，至於害義而違道，其人猶不自知也。
>
> 故曰：心術不可不慎也。(《史德》)

就是說，文是記載事的，文本身並不能感人，能動人的是氣。氣能入人的情；氣、情的變化，引起心的變動。氣貴于平，氣失、情失，則陰陽變化，從而乘於血氣而入于人心，發而爲文辭，則害於義，違於道。章學誠說的"史德"，建立在"氣"的基礎上，雖然他沒有明確地以事爲第一要義，但他以"氣"作爲"心"的前提，這已經偏離了心學的觀點。

還應當說明，章氏說，事的正與不正，事的得失是非，事的盛衰消息，引起"氣"的變化，心術也由此發生變化。那麼，"正"

與"不正"，得與失，是與非，這中間有一個什麼樣的標準？章氏最終還歸結到名教上。"好善惡惡之心，懼其似之而非，故貴平日有所養也"。怎樣養心，章氏說的是"不背於名教"。（上引見《史德》篇）所以章氏說的名教，是從根本上，要有發自內心的合於名教的史識。這是章學誠的"史德"論的實質。那麼，如何能心平呢？章氏說，這也是養心，其關鍵是"臨文主敬"。他說："要其大旨則臨文主敬，一言以蔽之矣。主敬則心平，而氣有所攝，自能變化從容以合度也。夫史有三長，才、學、識也。古文辭而不由史出，是飲食不本於稼穡也。夫識生於心也，才出於氣，學也者。凝心以養氣，煉識而成其才者也。"（《文德》）這種養心以培育史德的見解，又表現出心學的神秘的特徵。

章學誠從社會風氣上論心術，是值得重視的。他說："且人心日漓，風氣日變，……在官修書，惟冀塞責，私門著述，苟飾浮名，或剿竊成書，或因陋就簡。使其術稍黠，皆可愚一時之耳目，而著作之道益衰。"（《史注》）這裏從社會風氣上論心術，由此論史德，又可多少糾正心學的缺陷。

第七、章學誠的方志學思想，本章不能作更多討論，但明顯的是章氏是把方志作為一代國史編修的總體中的一部分來看待。章學誠說：

> 夫變法所以便民，而吏或緣以為奸，文案之功，或不能備，圖史所以為經國之典也。然而一代浩繁，史官之籍，有所不勝，獨州縣誌書，方隅有限，可以條別諸目，瑣屑無遺，庶以補國史之力之所不給也。（《和州志田賦書序例》）

這裏還只是說，方志是"補國史之力之所不給"。實際上，章學誠對於修一代之史有他自己的看法，他是把志書和國史的編修聯繫起來，作為一個系統看待，他說：

> 且有天下之史，有一國之史，有一家之史，有一人之史。傳狀志述，一人之史也；家乘譜牒，一家之史也；部府縣誌，一國之史也；綜紀一朝，天下之史也。

比人有後而有家，比家而後有國；比國而後有天下。惟分者
極其詳，然後合者能擇善而無憾也。譜牒散而難稽，傳志私
而多諛；朝廷修史，必將于方志取其裁。而方志之中，則統
部取于諸府，諸府取於州縣，亦自下而上之道也。然則州縣
誌書，下為譜牒傳志持平，上為部府征信，實朝史之要刪也。
（《州縣請立志科議》）

章實齋以一人之史、一家之史、一國之史、天下之史，作為一個有
聯繫的系統，在這個系統中，方志是處在一個關鍵的地位上，"下
為譜牒傳志持平，上為部府征信，實朝史之要刪"。在章學誠看來，
三代以後，州縣誌書由於猥濫無法，不能為一代史官采擇，這也是
造成後世史學衰敗的原因。所以，章學誠的方志學思想是他的史學
變革思想中的一個部分，他重視修方志，以志書為史，都是一個意
圖，是要建立起一個修朝史的系統，從而使一代之史的編修建立在
一個堅實的基礎上。這裏看出兩點要義，一是從"徵信"、求實的
思想出發，重視方志的編修；二是統一國家的國史編修，不能僅憑
政府擁有的材料，地方誌，乃至家乘譜牒都是國史的一部分。這是
開闊的史學眼光。如果把章學誠的史學同他的方志學分開來，很難
看出章氏的史學思想的全貌，也不能領會章氏更革史學的要義。章
學誠關於方志的一系列的主張，方志學界已經有了大量的研究，這
裏不再贅敘。

　　總之，章學誠的《文史通義》，在中國封建社會進入到晚期的
時候，對中國古代史學作出了系統的理論性的總結，以變通的思
想，思考中國古代史學的出路。他在"六經皆史"的命題下，闡釋
了古代史學的經世致用的精神，對史學的史義、史識、史德、史書
編纂作了總結，對一代之史的編修提出自己的構想。章學誠艱難地
尋找突破舊史學的缺口。此外，章氏對歷史文學、史注、史釋等都
有自己獨到的見解，應該說章學誠的"變通史學之道"，在古代史
學的晚期，顯現出史學求新的一線曙光。但是章學誠的史學沒有突
破名教的束縛，因此，對舊史學批判沒有力度；章氏理論殘存著心

學的痕迹，沒有新的歷史的哲理和史學方法論，加上他的史學思想
在當時的條件下，沒有可能發揮它的影響，"學誠的文史之學，畢
竟在當時的漢學封鎖中不能成為顯學，而且到了晚年他也只得變通
一些自己的主張，和漢學妥協"。（侯外廬：《中國思想通史》第5卷，第
490頁）中國史學在此後一個時期內，基本上還是沿著原來的模式，
唱的也是老調子。

　　章學誠，字實齋，浙江會稽（今紹興）人，生於清乾隆三年（1738
年），卒于嘉慶六年（1801年）。實齋自謂："仆尚為群兒，嬉戲左
右，當時聞經史大義，已私心獨喜"。"自少性與史近。"（《章氏遺
書》卷二十二，《與族孫汝楠論學書》）章華紱為《文史通義》作《序》
說：其父"性耽墳籍，不甘為章句之學"。"觀書常自具識力，知所
去取"。乾隆三十三年應順天府鄉試，中副榜。在京師結識朱筠，
這在章實齋的學術生涯中是一件大事，"自遊朱竹君先生之門，先
生藏書甚富，因得遍覽群書，日與名流討論講貫，備知學術源流同
異；以所聞見，證平日之見解，有幼時所見及，至老不可移者。乃
知一時創見，或亦有關天授，特少時學力未充，無所取證，不能發
揮盡致耳。從此學益堅定"。（章華紱：《文史通義·序》）章學誠與當
時名賢交遊的有邵晉涵、周永年、洪亮吉、汪輝祖等。乾隆三十六
年，朱筠為安徽省學政，章學誠於是年冬，至太平府使院，始撰《文
史通義》。乾隆四十二年，章學誠中順天府鄉試舉人，第二年，中
進士。在此前後，修《和州志》、《永清縣誌》等。後又參加《湖北
通志》等志書的編修；參加畢沅的《續資治通鑑》的編撰。

　　晚年，章學誠修《史籍考》。這325卷的著作可惜未傳之於世。
《史籍考》的寫作，是受到朱彝尊《經義考》的啓發。"今修史籍
考，一仿朱氏成法。少加變通。蔚為鉅部，以存經緯相宜之義"。
總目有：

　　制書2卷；

　　紀傳部：正史14卷，國史5卷，史稿2卷；

　　編年部：通史7卷，斷代4卷，記注5卷，圖表3卷；

史學部：考訂 1 卷，義例 1 卷，評論 1 卷，蒙求 1 卷；

稗史部：雜史 19 卷；霸國 3 卷；

星曆部：天文 2 卷，曆律 6 卷；五行 2 卷，時令 2 卷；

譜牒部：專家 26 卷，總類 2 卷，年譜 3 卷，別譜 3 卷；

地理部：總載 5 卷，分載 17 卷，方志 16 卷，水道 3 卷，外裔 4 卷；

故事部：訓典四卷，章奏 21 卷，典要 3 卷；吏書 2 卷；戶書 7 卷，禮書 23 卷，兵書 3 卷，刑書 7 卷，工書 4 卷，官曹 3 卷；

目錄部：總目 3 卷，經史 1 卷，詩文即文史 5 卷，圖書 5 卷，金石 5 卷，叢書 3 卷，釋道 1 卷；

傳記部：記事 5 卷，雜事 12 卷，類考 13，法鑒 3 卷，言行 3 卷，人物 5 卷，別傳 6 卷，內行 3 卷，名姓 2 卷，譜錄 6 卷；

小說部：瑣語 2 卷，異聞 4 卷。共 325 卷。(《章氏遺書補遺‧史籍考總目》)

其編纂的特點是：古逸宜存，家法宜辨，翦裁宜法，逸篇宜采，嫌名宜辨，經部宜通，子部宜擇，集部宜裁，方志宜選，譜牒宜略，考異宜精，板刻宜詳，制書宜尊，禁例宜明，采摭宜詳。(《章氏遺書》卷十三，《論修史籍考要略》) 這部書較全面地反映出章氏的史學編纂學思想。

　　嘉慶六年十一月章學誠辭世。章實齋一生是為學術求新，作出重大貢獻的一生，他不但有理論上的探索，而且在實踐上也作出嘗試。在當時風氣下，章氏的見識不合時尚，他自己也不願趨風氣，所以"朋輩徵逐，不特甘苦無可告語，且未有不視為怪物，詫為異類，意氣寂寞"。(《章氏遺書》卷二十二，《與族孫汝楠論學書》) 他在中國史學思想史上有特殊的地位。

第二節　考史中的歷史評論與史學評論

　　清代乾嘉時期的考据學的評價，近代學者的看法不盡一致。章太炎、梁啓超、陳寅恪、柳詒徵各家的見解不一。在這個問題上，有幾點應當提出來。一是，古代經史不分，如章實齋所云。但經與史畢竟不是一種學問。二是，清代的文字獄對學術發展造成的負面的影響相當大，但是要有一個正確的估計。在封建社會裏，專制主義的統治者控制修史大權，興文字獄，以"私史案"來迫害士人，是常有的事。班固修《漢書》，被人告爲"私修國史"，即使像他那樣在社會上有一定地位的人，也同樣受到迫害，差一點送掉性命。其他如北魏、兩宋、明初等的文字上的風波，在史書上的記載屢見不鮮。不能把清代考史的學者，都視爲脫離現實治史，以避文字之禍。三是，清人的考據中綜合運用各種學問，他們類輯史實以論史評史，不能說他們的考史是瑣屑考據，至少不全是這樣。幾部主要考史作品，可以看作是從文獻考定、整理的角度，對前代歷史作評說，對前代史書作出了系統地總結。如果把這一時期考史作品與章學誠的著作聯繫起來看，清楚地表明史學到了封建社會晚期，史學的總結與批判並存，這是新的突破的內在要求。清代考史之作，一般地說，有一個通病，也就是章學誠所說的："指功力以爲學。"（《博約中》）在哲理上沒有大的建樹，論史而蔽於理。陳寅恪先生說，清代的史學"遠不逮宋人"，（《重刻西域人華化考序》）主要是這一點。史學大著述缺乏，史學體裁沒有創新，在各個領域內，清代史學沒有宋代史學那樣的氣象規模。

　　清代的考史作品，不能看成是單純的考據，考史中有論史，錢大昕的《廿二史考異》、趙翼的《廿二史劄記》與王鳴盛的《十七史商榷）是三部考史的代表作。這三部書各有不同的風格。錢大昕融經史於一體，以經學的成果去考史，他在清乾嘉時期是一個博大精深的學者，用文字、音韻、訓詁考史，考天算、地理、典章、制度等，尤顯其功力，其學風平實。阮元爲錢氏的《十駕齋養新錄》作《序》，說到錢大昕的學術與人品，指出有九個方面是時人所難能及的。他說：

> 國初以來，諸儒或言道德，或言經術，或言史學，或言天學，或言地理，或言文字音韻，或言金石詩文，專精者固多，兼擅者尚少。惟嘉定錢辛楣先生，能兼其成，由今言之，蓋有九難：先生講學上書房，歸裏甚早，人倫師表，履蹈粹然，此人所難能一也；先生深于道德性情之理，持論必執其中，實事必求其是，此人所難能二也；先生潛研經學，傳註疏義，無不洞徹原委，此人所難能三也；先生于正史、雜史，無不尋討，訂千年之訛，此人所難能四也；先生精通天算，三統上下，無不推而明之，此人所難能五也；先生校正地志，於天下古今沿革分合，無不考而明之，此人所難能六也；先生于六書音韻，觀其會通，得古人聲音文字之本，此人所難能七也；先生于金石，無不編錄，于官制史事，考核尤精，此人所難能八也；先生詩古文詞，及其早歲，久已主盟壇坫，冠冕館閣，此人所難能九也。合此九難，求之百載，歸於嘉定，孰不云然。

這裏說到錢氏的學術規模；真可謂浩浩乎其若無涯。他的考史彙通經史，熔天文、算術、地理、文字於一爐，因此，乾嘉時代學者考史，在治學上融彙貫通，打通經史與子的間隔，從這個意義上說，清代考史名家與漢學中章句之儒不能相提並論。錢氏在經學上有一定的成就，但在哲理上發明不多，這也是事實。錢大昕著作除《廿二史考異》、《三史拾遺》、《諸史拾遺》外，還有《十駕齋養新錄》、《養新餘錄》、《潛研堂文集》及補元史及唐、五代、宋代的一些表志。還有金石學等方面的一些作品。

　　趙翼在《廿二史劄記》中，以氣運說解釋歷史變動是必然之勢。在分析秦亡漢興和漢代歷史變動時，他說：

蓋秦漢間為天地一大變局。自古皆封建諸侯，各君其國，卿
大夫亦世其官，成例相沿，視為固然。其積弊日甚，暴君荒
主，既虐用其民，無有底止，強臣大族又篡弒相仍，禍亂不
已。再並而為七國，益務戰爭，肝腦塗地，其勢不得不變。
……於是縱秦皇盡滅六國，以開一統之局。使秦皇當日發政
施仁，與民休息，則禍亂不興，下雖無世祿之臣，而上猶是
繼體之主也。惟其威虐毒痛，人人思亂，四海鼎沸，草澤競
奮，於是漢祖以匹夫起事，角群雄而定一尊。其君既起自布
衣，其臣亦自多亡命無賴之徒，立功以取將相，此氣運為之
也。天之變局，至是始定。……乃不數年而六國諸王皆敗滅，
漢所封異姓王八人，其七人亦皆敗滅。則知人情猶狃於故
見，而天意已另換新局，故除之易易耳。而是時尚有分封子
弟諸國，迫至七國反後，又嚴諸侯王禁制，除吏皆自天朝，
諸侯王惟得食租衣稅，又多以事失侯，於是三代世侯、世卿
之遺法，始蕩然淨盡，而成後世徵辟、選舉、科目、雜流之
天、下矣。豈非天哉。(《廿二史劄記》卷二，《漢初布衣將相之局》，
下引僅注卷數與篇名。)

趙氏論歷史興亡，第一，指出歷史的變動有一個必然的趨向，所謂
"其勢不得不變"。各個階層在社會大變動中，地位升降，也是一
種自然，"此氣運為之也"。第二，趙翼指出人心在歷史興亡的變動
中，起了決定的作用，秦之亡，是由於始皇不能發政施仁，與民休
息，反而威虐百姓，導致人人思亂，四海鼎沸。漢祖因此而起。第
三，趙氏以為漢代異姓王與同姓王的衰滅，選舉科目之制由此而
起，是另有說不清的原因，"豈非天哉"。很明顯，趙氏的解釋，是
一種折衷的氣運史觀。

趙氏的歷史觀帶上博雜色彩，從他對東漢等朝代興滅所作的分
析，看得更清楚，他說："國家當氣運隆盛時，人主大抵長壽，其
生子亦必早且多。……蓋漢之盛在西京，至元、成之間，氣運已漸
衰，故成帝無子，而哀帝入繼，哀帝無子，而平帝入繼；平帝無子，

而王莽立孺子嬰，班《書》所謂‘國統三絕’也。……晉室南渡後多幼主嗣位，宋南渡後亦多外藩入繼，皆氣運使然，非人力所能爲也。”（卷四，《東漢諸帝多不永年》）這裏的“氣運說”完全是一種神秘的天命論。

《廿二史劄記》中對歷史中一些變動無法說得清，就以迷信去解釋。在卷二十八的《遼金之祖皆能先知》節，說到遼太祖、世祖能預知來事，其二君“豈非所謂夙慧性成，鬼神相契，有不可以常理論者耶。”他又說：“佛教在六朝時，最爲人所信向。各史所載雖似於怪妄，然其教一入中國，即能使天下靡然從風，是必實有聳人觀聽者。”他從正史收集史實驗證，說：“然則史所記誦經獲報諸事，或當時實有之，非盡誣也。”（卷十五，《誦經獲報》）說五行災異，“非盡空言”。（卷二《漢儒言災異》）到了趙翼的時代，災異迷信已經受到歷代學者的批判，而趙氏在自己考史中，還在宣傳這樣的觀點，就更顯得其史學思想落伍。

如前所說，趙氏重民思想，在他論史中，還是比較突出的。他從正史中，類輯出大量事實，揭露兩宋的冗官冗費，對百姓造成的危害，“舉此類推，國力何以支乎”。（卷二十五《宋冗官冗費》）北宋後期，統治者加緊對百姓的搜括，趙氏說：“於是民力既竭，國亦隨亡。統觀南宋之取民，蓋不減于唐之旬輸月送，民之生於時者，不知何以爲生也。”（卷二十五《南宋取民無藝》）此外，趙氏注意到用人在治國中的作用等。這些都不是什麼新鮮意見，但畢竟反映了趙氏的考史的風格。

在有些地方，趙氏以地氣說明歷史的興亡變動。他說：

地氣之盛衰，久則必變。唐開元、天寶間，地氣自西北轉東北之大變局也。

秦中自古爲帝王州，周、秦、西漢遞都之。符秦、姚秦、西魏、後周相間割據，隋文帝遷都于龍首山下，距故城僅二十餘裏，仍秦地也。自是混一天下，成大一統，唐因之，至開元、天寶，而長安之盛極矣。盛極必衰，理固然也。是時地

　　氣將自西趨東北，故突生安、史以兆其端。

　　自後河朔三鎮名雖屬唐，僅同化外羈縻，不復能臂指相使，蓋東北之氣將興，西方之氣已不能包舉而收攝之也。東北之氣始興而未盛，故雖不為西所制，尚不能制西；西之氣漸衰而未竭，故雖不能制東北，尚不為東北所制。而無如氣已日薄。一日，帝居遂不能安，於是玄宗避祿山有成都之行。……當長安夷為郡縣之時，契丹阿保機已起於遼，此正地氣自西趨東北之真消息。特以氣雖東北趨，而尚未盡結，故僅有幽、薊，而不能統一中原。而氣之東北趨者，則有洛陽、汴梁為之迤邐潛引，如堪輿家所謂過峽者。

　　至一二百年，而東北之氣積而益固，於是金源遂有天下之半，元、明遂有天下之全。至我朝為不惟有天下之全，且又擴西北塞外數萬里，皆控制于東北，此王氣全結于東北之明證也。而抑知轉移關鍵，乃在開元、天寶時哉。今就《唐書》所載開元、天寶以後，長安景象日漸衰耗之處，撮而敘之，可以驗地氣之變也。（卷二十，《長安地氣》）

趙氏以“理”與地氣說，來解釋歷史的變動，實是不多見，趙翼以地氣運轉來說明中國歷史的過程，整個中國歷史興衰變動是自西北而東北。地氣轉移，政治興衰亦隨之而變化。一方面，這樣的地氣說，帶有神秘的性質，但它又是一種宏觀的歷史運動觀。這是我們要肯定的第一點。第二點，趙氏以地氣說，為中國歷史劃分兩個大階段，以唐之開元、天寶為轉捩點。這基本合於中國歷史的實際。像這樣的開闊的歷史見解，是應當肯定的。西方的史學家，是到近代，如孟德斯鳩、黑格爾、湯因比等，以地氣運轉說明世界文明歷史的變動。中國的梁啓超同樣以地氣轉移說，論證中國能夠興盛。這樣的考史與論史相結合，從歷史大趨勢上，討論興亡問題，眼界不是狹隘而是開闊，我們不能以偏見貶低他們在史學思想上的地位。

　　如果說，司馬光的《資治通鑑》在史法上通過編年繫事來言盛衰，那麼也可以說，趙翼的《廿二史劄記》很多篇目，是類列史實、敘本末，論歷史的興亡。由此可見，說乾嘉學者的考史是逃避社會現實，也不合於事實。

《廿二史劄記》揭露統治者的荒淫殘暴與內部鬥爭的殘忍，是相當突出的。有關這方面內容的篇目，如：卷三的《武帝刑罰之濫》、《漢諸王荒亂》；卷五的《宦官之害民》；卷十一的《宋齊多荒主》、《宋世閨門無禮》、《宋子孫屠戮之慘》；卷十五的《北齊宮闈之醜》、《隋文帝殺宇文氏子孫》；卷二十六的《秦檜文字之禍》；卷二十八的《海陵荒淫》及卷三十二《胡藍之獄》等。

趙翼在《廿二史劄記》中揭露封建專制統治者興文字獄，對士人的迫害。在卷二十六的《秦檜文字之禍》，趙翼寫道：“秦檜贊成和議，自以為功，惟恐人議己，遂起文字之獄，以傾陷善類。因而附勢干進之徒，承望風旨，但有一言一字稍涉忌諱者，無不爭先告訐，於是流毒遍天下。”在卷三十二《明初文字之禍》中，趙翼開篇說：“明祖通文義，固屬天縱，然其初學問未深，往往以文字疑誤殺人，亦已不少。”朱元璋興文字獄的事例，與清朝的文字獄實在相似，趙氏以大量事實表明其殘暴到了何等程度。如杭州教授徐一夔賀表有語句：“光天之下，天生聖人，為世作則。”此賀表卻觸犯朱元璋，究其原因是：朱元璋當過和尚，表中“生”者，是“僧”的同音字；“光”，是剃髮之意；“則”是“賊”的近音字。就因為這一上賀表，徐氏送掉了性命。趙翼于文末說：“上由此覽天下章奏，動生疑忌，而文字之禍起。”趙翼生活在乾嘉文字風波易起的年代，《廿二史劄記》能這樣揭露歷代的文字獄，是要有一定膽識的。

趙翼的《廿二史劄記》對歷代史書，有系統的評論。近代學者對趙翼評論史事、史學具有的見識，有充分的研究。這裏主要說明幾點。

一　重一家之言，反對草率作史。他盛讚“自左氏、司馬遷以來，作史皆自成一家言，非如後世官修之書也”。（卷六《三國志書法》）

修史要潛心研究，"李延壽作《南》、《北史》凡十七年，歐陽修、宋子京修《新唐書》，亦十七年，司馬光作《資治通鑒》凡十九年；（司馬）遷作史之歲月，更有過之。合班固作史之歲月並觀之，可知編訂史事未可聊爾命筆矣。元末修《宋》、《遼》、《金》三史，不過三年；明初修《元史》兩次設局，不過一年，毋怪乎草率荒謬，爲史家最劣也"。（卷一《司馬遷作史年歲》）

—— 史書要載有用之文。趙翼不同意以文字多寡論史書優劣。史書要載有用之文。趙翼說：《漢書》比《史記》各傳增加的，"皆系經世有用之文"，"《漢書》所載文字，皆有用之文"。《漢書》中賦亦多，"此雖無關於經術政治，而班固本以作賦見長，心之所好，愛不能舍，固文人習氣，而亦可爲所後世詞賦之祖也。"（上見卷二《漢書多載有用之文》）但趙氏不同意在史書中增收與史無關的瑣言細事的內容。他批評李延壽在史書中"所增皆瑣言碎事，無甚關係者，李延壽作史，專以博采異聞，資人談助爲能事，故凡稍涉新奇者，必羅列不遺。即記載相同者，亦必稍異其詞，以駭觀聽。……毋怪行文轉多澀滯"。（卷十一《南史增梁書瑣言碎事》）

—— 反對曲筆。卷十三《魏書多曲筆》具體揭露《魏書》記事不實之處，說："然則（魏）收之書趨附避諱，是非不公，真所謂穢史也。" 趙翼比較新舊《五代史》，指出薛居正的《舊五代史》多回護，而歐陽修的《新五代史》爲直筆。"薛史全據各朝實錄，而不復參考事之真僞。此歐《史》之所以作也"。但薛史亦有直筆，歐史亦有失檢處。（卷二十一《薛史失檢處》，並參同卷《薛史書法回護處》諸條。）

—— 文直事核。趙氏稱讚歐陽修等修的《新唐書》，說："不閱《舊唐書》，不知《新唐書》之綜核也；不閱薛《史》，不知歐《史》之簡嚴也。歐《史》不惟文筆潔淨，直迫《史記》，而以《春秋》書法寓褒貶于紀傳之中，則雖《史記》亦不及也。"（卷二十一《歐史書法謹嚴》）趙氏的話不但說得過了頭，而且也表現出他的思想上的局限。其實歐陽修的書法，多是其門人徐無黨發明的，很多地方不一定合于歐陽修的原意。但于此處，可以看趙翼對史書的要求。

　　—— 史文簡潔。上面已經說到了。趙氏除稱道歐陽修的《新五代史》、《新唐書》處，還稱贊《梁書》、《金史》。說：

> 《梁書》雖全據國史，而行文則自出爐錘，直欲追班、馬。……皆勁氣銳筆，曲折明暢，一洗六朝蕪冗之習，《南史》雖稱簡潔，然不能增損一字也。……世但知六朝之後古文自唐韓昌黎始，而豈知姚察父子已振于陳末唐初也。（卷九《古文自姚察始》）

　　—— 史書當多立表。他稱讚《遼史》，說：“《遼史》最簡略，二百年人物，列傳僅百餘篇，其脫漏必多矣。然其體例亦有最善者，在乎立表之多，表多則傳自可少。”（卷二十七《遼史立表最善》）清人重視史表，爲前史作補表、志，成爲一種風氣。趙氏對史表的看法，與汪越諸人的看法大體一樣。

　　—— 重史書敍事法。

　　一種是子孫附傳。趙氏反對那種子孫附傳，這種方法是“傳一人，而其子孫皆附傳內”。趙翼說其起源，“此《史紀》世家例也。至列傳則各因其人之可傳而傳之，自不必及其後裔。間有父子祖孫各可傳者，則牽連書之”。但是到了魏收，開始膨脹起來，“若一人立傳，其子孫兄弟，宗族，不論有官無官，有事無事，一概附入，竟似代人作家譜”。到了南、北《史》，子孫附傳過多，使史書內容頭緒不清弊病達到極點。（見卷十《南北史子孫附傳之例》）

　　一種是“類敍法”。趙翼推崇范曄在《後漢書》中的“類敍法”。有些歷史人物不能單獨立傳，但卻是有相當影響的人物，對此類人的事迹，可用《後漢書》的類敍法。“此等既不能各立一傳，而其事可傳，又不忍沒其姓氏，故一人立傳，而同事者，用類敍法，盡附見於此一人傳內，亦見其簡而該也。”又有詳簡得宜，而無複出疊見之弊者。（卷四《後漢書編次訂正》，又見卷九《齊書類敍法最善》。）

　　還有一種稱之爲“帶敍法”。所謂“帶敍法”，趙翼說：“《宋書》有‘帶敍法’，其人不必立傳，而其事有附見於某人傳內者，即於

某人傳內，敘其履歷以畢之，而下文仍敘某人之事。"這種辦法的
優點是："蓋人各一傳，則不勝傳；而不爲立傳，則其人又有事可
傳，有此帶敘法，則既省多立傳，又不沒其人，此誠作史良法。"
（卷九《宋齊書帶敘法》）這種方法，近似於類敘法，但有一點差異，
帶敘法是連帶敘及，而非歸類敘述。可見，趙翼比較自覺地研究史
書的寫作方法。史學史應當對這類問題作綜合的研究，使歷史文學
這一門學科能發達起來。

　　趙翼考史中論史，多是搜集同類史實，以論述史事的始末，評
論歷史得失利病。《劄記》中有的篇目內容詳贍，直是一篇論文。
如卷五的《東漢尚名節》一篇，論及戰國至東漢的尚名節的風氣，
認爲："昔人以氣節之盛，爲世運之衰，而不知並氣節而無之，其
衰乃更甚也。"卷七的《禪代》曆述歷代禪代故事，以論"古來只
有禪讓、征誅二局，其權臣奪國則名篡弒，常相戒而不敢犯。"卷
十三的《太上皇帝》敘歷史上十四個太上皇帝，並論及前人所論的
內容，像這樣的篇目，如其說是考史，不如說是論史更爲妥貼。

　　錢大昕于嘉慶五年爲趙翼的《廿二史劄記》作《序》，評價這
本書說：

> 今春予訪吳門，（趙翼）復出近刻《廿二史劄記》三十有六
> 卷見示。讀之，竊歎其記誦之博，義例之精，論議之和平，
> 識見之宏遠，洵儒者有體有用之學，可坐而言，可起而行者
> 也。乃讀其自序，有"質鈍不能研經，唯諸史事顯而義淺，
> 爰取爲日課"之語。其撝謙自下如此。雖然，經與史豈有二
> 學哉。……又謂："稗乘脞說間與正史歧互者，本史官棄而
> 不采，今或據以駁正史，恐爲有識所譏。"此論古史特識，
> 顏師古以後未有能見及此者矣。

這是錢大昕提出"經與史豈二學"的出處。錢大昕稱"予平生嗜好
與先生同"，但錢大昕所論，可以說不達趙氏的學術精神。古代經
與史未分，但後世經與史還是不同。錢氏在《序》中謂，經與史在
李充等在目錄上有分別，史部爲一類，"創立四部，而經史始分"。

這不知從何說起，如果在此以前，如《史記》《漢書》等，按竹汀的說法，都是經史不分的作品，那麼趙翼作二十二史的劄記，豈不是胡寫。至於說，正史以外的材料都不可信，不能用來考史，這不是"論古史特識"，而是一種狹隘的史料學觀點。事實上，趙翼在很多地方批評正史、國史、實錄的不實，就說明正史不是都可信，如果正史取材都是可信，考正史也沒有意義了。錢氏所論，大有可議之處。

王鳴盛的考史代表作是《十七史商榷》。相比之下，王鳴盛的考史中論史，重在論學術，評史學、史書。

王鳴盛重學術上的師法。他指出："自唐中葉以後，凡說經者，皆以意說無師法。夫以意說而廢師法，夫子之所謂不知而作也。"（《十七史商榷》卷二十七《師法》，以下僅引卷數與篇名）在乾嘉時期的史學上，張漢學旗幟突出的是王鳴盛。王氏為吳派惠棟營壘中人。他重師法，是重漢學的師法，但不一味排斥宋學。他說："自唐高宗、武后以下，詞藻繁興，經案遂以凋喪，宋之道學矯之，義理雖明，而古書則愈無人讀矣。"（卷二十二《漢藝文志考證》）但在反對釋、道上，他主張漢學與宋學可以聯合。他說：

> 學者若能識得（鄭）康成深處，方知程伊川、朱晦庵義理之學。漢儒已見及，因時未至，含蘊未發；程朱之時，訓詁失傳，經無家法，故輕漢儒，而其研精義理，仍漢儒意趣。兩家本一家，如主伯亞旅，宜通力以治田；醶醶鹽梅，必和劑以成味也。彼異端邪妄之談，又何足道哉。（卷六十四《顧歡論道佛二家》）

王鳴盛的學術重漢學，一是認為研經當墨守漢人家法，治經異于治史。他說："治經斷不敢駁經，而史則雖子長、孟堅，苟有所失，無妨箴而砭之，此其異也。抑治經豈持不敢駁經而已，經文艱奧難通，若于古傳注，憑己意擇取融貫，猶未免於僭越，但墨守漢人家法，定從一師，而不敢它徙。至於史，則于正文有失尚加箴砭，何論裴駰、顏師古一輩乎。"（《十七史商榷序》）墨守經與傳，而敢於證史文之訛,這是王鳴盛"墨守漢人家法,定從一師"的史學"膽識"!

二是,提倡讀書當先精校書。"嘗謂好著書,不如多讀書,欲讀書,必先精校書。校之未精而遽讀,恐讀亦多誤矣。讀之不勤而輕著,恐著且多妄矣。"（上引見《十七史商榷序》）王鳴盛治學是一種尊漢博聞的特點。

三是,重目錄之作。《十七史商榷》的開篇卷一,說:"目錄之學,學中第一緊要事。必從此問途,方能得其門而入。然此事,非苦學精究,質之良師,未易明也。"又說:"凡讀書,最切要者,目錄之學。目錄明方可讀書,不明,終是亂讀。"（卷七《漢書敍例》）他尤其重《漢書·藝文志》,時人金榜有一句話,為王鳴盛是所稱道,金榜以為"不通《漢書·藝文志》,不可以讀天下書。《藝文志》者,學問之眉目,著述之門戶也"。（卷二十二《漢藝文志考證》）

四是治史求實,反對議論褒貶。王鳴盛在《十七史商榷序》中說:

> 大抵史家所記典制,有得有失,讀史者,不必橫生意見,馳騁議論,以明法戒也。但當考其典制之實,俾數千年建置沿革了如指掌。而或宜法或宜戒,待人之自擇焉,可矣。其事迹則有美有惡,讀史者亦不必強立文法,擅加與奪以為褒貶也,但當考其事迹之實,俾年經事緯,部居州次,紀載之異同,見聞之離合,一一條析無疑。而若者可褒,若者可貶,聽之天下之公論可矣。書生胸臆,每患迂愚,即使考之已詳,而議論褒貶猶恐未當,況其考之未確者哉。
>
> 蓋學問之道,求於虛不如求於實。議論褒貶,皆虛文耳。作史者之所記錄,讀史者之所考核,總期能得其實焉而已矣。此外又何多求邪!

在另一處又說:"大抵作史者,宜直敍其事,不必弄文法,寓予奪;讀史者,宜詳考其實,不必憑意見發議論。"（卷九十二《唐史論斷》）這樣主張,是對古代史學的所謂史法、史例以及各種正統論、名分論等的一種反動，在當時的歷史條件下，具有一定的進步的意義。但是在實際上是行不通的。《十七史商榷》何嘗不發議論。上面所雲就是議論。所以在有些地方，王鳴盛也只能變通自己的主張。他說："凡史宜據事直書，不必下褒貶，然分析倫類則不可無。"（卷五十九《皇子概作合傳為非》）那麼，"分析倫類"究竟是指什麼？恐怕王氏也說不清楚。在這篇中，王鳴盛是就晉八王之亂，說明應怎樣在史書中敍述八王之亂，如果不得法，就會造成"亂臣賊子與他王同傳"。如果史家沒有善惡褒貶，又如何知道自己的書法得當不得當呢？王鳴盛在這裏陷入了兩難境地。

王鳴盛提出"史權"說。《史記》將公孫弘與主父偃同傳，張湯、杜周雖為三公，入《酷吏傳》。《漢書》作了更動，班氏在史書後的論贊中又作了說明。王鳴盛謂司馬遷"不倫不類"，稱道班固，說："此等措詞之妙，班直不讓馬矣。吁，自有馬、班，而二人之惡，孝子慈孫百世不改，若非良史，則為善者懼，為惡者勸，史權不亦重哉。"（卷六《公孫弘等》）這裏的"史權"說，與他反對為史不得橫生議論、不得行褒貶的主張是矛盾的。但這正是史學二重性在一個極端上產生的矛盾，史學二重性的兩者本來就是不同的兩個方面，但又有聯繫。如果推向極端，把兩個方面作為相互絕對排斥，在論及具體問題時，就有可能遇到難以解決的矛盾。

五是，重正史。王鳴盛主張讀史，應當著重讀正史，在前面已分析了王氏的有關論述。但王氏認為考史自是可利用正史以外的材料，這一點與趙翼有所不同。王鳴盛在《十七史商榷序》中說自己的校史書的體驗，"……二紀以來，恒獨處一室，覃思史事，既校始讀，亦隨讀隨校，購借善本，再三讎勘，又搜羅偏霸雜史，稗官野乘，山經地志，譜牒簿錄，以暨諸子百家、小說、筆記、詩文別集、釋老異教，旁及于鍾鼎尊彝之款識，山林塚墓祠廟、伽藍碑碣斷闕之文，盡取以供佐證，參伍錯綜，比物連類，以互相檢照，所謂考其典制事迹之實也。"

關於史體，王鳴盛談《漢書·藝文志》時，說到史體的發源與發展：此《志》之意以編年體爲古法，馬、班出，而編年廢，直至《漢紀》復用編年，至《竹書紀年》出，始悟此爲古法，而復多用此以紀事者，文義甚明。要之，並列二體，其意則以紀傳爲正體，編年爲別體。

王鳴盛認爲，"編年雖古法，而古不可泥"。他同意前人皇甫湜的觀點，認爲"合聖人之經者，以心不以迹，得良史之體者，在適不在同。編年、紀傳，系于時之所宜耳，何常之有。夫是非與聖人同。辨善惡得天下之中，不虛美，不隱惡，則爲紀傳、爲編年，皆良史矣。"王鳴盛不同意孫甫、晁公武"以編年爲正"的觀點。又說："即用編年，亦必至司馬君實，方成一大著作，荀悅、袁宏等，聊堪充數，猶未成章。"（卷九十九《正史編年二體》）從這裏可以看出，王鳴盛在史體上的觀點，具有通變的思想，這也反映了當時要求變通史體的思潮。

王鳴盛評歷代史書，體現他的史學思想。《十七史商榷》除評正史外，同時也評《資治通鑒》、《唐鑒》、《史通》等。在歷代史書中，《商榷》一書較爲集中地批評南北朝史書如《宋書》及《南史》等載符瑞；他反對時人以《南史》、《北史》代替南北朝各朝的史書的主張。王氏批評李延壽的《南史》、《北史》的文字也最多，指責李延壽的子孫附傳，把國史變成了家譜；李延壽刪削不當，刪去有關國計民生利害的內容；任意更移，不顧其實，割斷菁華，說李延壽寫的"南""北"二史直是抄襲南北朝各代史書。是"真無恥"。（卷六十八《後妃傳論》）同時，他也肯定其中的值得采擇的地方，如《南史》中增加一些《宋志》中所沒有的材料。王鳴盛說："延壽之書雖疵病百出，而仍不可廢者，此等小小補益故也。"（卷五十四《零陵王沮》）另外，李延壽記高洋的行徑比較成功，有些史論寫得精采，也值得稱道。

《商榷》肯定《新唐書》，但是認爲不能過於稱讚。對其他史書都有具體的評論，包括《通鑒》到清初的吳任臣的《十國春秋》等。

　　從嚴格意義上說，錢大昕的《廿二史考異》是考史作品，而趙翼的《廿二史劄記》與王鳴盛的《十七史商榷》是評史、論史，論史書、論史學之作，評論中有考據。籠統地把三人的作品稱之爲三大考史著作，並不確切。

　　王鳴盛（1722 年－1797 年）、趙翼（1727 年－1814 年）、錢大昕（1728 年－1804 年），是這一時期考證史學的代表人物。稍後有崔述（1740 年－1816 年），他的考信學風是另一個類型。他同樣闡發古無經史之別的觀點，說：

> 夫經、史者，自漢以後分別而言之耳。三代以上，所謂經者，即當日之史也。《尚書》，史也；《春秋》，史也。經與史恐未可分也。（《洙泗考信餘錄卷之三》）

崔述尊經亦疑經，他重在駁傳疏與經文不同的地方，後人作的傳疏損害"經"的正宗思想，實際上崔氏對《尚書》等作了大量的考辨，同樣是疑。這和王鳴盛"斷不敢駁經"的學風大相徑庭。他批評當時一味信古的人，說："近世淺學之士，動謂秦、漢之書近古，其言皆有所據；見有駁其失者，必攘臂而爭之。此無他，但徇其名而實未嘗多觀秦、漢之書，故妄爲是言耳！"（《考信錄提要卷上》）後人讀崔氏的《考信錄》，得到感受，有人說："聖人，人知尊之；經傳，人知讀之。讀之，而不知考之；尊之，而不敢議之，遂致聖人之真，聖人之正，混於附會僞託之辭者，幾二千年矣。""今吾崔子具卓識，出雄辨，博覽群書，互參考證，發爲議論，其意諄諄，其言侃侃，撥盡附會僞託之辭。"（《考信附錄卷之二》，"劉雲評"）崔述上繼唐宋以後的疑古辨僞的傳統，在乾嘉時，未成爲史學主潮，但確是開啓了近代的疑古辨僞的思潮。顧頡剛諸先生的疑古辨僞是受到崔述的影響，顧先生整理崔氏著作，爲《崔東壁遺書》。

　　清人編修《四庫全書》，在文化上，到底還是一件右文盛舉大事，在史學上，又是一次大總結。《四庫全書》的史部總敘，見識不高，所論和當時的史家的觀點相似，說"史之爲道，撰述欲其簡，考證則欲其詳，莫簡於《春秋》，莫詳于《左傳》。魯史所錄，具載一事之始末，聖人觀其始末，得其是非，而能知一字之所以褒貶。此讀史之資考證也"。(《四庫全書總目》卷四十五，《史部總敘提要》) 又謂宋明人於史學好議論，分門戶等。這些都不達要旨的評論，同樣不足稱道。但對史部書，畢竟作了系統的整理，近代有的史學史著作，就是以《四庫全書》的"史部提要"爲主要的參考材料寫成的。以後阮元對經史的整理，同樣具有一種總結的意義。

所以全面地看乾嘉時期的史學，就可以看出當時史學的氣象。無論是理論上的探討，還是對前代的史學的批評與總結，都可以體察出史學上孕育著突破的因素。但也要看到，歷史哲理沒有建樹，沒有兩宋那樣的學術思想上的大昇華，加之時代發展不充分，當時的專制主義對史學的控制，史學還沒有充分的條件開闢出一個新天地。

第五編　近代史學思潮

第十一章　近代史學思潮

　　中國近代史學與古代史學相比，有不同的特點，但是與古代史學的關係並沒有被割斷。在前一章我們說過，在中國封建社會的後期，有識的史學家對僵化的史學現狀表示不滿，要求史學創新。章學誠指出，作為史學領域內的正史的紀傳體史書發展到後來，已經失去了活力，史學墨守史法、史例，"斤斤如守科舉之程式，不敢稍變，如治胥吏之簿書，繁不可刪"。(《文史通義·書教下》) 他希望"圓而通"的史學精神能夠得到恢復，尋找到史學創新的"變通之道"。神道時期這一史學求變思潮仍在發展。我們應該看到史學的重大變化，與社會的大變動是連在一起的。

　　世界大形勢變化了，資本主義國家要用武力打開中國的大門，從而導致中國歷史大震蕩，中國史學在大震蕩中作出自己的抉擇。

　　鴉片戰爭後，中國的歷史進入到一個新的時期，社會的矛盾和社會的性質都發生了變化。民族危機加深，在中國經世傳統史學基礎上發展起來的救亡圖存的愛國主義史學思潮貫串近代史學的整個過程，古代史學借鑒的史學思想、通變史學思想在這一過程中得到長足的發展。史學家把中國的歷史興衰和世界的變動聯繫在一起，以世界史的眼光認識歷史興亡變化。

　　19 世紀末到 20 世紀初，西方各種學術思想和研究歷史方法論傳入中國，這些和中國的傳統中的歷史進化思想和傳統的治史、考史方法結合，從而使中國史學領域內出現了一股新史學思潮；傳統的考据學發展為近代的新考据學。

　　"五四"前後，馬克思主義傳入中國，在中國近代史學的發展史上也是一件大事。馬克思主義史學家以唯物史觀來解釋中國歷史、認識中國的社會和歷史的前途。唯物史觀在史學領域內成為史學發展的主潮。

從這三股思潮來認識中國近代史學思想的變化和發展，一些問題會看得更清楚，對於認識中國史學發展也是十分必要的。各種史學思潮在相互聯繫中發展起來，不同的歷史觀點和史學思想充滿著激烈的鬥爭，這些構成中國近代史學發展史的壯觀的圖景。

第一節　救亡圖存的愛國主義史學思潮

中國的愛國主義史學思想，經歷一個發展的過程，大致可以分成三個時期，每一個時期如果再細分，還可以分成若干個小階段。第一個時期是從上個世紀的 40 年代至 80 年代；第二個時期是從亞 9 世紀末到 20 世紀的 20 年代末。第三個時期是從 30 年代至 40 年代末。

鴉片戰爭前後，魏源、林則徐、姚瑩、夏燮、何秋濤、張穆、徐繼畬等一批先進的人物，爲反對外國資本主義的侵略，爲適應形勢的需要，積極開展邊疆史地研究，這是第一次邊疆史地研究的高潮，他們具有共同的特點、共同的學風，同聲相應，同氣相求，實際上已經成一個新型的學術群體。不同于舊日的學派的是他們不爭門戶，爭民族自強，求民族的生存和發展；放開眼界看變化中的世界，又從變化中的世界中思考中國的出路。帶著這個時代印記的憂患意識彙成愛國主義的史學思潮。這個時期愛國主義史學思想的特點是禦侮圖強。

加強邊防的邊疆觀念。這個時期資本主義列強對中國侵略的特點，用魏源的話說，是“兵賈相資”。資本主義列強要以戰爭打開中國的大門，又企圖以鴉片和其他商品開拓中國的市場。邊疆史地研究的一個重要內容是宣傳加強邊防，鞏固邊防的觀念。魏源的《聖武記》、《道光洋艘征撫記》、《海國圖志》，姚瑩的《康輶紀行》、張穆的《蒙古遊牧記》，何秋濤的《朔方備乘》，夏燮的《中西紀事》

以及徐繼畬的《瀛環志略》等，各種著作的內容和體裁不盡相同，但都是通過邊疆史地的研究，喚起時人對邊防的關注。姚瑩寫《康輶紀行》，並且想編《異域叢書》，談到這一想法時，他說：

> 故自嘉慶年間，購求異域之書，究其情事，近歲始得其全，于海外諸洋有名大國，與夫天主教、回教、佛教，一一考其事實，作為圖說，著之於書，正告天下，欲吾中國童叟習見習聞，知彼虛實，然後徐籌制夷之策，是誠喋血飲恨而為此書，冀雪中國之恥，重邊海之防，免胥淪於鬼域，豈得已哉。（《東溟文後集》卷八，《複光律原書》）

"冀雪中國之恥，重邊海之防"，是當時邊疆史地研究的基本出發點。何秋濤寫《朔方備乘》，說到他的寫作動機："益究經世之務，嘗謂俄羅斯地居北徼，與我朝邊卡相近，而諸家論述，未有專書，乃采官私載籍，為《北徼彙編》六卷。"（《續碑傳集》卷二十）

為求制夷之道，這一批邊疆史地學著作者，從亞洲、非洲一些國家的亡國的慘痛事實中吸取教訓，同時也總結安南、緬甸曾經戰勝"英夷"的經驗。特別重要的是，他們把制夷與師夷結合起來。魏源說："善師四夷者，能制夷；不善師四夷者，外夷制之。"（《海國圖志》卷三十七，《大西洋歐羅巴洲各國總敘》）魏源認為中國要學習西方的各種科技和長處，他在《海國圖志》中介紹西方的戰艦、火輪船、鐵炮、火銃、水雷、鉛字印刷、鐘錶、望遠鏡、天文曆法、算術測量、蒸汽機原理，認為這些是中國人應當學習的。姚瑩在臺灣時，登上英國人的船，有一件事，對他的刺激很大，他記載這件事，說：

> 余嘗至英夷舟中，見其酋室內，列架書籍，殆數百冊，問之所言，亦與回人相似，而尤詳記載各國山川風土，每山必有圖。其酋雖武人而猶以書行。且白夷泛海，飛速天文演算法者甚眾，似童而習之者。……吾儒讀書自負，問以中國記載，或且茫然，至於天文演算法，幾成絕學，對彼夷人，能無此愧乎？（《康輶紀行》卷五，《外夷講圖書》）

　　他們能以清醒的眼光看待世界，而反對盲目排外，魏源說盲目自大，是"株守一隅，自畫封域，而不知牆之外之有天，舟之外之有地也"。

　　他希望自己的國家民族振興起來。梁廷枏、徐繼畬等，開始注意到西方的政治、經濟制度上的值得吸收的東西。

　　另外，這一時期的史學家在史著中，謳歌人民反對帝國主義的鬥爭，如梁廷枏的《夷氛聞記》、夏燮的《中西紀事》等，揭露了投降派的罪行，謳歌了人民反抗的英勇行動。

　　到了 19 世紀末 20 世紀初葉，也就是從 19 世紀的 80 至 90 年代到 20 世紀的 20 年代，愛國主義史學思想的特徵是救亡圖強。第一，這一時期的愛國主義史學思想的內容，主要是反對帝國主義瓜分中國，反對列強的"蠶食鯨吞"、"瓜分豆剖"；避免像印度、非洲國家那樣淪為殖民地的命運。梁啟超在《南學會敘》中說："敵無日不可以來，國無日不可以亡。數年之後，鄉井不知為誰氏之藩，魂魄不知為誰氏之鬼。"中華民族到了生死存亡的關頭。這些史學家談歷史的借鑒，繼續發揚了魏源、姚瑩的史地學的研究精神，把眼光轉向世界。王韜寫《普法戰紀》、《法國志略》，黃遵憲寫《日本國志》都是在總結世界各國的歷史經驗，要求振興民族，指出當時世界是一個"弱肉強食"的時代，只能"相競而強"（黃遵憲語），才能避免亡國的命運。

　　第二，明確指出史學在救亡圖存的愛國主義鬥爭和維新變法中的意義。梁啟超在《新史學》中說："史者，愛國心之源泉。"章太炎說："不讀史，則無從愛其國家。"（《歷史之重要》）《浙江潮》的第 7 期在介紹這本史書的評論中說："歷史為國魂之聚心點。"維新派也以世界歷史的經驗，宣傳維新改革的主張。康有為把《俄羅斯大彼得變政記》、《日本明治變政考》呈送給光緒皇帝，以外國變法的歷史，說明中國實行新政的必要性、必然性。資鑒的歷史觀在救亡圖存、維新變革中仍然體現出它的價值，只是眼光更為開闊，這是中國資鑒史觀的新發展。

　　第三，史學家把愛國主義的歷史教育和群眾的反帝反封建的鬥爭結合起來。鄒容的《革命軍》，陳天華的《猛回頭》、《警世鍾》宣傳了愛國主義的思想，在當時產生重大的影響，喚起了國民對祖國熱愛的赤誠之心。

　　愛國主義的史學思潮，已經不再用夷夏之別的觀念宣傳愛國主義的思想。他們宣傳反對列強侵略的思想，對於群眾認識侵略的本質、振奮民族精神，起了重要的作用。與前一個時期的愛國主義的史學思想相比，無論就規模，或就深度來說，這個時期的愛國主義史學思想都有了大的發展。

　　第三個時期是本世紀 30 年代後，隨著日本帝國主義的侵略加深，日本企圖把中國變爲它的獨占的殖民地，中日之間的矛盾成爲當時社會的主要矛盾。這一時期的愛國主義思想高漲，愛國主義的史學思想是其中的重要組成部分。這一時期的史學思想是以要求抗日救國爲內容。

　　在史學領域內，馬克思主義史學家以唯物史觀研究中國歷史，思考中國的前途，表現出史學的時代性和強烈的憂患意識。郭沫若在《中國古代社會研究》的《自序》中說：“對於來來社會的待望逼迫著我們不能不生出清算過往社會的要求。目前雖然是‘風雨如晦’之時，然而也正是我們‘雞鳴不已’的時候。”當時在中國史學界中廣大的具有愛國思想的史學家，他們開展史地學研究，宣傳抗日救國的迫切性，激發起廣大群眾的愛國熱情。這可以以《禹貢》爲例。1934 年 3 月，顧頡剛、譚其驤諸位先生創辦《禹貢》半月刊，這份雜誌突出刊物的宗旨是愛國主義的史學思想。按照《禹貢學會研究邊疆計劃書》所說，這是繼續發揚鴉片戰爭時期邊疆史地研究的優良傳統，由於外國資本主義的侵略的刺激，“遂使一班學人跳出空疏迂遠的範圍，而轉向於經世致用之學術。邊疆學者，經世致用之大端也”。

　　《禹貢》半月刊一出版就張起愛國主義的大旗，說：在“強鄰肆虐，國亡無日”的情況下，一些學者“遂不期而同集於民族主義旗幟之下"。雜誌所以以"禹貢"爲名,是因爲《尙書·禹貢》是"中國地理沿革史的第一篇"。刊名寄寓著反抗侵略的自強意識。"今日一言'禹域',疇不思及華夏之不可侮與國土之不可裂者!以此自名,言簡而意遠。"(《禹貢》一卷一期"發刊詞",四卷十期《禹貢學會募集基金啓事》)從創刊到七七事變刊物被迫中止發行,總計出版了八十二期。愛國主義思想,首先在於它表達了維護領土完整、反對帝國主義侵佔我國國土的思想。學者研究我國古地理,其用意在"要把我們祖先開發的土地算一個總賬,合法地承受我們國民應當享有的遺產,永不忘記在鄰邦暴力壓迫或欺騙分化所被剝奪的是自己的家業。"(《禹貢》七卷一、二、三期,《紀念辭》)而版圖觀念是培植愛國思想所不可或缺的,他們又說:"世未有于其田園院舍經界不明而能盡其保守之責者,亦未有於國家版圖茫無所知而能發動其正確之愛國觀念者。"(六卷三、四合期,同上)他們力圖使自己的研究"以激起海內外同胞愛國之熱誠,使于吾國疆域之演變有所認識,而堅持其愛護國土意向。"(《禹貢》七卷一、二、三期,《本會此後三年中工作計劃》)

刊物宣傳了中華民族團結起來共同反對侵略的思想。有的文章說:"我們要把我們祖先冒著千辛萬苦而結合成的中華民族經過探索出來,使得國內各個種族領會得大家可合而不可離的歷史背景和時代使命,彼此休戚相關,交互尊重,共同提攜,團結成最堅強的民族。"(《禹貢》七卷一、二、三期,《紀念辭》)

《禹貢》用歷史的材料和現實調查得來的資料,研究鞏固西北、東北邊疆的辦法,主張"共謀改良西北邊地經濟之道,蓋邊陲安,內地斯能高枕矣"。有的提出移民屯田的主張。

學者以大量的研究揭露帝國主義,特別是日本帝國主義研究中國史地所包藏的禍心。有的文章說:"百年以來,東鄰西邦之研吾史與社會者踵相接,僕僕道途,皆搜覓其所欲得者以去。孳孳焉而察之,若水銀瀉地,無孔不注,其謀國者逐得藉之以設施其政治計劃,而吾國爲之大困。"(《禹貢》四卷十期,《禹貢學會募集基金啓事》)

他們的研究往往是軍事行動的先導。有的文章說："按中日戰爭前有'朝鮮學'，朝鮮以滅；日俄戰爭前有'滿鮮學'，遼省以陷；'九一八'以前有'滿蒙學'，四省以亡。今之日人又高唱'東亞學'了。嗚呼，劍及屨及，事至迫矣。請看明日之東亞，將爲誰家之天下！願我國人醒一醒吧。"（《禹貢》五卷六期，《日人對東北研究之現狀》）

抗日時期，延安地區的史學家、國統區的一些史學家堅持愛國主義的史學思想，鼓舞人民進行抗日的鬥爭，反妥協投降。郭沫若在重慶以歷史劇的形式，宣傳愛國史學思想，推動抗日的鬥爭。范文瀾等在延安寫中國通史，寄寓愛國的史學思想。當時，許多史學家駁斥賣國投降的史學，批駁當時一些對抗日前途悲觀的論調。愛國主義的史學，對推動抗日的愛國鬥爭有積極的意義。

應當指出，中國共產黨人把愛國主義思想提高到一個嶄新的高度，從世界革命的角度說明愛國主義的特點，把愛國主義史學思想和中國民族意識思潮、中國抗日戰爭結合在一起，批判各種民族虛無主義和抗戰中的亡國論，增強中國人民的民族自豪感，鼓舞中國人民爲爭取光明的歷史前途，爲建立新中國樹立信心。愛國主義在抗日戰爭期間，是中國人民團結起來反抗日本帝國主義侵略的旗幟。

第二節　"新史學"思潮

我們這裏說的"新史學"，是指它和傳統中世紀的史學相聯繫但又有不同特點的史學，它反映近代社會的現實。"新史學"一方面是近代社會發展的產物，另一方面又是西方學術思想傳入影響的產物。從廣泛的意義上說，馬克思列寧主義史學無疑是新史學，但馬克思列寧主義史學是近代史學的主潮，有必要單獨論述。人們在習慣上，是把這一時期的西方資產階級的學術思想影響下的史學稱之爲"新史學"。

　　新史學的內涵應當包括這樣的一些方面，一是以新的歷史哲學認識傳統的史學，重新解釋歷史的過程和歷史現象，擴大歷史的反映面，同時對舊史學展開批判。二是採用新的史書編纂形式寫出各種通史、文化史及各種專史、斷代史；出版各種近代的學術期刊等，以傳播學術研究的成果，促進學術流派的形成和發展。三是借鑑西方的學術研究方法，結合中國傳統的史法，推動歷史研究的發展，這裏包括引進自然科學方面的成果，用於歷史的研究。傳統的考据學發展爲近代的考據學。概括起來，有以下幾個方面。

一、公羊三世說和社會歷史進化論

　　在中國近代史學史上，歷史哲學的重大的進展莫過於社會歷史進化論，它直接影響人們對曆史的認識，對歷史的解釋，影響史書的編寫。這是中國傳統的進化思想的延伸和發展。

　　清朝嘉、道年間，今文學派復興，公羊學因之以盛。皮錫瑞說清朝學術的變化，謂：

> 國朝經學凡三變。國初，漢學方萌芽，皆以宋學為根柢，不分門戶，各取所長，是為漢、宋兼采之學。乾隆以後，許、鄭之學大明，治宋學者已尟，說經皆主實證，不空談義理，是為專門漢學。嘉、道以後，又由許、鄭之學導源而上，《易》宗虞氏求孟義，《書》宗伏生、歐陽、夏侯，《詩》宗魯、齊、韓三家，《春秋》宗《公》、《穀》二傳。漢十四博士今文說，自魏、晉淪亡千餘年，至今日而複明。實能述伏、董之遺文，尋武、宣之絕軌，是為西漢今文之學。學愈進而愈古，義愈推而愈高；屢遷而返其初，一變而至於道。（《經學歷史·十·經學復盛時代》）

這裏不可能來論述莊存與、劉逢祿等人的今文學的情形，但明顯的事實是，學術思想的變化對一個時代的史學思想的發展產生重要的影響。研究一個時代的史學思想，注意到社會的現實，這裏包括當世的學術思潮的發展與變化。

　　鴉片戰爭前後，思想家、史學家以歷史進化的思想說明歷史的

發展，闡釋社會變革的必要和必然。這種歷史進化的思想是以今文
經學的公羊三世說爲理論基礎。從龔自珍、魏源到王韜、黃遵憲、
康有爲，到嚴複、梁啓超，從他們對歷史的解釋，我們可以看到歷
史進化思想的發展途徑。龔自珍在《乙丙之際著議第六》、《五經大
義終始論》、《五經大義終始答問》一至九等文章中，以公羊三世說
闡明"自古及今，法無不改，勢無不積，事例無不變遷，風氣無不
移易"。(《上大學士書》)

　　魏源的公羊三世說是建立在他的氣運史觀上。他認爲歷史的運
動是氣的運轉和再造。他曾經以氣運的變化描述中國歷史的過程：
黃帝、堯、舜爲太古，夏、商、周三代爲中古，春秋戰國時代，歷
史進入末世，秦到了滅亡的時代。漢代爲氣再造，進入另一個氣運
運轉的過程，說："三皇以後，秦以前，一氣運焉。漢以後，元以
前，一氣運焉。其歷年有遠近，即其得于先王維持之道有厚薄。"
(《默觚下·治篇三》)這以後的氣運該怎樣運行，魏源說法不一致。
但他在實際上是將今文的公羊三世說，與宋儒的理氣史觀合在一
起，論說歷史的變易是一種必然。

　　王韜的進化論同樣是三世說的模式，同時他又吸收了宋元理學
家關於歷史理氣說的因素。首先，他從宇宙運動的總過程中理解人
類歷史的行程。王韜在《瞍園文錄外編》卷一、卷八各節闡述他對
歷史運動的看法，他以爲歷史的周期大約是一萬二千年，第一個時
期是二千年，第二個時期在一萬年左右。前五千年爲諸國分建之天
下；後五千年，地球、人類將趨向滅亡。再經過一個時期，又開始
一個時期。這同宋人邵雍的歷史運動元會運世說的從開物到閉物爲
一個周期的說法近似。王韜把中國歷史的發展，分成三個階段，他
說：

　　　　三代以上，君與民近而世治；三代以下，君與民日遠，而治
　　　　道遂不古若。至於尊君卑臣，則自秦制始。(《重民下》)
中國歷史的發展是由三代之道、君民相近到郡縣之道、尊君卑臣的
過程。在另一處他又說，巢、燧、軒時代，開闢草昧，爲創制時代；

唐虞繼統，號曰中天，則文明時代。三代以後，又一大時期。三代
至秦爲一變，秦漢以來又是一大變。他從不同的角度，論歷史的過
程的變化，中心思想是論證變法是合乎歷史的法則，"變古以通今"
方可得民心。這一時期的思想家都是以歷史必變、歷史進化的思想
說明變革的必然。王韜是這樣，鄭觀應也是這樣。近代思想家以公
羊三世說作爲維新變法的思想基礎。

康有爲的論述最有代表性，他在《禮運注》、《春秋董氏學》、《孔
子改制考》、《新學僞經考》和《論語注》等文獻中闡述公羊三世說。
康有爲重視吸收西方學術思想，在"西學初輸入中國"時，康有爲
經過上海、香港，"見西人殖民政治之完整，屬地如此，本國之更
進可知，因思其所以致此者，必有道德學問以爲本源，乃悉購江南
製造局及西教會所譯出各書盡讀之。"（梁啓超：《康南海先生傳》）因
此在康氏的公羊三世說中已經吸收了西方的知識，和傳統的三世說
不完全一樣。一是，他把三世變化，即據亂、升平、太平三個階段，
與君主專制、君主立憲、民主共和三個階段相對應。他不是維護封
建專制，而是要求建立君主立憲的制度，因而具有一定的反封建的
因素，以西方資本主義國家的模式作爲中國實現太平之世的範本。
二是，他以三世說，論證將來進入大同世界的必然。三是，他論說
人類歷史的進化行程是各國共同的，是歷史發展的共同法則。"蓋
自據亂進化升平，升平進化爲太平，進化有漸，因革有自，驗之萬
國，莫不同風。"（《論語注》）他的今文經學、公羊三世說，具有時
代的特點。《大同書》是康有爲的代表作。但是也要指出，在戊戌
變法失敗後，他的進化思想在向後倒退。康有爲強調"順序而進"
的觀點，這在他的《春秋筆削大義微言考》等著作中，明顯地看出
這一點。

黃遵憲的進化思想包含生存競爭的觀點，這說明傳統的進化觀
受到西方思想的影響發生變化。應當著重提到的是嚴復在傳播西方
的進化思想上的貢獻。1895 年，嚴復寫的《原強》一文，稱道斯
賓塞的社會學，1896 年，他譯赫胥黎的《天演論》，傳播"物競天

擇，適者生存"的思想。1897 年，他翻譯斯氏的《社會學原理》的首篇，登在《國聞周報》上，題改爲《斯賓塞爾勸學篇》。1903年，他將《社會學原理》全書譯出，以《群學肄言》爲書名。他譯的作品還有亞丹斯密的《原富》、約翰穆勒的《穆勒名學》、甄克思的《社會通詮》、孟德斯鳩的《法意》等。他是近代系統介紹西方進化論、西方學術的第一位國人，對於中國近代的史學思想的發展產生重要的影響。但是他到了晚年，思想也發生變化，相信歷史是在作循環的運動。

二、以歷史進化思想來寫中國歷史的作品

夏曾佑的《中國歷史教科書》，在中國近代史學史上影響最爲廣泛，這是中國"第一部有名的新式的通史"。（齊思和：《近百年來中國史學的發展》，載《燕京社會科學》1949 年 10 月第 2 卷）夏曾佑把中國的今文經學的歷史進化思想和西方的歷史進化因果論結合起來，構成他的歷史進化世運說。這本書把中國歷史分爲三大期：自草昧以至周末爲上古之世；自秦至唐，爲中古之世；自宋至今，爲近古之世。三大期中；每一期又分爲幾個階段。上古之世分爲兩個階段：由開闢至周初爲傳疑時期；周之中葉至戰國爲化成時期。中古之世有三個階段：由秦至三國爲極盛時期；由晉至隋爲中衰時期；唐室一代爲復盛時期。近古之世分成兩個階段：五季、宋、元、明爲退化期；有清一代的 261 年，爲"更化期"。所謂的"更化"就是歷史"將轉入他局"。

《中國歷史教科書》對有文字記載以前的歷史即所謂的"有史以前"社會的理解，在當時來說，是一個嶄新的見解。夏曾佑認爲，包犧氏時，歷史離開漁獵社會，進入到遊牧社會。在婚姻形態上，是從"知有母而不知有父"的狀態，轉變爲家族，始制嫁娶。神農時，社會由遊牧社會進入到耕稼社會。夏曾佑認爲歷史最初階段這樣的發展，是"萬國各族所必歷"，只是"爲時有遲有速"而已。社會進化的原因，夏氏認爲是文化典制改變造成的，而對於經濟的條件意義恒少給予注意。有時，他又用地理條件、種族競爭解說文

化問題。在個別章節，說："革命用兵"之後，才出現"隆盛之世"，認爲這是歷史的"公例"；但在另一些章節，他又說革命起義是"爲禍於中國"。他又說，秦皇、漢武是"造成中國歷史之力"。這些都反映他的歷史進化思想上的膚淺和博雜。1933 年，商務印書館重印這本書時，書名改爲《中國古代史》。除夏曾佑外，還有不少學者以進化觀點寫中國歷史，這一個時期，以歷史進化思想解說中國歷史成了一股思潮。

　　1901 年梁啓超寫《中國史敍論》、1902 年寫《新史學》，這兩篇文獻是新史學理論的代表作。梁啓超把中國近代的進化思想推向一個新的高度。在《新史學》這篇文章中，他把進化說作爲是和舊史學根本對立的思想；認爲創造新史學，最重要的是明歷史進化的理論，這是創新史學的"界說"。梁啓超把歷史進化思想和歷史公例公理觀點結合在一起，系統說明對歷史運動的看法。

　　第一，歷史者，敍進化之現象也。"凡百事物，有生長、有發達、有進步者，則屬於歷史之範圍"。他批判舊史學的歷史循環論，說：

　　　孟子曰："天下之生久矣，一治一亂。"此誤會歷史真相之
　　　言也。苟治亂相嬗無已時，則歷史之象當爲迴圈，與天然等，
　　　而歷史學將不能成立。孟子此言蓋爲螺線之狀所迷，而誤以
　　　爲圓狀，未嘗縱觀自有人類以來萬數千年之大勢，而察其真
　　　方向之所在，徒觀一小時代之或進、或退、或漲、或落，遂
　　　以為歷史之實狀如是雲爾。……吾中國所以數千年無良史
　　　者，以其于進化之現象見之未明也。

第二，歷史者，敍述人群進化之現象。梁啓超指出進化是社會自然共同的發展規則。但說人類的進化是指"一群之進化"。中過去的史學，重一人，不重一群。"動輒以立佳傳爲其人之光寵"。

　　第三，歷史者，敍人群進化之現象而求得其公理公例者。梁啓超說：

　　　是故善為史者，必研究人群進化之現象，而求其公理公例之

> 所在，於是有所謂歷史哲學者出焉。歷史與歷史哲學雖殊
> 科，要之，苟無哲學之理想者，必不能為良史，有斷然也。
> 雖然，求史學之公理公例，固非易易。

梁氏從歷史哲學的高度來認識進化學說，這是以前所沒有的情形。
以前不可能知道這一點，有兩個原因，一是過去的史學知道一局部
的史，而不知道自有人類以來的全體的史，這種局部之史，或局於
一時代、或局於一地。研究中國史，於外國史就不知道。"夫欲求
人群進化之真相，必當合人類全體而比較之，通古今文野之界而觀
察之"。二是過去史家只知道史學，而不知道史學與其他學科之關
係。

最後，梁啓超認為求歷史公理公例，是為了應用這樣的理論觀
察歷史、造福人類。他說：

> 夫所以必求其公理公例者，非欲以為理論之美觀而已，將以
> 施諸實用焉，將以貽諸來者焉。歷史者，以過去之進化，導
> 未來之進化者也。吾儕食今日文明之福，是為對於古人已得
> 之權利，而繼續此文明，增長此文明，孳殖此文明，又對於
> 後人而不可不盡之義務也。而史家所以盡此義務之道，即求
> 得前此進化之公理公例，而使後人循其理、率其例以增幸福
> 于無疆也。史乎！史乎！其責任至重，而其成就至難！中國
> 前此之無真史家也，又何怪焉！而無真史家，亦即吾國進化
> 遲緩之一原因也。

關於這種公理公例，梁啓超在這之前，在《中國史敘論》中有具體
的闡釋，說有三種公例，一是物質公例，一是人種公例，三是地理
公例。他將人類史分成史前時代，上世史，中世史，近世史。史前
期分成石刀期，銅刀期，鐵刀期。石刀期又分為新、舊二期。他說：
"此進化之一定階段也，雖其各期之長短久暫，諸地不同，然則次
第則一定也"。當時中國考古材料缺乏，但梁啓超仍深信中國的歷
史要經過這幾個階段。在《新史學》中，他概括提出人類歷史發展
的公理公例。此外，在《論君政民政相嬗之理》、《堯舜為中國中央

君權濫觴考》等文中，都有類似的論述。他在各篇中的提法不盡一致，他說的"公理公例"，還不能等同於人類歷史發展的客觀規律，但他意識到歷史運動中有一個統一的必然法則。

梁啓超對進化理論的闡述，是中國近代史學思想的一個發展。但是他和不少資產階級史學家一樣，到了晚年，他的思想也在倒退。20 年後，他寫《研究文化史的幾個重要問題》時，思想已經發生了根本的變化，說：

> 孟子說："天下之生久矣，一治一亂"。這句話可以說是代
> 表舊史家之共同觀念。我向來最不喜歡聽這句話，（記得二十
> 年前在《新民叢報》裏頭有幾篇文章狠駁他），因為和我所信的進化
> 主義不相容。但近來我也不敢十分堅持了。我們平心一看，
> 幾千年中國歷史，是不是一治一亂的在那裏循環？何止中
> 國，全世界只怕也是如此。

中國資產階級的史學家們不能堅持進化思想，這不是說進化思想失敗，而是在當時的歷史條件下，他們對歷史前途的信心不足和一種惶恐。不管怎樣，歷史進化的思想在史學領域中仍是主要的思潮，成爲史書編纂的主要思想。其後，呂思勉諸位先生在他們的史著中以進化的觀點解釋中國歷史，取得重要的成就。

章太炎批判了今文派的三統、三世說，他主張以進化的思想編寫中國通史，他計劃中的《中國通史》要寫制度的變遷、形勢的變遷、生計的變遷、禮俗的變遷、學術的變遷和文辭的變遷。1902年 6 月，他在《致梁啓超書》中又說："所貴乎史者，固有二方面：一方以發明社會政治進化衰微之原理爲主，則於典志見之。一方以鼓舞民氣，啓導方來，則亦必于紀傳見之。"章太炎寫通史的計劃雖未實現，但是他的進化思想是明顯的，寫史當"知古今進化之迹"。他的許多歷史作品已經顯示出他的通史規模和史學上的卓越史識。

將達爾文進化論直接搬到社會史領域內，是一種社會達爾文主義，它宣傳種族優勝劣敗，成了西方的殖民主義侵略弱小民族的理

論。但是，中國近代史學家以此是要說明反對外國資本主義侵略的緊迫性，因此它含有要求民族自強的意識。這是我們要注意的，不能把當時中國史學家的進化思想與社會達爾文主義混爲一談。另外，當時西方新康得主義，新黑格爾主義，柏格森的人格主義，尼采、叔本華的唯意志論等西方學術思想對一些中國史家的歷史觀點產生影響，這些給當時的史學思潮增添了博雜的色彩。

三、對舊史學的批判

20 世紀，對舊史學的批判形成一股潮流，中國史家提倡民史，反對君史成爲一種風氣，梁啓超是代表。1901 年，梁啓超作《中國史敍論》，對舊史學展開批判，說："史學者，學問之最博大而切要者也。國民之明鏡也。愛國心之源泉也。" 1902 年，他在《新史學》中對封建史學展開系統的批判，指出，舊史學的四弊二病。四弊是：一是知有朝廷而不知有國家。所謂的二十四史，不過是二十四姓家譜。二是知有個人而不知有群體。"中國之史，則本紀、列傳，一篇一篇，如海岩之石，亂堆錯落。質而言之，則合無數之墓誌銘而成者耳"。三是知有陳迹而不知有今務。四是知有事實而不知有理想。"故汗牛充棟之史書，皆如蠟人院之偶像，毫無生氣。讀之徒費腦力。是中國之史，非益民智之具，而耗民智之具也"。二病是："其一，能鋪敍而不能別裁"。其二 "能因襲而不能創作"。由以上六點弊病而生三種惡果：一曰難讀，二曰難別擇，三曰無感觸。梁氏對傳統史學的正統論、循環論和所謂的 "春秋筆法"，提出批評。梁啓超認爲無論從史學的發展上看，還是從救國的需要上看，中國都要進行一次史界革命。他說：

> 今日欲提倡民族主義，使我四萬萬同胞強立于此優勝劣敗之世界乎？則本國史學一科，實爲無老、無幼、無男、無女、無智、無愚、無賢、無不肖所皆當從事，視之如渴飲饑食，一刻不容緩者也。……嗚呼！史界革命不起，則吾國遂不可救。悠悠萬事，惟此爲大。新史學之著，吾豈好異哉！吾不得已也。

20 年後，梁啓超作《中國歷史研究法》，對舊的史學進行批評，從形式上看，言詞沒有過去激烈，對此，要作具體的分析。辯證批判、揚棄不是簡單的否定、割斷，他對中國傳統史學作具體分析，比起簡單地否定是深化了一步。他把"史界革命"的口號改成"史之改造"，也應當這樣看。關於史之改造，他有這樣的一些主張：

—— 反對舊史的"貴族性"。過去修史主要目的是供帝王閱讀。"舊史中無論何體何家總不離貴族性。其讀客皆限於少數特別階級，或官閥階級，或智識階級。故其效果一如其所期，助成國民性之畸形的發達。此二千年史家所不能逃罪也"。

—— 要"以生人本位的歷史，代死人本位的歷史"。不當只是與死人、與已朽之骨校短量長，褒善貶惡，表彰忠孝節義之類。

—— 注意分科歷史的研究。中國古代，是史外無學，這樣的狀況不適合時代的需要。

—— 主張著"近於客觀性質的歷史"。寫史不能主觀任情褒貶。"夫史之性質與其他學術有異，欲爲純客觀的史，是否事實上所能辦到，吾猶未敢言。雖然，吾儕有志史學者終不可不以此自勉"。"故吾以爲，今後作史者宜於可能的範圍內裁抑其主觀而忠實於客觀，以史爲目的而不爲手段。夫然後有信史，有信史然後有良史"。

—— 寫史當把握"人類活動相而注重其情態"。

—— 寫史當注意各個史事的關聯。"善爲史者之馭事實也，橫的方面最注意於其背景與其交光，然後甲事實與乙事實之關係明，而整個的不至變爲碎件。縱的方面最注意於其來因與其去果，然後前事實與後事實之關係明，而成套的不至變爲斷幅"。

—— 治專門之史的同研究普遍之史一樣，要有兩種覺悟。梁啓超說：

其一，當思人類無論何種文明，皆須求根柢於歷史。治一學而不深觀其歷史演進之迹，是全然蔑視時間關係，而茲學系統終未由明瞭。

其二，當知今日中國學界已陷於"歷史饑餓"之狀況，吾儕不容不盅圖救濟。

普遍史與專門史相區別又相互聯繫。這些主張注意到世界史學的發展的事實，從史料收集、分類到史料的考訂、史書的編纂、各種專門史的寫法，對中國傳統史學有批判有吸收。梁啓超寫《清代學術概論》、《中國近三百年學術史》等，可以說是他主張寫專門史的實踐。

章太炎在《訄書》中寫的史論篇章如《尊史》、《徵七略》、《哀焚書》、《哀清史》等，同樣對封建史學展開了批判。

總之，梁啓超20年代寫《中國歷史研究法》，稍後，到了1927年寫《中國歷史研究法補編》，同他的前期的史學思想相比，歷史觀點在向後退，而在對傳統史學上，是有分析的批判，有吸收也有改造。這又是他的史料學、歷史編纂學、歷史文學的觀點上的發展。

顧頡剛的古史辨，從文獻的角度，論述自己的古史觀念，同樣對舊史學進行了一次批判，他提出了"層累地造成的中國古史"的論點。這個理論的要點如下：

一、古代歷史記載，是時代愈後，傳說的古史期愈長。在周代，最古的人是禹。到了戰國時代，最古的人是黃帝、神農。秦朝時出現三皇，到了兩漢，又有盤古的記載出現。

二、時代愈後，傳說中的人物的事迹內容不斷增添。即是"傳說中的中心人物愈放愈大"。在孔子的言論中，舜，是一個"無為而治"的聖君。稍後，寫《堯典》的作者，舜成了一個"家齊而後國治"的聖人。戰國的孟子，說到舜，又加上了舜是孝子的內容。

三、我們"不能知道某一件事的真確的狀況，但可以知道某一件事在傳說中的最早的狀況。我們即不能知道東周時的東周史，也至少能知道戰國時的東周史；我們即不能知道夏商時的夏商史，也至少能知道東周時的夏商史"。(參見《與錢玄同先生論古史書》，《古史辨》第1冊中編)

顧頡剛的古史觀點在當時的史界是一個大膽的言論，破除人們盲目崇古的思想，三皇、五帝並不是什麼充滿仁義道德的黃金時代，它不過是後代爲了某種需要而製造出來的神話。因此，他主張應當剝去這些假的、僞的材料，恢復真的古史原貌。這種全盤否定古史記載確是疑古過頭。古史的記載有後人虛構的成分，但也有真實史的因素，地下發掘的材料證實了這一點。但在當時，顧頡剛的古史觀是對封建史學的批判，是"五四"時期思想解放運動的一個組成部分。

四、史學作品編纂形式的變化和學術期刊的出現

新史學思潮同樣反映在史書的編纂形式上。前面我們著重從歷史觀點上，談新的通史作品。這裏從編纂形式上看通史的寫作。20世紀初，史學家採用新的編纂形式撰寫中國歷史，或者提出編寫中國通史新的設想。章太炎的《中國通史略例》、梁啓超的《中國史敘論》和《新史學》，對新的中國歷史編寫提出了重要的原則，並且開始了編寫工作。《飲冰室合集》的《專集》中還保存他寫的《中國通史稿》的存目。在這同時，陳黻宸也在《新世界學報》上發表他對編寫中國通史的設想。主張"據我中國古書，旁及東西鄰各史籍，薈萃群言，折衷貴當，創成史例"，寫出一部民史。馬敘倫也有寫新史的構想。在新的史著方面，前面說到有夏曾佑的《中國歷史教科書》。曾鯤化寫《中國歷史》，曾氏說他的這部史書是要"調查歷代國民全部運動進化之大勢，最（撮）錄其原因結果之密切關係，以實國民發達史價值，而激發現在社會之國魂"。在形式上是"每編尾必綜論其時代之社會與國民之情狀，使讀者按其統系之活脈，以吞納四千年歷史上舞臺之萬因萬果"。（以上參見俞旦初《二十世紀初年中國的新史學思潮初探（續）》，載《史學史研究》1982年第四期）梁啓超1906年寫有《中國四千年開化史》，20年代有王桐齡的《中國史》等，30年代的呂思勉《中國通史》、鄧之誠《中華二千年史》、繆鳳林的《中國通史綱要》、劉師培的《中國歷史教科書》等。40年代通史著作更多，如柳詒徵先生的《中國文化史》等。史書編寫除了歷史觀點的變化，另一個就是章節體的形式成了史書編纂的主

要形式。

　　總之，這一時期有歷史教科書及各種通史等與封建時代的史著相比，有"新"的特點。新的史著採用章節體裁，這還只是形式的特點，重要的是新歷史著作，對歷史有新的理解；史書記載的內容和封建史學著作也不同，記言、記事敍述性的史著，改變成歷史因果關係研究式的著作。雖然"因果性只是片面地、斷續地、不完全地表現世界聯繫的全面性和包羅萬象的性質"。（列寧：《哲學筆記》第168 頁，人民出版社 1974 年版）因果關係運動實際上等于"在不同的廣度或深度上被抓住、被把握住內部聯繫的物質運動及歷史運動。"（同上，第 170 頁）可以說這些史學作品已經開始注意歷史的內在聯繫。

　　學術期刊成了傳播歷史研究成果的一種重要形式，本世紀 20 年代前後，出現各種帶有學術探討的綜合性的刊物。有些大報紙如《民報》、《新民叢報》也登載史學研究的文章，專門性的學術刊物有北京大學的《國學季刊》以及中央研究院的《歷史語言研究所集刊》等，其他一些高等學校出版自己的學報。學術期刊的出現，一方面是更便於傳播學術研究成果，另一方面促進了學派的形成與發展；往往是一個學術期刊就是一個學派的陣地，有他們的獨有的觀點、學風，在這個刊物的周圍聚集同一學術傾向的學人，或爲一個有特點的學術群體，逐漸成爲有相當影響的學派。學術傳播的形式上的變化促進了史學思想的發展，這是史學的近代化上一個重要的方面。這一方面我們研究得還很不夠。

五、新歷史研究方法論的提倡和近代新考据學。

　　新史學的一個重要方面是由於西方學術思想和學術研究方法論的傳入，中國傳統的史學發生了變化。西方的史學方法論的作品，通過不同的途徑傳入中國。一是從日本學者的作品中，中國的學人接觸到西方的學術思想、史學方法論。一是直接從西方的學術作品中瞭解他們的研究方法論。其中不少是中國的留學生直接介紹。本世紀初，汪榮寶編譯的《史學概論》是以日本的坪井九馬三

的《史學研究法》爲"底本"，譯介西方的學術方法論。日本浮田
和民的《史學原論》在中國有多種譯本，在當時的中國學界中產生
廣泛的影響。最早在中國提倡方法論的並且把它和中國傳統史學方
法論相結合，應當是胡適的《中國哲學史大綱》（卷上）。不論怎樣
說，他畢竟開了一種講研究方法的風氣。胡適到晚年回憶說："我
治中國思想和中國歷史的各種著作，都圍繞'方法'這一觀念打轉
的。'方法'實在主宰了我四十年來所有的著述。"（唐德剛：《胡適
口述自傳》《實證思維術》）稍後有何炳松的《歷史研究法》，特別是梁
啓超的《中國歷史研究法》和《中國歷史研究法補編》，在中國史
學界有相當大的影響。

　　本世紀 20 年代、30 年代，西方史學方法論的作品譯介到中國
的，重要的有朗格諾瓦與瑟諾博斯的《史學原論》，班茲的《新史
學與社會學》，弗林的《歷史方法概論》，等等。除此以外，還有各
種西方的歷史哲學、史學史、史學概論的著作譯介到中國。從總體
上看，西方的歷史研究方法論傳入中國，對中國傳統考据學的變化
產生重大的影響，促進中國史學的近代化。但同時也要看到，在當
時一些史學家否定歷史因果關係的客觀性，否定歷史有客觀運動的
規律，一些學者把歷史研究法歸納爲史料的搜集、考訂、整理、排
比和編纂的方法，這在史學思想上是一種倒退。另一些史學家，把
傳統的考據方法與西方的學術研究方法結合起來，深入研究文獻和
新發現的歷史材料包括甲骨文以及考古發掘的材料，從而取得了重
大的成果，也爲中國馬克思列寧主義史學的發展準備了條件。下面
介紹一些史學家提倡的歷史研究方法。

　　其一，歸納的研究方法。梁啓超認爲歷史的科學的方法是歸納
的方法。他在《研究文化史的幾個重要問題》一文中說，歸納法的
最大的工作，是把許多事物相異的屬性剔去，求其共相，"各歸各
類，以規定該事物之內容及其行曆如何"，但只能運用在整理史料
上。他認爲，清代乾嘉諸老瑣屑考據等毛病應當批評，但乾嘉諸老
的治史有科學歸納法的精神應當肯定。他認定自己的研究方法"純

爲前清乾嘉諸老之嚴格的考證法，亦即近代科學家所應用之歸納法也"。(《中國歷史研究法》) 他的《中國歷史研究法》及《補編》，以歸納法的精神把中國的傳統考據法作了一個總結，這是有意義的。

但是我們也應該看到，梁啓超的方法論和新康得主義相通。他接受了德國的新康得主義西南學派立卡爾特（Henrich Ricket 現在譯爲李卡爾特）的觀點，把自然科學方法和歷史學的方法絕對的對立起來。認爲研究自然要用嚴格的方法、普遍化的方法；而研究歷史文化科學只有採用個別化的方法。梁啓超按照這樣的觀點，說：宇宙事物"劃然分爲兩系，一是自然系，二是文化系，自然系是因果法則所支配的領土，文化系是自由的領土"。(《什麼是文化》) 這時他已經否定了他提出過的關於歷史因果思想。他認爲在歷史研究中，只有史料的整理、考證，可以應用歸納的方法。(《研究文化史的幾個重要問題》) 梁啓超晚年提倡的歷史研究法，實際是史料的考訂與整理的方法。

其二，古史二重證據法。本世紀前半期我國的考古發掘獲得重大的進展。最重要的是殷墟甲骨卜辭的發現和整理敦煌文書，另外是漢晉簡牘的發現、整理，這些給學者治史提供了新的資料，也影響歷史研究方式的變化。王國維的"古史二重證據法"很有代表性，他說；"吾輩生於今日，幸於紙上之材料外更得地下之新材料。由此種材料，我輩固得據以補正紙上之材料，亦得證明古書之某部分全爲實錄，即百家不雅馴之言，亦不無表示一面之事實，此二重證據法惟在今日始得爲之。"（清華學校研究院講義：《古史新證》第一章"總論"）陳寅恪先生對王國維古史新證方法作了如下說明：

> 其學術內容及治學方法，殆可舉三目以概括之者。一曰取地下之實物與紙上之遺文互相釋證。凡屬於考古學及上古史之作，如《殷卜辭中所見先公先王考》及《鬼方昆夷玁狁考》等是也。二曰取異族之故書與吾國之舊籍互相補正。凡屬於遼金元史事及邊疆地理之作，如《蒙古考》及《元朝秘史之主因亦兒堅考》等是也。三曰取外來之觀念，與固有之材料

互相參證。凡屬於文藝批評及小說戲曲之作，如《紅樓夢》評論及《宋元戲曲考》、《唐宋大曲考》等是也。此三類之著作，其學術性質固有異同，所用方法亦不盡符會，要皆足以轉移一時之風氣，而示來者以軌則。吾國他日文史考據之學，範圍縱廣，途徑縱多，恐亦無以遠出三類之外。（《王靜安先生遺書序》，《金明館叢稿二編》第 219 頁）

王國維綜合文獻及金石、甲骨、流沙墜簡、敦煌寫卷等材料，運用了文字、音韻、文物、典制、地理、宗教、外國語等各方面的知識進行考證。"古史二重證據法"，實際上是一種綜合比較的考史方法。其中含有科學的因素。第一，他把文字的訓釋和史事、制度的考察結合起來。"苟考之史事與制度文物，以知其時代之情狀。本之詩書以求其文之義例；考之古音以通其義之假借；參之彝器以驗其文字之變化，由此而之彼，即甲以推乙，則於字之不可釋、義之不可通者，必間有獲焉。然後闕其不可知者，以俟後之君子，則庶乎其近之矣"。（《觀堂集林》卷六，《毛公鼎考釋序》）他以這樣的方法，把甲骨文與《史記》、《世本》、《山海經》結合起來，考訂殷先公先王，取得令人矚目的成績。第二，重目驗。在考證歷史事實時，王國維重視親見親聞的材料。他批評清儒考證史事時，只據文字訓釋，而不顧實際情形，從而造成許多謬誤。王氏作《浙江考》一文，強調司馬遷在實際考察後的記載，不能輕易地否定。（《觀堂集林》卷十二，中華書局 1959 年，第二冊）第三，反對穿鑿之說。他說："自來釋古器者，欲求無一字之不識，無一義之不通，而穿鑿附會之說以生。穿鑿附會者，非也，謂其字之不可識者，義之不可通而遂置之者，亦非也。"（《毛公鼎考釋序》，《觀堂集林》，第一冊，第 293 頁）

王國維考證古史時，不是孤立的看待事物，而能從事物的聯繫、發展中認識事物的流變、進而考訂事物。他寫的《漢魏博士考》可以說是一部漢代學術變化史，他把兩漢博士制度作為一個不斷變化的過程來把握。應該說，王國維是繼承了清代乾嘉考据學的考據法，又發展了乾嘉考据學。特別是他把乾嘉學者在小學上尤其是音韻學的成果、音韻學上的通轉流變的方法運用到考史上來，從而能發前人之所未發，見前人之所未見。中國近代考据學是繼承傳統的考据學，又發展了傳統的考据學。

王國維的二重證據法在史料學上體現出一種開闊的眼光。史料不再是局限於紙上的材料，它應該包括甲骨卜辭、金文以及各種新發現的材料，諸如封泥、璽印、貨貝、陶器上的文字都是考史的好材料，"足以考經證史"。文獻資料除經史書籍外，其他"言不雅馴"的百家言之中，也有歷史的影子。其次，二重證據法，在實際上指出儒家的經書，如《詩》、《書》等以及《史記》這樣一些歷史文獻，要重新驗證。"考信於六藝"的觀點，變成《六藝》要以其他材料來檢驗。最後是，王國維勇於破舊說，他是信而有證，信中有破，他贊成疑古，他反對那種不認真研究材料，輕率地懷疑古史的記載，認爲這是"疑古太過"。

王國維考史獲得的重大的成果，爲馬克思列寧主義史學的建立、發展，提供了條件。郭沫若說："大抵在目前欲論中國古學，欲清算中國的古代社會，我們不能不以羅（振玉）、王（國維）二家之業績爲其出發點了。"（《中國古代社會研究·自序》）王國維曾想從哲學上尋找歷史研究的新途徑，但最後放棄了自己的打算。這層原因，可以追尋到西方叔本華哲學對他的影響。他信奉德國叔本華的哲學，這給他的考史增添了理性思維的因素，但又局限了他對歷史過程的探討。

其三，詩文證史和推論源流的考史方法。陳寅恪先生的文史考據，具有卓識，其視野相當開闊。用詩文證史，以歷史的記載去箋證詩文，又從詩文的材料中考訂歷史的真相。他在《元白詩箋證稿》、《秦婦吟校箋》等著作中都是成功地運用這一考據的方法。如他以杜甫的詩證唐史，並進而比較新舊《唐書》的記載，說："然則唐史新舊兩書，一則保存當時名稱，一則補充其他解釋。各有所長，未可偏廢，觀此一例，即可推知。後人往往輕議子京，亦由不明此義，因特爲標出而論證之如此。"（《以杜詩證唐史所謂雜種胡之義》,《金明館叢稿二編》第 53 頁）這又是詩文證史進而比較並論定史著的價值。

　　陳寅恪通曉多種文字,這對於他的歷史研究提供了有效的手段。他用漢文、蒙文、梵文以及多種西方文字,譯讀、考訂並且解決了歷史中的疑難,如《蒙古源流作者世系考》等是這方面的代表作。他擅長于利用佛教的經籍,甚至某些偽作,考訂出真實的歷史事實。如《梁譯大乘起信論偽智愷序中之真史料》就是一例。

　　陳寅恪先生提出"分析因子,推論源流"的文史考訂的方法,他在《隋唐制度淵源略論稿・敘論》中說:

> 夫隋唐兩朝為吾國中古極盛之世,其文物制度流傳廣播,北逾大漠,南暨交趾,東至日本,西極中亞,而迄鮮通論其淵源流變之專書,則吾國史學之缺憾也。茲綜合舊籍所載及新出遺文之有關隋唐兩朝制度者,分析其因數,推論其源流,成此一書。

陳寅恪認為隋唐制度其因數有三:一是北魏北齊,二是梁、陳,三是西魏、周。"在三源之中,此（西）魏、周之源遠不如其他二源之重要。然而後世史家以隋唐繼承（西）魏、周之遺業,遂不能辨析名實真偽,往往于李唐之法制誤認為（西）魏、周之遺物"。具體地說:

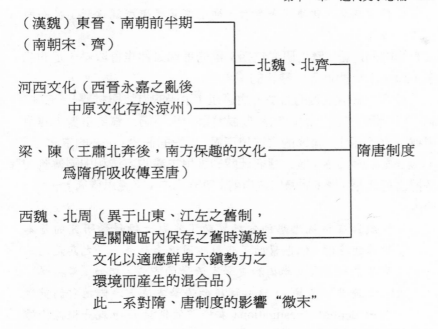

（漢魏）東晉、南朝前半期
（南朝宋、齊）

河西文化（西晉永嘉之亂後
　　　　中原文化存於涼州）

北魏、北齊

梁、陳（王肅北奔後，南方保趣的文化
　　　　爲隋所吸收傳至唐）

隋唐制度

西魏、北周（異于山東、江左之舊制，
　　　　　是關隴區內保存之舊時漢族
　　　　　文化以適應鮮卑六鎮勢力之
　　　　　環境而産生的混合品）
　　　　　此一系對隋、唐制度的影響"微末"

　　陳寅恪先生雖然沒有能夠把文化和社會經濟聯繫起來，考察制度的源淵流變，但是他的開闊的聯繫的歷史眼光，是乾嘉諸老所不可能具備的。他在《附論》中說："本書所論，極爲簡略，僅稍舉例，以闡說隋唐二代制度之全體因革要點與局部發展歷程而已。總而言之，二代之制度因時間與地域參錯綜合之關係，遂得演進，臻於美備，徵諸史籍，其迹象明顯，多可推尋，決非偶然或突然所致者也。"這本書以具體的研究，顯示出一種歷史考據方法。這種文史考據之學反映出他的史學思想中有著豐富的辯證法的因素。《金明館叢稿》的"出版說明"說：

　　　　陳寅恪先生繼承和發揚了清代乾嘉學派和歐洲近代研究梵文、佛典的傳統，以其深厚的文、史、哲以及語言文字知識，融會貫通，縱橫馳騁，不斷開拓學術研究的新領域，取得學術著述的新成果。在長達半個世紀的研究、教學、著述事業中，儘管尚未擺脫傳統士大夫思想的影響，但是，他治學的

　　　　嚴肅認真、實事求是態度，卻也使其學術成就達到了很高的
　　　　境界。

沒有辯證的思維，歷史研究包括文獻的考據雖然也會取得一定的成
果，但是不可能進入一種新的境界。

　　其四，實用主義的方法。胡適在《治學的方法與材料》一文中
說："科學的方法，說起來其實很簡單，只不過'尊重事實，尊重
證據'。在應用上，科學的方法只不過'大膽的假設，小心的求證'。"
(《胡適文存》第3集)他力圖把杜威的實用主義的方法和中國傳統的
考據溝通起來。據《胡適口述自傳》第五章中《實證思維術》一節，
他說：

　　　　杜威對有系統思想的分析幫助了我對一般科學研究的基本
　　　　步驟的瞭解。他也幫助了我對我國近千年來 —— 尤其是近三
　　　　百年來 —— 古典學術和史學家治學的方法，諸如"考据學"、
　　　　"考證學"等等。〔這些傳統的治學方法〕我們把它們英譯
　　　　為 evidential investigation（有證據的探討），也就是根據證據
　　　　的探討，〔無徵不信〕。在那個時候，很少（甚至根本沒有人）
　　　　曾想到現代的科學法則和我國古代的考据學、考證學，在方
　　　　法上有其相通之處。我是第一個說這句話的人；我之所以能
　　　　說出這話來，實得之于杜威有關的思想的理論。

又說：

　　　　近幾十年來我總歡喜把科學法則說成"大膽的假設；小心的
　　　　求證。"我總是一直承認我對一切科學研究法則中所共有的
　　　　重要程式的理解，是得力于杜威的教導。事實上治學方法，
　　　　東西雙方原是一致的。雙方之所以有其基本相同之點，就是
　　　　因為彼此都是從人類的常識出發的。

科學方法中外相通，這是不錯的。尊重事實、證據也是科學研究的
前提。科學需要假設，問題是假設是建立在什麼基礎上，是根據一
種主觀的觀念尋求證據，還是從事實出發，根據事物發展趨向提出
假設。例如，胡適提出"中國不亡，是無天理"，在當時的中國找

一些落後的事例來支撐自己的論點，並不困難。但這能說是科學的方法嗎？

其五"歷史演進的方法"。這是顧頡剛進行古史辨中使用的方法。根據這個方法提出的"古史層累地造成"的理論的要點在前面已作了說明。古史辨的中心是歷史進化的思想打破古代爲黃金世界的觀念。

胡適雖然指出"古史層累地造成"說，是對史學界一大貢獻，但是他把古史辨作爲他的"大膽假設，小心求證"方法的一次成功的實驗。顧頡剛也說歷史演進的方法得力于胡適。但兩者是不同的。在顧氏那裏，歷史演進法只是一種手段，中心是打破不正確的歷史觀念。這是第一點。第二點，顧頡剛說古史是後人逐步造出來的，這想法不完全是一種"大膽假設"，他很大程度上是從民俗學、戲曲中得出的一種啓發。他看到隨著時間的推移，民間傳說的內容不斷增加，戲曲中一些情節也更爲豐富，顯然是後人在不斷編造。由此他聯想到古史材料，也是不斷地由一些人根據某種需要進行編造。在這裏也要看到，顧氏要恢復古史原來的面目，要打破人們對"高文典冊"文獻材料的迷信，他說："從前人對於學問，眼光太短，道路太窄，只以爲信守高文典冊，便是唯一的學問的方法。現在知道學問的基礎是要建築於事實上的了。"（《古史辨》第 1 冊，《自序》第 84 頁）這樣的學術方法論包含求實的史學思想。同時我們也要指出，歷史演進法的觀念與古史辨的中心思想有矛盾。按照歷史演進法的思想，意味著，每一代人的造僞的本領越來越高，這不能說是進化；在某種意義上說，是一種退化，與要"打破古代黃金世界"的學術旨趣相矛盾。這是歷史觀與方法論的矛盾。從這裏倒是可以看出胡氏對顧頡剛影響帶來的後果。

我們還要指出，胡適在《自述古史觀書》中要顧頡剛"寧疑古而失之，不可信古而失之"。（《古史辨》第 1 冊，第 23 頁）顧頡剛則是由疑而求信。胡與顧分歧很明顯。所以，兩人治學上既有聯繫，又相互區別，在方法論上也當作如是觀。

陳垣（援庵）先生在中國近代文獻學上佔有重要的地位，"他在治學方法和撰述體例上，善於從個體看一般，從類例的探索中引導學者進窺全貌"。（白壽彝：《歷史教育和史學遺產》第 170 頁）這精闢地指出陳先生治學特色。先生他把考史所得加以條理化，形成一定的治史法則。他在校勘《元典章》時，舉例以明通則，總結校勘四法：一為對校法。即以同書之祖本與別本對讀，遇不同之處，則注於其旁。二為本校法。以本書前後互證，而抉摘其異同，知其謬誤。三為他校法。即以他書校本書。四為理校法。即不憑本而憑理。這就把校勘工作提高到一個新的高度，校勘成為一門專門的學問。

另外，陳垣先生類輯論辨，以表隱微。他在《通鑑胡注表微》一書中，從胡三省的注文中，探索出胡氏的包含在注文中的思想，這實際是把史考作了發展，一是考史實、史文，二是考出思想、感情和觀點。

陳垣治史善於鈎稽排列，以窺史全貌。《元也裏可溫教考》等論著，從各種材料中，鈎稽出同類的內容，從而展示歷史事物的全貌或全過程。總之，陳垣先生用近代的科學方法，整理文獻，並進而歸納出文獻學工作的法則，得出新的認識。考史、論史、述史結合起來，從而發展了傳統的考據之學。

另外，是語言文字比較的考證法。這可以傅斯年等為代表。傅斯年認為"語言即是思想"，"近代的歷史學只是史料學，利用自然科學供給我們的一切工具，整理一切可逢著的史料"。（《歷史語言研究所工作之旨趣》，載《歷史語言研究所集刊》第 1 本第 1 分冊）他把歷史學與語言學研究結合在一起。在傅樂成寫的《傅孟真先生年譜》有一段羅家倫的回憶文字，說："（傅斯年）到了德國，因為一方面受柏林大學當時兩種學術空氣的影響（一種是近代物理學和愛因斯坦相對論、勃朗克的量子論，都是震動一時的學術；一種是德國歷來以此著名的語言比較的考據學）；一方面是受在柏林的朋友如陳寅恪、俞大維各位的影響，所以他在柏林大學聽相對論，又聽比較語言學。他有了許多科學的方法和理論，又回頭發現他自己儲藏很

豐富的中國歷史語言知識，在此中可以另闢天地。”這一段話可以
幫助我們理解傅斯年的語言文字比較考據法的來源。他主張要有
“直接研究的材料”、“擴張研究的材料”以及“擴張研究的工具”，
並且運用自然科學的方法去整理史學，說現代史學研究“已經成了
一個各種科學方法之彙集”。但他說的“史學”，實際是“史料”。“史
料”即“史學”，就是傅斯年的口號。

　　此外，丁文江、梁啓超等提倡用社會統計學方法來研究歷史，
“用統計學法則，拿數目字來整理史料，推論史迹”。(梁啓超：《歷
史統計學》，《飲冰室合集·文集三十九》)

第三節　唯物史觀和中國歷史科學

　　19 世紀末特別是 20 世紀初年，馬克思主義開始傳入中國，但
是有系統地宣傳馬克思列寧主義是十月革命後，李大釗同志對此作
出了突出的貢獻。他先後發表的《法俄革命之比較觀》、《庶民的勝
利》和《Bolshevism（布爾什維主義）的勝利》等文章，傳播馬克
思列寧主義。他集中宣傳唯物史觀的文章還有 1919 年的《我的馬
克思主義觀》、1920 年的《唯物史觀在現代史學上的價值》、《唯物
史觀在現代社會學上的價值》等。

　　李大釗是中國馬克思主義史學的奠基人。這可以從幾個方面加
以闡明。一、他宣傳馬克思主義的唯物史觀。二、他的“史學思想
史”的研究和教學，宣傳馬克思主義唯物史觀是近代歐洲思想史上
的最高發展，是歷史學成爲一門科學的指導思想。史學思想史成爲
一門獨立的學科，是始自李大釗。三、他具體論述歷史學的性質和
特點，批判各種非馬克思主義歷史觀點。四、他開始用唯物史觀研
究中國的歷史和社會。

　　李大釗宣傳唯物史觀，系統地和完整地論述馬克思主義唯物史
觀的要點。首先他是從整個馬克思主義理論體系上來介紹唯物史

觀。在《我的馬克思主義觀》一文中，他說明馬克思主義是三個部分組成的，一是馬克思的歷史論；二是關於經濟論；三是社會主義運動論。又說："他這三部理論，都是不可分的關係，而階級競爭說恰如一條金線，把這三大原理從根本上聯絡起來。所以他的唯物史觀說：'既往的歷史都是階級競爭的歷史。'……其實他的學說是完全自成一個有機的有系統的組織，都有不能分離不容割裂的關係。"

李大釗以馬克思主義的基本的著作如《哲學的貧困》、《共產黨宣言》、《經濟學批判》的序言（即《政治經濟學批判序言》）等，來闡釋唯物史觀的基本的要點，說明馬克思的"獨特的唯物史觀"。他說唯物史觀的要點是兩點：

> 其一是說人類社會生產關係的總和，構成社會經濟的構造。這是社會的基礎構造。一切社會上政治的、法制的、倫理的、哲學的，簡單說，凡是精神上的構造，都是隨著經濟的構造變化而變化。……
>
> 其二是說生產力與社會組織有密切的關係。生產力一有變動，社會組織即必須隨著他變動。……生產力在那裏發展的社會組織，當初雖然助長生產力的發展，後來發展的力量到那社會組織不能適應的程度，那社會組織不但不能助他，反倒束縛他妨礙他了。而這生產力雖然在那束縛他、妨礙他的社會組織中，仍是向前發展不已。發展的力量愈大，與那不能適應他的社會組織的衝突愈迫，結局這舊社會組織非至崩壞不可。這就是社會革命。……

就總體來說，李大釗的話是抓住了唯物史觀的要點。

20 年代，李大釗的史學思想史的研究和教學，是他宣傳馬克思主義活動的一個重要的組成部分。1920 年，李大釗印發了《史學思想史講義》，在北京大學、朝陽大學、女子師範大學、師範大學、中國大學講授史學思想史、社會學等課。他的史學思想史研究，重點研究歐洲近代的思想發展史。他著重介紹和研究文藝復興時期法國的鮑丹（Jear Bodin 現在譯爲波丹）、法國的啓蒙思想家孟德斯鳩、義大利的歷史哲學家韋柯（Govanni Battista Vico 現在譯爲維科），及孔道西（Jean Antoine Comiorcet 現譯爲孔多塞）、桑西門（Claude HenrideSaint—Simon 現譯爲聖西門），涉及到的人物還有馬基雅弗理、伏爾泰、康得、赫爾德、黑格爾、梯也裏、米涅、基佐、孔德等。李大釗把這些思想家放在一定的歷史條件下加以考察，肯定其中合理的東西，指出其謬誤，說明他們的史學思想從觀點體系上看，是歷史唯心論，但比起中世紀神學觀，有了進步，打破了古代世界是“黃金時代”的迷信。他以歷史變化的觀點說明史學思想也是在不斷的發展。“歷史觀本身亦有其歷史”。歷史觀“是隨時變化的，是生動無已的，是含有進步性的”。（《史觀》，《李大釗文集》（下）第 267 頁）唯物史觀是歐洲近代史學思想發展的結果，“自有馬氏的唯物史觀，才把歷史學提到與自然科學同等的地位。此等功績，實爲史學界開一新紀元”。（《馬克思的歷史哲學與理愷爾的歷史哲學》，《文集》（下）第 347 頁）。

　　由此我們可以看出，史學思想史這一門學科，無論是對於史學的建設、還是對人們認識史學發展的前途、看清思想發展的趨向，是具有十分重要的意義。史學思想史成爲一門獨立的學科，是始李大釗。他著重研究的是歐洲的史學思想發展的歷史，但其中也含了對中國史學思想史的思考，特別是對中世紀中國的神學史、循環史觀、倒退史觀作的批判相當深刻，闡明史學的發展與史學想進步的密切的關係。

　　李大釗以馬克思主義的觀點，說明史學的性質和內容。他的《史學要論》是中國第一部馬克思主義史學理論的著作。首先他區客觀歷史與記載的歷史。他說：

　　　　歷史不是只紀過去事實的紀錄，亦不是只紀過去的政治事實
　　　　的紀錄。歷史是亘過去，現在，未來的整個的全人類生活。
　　　　換句話說，歷史是社會的變革。再換句話說，歷史是在不斷
　　　　的變革中的人生及爲其產物的文化。那些只紀過去事實的紀

　　　　錄，必欲稱之為歷史，只能稱為記述歷史，決不是那生活的
　　　　歷史。

他又說明"今日的歷史學，即是歷史科學，亦可稱爲歷史理論。史
學的主要目的本在專取歷史的事實而整理之，記述之；嗣又更進一
步，而爲一般關於史的事實之理論的研究，於已有的記述歷史外，
建立一般理論。嚴正一點說，就是建立歷史科學。此種思想，久已
廣布於世間，這實是史學界的新曙光"。歷史學要成爲一門科學，
必須要有理論的建設。這裏重要的是掌握唯物史觀。他說："今欲
把歷史與社會的概念弄得明明白白，最好把馬克思的歷史觀略述一
述。馬克思述他的歷史觀，常把歷史和社會關聯在一起；縱著看人
間的變遷，便是歷史；橫著看人間的現在，便是社會。"《史學要
論》在敘述歷史觀中，著重闡述唯物史觀的要點。唯物史觀對於研
究歷史的意義，李大釗在另一篇題爲《研究歷史的任務》的文章中
說："及後到了馬克思，才把歷史真正意義發明出來，我們可以從
他的唯物史觀學說裏看出。""我們拿著新的歷史眼光去觀察數千
年的故書陳籍，的確可以得著新的見解，找出真確的事實。"由於
歷史觀不斷進步，歷史要不斷的改作。他在《史學要論》中，希望
有系統的歷史科學早日建立起來，說："歷史科學的系統，其完成
亦須經相當的歲月，亦須賴多數學者奮勉的努力。"

　　《史學要論》進一步說明歷史學的系統，論說歷史理論和歷史
研究法容易相混，但"決非同物"。歷史理論是構成廣義史學的最
重要部分。闡述歷史學在科學中的地位，史學與相關的學問的關
係，特別是史學與文學、哲學、社會學的關係。

　　李大釗爲中國的馬克思主義史學奠定了理論的基石，同時他開
始用唯物史觀來觀察中國社會、思考中國的歷史。他寫的《原人社
會于文字書契上之唯物的反映》，是用唯物史觀研究中國古代歷史
的開始。他把文字記載與歷史傳說結合起來，以新的觀點，說明古
代的新舊石器、銅器、圖騰、母系、父系社會的狀況。這在當時中
國古史研究中是開闢一條新的路徑。《中國古代經濟思想之特點》

一文“要從經濟思想上發見東西人有根本特異的地方”，這是以新的觀點研究中國古代思想、探討東西方思想發展的不同途徑。他在歷史的研究中，強調“以前的歷史，幾乎全是階級的爭鬥史”。(《〈黃龐流血記〉序》)

李大釗的《從印度航路發見以至辛丑合約的帝國主義侵入東方大事年表》、《大英帝國主義侵略中國史》、《孫中山先生在中國民族革命史上之位置》等文，是中國最早以馬克思主義觀點研究中國近代史的文獻。他指出，研究近代現代的歷史，要以馬克思主義的觀點爲指導，特別是要用馬克思主義的方法。他說：“馬克思批評當代歷史事實的論文，是無產階級研究馬克思的人們絕好的材料的寶藏。我們現在要想根據馬克思主義就中國現在的民族革命運動尋求一個顯明的分析，最好是一讀馬克思當時關於中國革命的論文。從此我們不僅可以得到他的公式，我們更可以看出他怎樣應用他的研究的方法，以解剖那赤裸裸的歷史事實，整理那粗生的材料，最後我們便可以得到一個明確的結論。”(《馬克思的中國民族革命觀論》)

李大釗批判非馬克思主義的觀點，他的《我的馬克思主義觀》等許多文獻都是戰鬥的作品。

所以，李大釗宣傳唯物史觀，爲中國馬克思主義史學奠定了堅實的基礎。

在宣傳唯物史觀上，陳獨秀、蔡和森、瞿秋白、李達等都作出了貢獻。

郭沫若的《中國古代社會研究》一書，是中國馬克思主義史學家自覺地把馬克思主義的唯物史觀，應用到中國古代史研究的實際中去的著作。郭沫若說，他的研究是以馬克思主義的觀點作爲指南，“本書的性質可以說是恩格斯的《家庭、私有制和國家的起源》的續篇”。“我們把中國實際的社會清算出來，把中國的文化，中國的思想，加以嚴密的批判，讓你們看看中國的國情，中國的傳統，究竟是否兩樣！”(《中國古代社會研究·自序》)他說明馬克思主義的唯物史觀對研究古代歷史具有的普遍的意義。他稱自己的作品就是

《家庭、私有制和國家的起源》的續篇，表明他的研究是以馬克思主義作為自己的研究的指南。

郭沫若強調中國歷史發展是遵循人類的共同的規律，但是他並沒有抹煞中國歷史的民族的特點，這是需要指出的。首先他是以中國歷史的基本的文獻為研究的依據。他在研究中指出中國封建社會的長期性，說："事實上周室東遷以後，中國的社會才由奴隸制逐漸轉入了真正的封建制。從那時以後在農業方面中國才有地主和農夫的對立產生，工商業方面也才有師傅和徒弟的對立出現。春秋的五伯，戰國的七雄，要那些才是真正的封建諸侯。"他指出：

> 後來在秦統一了天下以後，在名目上雖然廢封建而為郡縣，其實中國的封建制度一直到最近百年都是很歸然的存在著的。（《中國古代社會研究·導論四·周代以來至最近時代之概觀》）

郭沫若關於中國封建社會的分期問題，後來又提出新的看法，史學界對歷史分期問題開展過熱烈的討論，但是對他論述中國封建社會的長期性觀點還沒有給予足夠的重視。其實這是談中國國情、談中國民族歷史特點的一個大問題。30 年代，中國社會性質大論戰、中國社會史大論戰、中國農村社會性質大論戰，都涉及中國歷史發展的道路的問題，歸納起來，是兩個基本問題：一是中國歷史發展是不是遵循人類歷史發展的共同的規律，一是中國歷史的發展在遵循人類歷史的共同的規律的同時，有沒有自己的特點。

《中國古代社會研究》重點研究中國古代社會，但是反映郭沫若對中國歷史的總過程的認識，因此這本書的意義不是局限在古代之一段歷史上。

《中國古代社會研究》一書，研究古代社會的生活的各個方面，反映郭沫若對社會歷史的經濟基礎和上層建築、意識形態相互關係的認識。他在這本書中，以正確的觀點，對中國傳統文獻進行了批判性的總結。對《周易》的研究就是一個很好的範例，他以唯物辯證法的眼光看待《周易》，指出其中的糟粕，又從《周易》中總結出中華民族的富的辯證法的寶貴的思想遺產。他說：

我現在研討《周易》中思想，我要說它是一個辯證的觀察，
想來總不會有人罵我是牽強附會，是在用溝通中西的腐儒的
慣技罷。

但是辯證法的形式雖然是一樣，各個時代的內容是進展著
的。自然的觀察和自然的認識今人比古人詳密到不可思議的
地步，辯證法自身也在不斷的發展。我們不能夠說古代的思
辨就和現代的一樣，也就和我們不能說墨子的論理該就是現
代的邏輯。這點我們要分辨清楚，連這點我們都認不清，那
他根本就不瞭解辯證法，那就是腐儒的態度了。(《中國古代社
會研究》,《第一篇〈周易〉時代的社會生活》)

這裏郭沫若提出了正確對待中國古代思想文化的總的原則，也給我
們樹立一個範例，怎樣對中國傳統文化進行揚棄、進行批判性總
結，總結中華民族文化中的精粹。他並且通過《周易》，透視中國
古代社會的情形，對《周易》的內容“如果把這些表示現實生活的
文句分門別類地劃分出它們的主從出來，我們可以得到當時的一個
社會生活的狀況和一切精神生產的模型。讓《易經》自己來講《周
易》，揭去後人所加上一切神秘的衣裳，我們可以看出那是怎樣的
一個原始人在作裸體跳舞”。這又給我們作出一個範例，也就是怎
樣利用古代的文獻，包括儒家的經籍來解剖中國古代的社會。這中
間難免有不成熟的地方，後來郭沫若也修正某些結論，但他顯示的
方法，無疑是正確的。

30 年代，關於中國社會史論戰、中國社會性質論戰、中國農
村社會性質論戰，在理論上、實際上是一次唯物史觀和反對唯物史
觀的論戰。論戰提出的問題，實際上讓人們思考，是以唯物史觀思
考中國歷史前途、中國社會的出路，還是扭曲中國的歷史和社會的
性質，從而使中國繼續陷在半殖民地半封建的災難境地。通過論
戰，唯物史觀進一步擴大了影響，馬克思主義史學思想得到進一步
的發展。有些學者在文章中提出了一些有意義的論述，也應當重
視。論戰促使人們對中國歷史有更深的思考。

　　毛澤東同志在第一次、第二次國內革命戰爭時期，創造性地發展了馬克思主義，以唯物史觀來思考中國的歷史前途和中國社會的發展方向，對中國馬克思主義史學的發展作出了不可估量的貢獻。在中國史學思想上，他強調對待馬克思列寧主義要有正確的態度，"不應當把他們的理論當作教條看待，而應當看作行動的指南"；"因此，使馬克思主義在中國具體化，使之在其每一表現中帶著必須有的中國特性，即是說，按照中國的特點去應用它，成為全黨亟待瞭解並亟須解決的問題"。(《中国共產黨在民族戰爭中的地位》) 唯物史觀是我們觀察社會、研究歷史的指南，而不是某種公式、教條。"馬克思以前的唯物論，離開人的社會性，離開人的歷史發展，去觀察認識問題，因此不能瞭解認識對社會實踐的依賴關係，即認識對生產和階級鬥爭的依賴關係。"(《實踐論》)

　　在《矛盾論》這篇文獻中，毛澤東指出：馬克思和恩格斯"綜合了人類認識史的積極的成果，特別是批判地吸取了黑格爾的辯證法的合理部分，創造了辯證唯物論和歷史唯物論這個偉大的理論，才在人類認識史上起了一個空前的大革命。"《矛盾論》中關於對立統一的思想認識社會、認識歷史的論述，關於用主要矛盾和次要矛盾變化來分析社會性質的論述等，是研究歷史的指導思想。在唯物史觀指導下，歷史研究才能成為一門科學。

　　毛澤東指出中國歷史和社會既是遵循人類歷史發展的共同的規律，又有自己的特點。他說：

　　　　中華民族的發展（這裏說的主要地是漢族的發展），和世界上別的許多民族同樣，曾經經過了若干萬年的無階級的原始公社的生活。而從原始公社崩潰，社會生活轉入階級生活那個時代開始，經過奴隸社會、封建社會，直到現在，已有了大約四千年之久。

又說：

　　　　……中國自從脫離奴隸制度進到封建制度以後，其經濟、政治、文化的發展，就長期地陷在發展遲緩的狀態中。這個封

建制度，自周秦以來一直延續了三千年左右。(《中國革命和中
國共產黨》)

這裏不應當僅僅視作是一個歷史分期的問題，重要的是看到毛澤東
對歷史的特點的思考，注意中國歷史自己的民族的特點的探討，至
於中國歷史的具體的分期，還要作進一步的討論。

　　毛澤東創造性運用政治、經濟發展不平衡的理論，說明近代現
代中國社會的性質是一個半殖民地半封建的社會，指出中國革命的
成功的途徑，制定一條新民主主義的革命的路線，確定中國革命必
須在農村建立革命根據地，走以農村包圍城市，最後奪取城市的道
路。這是以唯物史觀科學說明中國社會的性質，指明中國歷史發展
的前途。

　　關於歷史學工作，毛澤東把它提到一個很高的位置上來加以認
識。他指出，馬克思主義理論和方法，是“不要割斷歷史。不單是
懂得希臘就行了，還要懂得中國；不單要懂得外國革命史，還要懂
得中國革命史；不但要懂得中國的今天，還要懂得中國的昨天和前
天。”(《改造我們的學習》)“我們所要的理論家是什麼樣的人呢？是
要這樣的理論家，他們能夠依據馬克思列寧主義的立場、觀點和方
法，正確地解釋歷史中和革命中所發生的實際問題。能夠在中國的
經濟、政治、軍事、文化種種問題上給予理論的說明。”(《整頓黨
的作風》)這是以馬克思列寧主義的理論，科學地闡明歷史學的社會
功能，說明認識歷史和認識現實的關係。

　　關於對待傳統文化包括史學遺產的態度的論述，凝含著我們時
代的愛國主義史學思想、凝含著民族自豪感。毛澤東說：

　　　中國的長期封建社會中，創造了燦爛的古代的文化。清理古
　　代文化的發展過程，剔除其封建性的糟粕，吸收其民主性的
　　精華，是發展民族新文化提高民族自信心的必要條件；但是
　　決不能無批判地兼收並蓄。必須將古代封建統治階級的一切
　　腐朽的東西和古代優秀的人民文化即多少帶有民主性和革
　　命性的東西區別開來。中國現時的新政治新經濟是從古代的

　　　　舊政治舊經濟發展而來的，中國現時的新文化也是從古代的
　　　　舊文化發展而來，因此，我們必須尊重自己的歷史，決不能
　　　　割斷歷史。但是這種尊重，是給歷史以一定的科學的地位，
　　　　是尊重歷史的辯證法的發展，而不是頌古非今，不是讚揚任
　　　　何封建的毒素。對於人民群眾和青年學生，主要地不是要引
　　　　導他們向後看，而是引導他們向前看。(《新民主主義論》)
對於中國傳統史學遺產的態度，在這裏說得非常明確。

　　所以，毛澤東對唯物史觀的創造性的運用，表明唯物史觀的認
識和運用在中國走向成熟，毛澤東運用唯物史觀，解決中國歷史和
現實的問題，又豐富、發展了唯物史觀理論。毛澤東晚年的一些錯
誤和失誤，並不是唯物史觀本身的缺陷，而是毛澤東的一些做法，
違背自己當年提倡的一切從實際出發、要以唯物辯證法的眼光看待
中國的歷史和社會這樣一個唯物史觀的原則。

　　毛澤東在《實踐論》中說："通過實踐而發現真理，又通過實
踐而證實真理和發展真理。從感性認識而能動地發展到理性認識，
又從理性認識而能動地指導革命實踐，改造主觀世界和客觀世界。"
這也是歷史學的發展途徑。

　　在抗日戰爭時期國統區和革命根據地的馬克思主義史學家和
進步史學家，用唯物史觀從事史學工作，寫出各種歷史著作，郭沫
若、范文瀾、呂振羽、翦伯贊、侯外廬諸位先生應用唯物史觀認識
中國歷史和社會，論述中國思想、文化的變化和發展，在許多方面
他們都作出了突出的貢獻。在這方面，他們的工作成就是突出地反
映了唯物史觀的影響擴大和發展，也反映中國史學家應用唯物史觀
在走向成熟。其一，唯物史觀在通史、思想史、社會史、民族史、
文化史等各領域中，成了研究的指導思想，取得一批有突出成就的
成果。

　　其二，在前一個時期的唯物史觀發展的基礎上，出現了各種專
門宣傳唯物史觀的著作，這些著作成為指導學人在研究中，應用唯
物史觀解決具體問題的歷史哲學和史學方法論。有些史學家雖然不

是馬克思主義者，但是他們認識到要以唯物史觀作爲自己的研究的指標，有的在研究中，表現出向馬克思主義靠攏的傾向。

其三，把史學工作和抗日民族解放戰爭的鬥爭結合起來，揭露外國侵略者侵華的實質。愛國主義史學具有戰鬥性，也具有時代的內涵。

其四，通過研究，把馬克思主義的唯物史觀和中國的歷史的際結合起來，出現馬克思主義民族化的潮流。毛澤東是這樣，其他的馬克思主義史學家也都是堅持這樣的一條正確的道路。不可否認，當時有些地方也有這樣的或那樣的不足、缺點，但總的說，唯物史觀在中國的傳播和應用是健康的，日臻成熟。劉大年引用毛澤東的話，"馬克思主義必須和我國的具體的特點相結合並通過一定的民族形式才能實現。"他接著說："範文瀾同志就是因爲熟諳傳統文化，比較好地把馬克思主義和我國的特點結合起來，造就民族自己的個性，具有獨特的風格。"（《范文瀾歷史論文選集·序》）呂振羽在《創造民族新文化與文化遺產的繼承問題》一文中，闡述了文化的批判和繼承、建設民族化的馬克思主義史學的觀點。白壽彝在 1988 年紀念侯外廬學術討論會上，強調侯外廬先生的史學貢獻是"把馬克思主義史學理論民族化"，說：

> 外廬同志的書，在四十年代的馬克思主義史學地位中應有它的特殊地位。四十年代，馬克思主義史學著作出版了很多，史學界的幾大家都已出來，並有不同的著作、不同的貢獻，但有一點，外廬是突出的，這就是，他研究中國歷史是想把馬克思主義史學理論中國化，也可以說把馬克思主義史學理論民族化。這一點很重要。別的馬克思主義史學著作宣傳了馬克思主義的理論，也試圖把馬克思主義的理論同中國歷史結合起來，但是把中國歷史特點抓出來，這在外廬同志是最突出的。在這一點上，外廬同志比其他幾位同志貢獻更大。它反映了我們中國馬克思主義史學發展到新的階段，外廬同志的著作是這個階段的標誌。（《白壽彝史學論集（上）》第 415 頁）

侯外廬要求我們中國學人學會用自己的語言來講解自己的歷史與
思潮，學會用新的方法來發掘自己民族優良的文化傳統。他強調中
國思想史的研究必須以研究社會史爲基礎。通過比較中國和西方歷
史的具體途徑上的不同，研究中國歷史的特點，進而分析國古代思
想的基本特徵。

20 年代，李大釗宣傳馬克思主義的唯物史觀，開始用唯物史
觀觀察、思考中國的歷史和社會問題，爲中國的馬克思主義史學奠
定了基礎；30 年代，郭沫若寫出《中國古代社會研究》，應用唯物
史觀的基本的原理來研究中國古代社會，標誌中國馬克思主義史學
的產生；經過一個時期的發展，到了 40 年代，中國的馬克思主義
史學在走向成熟的道路上得到進一步的發展。唯物史觀思潮的發
展，推進中國的歷史學走向一個新的發展階段。

唯物史觀本身的發展同樣是一條辯證的道路，在這條道路上，
會有曲折過程。唯物史觀總是開闢人們發展認識的道路，不斷深化
人們的認識，而不是封閉人們的認識。唯物史觀總是要向前發展
的。恩格斯說：

> 每一時代的理論思維，從而我們時代的理論思維，都是一種
> 歷史的產物，在不同的時代具有非常不同的形式，並因而具
> 有非常不同的內容。因此，關於思維的科學，和其他任何科
> 學一樣，是一種歷史的科學，關於人的思維的歷史發展的科
> 學。(《馬克思恩格斯選集》第 3 卷，第 465 頁)

恩格斯的話指明了人類的認識和理論思維是隨著時代的發展而發
展，隨著時代的變化而變化。這種變化既表現在形式上，也表現在
內容上。

唯物史觀具有實踐的品格，隨著社會實踐的發展，唯物史觀的
理論受到檢驗，得到豐富和發展。在歷史的長河中，注意總結新的
情況（包括自然科學的發展的情況）、新經驗，同時修正某些不符
合實際的具體的結論，這是堅持唯物史觀本身的要求，也是唯物史
觀發展的表現。堅持實踐第一的觀點，唯物史觀就永遠顯示它的活

力。列寧說：“只要以是否符合社會經濟發展的現實過程作爲學說的最高的和唯一的標準，那就不會有教條主義。”（《列寧全集》第 1 卷，第 262 頁，人民出版社 1984 年 10 月第 2 版）

另外，如何注意吸收古代和近代的優秀的思想，包括外國的優秀的思想文化，以發展唯物史觀，這同樣是十分重要而且也是相當繁重的任務。唯物史觀的發展是對舊的史觀的辯證否定，是揚棄，而不是割裂古今的聯繫。因此，唯物史觀，“馬克思主義這一革命無產階級的思想體系贏得了世界性的意義，是因爲它並沒有拋棄資產階級時代最寶貴的成就，相反地卻吸收和改造了兩千多年來人類的思想和文化發展中的一切有價值的東西”。（《列寧選集》，第 4 卷，第 362 頁，人民出版社 1972 年 10 月第 2 版）拒絕吸收中外古今的優秀的思想和文化，不可能使唯物史觀得到發展，也不可能使史學思想得到發展。

應用唯物史觀研究歷史，顯示唯物史觀的意義，也是發展唯物史觀的要求。如何應用唯物史觀，具體研究中國歷史，認識中國歷史的道路、前途和特點，還是一個相當繁重的任務。以爲應用唯物史觀研究歷史，“比解一個簡單的一次方程式更容易”，這至少是對唯物史觀的一種誤解。一個時期，在歷史的研究中確實存在簡單化、公式化的弊病，這個教訓要總結，通過總結，加深我們對唯物史觀的認識。唯物史觀在中國發展大半個世紀了，時代要求我們對這一歷史作出認真的思考。

第十二章　結　語

　　中國史學思想的歷史向我們顯示出它的豐富性和深邃性，儘管在世界上很多學者並不承認這一點。不少人承認中國的歷史編纂學是豐富的，但認爲中國的史學思想沒有多少可取的東西。因此，在展示中國史學思想發展的歷程以後，有必要從這個過程中，總結中國史學思想的幾個重要的方面。

　　這裏有一個問題需要作一點解釋。中國史學思想應當包括史學家與思想家的歷史觀點和史學觀點。我們在前面研究諸子及理學家思想時，也是從這方面著眼的。我國歷代思想家探索客觀歷史發展的過程，把人們對歷史的認識推向前進。許多進步思想家關於歷史的論述，是我國史學理論遺產中的瑰寶。而人們在總結中國史學遺產時，往往沒有看到這座史學理論遺產的寶庫。

　　中國封建社會歷代史官可以說是職業的史學工作者，他們中間的優秀史學家，提出精到的見解。但是也有不少史官，在記載歷史時是恪守職責，在編纂材料、文字潤飾上也是高手，而在解釋歷史時，這些史臣恪守祖訓，因而缺少獨到的見解，顯示出思想上的蒼白。如果史學思想的總結，限制在舊目錄學中的史部書，而忽視別的作品，就有可能得出中國史學思想是貧乏的結論。

　　在總結史學思想時，我們應當十分注意歷代思想家的見解，注意他們對歷史的闡釋，對史學的認識。許多盡想家對歷史過程的探討顯示出他們的才華，他們同進步史學家一道，把人們對歷史的認識推向前進。正是他們敏銳的思考，他們中間有一些人的史學觀點，不符合統治者的口味，被作爲一種"異端"看待。許多思想家寫的作品通常沒有被列在"史部"目錄之下，因而這也是造成人們在總結中國史學思想時，往往忽視他們的思想的原因之一。

　　這樣，在史學發展上構成一種奇特的現象，不懂歷史的人在秉筆寫"國史"，而很多對歷史有較好理解的人寫出來的作品，又不被看作是史書，這些作品更沒有正史那樣的地位。

　　綜上所說，討論中國史學思想時，要注意史學家、思想家兩個方面的貢獻。我們在討論西方史學思想時，是注意思想家的觀點，注意到諸如康得、黑格爾這樣思想家的歷史哲學上的貢獻，因此，我們更有理由，思考中國史學思想時，要充分注意總結思想家的觀點和思想。

　　作爲史學思想的歷史著作，當然不可能把所有的思想家、哲學家以及政治家的歷史觀點及一些史學方面的主張都收進來，在史學思想的著作中，只能研究在歷史觀點上有獨到的見解或者其歷史認識對史學的發展有重大影響的論述。

　　從中國史學思想史的發展過程上看，與世界其他國家的史學思想相比，至少有這樣幾個觀點是可以提出來的。一是，通變的史學思想；二是，歷史借鑒的思想；三是，經世致用的史學思想；四是，歷史編纂學的二重性主張。

第一節　通變思想的意義和價值

　　"通變"把"通"與"變"兩者聯繫起來，作爲一個完整的範疇提出來，這是中國史學家、思想家的一個突出的貢獻，是中國歷史思想和史學思想的一個很大的特色。

　　"通"是聯繫，是連接、因依，"變"貫穿其中，是"通"的依據，"通"，是"變"的表現，"變"有千姿百態，有大變、小變、劇變、漸變、量變、質變，其"通"也因此各各相異。史學史上的"通識"有高下之分，有深淺之別，重要的一點，是這種通識中包含對歷史的"變"的理解上的不同。因此，僅僅講通識還是不夠的，還應當從通與變兩個方面來研究中國史學思想史的有關論述，從總體上來把握，這就是"通變"思想。

歷史是什麼？這個問題困惑著不少中外史學家。其實，歷史就是變化，沒有變化，就不會有歷史。通變思想的意義在於從根本上說明歷史是什麼。這裏歸納一下。

首先，通變思想指出變化是事物發展的必然。一部《周易》，其主題，概括起來是兩個字："通"與"變"。本書第二章以及在論述司馬遷、王夫之各個史學家思想的有關章節，已經談到這一問題。《周易》的作者從自然和社會人事的現象的觀察中，得出這一認識。沒有"通"，則爻與爻之間，互相隔絕；沒有"變"，則卦與卦、爻與爻之間永遠凝固。大千世界中的一切事物都在變化中生長消亡。爻與卦是對事物通變發展的一種抽象與概括。"聖人有以見天下之賾，而擬諸其形容，象其物宜，是故謂之象。聖人有以見天下之動，而觀其會通，以行其典禮，系辭焉以斷其吉凶，是故謂之爻。"也就是說，聖人看到變化的世界，才以卦爻的形式作出了概括。

同時，以"通變"的精神行事，才能取得成效，通變思想也是一種變革觀。"是故形而上者謂之道，形而下者謂之器。化而裁之謂之變，推而行之謂之通，舉而錯之天下之民謂之事業。"又說："鼓天下之動存乎辭，化而裁之存乎變，推而行之存乎通。神而明之存乎其人。默而成之，不言而信，存乎德行。"（《繫辭上》）這就是說，只有有精審見解的人、達到一定思想境界的人，才能以通變思想行事。近代王韜說：

> 《易》曰：窮則變，變則通。知天下事未有久而不變者也。上古之天下，一變而為中古；中古之天下，一變而為三代。自祖龍崛起，兼併宇內，廢封建而為郡縣，焚書坑儒，三代之禮樂典章制度，蕩焉泯焉，無一存焉。三代之天下，至此而又一變。自漢代以來，各代遞嬗，征誅禪讓，各有其局，……至今日而泰西大小各國，無不通和立約，叩關而求互市，舉海外數十國，悉聚于一國之中，見所未見，聞所無聞，幾於

六合為一國，四海為一家。秦漢以來之天下，至此而又一變。
（《弢園文錄外編·變法中》）

他在《變法上》中批駁西方人的言論，所謂"泰西人閱中國史籍，以為五千年來未之或變也"。王韜說："中國亦何嘗不變。"所以，通變思想是對中國歷史的一種認識，又是一種變革歷史的理論。從先秦諸子到司馬遷、王夫之以及近代的變法思想家，多是以通變的思想作為要求進行變革的理論武器。

通變思想成為史學家思考歷史過程的深邃思想，由於對通與變的理解不一樣，因此，就有不同的歷史的觀點。其一是，司馬遷的從物質、經濟的變動說明歷史的通變是一種必然。《史記》的《貨殖列傳》說："故物賤之徵貴，貴之徵賤，各勸其業，樂其事，若水之趨下，夜無休時，不召而自來，不求而民出之。豈非道之所符，而自然之驗邪？"在司馬遷看來，歷史的盛衰、霸業的興起與衰落、社會風俗的特徵的變化，都是經濟的變化的體現。所以《史記》的通古今之變的思想，有著更為深刻的內容。

其二是，孔子的損益的歷史觀。《論語》卷二《為政》篇載：子張問："十世可知也？"子曰："殷因于夏禮，所損益可知也；周因于殷禮，所損益可知也。其或繼周者，雖百世可知也。"這裏說的變與通，是另一回事。孔子心目中的夏、殷、周三代是盛世，但是三代中也有變化。能不能說孔子只承認歷史只有量變，而沒有質的變動？從《論語》中孔子言論看，他最推崇的是周，特別是周公施政的時代。他說過，"甚矣，吾衰也，久矣，吾不復夢見周公。"（《述而》）又說："周監於二代，鬱鬱乎文哉，吾從周。"（《八佾》）這裏他沒有說"吾從夏"，是可以說明問題的。因此，他是以三代的周，作為一個模範，他比較了三個朝代的政治治理與用人，說："周之德，可謂至德也已矣。"（《泰伯》）對於夏、殷二代的情況，他不是很清楚，說："夏禮吾能言之，杞不足征也；殷禮吾能言之，宋不足征也。文獻不足故也，足則吾能征之矣。"（《八佾》）一個事實是，殷周之際的制度變動，按後世的王國維的說法，是一個大變動，(見《殷周制度論》)這一點，孔子由於文獻的缺少，說不出詳情，但並不是沒有感受，他意識到三個朝代的刑法、禮等方面存在很大的差異。從上面所引，可以得出兩點結論：一是，孔於說三代的變動，不但有一般的變動，也有大的變動。二是，後世周朝政治的治理上是度越前代。他說："齊一變，至於魯；魯一變，至於道。"(《雍也》)這個"道"，也是周公治理的道。後世人在注《論語》時，說子張問十世，孔子回答的話，是表明孔子認定三綱五常不可變。這是理學家強加給孔子的，理學家爲宣傳天理永恒的需要，曲解孔子思想。如果我們仍然以理學的注解，來判定孔子的歷史觀，那實在是大不幸。所以，孔子的損益史觀，具有進化的因素，是一種制度上的通變史觀。但在總體上，孔子說的損益，講通與變，而這種"變"主要是漸變，這又是這種歷史觀的缺陷。

　　後來儒家談論歷史的變化，很多是按孔子的思路，提出自己的主張。

　　宋代的鄭樵提出的"會通"的思想，強調歷史的聯繫、因依，強調"通"，即是削弱了"變"的內涵。他說："百川異趨，必會於海，然後九州無浸淫之患；萬國殊途，必通諸夏，然後八荒無壅滯之憂。"這裏重點在強調自然和社會都是相互聯繫、貫通的，不能割斷古今的因依與連結。至於在這樣的過程中有怎樣的變動，鄭樵並沒有論及，這又是會通思想的不足。從形式上看，"會通"的概念，也是取自《周易》，但是《周易》的變的思想，鄭樵沒有繼承。章學誠在《文史通義》中作《釋通》篇，對鄭氏的"通"的思想給以充分的肯定，但是沒有看出鄭樵說的"會通"，同《周易》中的"會通"已經有了一定的差別。

　　董仲舒說歷史變通，則又是另一回事。他說："古之造文者，三畫而連其中，謂之王。三畫者，天、地與人也；而連其中者，通其道也。取天地與人之中以爲貫而參通之，非王者，孰能當？⋯⋯天覆育萬物，既化而生之，有養而成之，事功無已，終而複始。凡舉歸之以奉人，察於天之意，無窮極之仁也。"(《春秋繁露‧王道通三》)所謂變與通，是一種天的意志，是得天的意志的"王"，把天、地與人連結起來。這裏是天命支配的變與通的思想。它丟棄《周易》中通變思想中的精華，突出了天人感應的思想。這同司馬遷的通變的史學思想是對立的。

其次，通變思想，強調歷史的變化是有條件的，事物變化是在一定條件下發生的，因此，後世的變革也應當重視條件。所謂"變"，並不是任意的變。在政治上進行變革，只有重視條件進行變革，才能取得一定效果。所以，"通變"思想，又是中國歷史上的變革思想中的精華。宋代的馬端臨談到後世一些人企圖按《周禮》的辦法管理天下，以行封建、井田的辦法，以解決社會危機，他認爲這是一種不切實際的想法，說：

> 愚俱以爲未然。蓋《周禮》者，三代之法也。三代之時，則非直周公之聖可行，雖一凡夫亦能行之；三代而後，則非直王莽之矯詐、介甫之執慘不可行，而雖賢哲亦不能行。其故何也？蓋三代之時，裏宇悉以封建，天子所治不過千里，公侯自百里以至五十裏，而卿大夫又各有世食祿邑，分土而治，家傳世守，民之服食用，悉仰給於公上，而上之人所以治其民者，不啻如祖父之于其子孫，家主之于臧獲。田土，則少而授，老而收。於是有鄉遂之官。……其事雖似煩擾，而不見其爲法之弊者，蓋以私土子人，痛癢常相關，脈絡常相屬，雖其時所謂諸侯卿大夫者，未必皆賢。然既世守其地，世撫其民，則自不容不視爲一體，既爲一體，則奸弊無由生，而良法可以世守矣

這就是說，井田之法，是三代時代條件下的產物，並不是什麼個人的意願所能決定的。那個時代，天子直接控制的地區很有限，經濟關係簡單，政府百官與百姓間的關係也是明晰的，在那樣一個條件下，行井田，自是可行。但是到了後世，歷史發生變化，馬端臨說：

> 自封建變而郡縣，爲人君者，宰製六合，穹然於其上，而所

以治其民者，則諉之於百官、有司、郡守、縣令；為守令者，
率三歲而終更。……（《文獻通考》卷一百八十，《經籍考七》）

時代變化了，歷史的條件不一樣，等級關係更是日益複雜，再要行
封建，也是不可能的事。由此他得出一個結論："則知《周禮》所
載，凡法制之瑣碎煩密者，可行之于封建之時，不可行於郡縣之後。
必知時適變者，而後可以語通經學古之說也。"（上引見《文獻通考》
卷一百八十，《經籍考七》）

他在另一處，又說，"夫封建者，古帝王所以建萬世之長策，
今其公心良法一不復存，而顧強希其美名以行之，上則不利於君，
中則不利於臣，下則不利於民。而方追咎其不能力行，此書生之論，
所以不能通古今之變也。"（《文獻通考》卷二百七十五，《封建考十六》）
這一段話在前面已經引過，其具體的內容這裏不作更多的分析。但
是明顯的是，馬端臨的論封建的觀點，表述一種通變的思想，他強
調事物的變化是有條件的，只有懂得條件的意義，才可以稱得是理
解"通變"的精神。

中國的思想史上"通變"思想具有重大的價值，在於它既論述
了事物的變化是絕對的，同時，又指出事物的變化又是有條件的。
這既是觀察歷史的思想，又是思考時代變革的觀點。

通變思想還有一層重要的意思，這就是它說明對立的雙方相互
包含。司馬遷的通古今的歷史盛衰論中，提出"見盛觀衰"的觀
點，也就是說"盛"中有"衰"，"盛"中有"衰"的因素，"衰"
可復"盛"；在一定條件下，"衰"走向"亡"。盛衰變化又不是簡
單的盛衰循環。這在前面論司馬遷的歷史盛衰論時，已經作了分
析。一些史家在"盛世"下卻要說"危言"，也是從這樣一種思想
出發的。

依據通變思想，對歷史階段劃分有了可能，只講通，或者只講
變，是無法區別歷史發展的不同的時期和階段的。所謂上古、中古、
近古和近世等階段的區劃，具體地體現出歷史既是貫通，又存著不
同的變。

通變思想在學術史上，表現爲考鏡學術源流的傳統。吾舅馬茂元先生從文學理論上談到通變的思想，說：

> "通"與"變"對舉成文，是一個問題的矛盾的兩面；把"通變"連綴成爲一個完整的詞義，則是就其對立的統一的關係而說的。……把繼承和創新結合起來，才是"通變"的精義所在。(《晚照樓文集·說〈通變〉》)

章學誠在《文史通義》中以通變思想，提出變革史學的主張。他說：

> 《易》曰："窮則變，變則通，通則久。"紀傳實爲三代以後之良法，而演習既久，先王之大經大法，轉爲末世拘守之紀傳所蒙，曷可不思所以變通之道歟？(《書教下》)

"通變"在《文史通義》中，成爲史學變革的代名詞，應該說明，通變思想反映在各個學術領域內，但是這種思想是觀察自然和社會的運動後得出來的，歷史學的任務是從通與變兩個方面把握歷史的運動。

第二節 歷史借鑒的思想

世界上幾乎每一個民族每一個國家，都重視從歷史中尋求值得借鑒的經驗教訓，可以說，歷史借鑒的思想，是每個民族史學思想的主體部分。中國史學思想中的歷史借鑒的思想尤其豐富、發達，從而具有自己的特色。

在這裏我們首先從理論上討論歷史借鑒的可能性與必要性。歷史的發展中有重復性、常規性，歷史又是不可重復的。如果歷史是不可重復，那麼，歷史的借鑒也無從談起；如果歷史只有重復的一面，那麼，歷史就不可能前進，歷史的借鑒也無從談起，如果有的話，只能是一種刻板的照搬前人的作法。這裏結合中國歷史，分析這個問題，歷史在變化中有重復性，這是因爲人類的歷史發展是建立在物質生產的發展的基礎之上。社會穩定和發展，就要使社會物質生產能不斷進行，並且在一定的規模的基礎上進行擴大再生產。實現這一點，至少，一、物質生產者的最起碼、最基本的生活條件要有保障。一旦這個最低線被破壞，社會就會陷入混亂之中。在前資本主義的社會中，生產是以勞動密集型爲基本的特點，勞動者的生活狀況往往是一個社會能不能安定的標誌。"承弊易變，使民不倦。"是司馬遷從歷史興衰中總結出的一條根本性的認識。

強秦所以在很短時間裏崩潰，根本的原因是暴政、苛斂，"男子力耕不足糧餉，女子紡績不足衣服。竭天下之資財以奉其政，猶未足以澹其欲也，海內愁怨，遂用潰畔"。(《漢書·食貨志》)歷代說興衰的，都關注到這一點。

在前資本主義社會中，有一條無形的生存線，一旦勞動生產者長時期生活在生存線下，社會將動蕩。生產者的最基本的生活條件，一方面是進行生產的必要條件，也是勞動力再生產的必要的條件。現代資本主義社會提出貧困線問題，也是要穩定社會。

二、生產者與生產資料相結合的條件要得到滿足。在封建社會裏，土地問題始終是一個最根本的問題，其道理也在此。一旦農民與土地相分離，成爲流民，社會的生產遭到破壞，社會也就動蕩不安。中國思想史、史學史上關於歷史興衰的議論中，突出的一個內容是，關於封建、井田的爭論。其實質是要生產者與土地結合，維持社會的生產。《漢書》的《食貨志》說："理民之道，地著爲本。"杜佑看出這一層道理，說："谷者，人之司命也；地者，穀之所生也；人者，君之所治也。有其谷，則國用備；辨其地，則人食足；察其人，則徭役均。……夫《春秋》之義，諸侯不得專封，大夫不得專地。若使豪人占田過制，富等公侯，是專封也；買賣由己，是專地也，欲無流竄，不亦難乎。"(《通典》卷一)封建社會的興衰總是與土地問題聯結在一起的。

三、與前二者相關的另一個重要問題，是統治者在一定的程度上的自律。封建統治者的所謂的"清廉"，並不純粹是一個道德上的內容。統治者"酗酒"、"侈糜"、"好女色"等，從另一個角度反

映出勞動者的生活的極度困苦。統治者提倡他們的子孫要"體察民
漠"，其意圖也是使其子孫能看到生產者的生活情形，給勞動者以
最基本的生存的條件，使社會的生產能繼續進行。唐太宗探明這樣
的道理，他對臣下說：

> 為君之道，必須先存百姓，若損百姓以奉其身，猶割股以啖
> 腹，腹飽而身斃。若安天下，必須先正其身，未有身正而影
> 曲、上治而下亂者。朕每思傷其身者不在外物，皆由嗜欲以
> 成其禍。若耽嗜滋味，玩悅聲色，所欲既多，所損亦大，既
> 妨政事，又擾生民，且復出一非理之言，萬姓為之解體，怨
> 讟既作，離叛亦興。(《貞觀政要》卷一，《君道》)

四、為維繫生產的社會秩序與環境。封建社會的禮治，是統治
者維護其統治的上層建築，維護其等級統治的工具。這裏我們應當
看到這種禮，在當時的歷史條件下，對社會生產活動的意義。

對於封建社會的禮治的作用，我們應當看到它的兩面性質。一
方面，在維繫社會的正常秩序上起作用。又一方面，在社會生產力
進一步發展後，生產關係需要作更新、調整或作部分調整的時候，
保守的社會勢力，往往以維護舊的禮治為依據，反對對生產關係與
上層建築作必要變革，這時就顯現出它的保守性乃至反動的性質。

從禮治上總結歷史的興衰，要看到這種觀點所要維護的制度對
生產發展的意義。

所謂社會的環境，其涵義是多方面的。這裏有社會風氣的問
題、有人倫道德問題；還有一個重要的方面是周邊的關係的問題。
能否正確地處理民族問題與周邊的關係，直接地影響到社會的生
產、影響社會秩序的安定。

與上述問題相關的是軍旅之事。統治階級利用軍隊武力作為維
繫統治工具。這一點也應當從兩個方面來分析。武力作為維繫社會
秩序的手段，是鎮壓敵對階級反抗的暴力工具。對外，是反對外族
侵略的措施，同時在一定的情況下又成為對外擴張的手段。歷來統
治階級在總結歷史興亡時，十分重視總結軍事在興衰中的作用。

　　軍事在歷史興亡中有著十分重要的作用，但決定興亡的並不完全取決於武力。班固曾經認爲秦朝之所以亡，是"銷鋒鏑，弛武備"造成的結果。馬端臨不同意這樣的看法，他說：

> 愚以為秦之亡，非關於兵弛也。當時盡吞六雄，威震六合，彼胡越僻在裔夷，豈能為纖芥之害。而發百萬之師以戍之；驪山、阿房之役，又復數十萬健卒虛耗于無用之時，糜爛於不切之役。蓋側目倒戈相挺而並起者，皆秦兵也。(《文獻通考》卷一百四十九，《兵考一》)

秦之亡，非在兵弛，而在其倒行逆施，"寡助之至，親戚叛之者"，百姓鋌而走險，士兵也側目倒戈，強秦勢在必亡。

　　上述幾點，在歷史中一再重復，證明這些是直接作用於歷史的興衰。歷代史學家、思想家也總是圍繞著這些方面，闡發自己對歷史興亡的看法，從歷史中尋求值得借鑒的東西。中國歷史上的興亡論，表現出的歷史借鑒的思想顯示出它的豐富性、廣泛性。

　　但是歷史又是不可重復的，歷史具有一度性，歷史的現象不可能重演，也不可能在實驗室通過一定的辦法讓它重復的表演。歷史上經驗教訓也是在一定條件下產生的，借鑒歷史十分重要的是"條件"二字。即使歷史上重復的東西，也是在不可重復的事件中體現出來。史學史上，各種興亡見解之高低，也由此而表現出來。唐人李翰爲《通典》作的《序》中說：

> 儒家者流，博而寡要，勞而少功，何哉？其患在於習之不精，知之不明，入而不得其門，行而不由其道。……今《通典》之作，昭昭乎其警學者之群迷歟！以為君子致用在乎經邦，經邦在乎立事，立事在乎師古，師古在乎隨時，必參古今之宜，窮終始之要，始可以度其古，終可以行於今，問而辨之端如貫珠；舉而行之，審如中鵠夫然。故施于文學，可為通儒，施於政事，可建皇極。

史學要經世致用，是要借鑒歷史的，這也就是李翰說的話，要"師古"，但師古，並不是原封不動地照搬歷史的經驗，師古要"隨時"。

所謂"隨時"，李翰的解釋是："參古今之宜，窮終始之要。"中國
思想家、史學家把歷史的借鑒與通變的思想結合在一起，這是中國
史學思想中的歷史借鑒思想的深刻的地方。

　　爲解決封建社會中土地問題，一些思想家、史學家，提出要恢
復井田、行封建，認爲以這樣的三代的優良制度，就可以解決社會
的危機。馬端臨說，這是不能通古今之變的"書生之論"，這在前
面我們已經討論過。王夫之說："善師古者，旁通而善用之。"（《讀
通鑒論》卷二，《漢高帝》）所謂歷史的借鑒，要以通變的眼光看待歷
史的經驗教訓。有的可以直接引以爲用，如漢初招募失業之民歸之
于農。有的要作損益，有的在新的歷史時勢下，不可再搬用的，如
封建、井田一類的問題。對歷史上的經驗，應從其精神上認識它，
注意形成歷史經驗的一定的條件，要看到後世現實條件的變化與新
的歷史時勢形成。王夫之說自己借鑒歷史，寫《讀通鑒論》，是：

> 編中所論，推本得失之原，勉自竭以求合於聖治之本；而就
> 事論法，因其時而酌其宜，即一代而各有弛張，均一事而互
> 有伸詘，寧為無定之言，不敢執一以賊道。有自相蹠盭者矣，
> 無強天下以必從其獨見者也。若井田、封建、鄉舉、里選、
> 寓兵于農，舍笞杖而行肉刑諸法，先儒有欲必行之者矣。襲
> 《周官》之名迹，而適以成乎狄道者，宇文氏也；據《禹貢》
> 以導河，而適以益其潰決者，李仲昌也。盡破天下之成規，
> 駭萬物而從其記誦之所得，浸使為之，吾惡知其所終哉！（《讀
> 通鑒論‧敍論四》）

不顧條件，機械套用歷史上的作法；不從實際出發，而從書本襲用
成規，其惡果是嚴重的。所以，王夫之說他談借鑒歷史，但"寧爲
無定之言，不敢執一以賊道"。中國史學思想史上的歷史借鑒思想
在這一方面體現出其深刻性的一面。總結經驗，是得可以鑒，失亦
可以鑒。既總結本朝興起成功處，也從前代滅亡中看到教訓。"見
盛觀衰"，在"盛"中要看到有"衰"，進行"承弊易變"。

　　封建時代君王如漢高祖、漢武帝、唐太宗等重視從歷史中取

鑒，對他們的統治起了重要作用。少數民族統治者，如遼聖宗、金世宗重視從漢唐歷史中汲取經驗教訓。金世宗批評唐太宗不能有始有終以史爲鑒。世宗二十九年大定之治，與他重視歷史有密切關係。

中國史學思想史上的歷史借鑒思想，在一些人那裏又有其缺陷。其一，以天人感應的自然現象作爲歷史的借鑒的內容。以膚淺的類比論歷史的興亡。其二，對科學技術在發展生產力中的作用，在振興社會中的意義，基本上沒有論述。因此，歷代興亡論多半是以要維持簡單的社會再生產作爲太平盛世的內涵。其三，很多論歷史興衰，著重強調維繫綱常、名分、禮教的意義，這往往又成了同義語的反復。盛世的標準是綱常、名分、禮教得到保存；另一方面說，要使社會達到三代那樣的盛世，就必須保存綱常、禮教。用這樣的方法，總結不出多少有價值的歷史經驗教訓。最後，相當一部分的歷史興亡論，缺少通變的思想。

在中國史學思想史上，歷史借鑒的思想有一個發展的過程。以《尚書》爲代表的“殷鑒”思想，著重在從前朝衰亡的事實中總結相應的具體的經驗教訓，並且又和敬天的觀點聯繫在一起。從《周易》至兩漢的如賈誼、司馬遷等人歷史借鑒的議論，突出發展了通變的歷史興衰論。從兩漢到《資治通鑒》《稽古錄》，注意到以“類”的觀點，進一步討論歷史興亡的問題。隨著宋明理學的興起與發展，歷史的借鑒思想向著哲理的高度發展。通變的歷史借鑒的思想也有了進一步的發展。到了近代，歷史的借鑒，把中國歷史的興衰與世界歷史的興衰結合在一起；學者的總結中注意到科學技術力量對於國家興衰的意義。

第三節　經世致用的史學思想

中國史學家大多主張治史致用、治史明理、明治國安邦之理。問題是，史學通過怎樣的途徑以致用，所謂的“用”的內容有哪些

方面，各家的看法不一樣。通過總結歷史的興衰，作為借鑒，作為
穩定社稷、"躋堯舜之治"的參考，上面說的歷史借鑒的思想，也
可以說是一種致用思想。另一種是通過歷史的事例，對人們進行道
德教育。漢代荀悅作《漢紀》，說修史的目的時，說"夫立典明五
志，一曰達道義，二曰章法式，三曰通古今，四曰著功勳，五曰表
賢能。於是天人之際，事物之宜，粲然顯著，無不備矣"（《後漢書·
荀悅傳》）他是把道德垂訓作為史學的首要功用，寫史書的首要一條
目的是"達道義"。在五條中，道德的內容是主要的。這也是對史
學致用的一種看法。還有一種看法，是"史"作為"解經"、"明天
理"之用。朱熹說："如讀書以講明道理，則是理存於書；如論古
今人物以別其是非邪正，則理存於古今人物；如應接事物而審處其
當否，則是理存于應接事物。"（《朱子語類》卷十，"讀書法上"）古
今之事、古今人物，都存有"理"，治史也當明理，明天理之正。
這是理學家的普遍看法。

　　所以，治學、治史完全不講"用"，在學術史上是極為少見的。
通常所說的經世致用的史學，具有特定的涵義。一、經世致用的史
學思想的"用"，著重在民生日用上，講富國強兵之術。經世致用
之學，並非完全排斥"經"、"理"，但講"理"，不能脫離民生日用。
一味講正心誠意，脫離了民生日用，就不是一種"理"。朱熹與陳
亮關於義利之爭，很可以說明這一點。朱熹認為，義利不兩立，如
果"崇利"，就會"紬義"。陳亮則認為，義利可以雙行，義與利並
不是水火不容。他在《上孝宗皇帝第一書》中說，他經過潛心的研
究，明白一個道理，說：

　　　　辛卯、壬辰之間，始退而窮天地造化之初，考古今沿革之變，
　　　　以推極皇帝王伯之道，而得漢、魏、晉、唐長短之由，天人
　　　　之際，昭昭然可察而知也。始悟今世之儒士，自以為得正心
　　　　誠意之學者，皆風痹不知痛癢之人也。舉一世安于君父之
　　　　仇，而方低頭拱手以談性命，不知何者謂之性命乎？陛下接
　　　　之而不任以事，臣於是服陛下之仁。又悟今世之才臣，自為

> 　得富國強兵之術者，皆狂惑以肆叫呼之人也。不以暇時講究
> 　立國之本末，而方揚眉伸氣以論富強，不知何者謂之富強
> 　乎！

陳亮把一味講正心誠意而不達世務，不知真正的富國強兵之術的理學家，稱作爲"皆風痺不知痛癢之人"。這表明陳亮與理學家對"用"的理解，存在根本的分歧。

　　資鑒思想與經世思想有聯繫，可以說，經世思想是由資鑒的史學思想衍生出來的，它同樣關心社稷的興亡，但經世思想對民生日用給予更多的注意，包含積極的振興民族的主張。

　　二、經世致用之學，重視典制的意義，通過制度、法規、措施的設立或變革，達到致用的要求。歷代重視典制、講經制之學的學者，尤其強調學術的致用。宋代的永嘉學派，倡經制之學，以求見事功之學。黃宗羲說："永嘉之學，教人就事上理會，步步著實，言之必使可行，足以開物成務。"（《宋元學案》卷五十二，《艮齋學案》）宋代呂祖謙治史，提倡"學者須當爲有用之學"。（《左氏傳說》卷五）清人章學誠從理論上說明，經史一致，《六經》皆史，皆先王之政典，是從經史皆是關民生實用的學問這一角度，提出他的命題。

　　史學思想史上倡經世致用之學，往往又都是一個時代主張變革的思想家。歷史上主張變革的思想家、史學家，他們多是提倡致用之學。

　　三、提倡經世致用的學者，能面向社會實際。"喜談經世之務"的顧炎武，重實地的考察。他在《與潘次耕》書中說："頻年足迹所至，無三月之淹。友人贈以二馬二騾，裝馱書卷"（《亭林文集》卷六），"遨遊四方"。"事關民生、國命者，必窮源溯本，討論其所以然。足迹半天下，所至交其賢豪長者，考其山川、風俗、疾苦、利病，如指諸掌"。（《日知錄·潘耒原序》）把文獻記載，與實地考察結合起來，這是顧氏治學的學風的特點，也是具有經世思想學者的共同特點。一般說來，具有經世思想的學者，他們的眼界開闊，知識淵博，經、史、天文、地理、曆法、算數以及民生日用，都在他們

的研究的範圍之中。經世史學的一個十分重要的特點，是在"經世"二字上，它取鑒於史，但又十分重視對現實的研究。從現實出發，研究歷史，取鑒於史，結合現實，找出解決現實社會問題的辦法。

四、尊經亦重史。提倡經世致用治學的學者，把史學放在一個十分重要的地位。從呂祖謙的"畜德致用"的觀點的實際的內容，到顧炎武的"經學即理學"的觀點，而章學誠的"六經皆史"的命題，再到龔自珍的"尊史"的口號，都是把史學的地位放在十分重要的位置上。他們並不忽視經學的研讀，但是他們在重經的前提下，看重史學的意義。

五、重民族氣節，要求民族興盛，這和近代愛國主義救亡圖存的思想直接相連接。

中國經世史學從完整意義上說，是始于唐朝的杜佑，《通典》是一部經世史著。他在《食貨典·序》中說："所纂《通典》，實采群言，徵諸人事，將施有政。"在貞元十七年獻《通典》的書中直陳自己作史的旨趣，他說：經書"如日月之下臨，天地之大德，百王是式，終古攸遵"。他說自己的治學：

> 臣既庸淺，寧詳損益，未原其始，莫暢其終。尚賴周氏典禮，秦皇蕩滅不盡，縱有繁雜，且有準繩。至於往昔是非，可為來今龜鏡，布在方策，亦粗研尋，自頃續修，年逾三紀，……但竭愚盡慮而已。(《舊唐書》卷九十七，《杜佑傳》)

清人王鳴盛在《十七史商榷》中對這段話，作了解釋，說：

> （佑）意以經學但可明道，非法制所垂。惟典禮為關法制，欲撇去經學以伸己之《通典》，且深譏世說《經》者多疵病也。然此書中偶涉《經》處，每駁去古義，別創新說。……蓋唐中葉經學已亂，故佑多徇俗。(《十七史商榷》卷九十，《杜佑作通典》)

王鳴盛以尊經的漢學家的眼光來評杜佑，是不能理解杜佑治史的用心，但他說出了杜佑治學上的特點，杜佑重典制，重實用，並沒有把《經》放在特殊的位置上。杜氏治學是和尋求經世大業與方略結合起來。

杜佑又是一位博學之士，《舊唐書·本傳》說他"雖位極將相，手不釋卷，質明視事，接對賓客，夜則燈下讀書，孜孜不怠。與賓佐談論，人憚其辯而伏其博，設有疑誤，亦能質正"。

《四庫全書總目提要》說，《通典》"詳而不煩，簡而有要，元元本本，皆爲有用之實學，非徒資記問者可比。"(《四庫全書總目》卷八十一) 乾隆的《御制重刻通典序》有更詳細的說明：

> ……唐宰相杜佑于爲淮南節度書記時，始出己意，搜討類次，勒成一書，名曰《通典》，爲類八，爲書二百卷，自唐肅、代間，上溯唐虞，雖亦稍據劉秩《政典》及《開元新禮》諸書。要其網羅百代，兼總而條貫之，斯已勤矣。……此書則佑自言徵於人事，將施有政。故簡而有要，覈而不文。觀其分門起例，由食貨以訖邊防，先養而後教，先禮而後刑，設官以治民，安內以馭外，本末次第，具有條理，亦恢恢乎經國之良模矣。……

《序》將《通典》與《通志》、《文獻通考》三書作了一個比較，指出這部書的特點，其中重要的一點是這部書的意義，在於它體現"經國之良模"。所以，《通典》一書，從史學思想上說，它標誌經世史學思想形成一個體系。

兩宋時期，經世史學思想有了進一步的發展，宋代學術中的經制之學，以及陳龍川的永康之學，集中反映了經世學者的觀點。呂祖謙開啓浙東學術，中國的經世史學思想進一步發展。他把民生日用問題的考察與歷史研究結合起來，主張"學者當爲有用之學"。(《佐氏傳說》卷五) 到了中國封建社會的末期，明清兩代，經世史學思想演變爲實學思潮的內容。章學誠並且從理論上對經世史學作了說明。

到了近代，經世史學思想，適應時代的需求，融化入救亡圖存的愛國主義的史學思潮。近代的兩次邊疆史地學研究高潮，是近代經世史學的直接體現。本世紀 30 年代，《禹貢》半月刊稱他們的研究是繼鴉片戰爭後的第一次邊疆史地學之後，"我國研究邊疆學之第二回發動。"（《禹貢學會研究邊疆計劃書》）他們說："士居今日，欲求經世致用救亡圖存之學，其道固有多端，而于吾國地理之研究居重要之一。"（《禹貢》第七卷第一、二、三合期，《本會此後三年中工作計劃》）

　　由借鑒思想衍生出的經世史學思想，突出對歷史前途的關懷、對民生日用的關注，這優良傳統，一直爲中國史學家所繼承。

第四節　歷史編纂學的二重性的主張

　　關於封建社會歷史編纂學的二重性的主張，我們在本書的第五章和其他有關章節作了較爲充分的闡述。可以說，中國封建時代的史學思想與史學的二重性有著十分密切的關係，這裏有必要對這個問題作進一步的分析。

　　歷史學總是有兩個方面，一是歷史事實的記錄和反映，也就是通常所說的史料學，這裏主要是文獻的材料。一是對歷史事實的評價與解釋，特別是對一個歷史長過程的解釋，說明它出現的原因與結果，並且對它作出評價。李大釗曾經把研究歷史的任務歸結爲"一、整理事實，尋找它的真確的證據；二、理解事實，尋出它的進步的真理"。（《研究歷史的任務》）但這兩者又有聯繫。他在《史學要論》中說：

　　　　歷史理論與記述歷史，都是一樣要緊。史學家固宜努力以求
　　　記述歷史的整理，同時亦不可不努力於歷史理論的研求。而
　　　今觀於實際，則治史學者，類多致其全力於記述歷史的整
　　　理，而於一般史實理論的研究，似尚置之度外；即偶有致力
　　　於此者，其成功亦甚微小，以致歷史科學尚未充分發展至於
　　　成形。固然，關於考證個個史實的研究，雖在今日，仍不可
　　　忽視；因爲歷史的事實，總是在發展中，進步中，沒有一：

個歷史是完成的。一個記錄的本身，可以始終於一定的範圍
作一結束，而其所記錄的史實，則常須隨著人們的新智識，
新發現，加以改正；所以記述歷史，亦要不斷的改作才是。
歷史學的兩個方面存在差異，在實際上是史學主體與客體的矛盾；
是對歷史的相對認識與對歷史的絕對認識的矛盾。這種矛盾的變化
與發展，導致史學的變化與發展。史學的兩個方面，相互依存，相
互制約，是矛盾的又是統一的。在世界上，有的史學家，以編年史
作爲事實的"忠實的敍述"，而把歷史著作看作是"藝術的創作"。
也有的認爲，這二者不同，整理史實，是一種科學的方法，而解釋、
評價歷史，是藝術、文化範疇的問題；有的由此認爲，可以依今人
的需要去編寫歷史。說法有多種多樣，但都是把這二者分成截然不
相干的部分。在實際上這是取消了完整意義上的史學。

　　我國古代的史學家、思想家，提出的各種史學主張，反映史學
二重性的史學思想，是把史學的兩個方面，作爲一個整體來把握。
即使一些史家主張史學只是記載史實，不必進行褒貶、議論，如鄭
樵、王鳴盛等，但他們的史著還是在作歷史的批評和史學的評論。

　　封建社會裏史學二重性，對待史學的兩個方面，一方面是主張
作史要有直筆、實錄的精神，另一方面在解說歷史、評論歷史時，
特別是在解釋朝代的更替時，往往以神意的觀點、天人感應的思
想，對歷史的變動作出說明。評價歷史事件、歷史人物，在重大問
題上是執著封建等級綱常、禮教的標準，作出是非與善惡的判斷。
如果不能做到這一點，就要受到非難："是非頗謬於聖人。"但就
總體方面來看，直筆、實錄的主張與歷史興衰論中的重人事的思想
在多數史學家那裏，是主要的。所謂的史學思想中"二重性"，不
是一半對一半的折衷論。中國古代史學思想中的求實的一面，總的
說來，是主要的，這與歐洲中世紀的史學思想有很大的差別。

　　應該指出，史學史上的直筆、實錄精神，和如實反映歷史真相，
往往不是一個意思。這在前面已經有交代。如史學史上表彰的"南
董"精神，主要是表彰史學家不畏權勢記錄史實，同時堅持按照"書

法"的要求評價歷史。《左傳·宣公二年》載：

> 乙丑，趙穿攻（晉）靈公於桃園，宣子未出山而複。大史書
> 曰："趙盾弒其君。" 以示於朝，宣子曰："不然。"對曰：
> "子為正卿，亡不越竟，反不討賊，非子而誰？"宣子曰：
> "鳴呼，'我之懷矣，自詒伊慼'，其我之謂矣。"孔子曰：
> "董狐，古之良史也，書法不隱。趙宣子，古之良大夫也，
> 為法受惡。惜也，越竟乃免。"

這裏不是記錄歷史真相，而是如何看待趙盾的行為、評價趙盾沒有及時討伐弒君的趙穿這件事。事實是，"弒君"的是趙穿，趙盾作為晉國的正卿，在內亂發生的時候，由於"亡不越竟（境），反（返）不討賊"，在大史董狐的筆下，是真正的元兇，是"弒君"的人。從"法"的觀點來看，值得研究。這段文字，與下面緊接的內容聯繫起來，很值得玩味。《左傳》在趙盾的話後面，接著記載："宣子使趙穿逆公子黑臀于周而立之。壬申，朝于武宮。"這就是說，作為正卿的宣子非但沒有討伐"弒君"的趙穿，反而重用趙穿，派趙穿作為迎新君的使者。看來，宣子與這次政變脫不了干系。（這裏也許有錯簡，太史記載也許在迎立新君之際。）孔子表揚董狐，一是記載了這件事，明確責任人，二是董狐的"書法"，書"弒"。仔細分析一下，這樣作法，意在要大臣積極行動，防止"禮崩樂壞"。

《左傳·襄公二十五年》載：

> （齊）大史書曰："崔杼弒其君"。崔子殺之，其弟嗣書而死
> 者，二人。其弟又書，乃舍之。南史氏聞大史盡死，執簡以
> 往。聞既書矣，乃還。

這個事例，也是兩層含義，一是不畏強暴，記錄真相，一為書法。

所以，"直筆"精神，也是兩個方面。一是要求如實地記錄歷史真相，一是評價歷史要合"書法"。根據"書法"的精神，重新界定歷史的是非責任。可見，史學史上說的"實錄""直筆"不只是說要如實地記載歷史，同樣反映出史學二重性。

史學上的兩個方面之間的聯繫有多種情形。

一、歷史事實的記錄。包括時間、地點、人物、過程。這裏有一個選擇，對史事的"書"與"不書"，也就是"筆則筆，削則削"，筆削之中往往包含一定的看法與觀點，《史記·孔子世家》說："至於《春秋》，筆則筆，削則削，子夏之徒，不能贊一辭。"《史記》的《十二諸侯年表》說："（孔子）西觀周室，論史記舊聞，興於魯而次於《春秋》，上記隱，下至哀之獲麟，約其辭文，去其煩重，以制義法。王道備，人事浹。"

即使是時間的確定，一方面是寫史的需要，"記事者，以事系日，以日系月，以月系時，以時系年，所以紀遠近，別同異也。"（杜預：《春秋序》）另一方面也往往有深意。《春秋》開篇書"春王正月"，按過去的一些學者的看法，內中包含大意，有的說，"《春秋》始隱者，天下無復有王也。"（孫復：《春秋尊王發微》）顧炎武是另一種看法，他說："《春秋》王正月，必魯史本文也，言王者，所以別於夏殷，並無他義。""已為天子，則謂之'正'；而復加'王'，以別於《夏殷春秋》，《春秋》王正月是也。"（《日知錄》卷四，"王正月"）這些意見是不是合乎《春秋》原作的旨意，且不說，但至少是這些闡釋者的看法。歐陽修反對有人在《春秋》記事時間起止上面作文章，說這上面沒有什麼特別的意思，"義在《春秋》，不在起止"。（《居士集》卷十八，《春秋或問》）但即使不求之過深，史家寫史，確定上、下限，總有一定的想法。

二、歷史記載的取捨，一般地說，是求實的。但在有些情況下，它又包含某種思想、觀點。在中國古代，以聖人之是非為是非，以《六經》的是非為是非，並不少見。司馬遷在寫史時，提出選擇歷史材料的標準："總之，不離古文者近是。""擇其言尤雅者。"（《五帝本紀》）宋代史學家往往在考史中，以史實是否合乎天理之正，作為史實是否可信的標準。這些都表明考史常常與對歷史的認識聯結在一起。

三、史事與歷史人物的評論。史學家評論歷史事件與歷史人物，總是從一定的觀點出發。關於事件的得失是非、經驗教訓及意義與影響，史家總是從一定的角度、觀點出發，以一定的思想、認識作出判斷。在古代社會，一定的階級、集團受到他們自身的利益的驅使，他們對歷史的看法與真實的歷史會有偏離。此外，還有這樣的一些原因，使得史學家在認識曆史上與歷史真實之間存在誤差。首先，史料特別是文獻史料，本來反映的歷史的事實，就是有限的，不完全的，歷史要記載下來，就要把活的歷史凝固在有限的時空裏。這樣記載下來的事件與人物與生動活潑的真實的歷史，就存在差異。其次，記載歷史的人自身的素質與其他一些條件，造成對歷史反映的差別。評論歷史的史學家，從文獻中概括出認識，這已經是二度認識歷史。在判斷之前，他們要再現歷史，這和原來的歷史的真實，差別就更大。一方面，要求對歷史認識與記錄作到客觀、真實，又一方面在認識、評論歷史時存在差別甚至扭曲歷史的真相，這就是矛盾。由於新的歷史史料發現，以及對史料認識手段的改進，和人的認識的發展，歷史學科的相關的學科進步，又會修正、發展對歷史的認識。

四、歷史過程、歷史興亡的解釋。這和前面的認識相仿。但由於其時間上跨度大，認識上的難度也更大。在古代，史學一方面要總結出真實的興亡的原因，又一方面要說明社稷出現與存在，是合乎天意的、合乎天理的，他們往往又要曲解歷史。這種曲解編造，不能完全隨意，它受前者的制約。二重性特點在這裏更為突出。同樣隨著時代的進步，對歷史過程的認識也在深化。這一過程無限地逼近真實的歷史，但是這樣的認識又是不可窮盡的。李大釗說：

> 這樣講來，我們所謂活的歷史，不是些寫的紀的東西，乃是些進展的行動的東西。寫的紀的，可以任意始終於一定的範圍內；而歷史的事實的本身，則永遠生動無已。不但這整個的曆史是活的東西，就是這些寫入紀錄的歷史的事實，亦是生動的，進步的，與時俱變的。……有實在的事實，有歷史的事實：實在的事實，雖是一趟過去，不可復返的。但是吾人對於那個事實的解喻，是生動無已的；隨時變遷的，這樣

子成了歷史的事實。所謂歷史的事實，便是解喻中的事實。
解喻是活的，是含有進步性的；所以歷史的事實，亦是活的，
含有進步性的。只有充分的紀錄，不算歷史的真實；必有充
分的解喻，才算歷史的真實。歷史的真實，亦只是暫時的，
要時時定的，要時時變的；不是一成不變的。……一切的歷
史，不但不怕隨時改作，並且都要隨時改作。改作的歷史，
比以前的必較近真。Grote 作的希臘史，比 Herodotus 的希臘
史真確的多，就是這個原故。這不是 Grote 的天才，比
Herodotus 的天才高；亦不是 Herodotus 比 Grote 愛說謊；時
代所限，無可如何。(《史學要論》)

史學的兩個方面的矛盾與統一，以及隨著社會的發展，史學兩者的
矛盾的運動，是史學思想發展的內在的原因。中國古代的史學二重
性構成中國古代史學思想上的重要的特點。

跋

　　和吳懷棋教授同在史學研究所共事已十餘年，每當同時往所裏去或同時從所裏往宿舍區走，我們都會邊走邊談，而所談大抵皆爲學術問題。他治中國史學史，我對於中國學術思想也頗有興趣，因此所談往往在這方面。積時既久，逐覺所見相通或相近之處不少，而談興亦益濃。

　　吳先生在撰寫《中國史學思想史》的過程中，也曾和我談到他寫此書的旨趣以及對於若干問題的學術見解。他的話常常啓發出我的興趣，我也會不時談些個人看法。這樣即興式的學術交流使我對他的這一本書有了一個大體上的瞭解。所以我也樂意在此寫一些管窺所見，勉強算是平日交談的繼續；如果竟能對讀此書者起到一些前驅導路的作用，那就更是始望所不敢及了。

　　或許有人會這樣想，我們最需要瞭解的是現實，爲了瞭解現實而知道一些歷史，這也就夠了；現在又由歷史而史學史，再由史學史而史學思想史，豈非於我們遠了一些？我說，這個問題要看你怎麼樣來說。如果只想求得一知半解，那麼你是會覺得史學思想史是比較遙遠的。如果你想對現實和歷史有一種深入的認識，那麼情況就完全是另一樣了。因爲，如果想深入瞭解現實，那就要深入瞭解歷史；如果想深入瞭解歷史，那就不能不瞭解史學；如果想深入瞭解史學，那就不能不瞭解史學史；如果你再想深入瞭解史學史，那就不能不瞭解史學思想的歷史了。所以，只要變換一個視角，史學思想史對於我們就不是一個遙遠的問題，而是一個深化認識所必經的途徑了。所以，我以爲，爲了深入瞭解現實和歷史，這一本《中國史學思想史》還是很值得一讀的。

　　再就本書特點而論，著者很重視從分析史學思想的矛盾中來展現史學的發展過程。關於這一點，平時和他有過不少交流，因而也略有瞭解。我以爲，他重視這一點是很有道理的。在此略談一點個人的理解。衆所周知，歷史是在矛盾的過程中發展的。具體矛盾很多，可以用各種形式表現於各個方面、各個層次。如果總起來說，歷史的矛盾則不外沿（舊）與革（新）兩個方面。這種矛盾不是任何外在力量可以強加給歷史的，而是歷史本身所固有的不可或缺的基本屬性。因爲，歷史從總體來說就是包含了不變和變這樣矛盾著的兩個方面的一條長河。如果沒有不變或者"沿"，那麼歷史的長河就斷裂了，就不再成其爲歷史；如果沒有變或者"革"，那麼歷史的長河就應該是靜止不動的，這樣也就不復有歷史的存在了。甚至於即使我們從歷史的長流中截取任何一點（並令這一點的時間接近於零），那麼這一點本身也必然具有沿和革的兩個方面；因爲，非如此，它就不能成爲歷史長流中的一個起作用的因數，也就不配入歷史之流。因此，沿與革這一對矛盾著的方面，同樣都是歷史能以存在的必要條件。如果以上所說有欠具體，那麼，也可以這樣說，即歷史中的矛盾不僅存在於全過程中，而且存在於隨時隨地的一切人物與事件中。

歷史既然如此充滿矛盾，那麼由對於歷史的反省而產生的史學自然也會充滿矛盾。既然史學充滿矛盾，那麼由對於史學的反省而產生的史學思想又焉能不充滿矛盾？

當然，如果只按我這裏所說的來理解，那麼事情就是干巴巴的，反而不能引起大家的興趣。不過，我這裏所提的問題也許是值得思考的。假如讀者諸君對這樣的問題有興趣，那麼吳先生的這一本書是把史學思想發展中的矛盾按照歷史時代的不同而展現了其各自的時代特點，並使之衍爲一條史學思想的歷史之流。我想，讀這一本書，一定會是既有趣味又有啓發的事。至於具體的趣味與啓發，這裏難以備說。還是請讀者諸君在閱讀中來自己品味吧。

劉 家 和 1996 年 9 月於北京師範大學

後　記

　　今年 5 月已經完成了《中國史學思想史》三校，當時，我是這樣寫《後記》的：

> 《中國史學思想史》最後一校樣校好後，我不知道是否可以鬆一口氣，窗外，雲疏天淡，杏花如雪；春天，又是一個春天。接著的當是耕耘與收穫的季節。究竟年成怎樣還說不好，但倒底有了一絲希望。離收穫時節還有一段時日，得格外勤奮。

但倒底還是沒有能夠松一口氣，在出版社的支援下，又出了幾次樣稿，把樣稿校了多遍。認真地算了一下，方方面面共同校書稿，加在一起有 10 遍之多。即使這樣，自己還是不敢交出付印，而時間是不允許沒完沒了地做下去，只能狠下一條心"殺青"；翻翻日曆，已經是 12 月了。窗外，北國冰封，又在孕育著一個新的春天。

　　《中國史學思想史》勾勒中國史學思想發展的過程，提出一些問題和自己的想法。我一向認爲，人們認識歷史、社會，從事社會變革的活動，總是受一定的歷史觀點、史學思想的影響。從這個意義上說，關心史學思想的問題，不應當只是史學圈子內的人。我是史學工作者，有責任有義務研究這類問題，建設好史學思想史這門學科。我想，會有更多的人關心這類問題的討論。

　　促使我研究史學思想史和寫這本書，還有別的緣由。我們國家歷史典籍豐富，恐怕誰也無法否認。但是要說中國史學有豐富的深邃的思想，就不是所有的人都認同這一點。在有些西方學人看來，仿佛只有他們的腦袋絕頂聰穎，能對歷史提出高明的見解，而中國的史學家像傻子一樣，只知道編編抄抄，一代一代編那些無窮無盡的王朝史、帝王家譜。如果說由於語言障礙，讀不懂中國文獻，造成了誤解，還可理解，但如果以一種偏見（包括我們族人中的偏見）來談中國史學，我們是不會同意的，我們要用自己的研究來抗爭，展示中國史學思想寶庫的珍寶；並說明今天批判地繼承這份珍貴遺產的重要意義。

這些都表明了研究史學思想史的重要性、必要性，特別是在20世紀即將過去的時候，爲了建設新世紀的史學，研究史學思想史，更是不可或缺的。

爲了認識中國史學思想精髓，要認真地讀自己的史著，發掘自己的寶藏。僅此還不夠，還有一個怎樣比較的問題和擴大視野的問題。西方人都愛把他們的哲學家關於歷史的理論，和史學家的認識，放在一起，作爲史學思想，這本不錯；而我們還是按照傳統目錄學確定的天地，把歷代思想家的作品，劃到史學圈子外面去。留下來只有是史部中著作。要這樣比，實在太不公平。即使是史部著作也是有先進的東西，和落後的渣子，不能籠統地說中國史學思想十分貧乏。80年代後期，我曾寫過一篇文章，談出自己的想法。近年史學史研究，注意到思想家的貢獻，但要有系統地把史學家、思想家放在一起研究，還有許多工作要做；要把中國史學思想全面地展現出來，給世人看一看，現在只能說還是剛剛起步，恐怕一代人是做不完的。路雖然很長，但總要起步的。

本世紀把史學思想史作爲一門學科來進行研究，最早的是李大釗同志，是他給這門學科奠定了基礎。其後，侯外廬先生、白壽彝先生以及其他老一輩學者，開啓了門徑，作出了示範。在他們的業績與精神鼓舞下，我開始這一門學科的研究。當深入到祖國豐富史學遺產寶庫中探寶時，真是眼前美景道不盡，我越研究越有興味。沒有這些動力，是很難把研究堅持下去的。

歷史是什麼，這個問題困惑了多少中外史學家。英國史學家卡爾還就這個問題寫了一本書，但直到現在也還沒有一個一致的看法。中國古代史學涉及這個問題，一般都上溯到甲骨文、《說文》，從語源上、字源上分析“史”的涵義；都要從古代的大史、小史以及左史、右史稱謂上、功能上，說明史官的職能。不能說不對。但讀了那些大致相同的旁徵博引的解釋，還是沒有弄清什麼是歷史。李大釗同志指出要區分客觀的歷史與人們書寫的歷史，在中國史學史上這是一個劃時代的認識，爲我們研究史學思想史奠定了理論基礎。

　　歷史是什麼?在我看，歷史是變化、是差異。沒有變化，也就沒有歷史;沒有差異，事物老是一個模樣，這個事物也就不可能有自己的歷史。可以說，自然事物是如此，社會事物也是這樣。史學是反映客觀事物的變化。從這個角度看，中國古代思想家，提出通變的史學思想，實在是太可貴了。通變思想是相互聯繫的兩個方面。一是，事物總是要變的，二是變中有不變，事物前後總是有聯繫的貫通的。變化不是割斷與過去事物的一切聯繫。不能一說變，似乎一下就徹底中斷了與過去的聯結;但事物也不會因爲前後相通，就沒變化。司馬遷以“究天人之際，通古今之變”，作爲寫史的指導思想，這是說要研究自然與社會人事之間的相通與不同，要研究古今的聯繫與變化;而且古今變化是盛衰之變，盛中有衰，衰可以複盛，歷史變動中有量的變化又有質的變化。這在實際上回答了什麼是歷史。王夫之以通變思想審視古今的歷史變動，辯證法的思想處處閃光。在中國史學思想史上，也有從另外的角度，論說歷史通變，但這不是通變思想的精粹。

　　一本書不應當是幾個章節的簡單的彙編，或者從表像上給史學分幾個階段;我想，其中應當有一個一以貫之的想法。這裏涉及另一個問題，這就是我想說的史學的二重性問題。史學與文學不同，與哲學也不同，恐怕是這個二重性，原始歷史意識中就可以看出其萌芽的形態。在封建社會裏，還體現在歷史編纂學的原則中。這些，本書在有關的章節中專門談到了。一本書也如同一首交響曲，一開始展現主題，經過一個過程，而達到高潮，即使一首差的交響曲大概也是這樣的。從原始的歷史意識開始，就可以看出史學這樣的一種特性。這以後逐步開展，《漢書》可以說是封建史學二重性的典型，到了封建社會後期，二重性內容發生了衍變。以這樣一條線索，論說中國史學的特徵與發展，避免 "碎化"，給人一個較爲完整的認識，而且它也符合中國史學的實際。

關於史學的社會意義，一個重要方面，是歷史借鑒，歷史總能爲人們提供智慧，有政治方面的，也有經濟方面的，文化教育方面的，還有科技方面的；借鑒歷史又不僅只是借鑒中國的歷史，還有外國的；談歷史借鑒，又不限在古代史方面，在特定意義上說，近代史、當代史方面的經驗，尤其具有重要的意義。只能從歷史的一度性、常規性、重復性上，才能對這個問題有一個理論的說明。歷史借鑒與通變思想相聯繫，充分認識 "條件" 在歷史借鑒中的重要。

史學的發展，總是和社會政治變化、和哲學的進展等聯結在一起。所以毫不奇怪，這本書把史學與經學、玄學、理學等各種思潮聯繫起來。在各個章節中，我對中國史學思想有關問題提出一些想法，提出一些問題，不敢說都是成熟的，但卻是自己的嚴肅思考。在各位師友的幫助下，我會進一步反省。

沒有學過史學史的同志，讀讀這本書，對瞭解中國史學發展可能有一點幫助。學過史學史的同志，讀這本書，也不算太多地浪費時間。因爲這本書從另一個角度審視中國史學發展的歷史，詳人之所略，略人之所詳，著重從思想、思潮方面，開展探討。讀這本書，多少可以看到一些不同的思路。

如果我在學術上有一點進步，那是時代的玉成，也是各位師友的幫助、激勵的結果。我有幸在北京師範大學史學研究所工作，這是一個很好的學術群體，老所長白壽彝先生創建這個所，開啓求實、創新的良好學風，龔書鐸先生擔任所長後，保持、發揚這個好傳統。在這裏工作我不敢有一點偷懶、懈怠。

這裏特別要感謝我的導師白壽彝先生，是先生引我進入學術研究的園地。先生是當代著名的史家，也是一位哲人，每一位到先生那裏去的人都有體會，先生每一次談話都給人以啓發。與先生談話，如坐春風之中。我是在先生的指導下，在研究中，慢慢地體悟到研究史學思想的重要性和研究的途徑。先生鼓勵我，爲這本書寫了《序》。先生八十七歲高齡，爲了寫序，在春節前後用了半個多月時間，要劉雪英同志爲他讀了三校樣稿的不少章節，還訂正了原稿中一些訛誤；最後又要了全書的目錄複印稿，這才落筆。先生治學上的謹嚴態度，在寫這篇序上也充分地反映出來。先生在《序》中說，這本書對中國史學史學科建設有所推進。一本書對一門學科能有所推進，就十分難得了。先生的話是對這本書積極的肯定，又是給我今後的研究指出了方向。

劉家和先生爲這本書寫了《跋》，是對我的勉勵和理解。在學術探求的過程中，他給了我很多教益與啓發，在這裏我要謝謝劉家和先生。

校外也有不少友人如施丁、肖黎及曹月堂諸位先生在本書印之前，曾經給了我支持和幫助。

安徽人民出版社曹文益先生對這部書稿的出版，非常關注，爲了繁榮學術研究，爲了開拓新的學術研究領域，曹兄受了不知多累。舉一個小例子，爲了節省長途電話費，我在星期天打長途到他家裏，詢問書稿事，接電話的是嫂夫人，她告訴我曹兄還在辦公室裏，校對我的書稿。這使我大受感動。爲了書稿早日面世，他究竟放棄多少休息時間，我是不知道的。這部書稿是在電腦上寫成的，電腦寫作是快，但一不小心，往往出現了令人啼笑皆非的訛錯；更何況這是我第一次用電腦寫的長篇學術作品，因此曹兄校這部書稿難免要受苦受累。但他從來沒有向我說起這些，也沒有任何抱怨的話語，反倒勸我要注意勞逸結合。在整個書稿出版的過程中，他十分尊重作者，同時提出很多好的意見。爲了封面裝幀得體，先後寄來四種設計，要我選擇。一部學術著作出版，能得到責編這樣的厚愛、理解，恐怕是不多見的。所以這部學術作品，也是我們學術友誼的產品。我要感謝編者，不是沒有內容的套話。

這本書的《目次》我譯成英文，並不是"趨時"，只是想使看到這本書的外國學人，對書中內容有一個大概的瞭解，因爲有些問題的討論，他們也許有興趣。英文《目次》請北京師大外語系周流溪教授校訂。校內外不少友人與同學，曾經幫助我校對部分樣稿。他們是人民出版社的吳海平先生、陳鵬鳴博士；我所的博士生周文玖、碩士生徐彬等同志。書中有的地方涉及訓詁語源考訂，沒有出注文，如劉知幾的"幾"，在此處不能簡化。責編曹文益先生提出這個問題，是對的。但當今幾乎所有文章中，包括大標題，甚至書名都印成"几"。《現代漢語詞典》也沒有特別說明。我查段玉裁《說文解字注》等書，又查上海辭書出版社《中國歷史大辭典・史學史卷》以及《辭海》，確不能簡化。我又請教幾位先生，在長途電話上談了幾次，最後決定用"幾"。

　　原稿曾提到《東都事略》的作者王稱，有寫王偁。余嘉錫先生《四庫提要辨證》從版本源流上考訂出應爲"稱"。但據《說文解字注》、《廣雅疏證》、《說文通訓定聲》等書看，寫"偁"，並非訛誤。《康熙字典》說："偁"，"稱"本字。《四庫提要辨證》作者有誤，但寫"偁"亦可。這些地方要出注文，直是一篇劄記，本書很難收進去。

　　謝謝北京師大中文系教授郭預衡先生爲本書題寫書名。

　　爲這部書設計封面的是賈愚兄，對賈兄書畫之精早有耳聞，而真正相識是在一個令人心碎的場合。先父吳孟復先生是去年春節辭世的。父親一生辛勞，于文于史多有貢獻，自己傾心迷戀學術事業，愛自己的學生，卻不知道愛惜自己；晚年身患重病，在呼吸都十分困難的情況下，還在伏案工作。我在學術上有長進，也和父親的熏陶、教誨分不開。學生十分尊敬、愛戴這位老師。父親離開人世在大年初二，噩耗傳出，學生前來悼念，"三千弟子哭先生"的場面震人心弦，賈愚兄淚如傾盆雨，哭倒在父親的遺像前。後來得知我有一部書稿要出版，他一定要求爲書稿設計封面，我知道他是以此來寄託自己對老師的懷念。

　　春天，校完三校樣後，我的心境難以平靜。父親離開人世已經一年多了，此時我真不知怎樣來表述自己的心情。野塘花落，匆匆又過了清明時節。我知道人去了，是不會知道什麼的，但我仍然希望父親知道這部書出版了。春意深深，思緒綿綿，淚眼問花花不語，只有把懷念深深埋在心底。我會知道今後該怎樣走自己的路。

1996 年 5 月 4 日初稿
1996 年 12 月 12 日二稿

Contents

Part Ⅲ

Further Development of Medieval Historical Thoughts and Its Philosophic Tendency